汉字文明研究·书系之八

语篇副文本的
互文机制研究

王志军 ◎ 著

中国社会科学出版社

图书在版编目(CIP)数据

语篇副文本的互文机制研究 / 王志军著 . —北京：中国社会科学出版社，2022.12
ISBN 978-7-5227-1029-7

Ⅰ.①语… Ⅱ.①王… Ⅲ.①修辞学-研究 Ⅳ.①H05

中国版本图书馆 CIP 数据核字（2022）第 216538 号

出 版 人	赵剑英
责任编辑	慈明亮
责任校对	李　莉
责任印制	戴　宽
出　　版	中国社会科学出版社
社　　址	北京鼓楼西大街甲 158 号
邮　　编	100720
网　　址	http://www.csspw.cn
发 行 部	010-84083685
门 市 部	010-84029450
经　　销	新华书店及其他书店
印　　刷	北京君升印刷有限公司
装　　订	廊坊市广阳区广增装订厂
版　　次	2022 年 12 月第 1 版
印　　次	2022 年 12 月第 1 次印刷
开　　本	710×1000　1/16
印　　张	21.75
插　　页	2
字　　数	371 千字
定　　价	118.00 元

凡购买中国社会科学出版社图书，如有质量问题请与本社营销中心联系调换
电话：010-84083683
版权所有　侵权必究

"汉字文明研究"成果系列编辑委员会

顾　问　黄德宽　李宇明　吴振武
主　编　李运富
编　委　党怀兴　何华珍　黄天树　黄　行　蒋冀骋
　　　　李国英　刘　钊　王贵元　王立军　王　平
　　　　王蕴智　杨宝忠　杨荣祥　臧克和　赵平安
　　　　赵世举　张素凤　张涌泉

出版前言

东汉时河南人许慎说："盖文字者，经艺之本，王政之始，前人所以垂后，后人所以识古。"这里的"文字"后来称"汉字"。汉字是传承发展到当代的中华优秀文化之一。作为内涵丰富的符号系统，汉字承载着数千年的历史文化、民族智慧；作为交流思想信息的重要工具，汉字也是国家管理和社会生活必不可少的。中央号召发扬传统优秀文化，实施文化强国战略，汉字举足轻重。

河南是汉字的发源地，有着丰富的原始材料和悠久的研究传统。可以说，第一批汉字材料，第一部汉字学著作，第一本汉字教科书，第一位汉字学家，第一位书法家，第一位汉字教育家，第一位汉字规范专家，都出自河南。汉字作为中华文明的重要标志，极具创造性和影响力，应该成为河南得天独厚的优势品牌。"汉字文明"的传承发扬需要"许慎文化园""中国文字博物馆"之类的物质工程，也需要学术研究及学术成果，还需要汉字教育和传播。郑州大学作为河南的最高学府，责无旁贷应该承担起传承和发展汉字文明的历史使命。学校领导眼光宏大，志向高远，批准成立了"汉字文明研究中心"，并在规划和实施"中原历史文化"一流学科建设中，把"汉字文明"定为研究方向之一。

汉字文明研究中心自2016年9月成立以来，在学校领导和学界同仁的支持鼓励下发展顺利。现已由专职和兼职（客座）人员共同组建起研究团队，并已陆续产生成果。为了及时推出中心成员取得的研究成果，本中心拟陆续编辑出版"汉字文明研究"成果系列。"汉字文明研究"范围极广，包括而不限于汉字本体（形体、结构、职用）的理论研究，汉字史研究，汉字学术史研究，汉字与汉语的关系研究，汉字与民族国家的关系研究，汉字与泛文化关系研究，跨文化汉字研究（汉字传播、域外汉字、外来文化对汉字系统的影响、汉字与异文字比较等），汉字教学与汉字规范研究等。这么多五花八门的成果如果按照内容分类编辑出版，命名将十分繁杂，且不易各自延续。因此，拟采用最简单的形式分类法，论文集编为一个系列，包括本中心主办的会议论文集、本中心成员（含兼职）个人或集体论文集、本中心组编的专题论文集等，统一按照"汉字文明研究·文集之 N + 本集专名"顺序出版；著作和书册编为一个系列，包括本中心成员（含兼职）的专著、合著、资料整理、工具书、主题丛书、教材等，统一按照"汉字文明研究·书系之 N + 本书专名"顺序出版。

"汉字文明研究"成果系列由中心主任李运富教授主编，编辑委员会负责推荐和审定。各文集和书系的作者或编者皆独立署名，封面出现"汉字文明研究·文集之 N"或"汉字文明研究·书系之 N"字样，扉页印编辑委员会名单。"文集"与"书系"设计风格大体一致。

希望本中心"汉字文明研究"硕果累累。

汉字文明研究中心　李运富

序

　　2014年金秋伊始，通过复旦大学的层层选拔，王志军从一众考生中脱颖而出，携着郑州大学慎思勤勉的厚重学风，秉承华中师范大学"求实创新、立德树人"的校训，意气风发地走进复旦校园，在浸润着学术自由、思想独立、锐意创新的学术氛围中开始了四年攻读博士学位的学习经历。

　　一进入复旦大学中文系的学术平台，王志军就迅速显现出其良好的综合素质。潜心研习，海绵吸水般地吸纳各种新知识，将语言学科、跨专业及跨学科各门课程上老师们的精彩讲述转化为学习能力与知识储备；参与各类学术活动，努力把握国际国内学界的主流倾向、前沿信息；从浩瀚文献的理论阐释中去拓展知识结构、提升推演能力。至2018年毕业时节，交上的答卷也令人满意：通过论文答辩，获博士学位论文"优秀"等级；学校层级获得"复旦大学优秀毕业生"称号。

　　回到本科学习时的母校郑州大学任教，王志军的表现依然一路高歌猛进，2018—2020年两年间：一、获教育部人文社会科学青年基金项目、中国博士后科学基金面上资助、河南省博士后启动项目资助；二、直聘为郑州大学文学院副教授；三、成为教学骨干，担任郑州大学文学院大学语文教学部主任……今天，又在博士学位论文的基础上打磨出这本意识前沿、内容厚重的书稿，即将在中国社会科学出版社付梓印行，非常值得庆贺！也感慨万分：是波澜壮阔的时代造就了这些青年才俊，也正是这些青年才俊顺应潮流、奋发向上，成就了他们自己。

　　著作《语篇副文本的互文机制研究》的选题主要关涉"互文性理论"与"语篇副文本"两个学界极为关注的论域，也是互文语篇研究重点攻关的研究课题：运用具有哲学、符号学方法论意识的互文性理论考察语篇副文本互动生成与理解的结构与功能。可形成合力的相关研究成果如黄小平《注释、参考文献与新闻类学术语篇的互文性研究》(中国社会科学出版社 2016 年版)、陈昕炜《中国古典小说序跋语篇之互文性研究》(复旦大学出版社 2018 年版)、宋姝锦《文本关键词的语篇功能研究》(中国社会科学出版社 2020 年版) 等。王志军的著作作为互文语篇理论建构的有机组成部分,既是在向学界汇报其学术思想和检验互文语篇分析实践的可接受性,也是对已有语篇副文本研究成果的互动与呼应。

进入 21 世纪,国家哲学社会科学的发展新拟建设学术体系、学科体系、话语体系的宏伟目标,实质上也为修辞学术研究和学科发展设置了顶层的学术理想。综观修辞学术研究二十余年的研究现状与发展趋势,以体验哲学为基础形成的认知革命对修辞学的发展产生了重大影响,从跨学科视角,运用现代科学手段,以系统抽象、数据化表现为特征的研究也正走向科学化的进程,但是在语言生成机制、识解儿童语言心智的形成、语言运用与理解过程的认知处理、语言如何塑造我们的思维方式等方面,仍然是挑战修辞学术进步的重大课题。因此,注重语篇内部结构体系的建构与外部功能的发展,适应时代需求现在时和将来时必须拓展的功能维度,揭示语言运用的本质属性与发展规律,仍然是修辞研究亟待回应当今语言研究发展趋势、适应时代与学科发展需求的重大理论问题。王志军的著作选题前沿,借鉴有解释力的互文性理论,从中国修辞传统出发,积极回应时代与学科发展需求,在推动学科建设方面显现出一定的理论意义。

一 理论方法的解释力

法国学者朱莉娅·克里斯蒂娃创立的互文性理论关注语篇系统的结构意识,更强调语篇系统的空间层级意识和关系意识。互文语篇理论将互文性理论引入语篇论域,抽取理论核心,可描写解释为一种以"系统、层级、关系"为支柱理论的"宏观、动态、多元"理论体系。互文语篇理论在中国传统互文思想"参互成文,合而见义"的基础上吸取西方互文性理论"互动·多元"的哲学方法论精髓,将其作为指导思想和方法论,发展成为西方互文思想与中国传统互文思想互补共生的理论。王志军的著作运用互文语篇理论工具系统审视中西方互文思想,在此基础上展开具有原创性和学术生产力的语篇副文本研究,并通过大量的语篇研究实践证明互文语篇理论是有效展开修辞文本分析的理论工具。

二 梳理了语篇系统内部主、副文本系统间的结构功能关系

著作认为：语篇不是抽象的系统，而是在一定的语境中实际发生的、具有层级性、对话性、互文性、辩动性的多元系统整体。语篇系统整体由主文本系统和副文本系统两部分构成，二者相辅相成、互为存在前提。副文本系统在语篇系统整体中处于边界地位，沟通和联结着语篇内部和外部的互文空间。副文本系统的建构具有层级性、多元性和系统性。主文本作为语篇系统整体中最稳定、最有秩序的组成部分决定着语篇系统整体的方向，维护着它的整体性。边界性副文本系统对语篇主文本的意义建构和理解表意过程有一定的作用，或加强、催化，或遮蔽、否定。已有的研究从传统语篇出发，仅从某些视角关注主文本系统，相对地，副文本系统对语篇建构与解构的重要功能作用则被极大地忽略了。因此，王志军的著作从互文语篇理论维度倾力考察副文本系统的本质属性与构成元素，分析副文本系统内部及主副文本系统间的对话关系，探索语篇结构与语篇意义的生成与理解过程，有着建构互文语篇理论，丰富语篇研究等学科建设意义。

三 发掘语篇副文本的互文机制、探索语篇系统的结构功能表征

著作对语篇副文本互文机制的研究步骤和重心是先语篇结构后语篇意义，然后再做科学语篇副文本、文学语篇副文本的个案研究。语篇结构研究的首要任务自然是构拟语篇整体功能结构的描写框架、解释体系。互文语篇理论对语篇结构研究范式的提取与确立得益于法国学者热拉尔·热奈特关于互文性理论的结构理念和功能思想的启迪。热奈特在《隐迹稿本》（1982）中对互文性理论所涉互文现象进行具体化，建构了"跨文性"的类型系统——包括（狭义）互文性、副文性、元文性、承文性、广义互文性五种下位类型。互文语篇理论以此作为语篇功能结构的一种描写解释维度，逐一展开研究，拟通过解构并建构语篇结构系统和功能系统的范式，研讨语篇意义的生成与理解，归结并推导语篇作为最重要的交际工具的语言运用规律。

"跨文性"下属的五种类型中，由于表现副文性的副文本系统各要素：标题、作者姓名、目录、摘要、关键词、注释、参考文献、序跋、简介、题辞等形式系统特征鲜明，与主文本的边界关系、互动共生关系的辨识度也相对高，因此成为最先被集中考察语篇系统内部互文关系与语篇外

部文本间性的研究课题，且研究成果也初具规模效应。仅以硕士学位论文、博士学位论文的选题从篇内互文结构视角完成的专题研究为例，有标题副文本（朴宝兰，2015；丁怡，2018）；目录副文本（黄已玲，2020）；摘要副文本（储丹丹，2010）；关键词副文本（宋姝锦，2013）；注释、参考文献副文本（黄小平，2015）；序跋副文本（陈昕炜，2015）；互文结构中的副文本（刘斐，2013；郭梦音，2014；邵长超，2016）；等等。从研究步骤看，这些成果属于语篇功能结构研究第一阶段必须面临的基础问题，因为只有对语篇系统组构成分的结构形态与功能特征有精细准确的描写阐释，才能对上位的副文本系统有整体认知和宏观把握；从语篇整体研究的布局看，这些成果属于语篇系统的专题研究和副文本类型的个体考察，是对副文本个体结构形态与功能特征的研讨，而且从各语言分支领域切入的专题研究有专门设定的理论目标、语料选取范围和实现目标各自的方式路径。而副文本系统的研究在第一阶段个体考察的目标任务完成后亟需的是理论上有一个宏观视角的系统整合，实践上需要以面上的体制分析副文本系统与主文本系统的篇内互文关系和进一步整体考察语篇系统间的篇际互文关系。王志军学术眼光与魄力兼具，依凭其审视问题的宏观视野和知识结构体系的相关储备，发展了热奈特关于"副文性"研究的范围和深度，极具策略性地确定了在互文语篇理论视域下探讨语篇副文本这个理论意义重大的选题，并努力发掘语篇副文本的互文机制、探索语篇系统的结构功能表征，最终实现了理想的学术预期。

四 传承复旦修辞学传统

坚守复旦的修辞学传统是该书的研究基点，也是研究的亮点。其显著的特点是注重通过学习时间的积累，系统钻研修辞学文献、夯实基础、增强理论意识，并将学习所得的精华转化为修辞认知。比如为纪念复旦中文学科创建百年，2017年复旦大学中文系在商务印书馆出版了包括22卷本的"复旦中文学科建设丛书"。其中，"修辞学卷"《启林有声》的编写，邀请了王志军参与收集和整理复旦百年修辞资料的工作。王志军非常珍惜这个回溯修辞学科源流与百年演变史的机会——一个获得考察历史与当下对话、了解中西语言文化理念碰撞轨迹的契机，认真收集整理了从老校长马相伯、李登辉到陈望道、郭绍虞、吴文琪、赵景深、张世禄、郑业建、胡裕树诸前辈学者留下的历史文献，从中了解其奠定现代意义上修辞科学基石,引领几代学人传承修辞文化、共建学术风范的学术成就与历史功绩。毋庸讳言,这个学习过程的印记深深地烙进了王志军之后的研究,更显现在他的博士学位论文里。如再次研读陈望道1921年以来、以《修辞学发凡》为主的修辞学文献,在领会陈望道先生在《修辞学发凡》中提出修辞学的任务是研究"修辞现象的条理、修辞观念的系统"。要完成研究任务需要"实地观察、分析、综合、类别、记述"(1997:15),还要考察"修辞方式的功能或同题旨情境的关联","各种方式的交互关系"(1997:17)等观点时,王志军感悟到,望老所言语辞表达的三种境界:记述的境界、表达的境界和糅合的境界以及修辞手法的两大分野:积极修辞和消极修辞,奠定了中国现代修辞学的基础。循此基础,王志军以"三境界和两分野"在语篇宏观结构和功能层面的适用性作为研究旨归,推导出语篇研究中可参照的消极记述境界和积极表达境界两种境界,据此总结了两种境界对书面语篇副文本系统的配置和副文本互文效果的制导因素和运用规律。

　　四年的潜心研究,王志军的博士学位论文在互文语篇理论视域下建构了一个宏观的理论框架,探索了语篇副文本结构功能系统和语篇整体意义生成与理解的互动过程;又经四年的精心打磨,今又呈上了他对语篇副文本进一步的、系统性的思考。显而易见,著作除了仍然葆有选题原有的前沿性和论证过程的理论价值,还精炼化了系列有理据性、富于创见的结论,如:

　　(一)著作基于修辞研究范式讨论了语篇互文研究中的"嵌套互文"和"耦合互文"理论范畴。"耦合"本是一个物理学术语,著作创新性地应用于语篇互文研究领域,将之准确定位于主文本和副文本之间相互影响、相互扩展和相互塑造的非对称性互文,并认为,"嵌套互文"和"耦合互文"的区分属语篇互文研究和文本互文研究的切要区分,直接影响空间性较为凸显的书面语篇副文本与主文本互文机制的类型刻画。而且不同类型语篇的副文本与主文本的耦合互文从宏观修辞功能到微观互文范式也存在差异性。从修辞实践看,修辞活动的题旨情景和参与主体也制约着副文本系统的配置以及副文本与主文本间的耦合互文方式和耦合互文效果。消极记述境界追求系统性、知识性、逻辑性、抽象性、概念性、明确性、客观性,积极表现境界追求情感性、具体性、个体性、体验性、感受性、多义性。

（二）不同类型语篇副文本系统中构成性副文本和策略性副文本的配置和选择存在系统性差异。同一类型语篇内各类副文本与主文本间的耦合互文度也存在差异。影响副文本和主文本互文耦合度的因素有：互文本接口的复杂程度、主副文本主体是否一致、互文标记数量、副文本自身的信息量以及副文本与主文本间的物理空间距离和心理空间距离。

（三）书面语篇阅读和认知具有跨时空性、非线性和反复累积性，其认知机制有别于瞬时性、线条性的口头交际。在书面语篇理解过程中，"人的认知倾向于追求最大关联"，与主文本同处于同一物理时空的副文本是认知主文本认知资源的重要来源。对副文本系统进行互文语篇理解和阐释要求读者是释义的读者，需要读者识别副文本、找出互文互涉的互文本。研究互文意义，即是把两个或多个相关、共现、重现、重组、互涉、对话的副文本和主文本关联在一起，以确定在两个或多个文本之间流动的、动态的语篇整体意义。

综观该书在互文性理论视域下对语篇副文本的系统考察，无论从理论探讨的覆盖面和系统性，还是从问题所涉及的深度和广度看，该书可以说为语篇副文性的研究建立起一个有理据性的解释框架，演绎并建构起语篇副文本系统内部自足、外部与语篇主文本系统互动共生的理论体系。因此，在一定意义上可以说，该书的研究于"量"，占据了语篇篇内研究的半壁江山，于"质"，也大大丰富了语篇研究的结构与功能意义。

期待王志军的学术思想一如既往自由驰骋在语篇研究的互文空间，续写新篇、成果迭出！更希望他在大数据时代跨学科的学术空间充分挖掘潜能、释放科学能量、激发学术生产力，让思维时时跟进国家科技人文的飞速进步，促成果步步切近社会、国家需求的学术大环境！

祝克懿

2022 年 6 月于复旦书馨公寓

一个字长途跋涉来到我们面前，已经不是它出发时的模样。

见字，如见故人来。

——张大春《见字如来》

目 录

第一章 绪论 (1)
1.1 研究缘起 (1)
1.2 研究对象 (6)
1.2.1 副文本与副文性 (6)
1.2.2 互文性 (16)
1.3 研究综述 (24)
1.3.1 语篇互文结构研究述评 (27)
1.3.2 副文本已有研究回顾 (29)
1.3.3 副文本研究可拓展的空间 (40)
1.4 研究框架和方法 (41)
1.4.1 研究框架 (41)
1.4.2 研究方法 (44)
1.5 研究实例来源 (45)
1.5.1 科学著作语篇实例来源 (45)
1.5.2 文学作品语篇实例来源 (46)
1.6 研究目标和研究意义 (47)
1.6.1 研究目标 (47)
1.6.2 研究意义 (48)

第二章 互文语篇理论的多声构成 (52)
2.1 互文语篇理论的产生背景 (54)
2.1.1 学科背景 (55)
2.1.2 理论背景 (62)
2.2 互文语篇理论的哲学和认知科学理据 (77)
2.2.1 哲学理据 (77)

2.2.2 认知科学理据 ………………………………………… (85)
2.3 有关互文语篇理论的几个基础概念 ……………………… (93)
2.3.1 语篇与文本 ……………………………………………… (93)
2.3.2 对象文本和双值文本与引语文本的使用和提及 ……… (108)
2.3.3 互文范式和互文形式 ………………………………… (111)
2.4 互文语篇理论的基本观点及研究方法 …………………… (113)
2.4.1 互文语篇理论的基本观点 …………………………… (113)
2.4.2 互文语篇理论指导下的语篇研究方法 ……………… (116)
2.5 小结 …………………………………………………………… (117)

第三章 作为语篇边界的副文本系统及其类型 ……………… (118)
3.1 导言 …………………………………………………………… (118)
3.2 语篇系统整体与副文本系统的边界地位 ………………… (119)
3.2.1 语篇系统整体 ………………………………………… (119)
3.2.2 作为边界的副文本系统 ……………………………… (121)
3.3 学术著作语篇和文学作品语篇的副文本类型 …………… (125)
3.3.1 空间标准 ……………………………………………… (125)
3.3.2 时间标准 ……………………………………………… (129)
3.3.3 模态媒介 ……………………………………………… (131)
3.3.4 来源主体 ……………………………………………… (134)
3.3.5 接受主体 ……………………………………………… (136)
3.3.6 功能标准 ……………………………………………… (137)
3.4 小结 …………………………………………………………… (139)

第四章 学术著作语篇副文本系统之互文探究 ……………… (141)
4.1 导言 …………………………………………………………… (141)
4.2 学术著作语篇副文本与主文本间的耦合互文 …………… (142)
4.2.1 副文本与主文本的层级组织结构和向心互文
      模式 …………………………………………………… (142)
4.2.2 副文本与主文本的耦合互文及其分类 ……………… (144)
4.2.3 副文本与主文本的直接耦合互文 …………………… (150)
4.2.4 副文本与主文本的间接耦合互文 …………………… (198)
4.3 学术著作语篇副文本与副文本间的次级互文 …………… (204)
4.3.1 副文本与副文本的组构及互文类型 ………………… (204)

  4.3.2 内副文本与内副文本间的直接互文 ……………………（211）
 4.4 学术著作语篇副文本与语篇世界的互文结构和关系 ………（214）
  4.4.1 语篇—副文本—语篇世界的层级组构 ………………（215）
  4.4.2 语篇—副文本与语篇场—语篇世界的耦合互文 ……（218）
 4.5 小结 …………………………………………………………（219）

第五章 文学作品语篇副文本系统之互文探究 …………………（223）
 5.1 导言 …………………………………………………………（223）
 5.2 文学作品语篇副文本与主文本的层级与耦合互文 ………（224）
  5.2.1 副文本与主文本的层级组织结构和离心互文
     模式 ………………………………………………………（224）
  5.2.2 副文本与主文本的直接耦合互文和间接耦合
     互文 ………………………………………………………（226）
  5.2.3 副文本与主文本的直接耦合互文 ……………………（227）
  5.2.4 副文本与主文本的间接耦合互文 ……………………（244）
 5.3 文学作品语篇的副文本与副文本的次级互文 ……………（264）
  5.3.1 作者副文本与读者副文本的互文 ……………………（265）
  5.3.2 封面副文本与其他副文本的互文 ……………………（266）
 5.4 文学作品语篇副文本与语篇世界的互文结构 ……………（269）
 5.5 小结 …………………………………………………………（270）

第六章 副文本的配置差异、修辞动因和认知机制 ………………（273）
 6.1 导言 …………………………………………………………（273）
 6.2 消极和积极修辞境界下副文本系统的差异 ………………（274）
  6.2.1 副文本配置的系统性差异 ……………………………（274）
  6.2.2 副文本与主文本耦合互文的功能、方式和耦合度的
     差异 ………………………………………………………（275）
  6.2.3 糅合修辞境界下副文本系统的配置及互文方式 ……（279）
 6.3 副文本互文建构的修辞动因和互文理解的认知机制 ……（281）
  6.3.1 副文本系统建构的修辞动因 …………………………（281）
  6.3.2 副文本与主文本耦合互文的理解和认知机制 ………（290）
 6.4 小结 …………………………………………………………（293）

第七章 结语 …………………………………………………………（296）
 7.1 主要内容 ……………………………………………………（296）

7.2　主要结论 …………………………………………（298）
　　7.3　提升空间 …………………………………………（301）
参考文献 ……………………………………………………（303）
附　　录 ……………………………………………………（323）
后　　记 ……………………………………………………（328）

第一章

绪　　论

1.1　研究缘起

语言是话语主体（人）思想、认知和社会交流所使用的一套复杂符号系统。换句话说，语言是话语主体思想和认知的"物质材料"，同时又是话语主体之间交流的基本手段。不存在无语言思想和认知的社会，也不存在无语言交流的社会。"任何作为语言而产生的思想都是用来在社会交流中传播的。"（克里斯蒂娃，2015a：7）在社会交流中，语言符号结构的系统和语言符号意义的生成、传递和理解的表征过程及其运作机制是语言学和修辞学研究的重要对象和永恒课题。

索绪尔在《普通语言学教程》中提出，语言是一个封闭、自足、共时的符号系统，明确区分了言语活动（langage）中的语言（langue）和言语（parole）、语言中的组合关系（syntagme）和聚合关系（paradigme）、语言研究方法上的共时（synchronie）平面和历时（diachronie）平面，并将20世纪的语言学研究重心导向了关注语言、组合关系和共时方面，而不是言语活动中的言语、聚合和历时方面（Hopper，2007）。在此导向的基础上，语言学界建立了后来演变为结构主义并且高度形式化的现代普通语言学。

结构主义和形式语言学（以乔姆斯基生成语法为代表）往往避开历史、个人（话语主体）、意义方面去描写和分析语言中句子[①]的普遍语法

[①] 句子（sentence），是一个抽象的语法单位，区别于具体言语单位——逗、句断、语段（utterance）、话语（discourse）、语篇［大致对应于 Lyons（1977：31）区分的 system-sentence 和 text-sentence］。语段是实际的口语（speech）和书面语（written text）的片段。语篇可以指意义相对完整的一段口语和书面语。如果参照索绪尔的术语体系，句子、小句（clause）（转下页）

结构和生成规律。而对大于句子且"活生生的、具体的"对象——流水句、语段和语篇（话语）的结构和意义，以及对文学语言和一些包含多义性的语言的结构和意义分析往往存在局限（赵元任，2001）。那么跨越句子的意义、语篇（话语）的结构和整体意义、诗性语言与日常语言和科学语言，这些如何在当代语言学和修辞学范畴内进行统一分析呢？或者说，当代语言学和修辞学对动态的、复杂的语篇（话语）或文本结构潜势及其意义表征和生成问题该如何因应呢？

下面试举两例来引入本书即将进行的研究工作。如：

(1)《春晓》与《春晚绝句》

春晓

［唐］孟浩然

春眠不觉晓，处处闻啼鸟。
夜来风雨声，花落知多少？（清《唐诗三百首》）

春晚绝句

春眠不觉晓，处处闻啼鸟。
夜来风雨声，花落知多少？（宋蜀刻本《孟浩然诗集》）

这首题为《春晓》的五言绝句妇孺皆知，广为流传。其意为：一个春天的早上，醒而未起，听见屋外处处鸟啼。忽想起昨夜风雨，会使得多少花落？"此诗以春睡醒觉的片断写出喜春、惜春的生活情味"（顾青，2009：290）。但是，在保留了唐代编录三卷本《孟浩然诗集》面貌的宋蜀刻本中，此诗题作"春晚绝句"。春晚，不是春天的晚上，而是春季的晚暮，即晚春、暮春。暮春是伤感的时节，初春、仲春的繁花到暮春开始凋零飘落。加之清明谷雨时节的纷纷雨，春花愈加凋落。晚春容易使人激起伤怀惜春之情绪，引发时光易逝、芳华不再、韶华易老之叹惋。这在很多诗词中有所体现，如"雨横风狂三月暮，门掩黄昏，无计留春住。泪眼问花花不语，乱红飞过秋千去。"（欧阳修《蝶恋花》）"桃花开尽，

（接上页）属于语言（*langue*）范畴，而语段、话语、语篇均属于言语（*parole*）范畴（参考 Brown 和 Yule，2000：19-20；姜望琪，2011：2；王洪君、李榕，2014：11-38；张汉良，2016：13-18；陈平，2017：3）。关于语篇、文本等概念的区分，详见本书第2.3节。

正溪南溪北，春风春雨。寒食清明都过了，愁杀一声杜宇。……因甚青鸟不来，一年春事，捻指都如许。"（葛长庚《酹江月·春日》）暮春风雨，吹落春花，吹尽春天，因此"春晚"之题使诗人"惜春"之情跃然纸上。

从诗歌体裁或文体角度来分析，"春晚绝句"之题更能包蕴诗人在正文中提到的夜雨花落的伤惋之义，全诗惜春之主题意义也更加明确。明清以后的刊本都题为《春晓》，"是从首句望文命题，原诗的惜春情怀，因此而荡然无存了"（陈尚君，2016：49）。

从语言聚合关系的系统对立角度来分析，"春晓"为春天的早晨，是时间名词，与春天的中午、春天的晚上构成春天的某一天的时间域，词义本身具有单义性；从语篇中观结构——标题和正文的关系来看，标题与正文第一句关系最强，诗眼也容易被聚焦于"春""晓""鸟"，更容易被解读为"喜春"。但宋刻本标题中的"春晚"，同样是时间名词，但其时间域要比一天大，而是一个季节。春晚与初春、早春、仲春等构成春季的时间域。在中国文化中，人们好以四季喻人生。① 春天为青少年时期，夏天为青壮年时期，秋冬为中晚年时期。因此，从词义上看，春晚或暮春本身在中国文化中就存在两种意义：一是一年时间上的春天的晚暮，是自然时间；二是主观隐喻时间，喻指青少年到壮年的过渡时期。

从语篇中观结构——标题和正文的关系及整体意义传递的角度来看，标题中"春晚"与三四句"风雨""花落多少"关系更强，呼应更强，整体意义传递更为完整，"诗言情"的主旨更为明确。此标题和正文构成的语篇也更符合近体诗从客观信息向主观信息，从客观时间向主观时间，从陈述语气向疑问、假设、感叹语气流动的信息结构或信息流（高友工、梅祖麟，2013a：52）。

标题"春晚"既激活了客观时间又激活了主观时间。可见，题目对正文及其诗歌整体的意义解读具有一定的显化和约束作用。从例（1）中还可以看到，文本在刊刻流传过程中的讹变也是文本意义产生多元理解的重要因素。因此，研究语篇意义不仅要研究正文，而且要研究与正文相关的文本——题目与正文间的结构关系，更要研究不同传播方式、不同文本类型、不同传播时间与语篇意义的生成和理解间的相互关系。

---

① 一天同样可以比喻一生。拂晓的太阳喻指青少年，傍晚的夕阳喻指老年。用于比喻的"一天"不特指具体季节的某一天，可以是365天中任何一天。

(2) 神木爱长沙

近日，有网友反映称，陕西省榆林市神木县一处户外宣传犯了低级错误，落款为神木县委宣传部、神木县文明办的文明标语上，第一句话竟然是"爱国爱家，爱我长沙"。在网友发布的照片中，北青报记者看到出错的是一则《文明公约》，其中第一句话是"爱国爱家、爱我长沙"，在这句话外还有"遵德守礼、遵规守法、勤劳俭朴、敬业向上"等字样。而这个文明标语的落款则是"中共神木县委宣传部、神木县文明办"（《北京青年报》2017 年 6 月 27 日）。

《文明公约》
爱国爱家爱我长沙
遵德守礼遵规守法
勤劳俭朴敬业向上
诚信公道和谐友善
崇尚科学关爱自然
学习雷锋爱心守望

中共神木县委宣传部　神木县文明办

（《文明公约》内容根据《北京青年报》报道中的图片转写）

从例（2）新闻报道反映的事实可以看出，句法逻辑语义完全正确的文本其意义的实现同样存在一定的语境限制，如体裁、话语主体、话语的现实情景。《文明公约》不同于文学作品，话语主体一定是现实世界存在的，这也决定了文本作用和意义的范围存在一定的时空限制。此例中正文主体是长沙或与长沙辖域内单位和组织，话语起作用的空间也只局限于行政区划的长沙辖域内。此例中的语言问题之所以会成为新闻事件就在于文本的话语主体和话语意义的作用辖域与现实语境中落款所标识的话语主体和作用辖域乖离不一。在报纸媒体报道之后，网络媒体央视网（2017 年 7 月 4 日）又以《陕西神木千里表白：爱我长沙》为题进行了评论，显然这是通过将文本话语主体的错置或文本作用辖域空间的错位当成有意为之而进行的讽刺和调侃。无独有偶，2021 年 11 月 16 日《楚天都市报·极目新闻》报道了一则新闻：落款为"延安市统征办宣"的系列宣传海报正文图案和文字全部以郑州为主题，海报内容中出现了郑州的标志性建筑郑州火车站和志愿服务站的图片及"参与志愿服务，共建文明郑州""你我遵守条例，城市整洁有序，市民讲究文明，郑州提升品位"等标语。媒体之所以关注这种错位现象，从信息论的角度看，在所有可能发生的事件总体当中，经常发生的事件的信息量要比不常发生的事件小。这从侧面验证了公文事务语体正文与落款篇章组织结构的规律性。此例中作为伴随文本的落款和正文所处的现实时空对文本意义的理解存在一定的限制。

从以上两例的分析中可以看到，诗歌语言和"书记"① 语言体裁或文体的不同制约着语篇意义和结构潜势的表征和理解。诗歌的标题和"书记"的落款作为副文本在一定程度上或显或隐地标记着语篇生成和理解的制约因素——体裁的出场和在场（present）。当然，诗歌属于文学领域，文学领域与其他自主性领域（如法律、宗教等）的不同之处就在于它的指称不属于内容实体，而属于内容形式（格雷马斯，2011：285-286）。文学性诗歌语言仅受制于自然语言（自然语言限制了可选的内容和表达方式，表现为一种先验地强加的社会性书写形式）和个人风格（来自自然语言，被个人以个体语言形式学会并吸收，是个性语言结构的产物）。应用性的"书记"语言指称指向内容实体，也就是说其指称必然是外界存在的被指事物本身或所指对象。这也是诗歌体裁允准多元解读而书记体裁只能允准一元解读的内在理据。

从以上对诗歌的标题和"书记"的落款这种副文本现象分析本身来看，语言符号的意义的生成、传递和理解不是仅靠研究共时、静态、理性、封闭、单一逻辑和内部结构的"语言语言学"所能准确描写和解释的，泛时甚至超时间、动态、感性、开放、多元逻辑和处于时空历史文化网络的"言语语言学"的研究已然是当代多元化和学术多样化发展的内在趋势。语言研究范式从静态系统结构范式（自然主义范式）向动态多元解构范式（人本主义范式）推进，语言研究范围从核心现象向"边缘"现象拓展，语言能力的研究重点从"客观"语言转移到人的语言和语言

---

① "书记"术语借自刘勰《文心雕龙·书记篇》。刘勰所谓"文"，有广狭之分。广义之文是实用性的文章，包括各级政府的公文和社会上流行的用文字记录的应用文，如籍、簿、录、方、术、占、式、律、令、法、制、符、契、券、疏、关、刺、解、牒、状、列、辞、谚等，统称书记。大多文辞质朴，甚至鄙俚。它们在政事上是迫切需要的先务，刘勰认为其在文学上是"艺文之末品"。狭义之文是具有文学性的作品，有诗、乐府、赋、颂赞、祝盟、铭箴、诔碑、杂文、谐讔、史传、诸子、论说、诏策、檄移、封禅、章表、奏启、议对等，需要有文采，文辞的绮丽、藻饰。

中的人，或者说作为社会符号的语言，是大势所趋（赵元任，2001；本维尼斯特，2008；雅柯布森，［2012］1980；海然热，2012；韩礼德，2015a；戴耀晶，2017；祝克懿，2006、2010、2014；沈家煊，2020）。

语言存在于语境之中，语言活动或言语交际行为的结果的表征或记录是"语篇"（Text）（Brown 和 Yule，2000：5-6），作为语言过程（的产品）的语篇是人存在的家园（丁金国，2018）。因此，以语篇为研究对象或把语篇作为语言认知的切入点，重视语篇及篇际、语篇与社会、文化、意识形态之间的互动关系，是当代语言学和当代修辞学发展的必然趋势。

1.2 研究对象

本书立足互文语篇理论，旨在通过探究语篇的副文本与主文本和语篇世界之间的互文互涉对话空间结构及互文范式和方式，剖析副文本与主文本的互文修辞效果、修辞动因及其认知机制，来深化语篇结构潜势和语篇意义的生成和理解机制的认识，进而推动言语行为或修辞行为本身在各种社会、文化、经济活动中的功用等重大课题的研究。本节将对研究对象——副文本、副文性和互文性——的内涵和外延作出梳理和廓清[①]。

1.2.1 副文本与副文性

"副文本"（paratext[②]）是什么？副文本与主文本是一对相辅相成的

[①] "副文本""副文性"和"互文性"，既是本书的研究对象，又是本书展开研究的基本术语。专业术语的问题与"人"的问题一样，背后有一种强力意志。术语能为它的倡导者和定义者打开一个新的语言空间和认知视窗（伊·哈桑，1999：115）。"任何一门科学中专业术语的形成都标志着一种新观念的产生，并由此成为历史性的时刻。一门科学通过命名对象的方式形成其概念并为人们所接受，只有这样，科学才开始存在并产生影响力。命名的对象可能是一类现象的范畴、一个新的领域或者是某些数据材料间的一种新的关系模式"（本维尼斯特，2008：322）。《论语》有言："名不正则言不顺，言不顺则事不成。"以上论述可以说明限定术语的所指（本体）对学科科学地发展和研究的推进具有重要意义。

[②] 法语中前缀"para-"有"类-""准-""副-""辅助性的-""附加的-"的意思，如parafiscalité（附加税）、parallele（相同的或类似的）、paramédicale（医疗辅助）、paramilitaire（准军事性的、辅助军队的）、parasympathique（副交感神经的）等。因此，"paratext"又译作准文本、类文本、附加文本。

语篇结构认知成分，共同构成整体性的语篇（关于语篇、文本等相关概念的区别和联系将在第 2.3 节中详细探讨）。主文本是语篇的主体部分，又称正文本[①]。一个精神文本在编辑、印刷、面世的物理化和社会化过程中，会在文本之外增殖出一些其他的依附性信息文本。这些围绕在主文本周边或穿插在主文本之中起"点缀"、呈现、确认真实世界存在（被读者接受和消费）、延伸文本作用的"边缘"文本或增殖文本就是副文本或准文本。对读者或公众接受来讲，副文本是使语篇成为语篇的一种重要形式手段或构成部分。

副文本不是封闭的文本边界，而是出入主文本空间的开放的门槛（threshold）或前厅（vestibule，类似于中国古代堂室建筑中的厅堂格局，前堂后室，登堂入室，副文本是堂，主文本是室），在副文本空间，任何人都有进入和回转的权利。副文本是一个不确定（indeterminate）的中间区域。说不确定区域是因为副文本混合两种编码，一种是消费、宣传角度的社会编码，另一种是产生或控制文本角度的编码；说中间区域是因为副文本处于既属于主文本外又属于语篇或文本本身的"尴尬"位置。因此副文本没有严格的辖域，它既可以指向文本内部（主文本），又可以指向文本的外部语篇或文本世界（Genette，[1991] 1987：261）。

从"副文本"概念的内涵和外延来看，与主文本的作者主体明确和文本边界较为清晰的特征相比，副文本显示出作者主体多元和文本界限模糊的特征，这与主副文本在文本建构和解读上地位和作用的不均衡相关。副文本属于文本的次级类型，判断标准和内涵有一定的开放性，功能和形式上有一定的不确定性。这在某种程度上也正好说明认知副文本本身结构及其语篇或话语功能的复杂性，给副文本的进一步开拓研究留下了巨大的空间，这也正是本书研究的出发点和着力点。

"副文本"概念最早是由法国热拉尔·热奈特（Gérard Genette）1982年在《隐迹稿本：二级文学》（*Palimpsests：Literaturein Second Degree*）中重新审视诗学的研究对象时提出的。热奈特（1979）在《广义文本之导论》（*Introduction àl'architexte*）中指出，诗学的对象不是单一的具体文本，而是广义文本（architexte），或者说是文本的广义文本性（类似"文学的文学性"），亦即每个具体文本所隶属的全部一般类型和超验类型集合，

[①] 本书"主文本"和"正文本"概念相通，内涵一致，可互换使用，文中不作区分。

包括言语类型、陈述方式、文学体裁等。他在《隐迹稿本：二级文学》中总结道："广义上讲，诗学的对象是跨文性或文本的超验性"，即"所有使一个文本成为与其他文本产生明显或潜在关系的因素"，诗学主要研究一个文本与其所处的最直接背景之间的关系。利法泰尔（Michael Riffaterre）认为跨文性是读者所发现的一部作品与其前或其后的其他作品的关系，跨文性的"痕迹"或形式更多地处于点状的瞬间形象（细节）之中，并非作品的整体结构（转引自萨莫瓦约，2002：17）。无论是利法泰尔还是热奈特的跨文性，研究对象都是微观的、文学性语言的修辞现象。热奈特（Genette，1997：2-4）根据跨文关系结构形式化的抽象（abstraction）程度、蕴含（implication）程度以及概括（comprehensiveness）程度区分了五种跨文关系。我们将五种关系图示化为图1-1，下面依据从显性到隐性的次序介绍这五种跨文性。

具体　　　　　　　　　　　　　　　　　　　　抽象
（共存）　----　跨文关系的抽象度　----　（派生）

互文性　　副文性　　元文性　　承文性　　广义文本性

显性　　　　　　　　　　　　　　　　　　　　隐性
（明确）　----　跨文关系的显著度　----　（晦暗）

图1-1　热奈特五类跨文关系

第一种，互文性（intertextuality）。热奈特借用克里斯蒂娃"互文性"概念对其进行了狭义化和具体化改造（详见1.2.2.1），将其纳入自己的术语体系和文本系统，他把"互文性"定义为"两个或若干个文本之间的互现关系，从本质上讲就是一个文本在另一个文本中的切实出现"，是两个或多个文本共存所产生的关系，最明显的是引用实践，还有"秘而不宣"的剽窃、借鉴、暗示或影射实践。本书将热奈特所称的"互文性"称为"狭义互文性"。

第二种，副文性（paratextuality）。副文性是指文学作品整体构成单位主文本部分与只能称之为"副文本"部分之间所维持的关系。副文性或副文关系相对（狭义）互文性更加含蓄、疏远。"副文本包括标题、副标题、互联型标题、序、跋、告读者、前言等，旁注、尾注、题词、例证、图解、简介（blurb）、短评、封面、封底、护封以及其他许多附属标志，包括作者亲笔或代笔留下的标志。副文本为文本提供了变化的氛围，有时是一种官方或非官方的评价。即使是那些宣称自己是单纯的、对外围知识不感兴趣的读者也会轻而易举、不知不觉地占有副文本"(热奈特，1997：3)。副文本是作品的语用方面，即作品影响读者的优越区域之一，是体裁协约(generic contract / pact)的区域。在此体裁协约签约过程中读者不必签署任何协约，只能接受或放弃。而体裁标识对作者有很大的约束力，作者要遵从体裁标识的"邀约"，否则就可能受到"冷遇"。热奈特(Genette，1997：4)指出："副文性是有待挖掘的重要宝藏。"他曾在20世纪80年代末和90年代初写作了大量关于文学副文本的论著。

第三种，元文性(metatextuality)。元文性是指一个文本与它所评论的文本之间的关系，是一种评论(commentary)关系。元文性联结一个文本和所谈论的另一个文本，不一定要引用或唤起所谈论的文本，有时候甚至不需要提及该文本的名称。可以说是一种批评(critical)关系。人们从批评史视角研究元文本，事实上是一种元—元文本的思考。关于元文关系的现象本身和语篇地位的系统思考仍然欠缺，祝克懿(2011：1-10)在这方面做了有效的尝试。

第四种，承文性(hypertextuality)。又译作"超文性"。承文性指联结文本B［称之为承文本(hypertext)］与先前另一文本A［称之为蓝文本或潜文本(hypotext)］的非评论攀附关系。承文本在蓝文本(潜文本)的基础上嫁接生成。承文本生成方式有派生和改造(简单改造)、摹仿(间接改造)等方式(Genette，1997；姚远，2017：13-25)。

第五种，广义文本性(architextuality)。又译作"统文性"。广义文本性是一种纯粹秘而不宣的关系，是若干文本同属一类的关系。① 广义文本性一般处于隐匿或背景状态，在文本中最多由副文本直接或间接提示或暗示。因为文本体裁(类别)性质不是由文本自身决定，而是由读者、批评家和大众决定的。读者可以完全拒绝副文本所声明的体裁类别去阅读。但是，在很大程度上，体裁的领会能够引导并决定读者的"期望点"和决定作品的接受(Genette，1997：4-5)。

热奈特(Genette，1997)是在跨文性的总体框架下考察文学语篇副

---

① 跨文性的各种形式既是文本性［textuality，与Beaugrande和Dressler(1981)所说的"语篇性"有相通之处］的种种面貌，又强烈地反映为程度不同的类型文本性。可能把广义文本性当成一种文本类型存在争议，因为广义文本就是类型性本身。但其内部依然可以分类，某些文本比另一些文本的广义文本性更深，因此可以分为更多广义文本性和较少广义文本性两类。

文性和副文本的。热奈特在之后论述副文本的专著《门槛》（*Seuils*，1987）（英译本题为 *Paratexts：Thresholds of Interpretation*，1997）和系列论文《普鲁斯特副文本》（*The Proustian Paratexte*，1988）、《副文本导论》（*Introduction of the paratexts*，1991）中将副文本比喻为进入主文本的门槛，包括作者和编辑的门槛（题目、插图、插画、献辞、题记、前言和注释等）、与传媒相关的门槛（作者访谈、正式概要）、与生产和组合相关的门槛（组合、片段截取等）、私人门槛（信函、有意或无意的札笺）。门槛就意味着内外的规则不同，门槛隔着两个世界，一旦进入门槛，外部的规则就会被颠覆，内部的规则就会起作用。副文本就是主文本和外部世界的过渡区和交易区，从本质上来讲，副文本是体裁和修辞策略的界面空间。热奈特（Genette，1997）曾详细考察了小说语篇中处于边缘位置的十三种副文本——出版商的内文本、作者名、标题、插页、献词和题词、题记、序言、原序、其他序言、内部标题、提示、公众外副文本和私人内副文本及其功能，认为副文本有包围、延长和语境化文本的功能。热奈特（1991）还依据副文本的位置、生成时间和语境等标准，进一步将副文本分为："内副文本和外副文本""前副文本、原创副文本、后副文本""公共副文本、私人副文本、私密副文本"等。

热奈特对副文本的定义和分类影响了之后研究者对副文本的研究和对副文本现象的挖掘。许多学者结合本学科自身特点或结合本民族语言文化（包括文学）对副文本概念进行了内涵修补和外延拓展。如 Gray（2010：32；2016：34）关注了电影中的副文本现象，他根据时间标准（temporal typology），将影视语篇副文本分为三类：一、前—入口副文本（*entryway* paratexts）；二、中—同步副文本（*in medias res* paratexts）；三、后—纪念副文本（*memorabilia* paratexts）[①]；金宏宇等（2014：4）结合中国现代文学的实际情况指出副文本是正文本周边的一些辅助性的文本因素，包括标题、笔名、序跋、扉页或题下题辞、图像、注释、附录、书刊广告、版权页等。副文本不仅寄生于一本书，也存在于单篇作品；不仅是叙事性作品，抒情性的诗歌和散文同样有副文本；不仅单行本的文学作品，文学期刊也有副文本（如发刊词、编者按等）。陈一（2022）将弹幕视作影视剧

[①] Gray（2016：34）指出：在观看完电影或电视连续剧主文本之后可能会产生一些依附性文本材料（attached materials），如各种"彩蛋"（stinger）。Rodríguez-Ferrándiz（2017：166）将这类后产生的依附性文本称为纪念副文本（*memorabilia* paratexts）。

语篇副文本，认为弹幕副文本超越了字幕副文本的功能，是一种新的网络评论方式和文化传播形式，可以使影视剧语篇形成"创作—传播—评论—反馈"的闭环，催生更合理、更多元的网络视频语篇评论机制。

副文本是文本整体的有机构成，参与文本意义的生成和确立；它是理想读者阅读主文本的导引或阈限，是阐释主文本的门槛或陷阱，为主文本提供视点和氛围，是主文本的文学生态圈乃至历史现场。副文性是五种跨文关系中最具在场感的一种类型。

当然，语篇研究中不能把与语篇相关的所有文本都称为副文本，因为"如果把所有相关的文本都称为副文本的话，那么副文本术语或概念从本质上来讲是无用的"（Schmitt，2012：21）。根据热奈特以及后来修补者的定义，我们对"副文本"的基本认知是：副文本与主文本（正文本）是语篇范畴中一对相辅相成的概念，副文本是物理形态上和语义内容上依附、穿插、区隔、映射于主文本，对主文本的意义的生成与理解起积极或消极作用，使语篇成为语篇的文本要素。副文本可以是多媒体—多模态文本，如图片文本、影像文本、声音文本。本书主要研究文字文本。主文本和副文本组构的整体语篇，可以是文学语篇，新闻语篇，科技语篇，广告语篇，等等。但并非所有语篇都有副文本，在一些特定语境下，也存在只有主文本的"小语篇"（韩礼德，2010：446），如图书馆阅览室墙壁上的"静"文本、马路边指示牌上的"慢"文本、商标文本等独立构成的短小的语篇。

有人认为，中国现代文学的版本构成，即物质的、具体的成书形态，和文本构成（语言的抽象体）都是效法西方（金宏宇等，2014：3-4）。其实，副文本是文本或语篇自身发展的产物，不论在东方还是西方，都能追溯副文本的滥觞。当然，不可否认的是，文化的接触和融合会在某个时期或某种文化中产生一些新的副文本或使原来的副文本发生演变。

如中国书画艺术作品语篇中就有很多副文本现象。以故宫博物院藏王献之《中秋帖》手卷（见图1-2）为例。

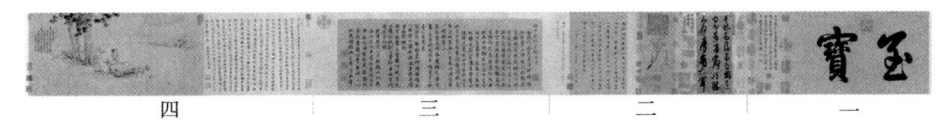

图1-2 王献之《中秋帖》，故宫博物院藏

手卷，又称长卷、图卷，是中国书画的典型表现方式。手卷一般外有包首（之上贴题签），内有天头、引首、画心（作品）、隔水（各部分之间的空隙，包括前隔水和后隔水）、拖尾（见图1-3）。画心是书家、画家、书画家的用心之处。内容上一般有画、诗、字，如果字、画、诗均由书画家一人所为，则称为"三绝"。

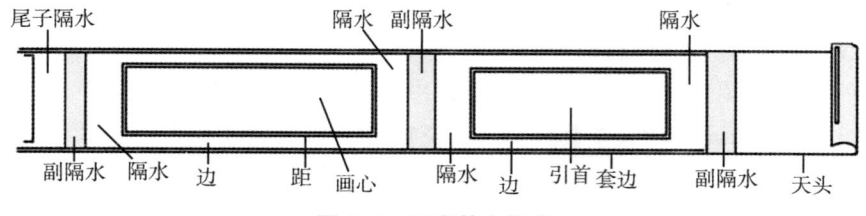

图1-3 手卷基本构成

《中秋帖》为晋代书法家王献之草书纸本手卷，被清高宗弘历誉为"三希"之一，藏于故宫博物院三希堂。卷前引首为乾隆题"至宝"两字（见图1-4中①所示）。前隔水为乾隆御题一段："大内藏大令墨迹，多属唐人钩填，惟是卷真迹，二十二字，神采如新，洵希世宝也。向贮御书房，今贮三希堂中。乾隆丙寅二月御识"（见图1-4中②所示）。画心为东晋王献之《中秋帖》正帖帖文："中秋不复不得相，还为即甚省如，何然胜人何庆，等大军"，画心右上为乾隆题签"晋王献之中秋帖"（见图1-5中③所示）。画心左为乾隆摘录张怀瓘《书估》中评王献之之辞："神韵独超，天资特秀"（见图1-5中④所示）以及白描绘画一幅（见图1-5中⑤所示）。再左为明董其昌跋文："大令此帖，米老以为天下第一。子敬书，又为一笔书。前有十二月割等语，今失之。又'庆，等大军'以下皆阙，余以《阁帖》补之，为千古快事。米老尝云，人得大令书，割剪一二字，售诸好事者。以此古帖，每不可读，后人强为牵合，深可笑也。甲辰六月观于西湖僧舍，董其昌题。《阁帖》已至也，分张可言，止系此后，今离而为二，自余始正之，刻之《戏鸿堂帖》"（见图1-5中⑥所示）。

后隔水乾隆跋"《拟中秋帖子词》有序：金祇行政，素昊司时。蝉噪风秋，台上律披闾阖；鹊飞月曙，楼前镜对婵娟。于时有象西成，仓箱叶万千之盛，无边佳景；团圞正三五之宵，露满芝盘。鸠鹊高而玉绳低影，气澄兰圮；鸳鸯敲而丹桂飘香，不须弦管。吹开所喜篇章，递进宜春彩帖。体反苏家，僈直金銮，词怀韩氏，爰成四什，各赋七言：

第一章 绪论

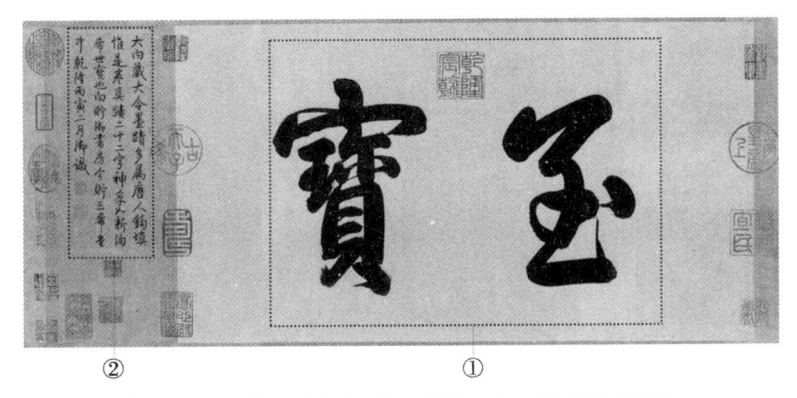

图 1-4 王献之《中秋帖》（局部一），故宫博物院藏

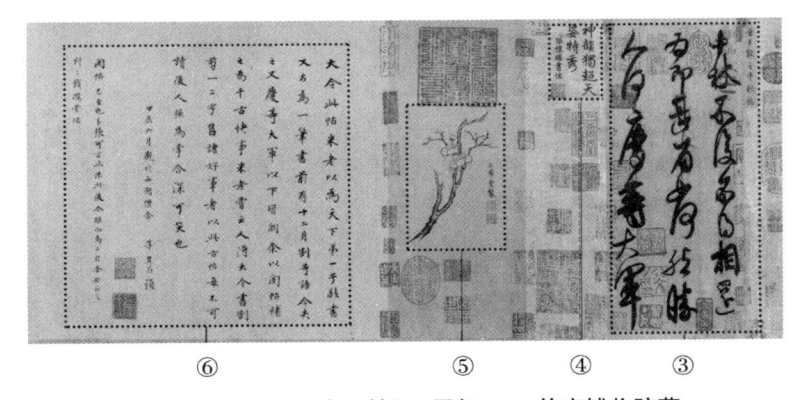

图 1-5 王献之《中秋帖》（局部二），故宫博物院藏

  风月今宵非等闲，等闲风月惣须删。南极六星临北阙，西华一镜挂东山。

  底缘觉得好风光，桂影婆娑华黍香。试想昨年蟾窟景，一秋毫分不曾匡。

  间阎节物验嘉师，圆饼雕瓜入好诗。太液秋风潋金榖，不须重拓影娥池。

  璇霄珠露五云楼，可识春光也让秋。试刱玉堂新事例，擘笺催进月词头。

  乾隆丙寅八月拟成此词，既命内廷词臣，属和适橅大令《中秋帖》。因录于卷后，际此良时，实获心赏。并志之，以纪几馀雅兴。三希堂御笔"（见图 1-6）。

图 1-6　王献之《中秋帖》（局部三），故宫博物院藏

其后又有明项元汴跋文："晋王献之，字子敬，羲之第七子。官至中书令，清峻有美誉，而高迈不羁，风流蕴藉，为一时之冠。方学书次，羲之密从其后掣其笔不得，于是知献之他日当有大名。后其学果与羲之相后先。献之初娶郗昙女，羲之与昙论婚，书云：'献之善隶体，咄咄逼人。'又尝书《乐毅论》一篇与献之学，后题云赐官奴，即献之小字。献之所以尽得羲之论笔之妙。论者以谓如丹穴凤舞，清泉龙跃，精密渊巧，出于神智。梁武帝评献之书，以谓绝妙超群，无人可拟。如河朔少年，皆悉充悦，举体沓拖，不可耐何。献之虽以隶称而草书特多。此《十二月帖》（注：现藏于上海图书馆）未审其由，割去前行，又稽诸米元。章宝章录止存此数字，逎大令得意，书历代传宝。今散落南北，不知凡几家。适复至于此，信天下至宝，当神护汴也。重值购藏，永为书则。虽威武声势，不可畏而授与是，亦从吾所好也。来裔岂可以易而忽之？须世守斯可矣。墨林项元汴敬题"（见图 1-7 中⑧所示）。拖尾为清丁观鹏绘画作品《中秋月色图》（见图 1-7 中⑨所示）。画中有落款："乾隆丙寅春，蒙赐观王献之《中秋帖》真迹，令臣观鹏绘图卷尾，秋色平分，梧梢月上，臣辄拟议此景。伏惟前贤墨妙，重以天题，臣仰陟上清，足连云气，翘瞻阆苑，目眩星辰，自愧鸦涂，真成貂续。臣丁观鹏恭纪"（见图 1-7 中⑩所示）。卷前后和隔水钤有北京"宣和"内府、南宋内府，明项元汴、吴廷、清内府、古希天子、乾隆御赏、御书房鉴藏宝、三希堂等鉴藏印。

按照我们的认识，主文本是王献之的手迹（《中秋帖》帖文疑为北宋书法家米芾仿王献之《十二月帖》临本），即图 1-5 中③所示部分的帖文本身，其余①、②、④—⑩中所示文本皆为副文本。副文本写作主体多

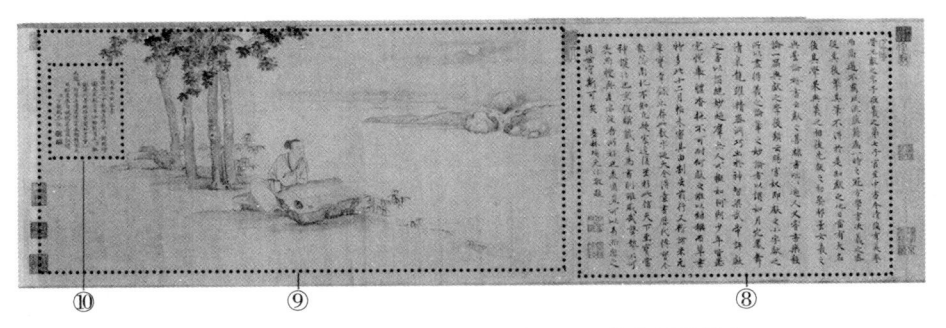

图1-7 王献之《中秋帖》（局部四），故宫博物院藏

元，其中①、②、④、⑤、⑦均为乾隆皇帝御笔，内容上，有评价性的元文本（如①中称此帖为"至宝"）、续写改造的承文本（如⑦中《拟中秋帖子词》，其中有关于主文本中的"中秋"）、借自他人之口进行评价的互文本（如④中借张怀瓘《书估》中"神韵独超，天资特秀"来评价王献之其人其作）、与主文本距离较远只能称为纯粹副文本的副文本（如⑤中墨梅画）；副文本写作主体还有明项元汴、董其昌和清丁观鹏，内容上，有关于主文本创作或作品由来的，也有论及王羲之本人生平的，亦有观帖之后的体会观感的。印章也是副文本，提供了文本流传过程中的有关主体与地方的信息。通过主文本和副文本之间的各种呈示、提示、评论等关系建立起了故宫博物院藏"稀世珍宝"《中秋帖》语篇（其详细流传过程可参考刘涛，2009：227-229）。

从以上分析可以看到，《中秋帖》整体语篇或作品的建立通过了多主体、异质文本的协调而构成一致的作品。《中秋帖》借助副文本及副文本主体（张怀瓘、乾隆皇帝①、丁观鹏、董其昌、项元汴、三希堂）使主文本内容得到延伸和放大，实现了主文本的传播和接受，从而使其声名飞溢远扬。

副文本是语篇或作品体裁本身和社会文化发展的产物。东方和西方在作品考证和文学评论方面都有借鉴主文本周边信息或副文本信息，只是热奈特首先将其概念化为术语"副文本"并系统化为"跨文性理论"而已。本书将着重从科学语篇和文学语篇的副文本入手考察其对语篇主文本意义

---

① 有人戏称乾隆皇帝是文物界的"牛皮癣大王"，他喜欢在文物字画上加盖自己的印章，题写自己的题跋，是"弹幕始祖"，"文物标记达人"。但不可否认的是，恰恰是他的"御览御笔"使得这些文物真迹得以保存、流传和发扬光大。

建构和理解的作用。

副文本研究还应该注意，副文本不仅可以建构热奈特所说的"副文性"，还可以建构、突出、关联或标记主文本的（狭义）互文性、元文性、承文性和广义文本性。

1.2.2 互文性

1.2.1节中谈及热奈特（Genette，1997）的五类跨文性时，特意强调了作为其中首要和重要类别的"互文性"。问题是：热奈特跨文关系中的"互文性"和"副文性"与法国学者克里斯蒂娃和罗兰·巴特的互文性在本质上是否具有同一性？如果不具有同一性，它们之间是否具有蕴含关系？热奈特的跨文性与克里斯蒂娃和罗兰·巴特的互文性在何种层面存在对等关系？

要回答以上问题，必须首先廓清"互文性"的基本概念和可操作性分类。

1.2.2.1 互文性概念

对"互文性"（intertextuality，又译"互文本性""文本间性"）概念的理解，绕不开探讨互文性理论在结构主义和后结构主义（包括解构和后现代）大的理论背景和时代背景下所发生的衍生和嬗变。萨莫瓦约（2002）、秦海鹰（2004a、2004b）、辛斌（2006）、祝克懿（2010；2013）、赵渭绒（2012）、殷祯岑和祝克懿（2015）以及互文性理论提出者克里斯蒂娃（2013；2016a）针对互文性理论本身的源流、发展及其嬗变进行过或粗略或详细地梳理。在此"掠"他人之"美"，简单地勾勒一下"互文性理论"的源流。

互文性理论，简称互文理论，产生于20世纪60年代结构主义大背景下的法国文学批评界。① 结构主义的前身是俄国形式主义（formalism）。结

---

① 互文性理论之所以出现在法国文学领域，而不是英国、意大利、西班牙、德国、俄国、美国等西方国家，其中一个重要原因，就是法国文学的传统或文学中心人物不同于其他国家的文学传统和中心人物。"法国文学的中心人物不是拉伯雷、蒙田、莫里哀，也不是拉辛、雨果、巴尔扎克、波德莱尔、福楼拜或普鲁斯特，而是笛卡尔，他在法国的地位相当于其他国家为莎士比亚、但丁、塞万提斯、歌德、托尔斯泰或艾默生所保留的奠基人的位置。"（参见布鲁姆，2016：30）法国文学的奠基人笛卡尔是一位哲学家，因此法国文学总是弥漫着因演绎而生的美，即"笛卡尔"式的美。他提出著名的"我思故我在"（Cogito ergo sum）哲学命题，强调以思维为其属性的独立的精神实体的存在。从另一个层面上讲，法国文学（包括文学理论）天生就有一种哲学的意味在里面。

构主义认识到人是会说话的生命，语言处于人类各种生活的中心地位。于是，结构主义研究范式将所有人类行为都看作是从属于语言普遍规律的"意义系统"。因为无论任何语言，都受制于某些简单而有效的普遍规律。"系统中的对立"思想是结构主义的理论核心（陈平，2015a：1-11）。结构主义尝试把这种对立思想用于更为复杂的人类思想的层面，便进入了"超语言"的领域，因为人的思想研究不再仅仅涉及语言本身。语言学家和哲学家以及俄国形式主义都注意到语言不仅仅是一个对立的语法系统，而是由说话者或言说主体来实现。即所有语言，即使是"独白"，都是有受话者指向的意义行为，语言预设了某种对话关系或对话性。但结构主义以及形式主义并没有真正重视这种对话性，也未真正将其纳入自身的考察范围。

俄国后形式主义学者巴赫金（Mikhail Bakhtin）关注"词语"的地位[①]（statut de mot）并重视在文本空间中词语的写作主体和读者主体及其与外部文本间的对话性。词语研究要求在不同文本和文本类型内部建构词语的地位，把词语分析放到"人文"科学的枢纽位置。语言（langage，思想的真实实践）和空间（espace，意指通过种种差异汇集成意义的总体）在词语中实现交汇（克里斯蒂娃，2016a：13）。词语的地位可以在横向轴层面（文本中的词语处于写作主体和读者中介层面）和纵向轴层面（文本与外部文本的关系，包括先前资料和当下资料的集合）得以界定。比如"读者在面对一本作为对话空间和对象的书时，读者本人也融进了书中，因为阅读时读者会联想到自己的经验，读者的解读属于读者接受，本身也属于文本的一部分。读者作为文本的一部分参与到文本语言和作者语言中。因此，每个文本都是文本与文本的交汇，在交汇处至少有一个'他文本'（读者文本）被读出。文本的交汇被巴赫金称作文本的'双值性'（ambivalence），又称'对话性'[②]（dialogue）。巴赫金首次在文学理论领域给出'任何文本的建构都是引言的嵌套组合；任何文本都是对其他文本的吸收和转换'的深度阐释。从而互文性概念取代主体间性（intersubjectivity）概念被确立，在文本的多声部中，诗性语言至少能被双重（double）解读，即作为作者和读者的双重投射"（克里斯蒂娃，2016a：150）。

---

① 巴赫金所谓的"词语"（mot）不仅指语境中的、狭义的词语，还指广义的语篇单位，如语句、文本、语段等。本书题记"见字，如见故人来"中的"字"可以替换为巴赫金定义的"词语"。见词语，如见故人来。详例可参考祝克懿和蒋勇（2010）对"革命"一词的多维考论。

② 巴赫金对"双值性"和"对话性"概念并没有严格进行严格地区分。

巴赫金所重视的词语，正是克里斯蒂娃所倡导的互文性理论的操作对象——文本。作为文本单位的词语，首先具有中介（*médiateur*）的地位，连接着文本与读者，也连接文本与历史，它是语言结构与文化、历史之间的中介元素；其次还具有调节（*régulateur*）的功能，每位作家（作者）都会以自己特有的方式与其他文本发生关联，从而成为其所处时代的重要作家（作者）。词语的对话、互文地位使词语在写作主体、读者和语境构成的三维"空间"中发挥作用。因此，当我们试图描述文本或词语的语篇功能时，单纯的结构主义语言学方法无法满足，还要使用巴赫金的"超语言学"（*metalingvistika/trans-linguistique*）① 的方法。它强调语言研究不仅要研究词语本身，还要研究词语背后的作者用意、读者接受、动态的语境。这就促使语言研究向意义经验开放，这就要求语言研究必须关注语言学领域之外的学科，如心理学、社会学和历史学等。通过语言的内在经验（*expérience intérieure*，涉及意义与感知的产生以及建构和解构，这种经验是精神和身体合二为一的，是语言的，不可约缩为"信息""数据""交流"等；这种经验是过程，也是转化）的研究，重新诠释学科间（interdisciplinarity）的界限，甚至勾勒出一种必要的跨学科或超学科（transdisciplinarity）（克里斯蒂娃，2016a：15、"自序"）。

自 1966 年克里斯蒂娃提出互文性理论以来，至今已逾半个世纪。回顾半个多世纪以来互文性理论的发展及其接受情况，隐约中可以看到两条嬗变路径：后结构主义（包括解构主义）方向和结构主义方向② （Allen,

---

① 准确来讲，是超结构主义语言学。当时主流语言学是结构主义语言学，所以当时称"超语言学"并无不妥。虽然巴赫金和克里斯蒂娃都注重超语言学的构建，但二者对超语言的内涵的界定是有细微差别的。巴赫金的对话理论强调作为历史中的主体所承担的语篇（话语）、言语或表述在对话交流行为中的作用，克里斯蒂娃的互文性理论对超语言的理解可以分为两个方面：（一）跨越语言，即语篇（话语）或文本既是语言构成，又跨越语言走向语言之外的社会历史空间；（二）穿透语言，即语篇（话语）或文本既基于语言，又刺破和穿透语言，对语言代码进行重新分配（摧毁和重建）（参见秦海鹰，2004a：27）。克里斯蒂娃的超语言观决定了超语言学的跨学科属性或超学科属性。

② 我们同意秦海鹰（2004b：27）对结构主义（structuralist）和后结构主义（poststructuralist）相互关系的看法。她指出，后结构主义之"后"主要不是时间上的先后概念，结构主义和后结构主义与其说是先后（时间上）出现的两种主义，倒不如说是相互补充的同一种主义的两个不同侧面（方法和宗旨上的差别），"没有结构主义，自然不会有后结构主义，后结构主义的出现并没有使结构主义消失"。克里斯蒂娃（2016a）也坦言，互文性理论是对结构主义的继承。二者共存于当代文学批评和语言学理论的时空之中。

2000：95-97；萨莫瓦约，2002：2-18；秦海鹰，2004b：27-28；辛斌，2006：114；祝克懿，2007）。

第一，后结构主义方向的互文性研究是解构批评和文化研究。研究者们把互文性当作批判的武器并与美国的文化批评、新历史主义、女权主义等相融合。这个方向的互文性研究趋向于对互文性概念作广义、高度概括的理解和解释，即"任何文本都是互文本"。这一方向的代表人物有克里斯蒂娃及其老师罗兰·巴特，以及后来的美国耶鲁学派的解构批评家们。罗兰·巴特（2000：84-85）指出，文本与文化、生活之间具备引用的关系。从这句话可以看出：构成文本的符码是引用和结构的投射或透视视窗，由符码构成的"文本是一堆已经读过、看过、做过、经验过的事物的碎片。符码是这些'已经'的纹路，符码引用已写过之物，也就是说，引用文化、生活这部书，文本是文化、生活这部书的简介"①。更确切地说，每个符码都是控制文本网络的一种力量，都是"织入"文本中的一种声音。众声音（符码）汇聚成为写作这一立体空间，在这一立体空间中，五种声音（经验的声音、个人的声音、科学的声音、真相的声音和象征的声音）及其对应的五种符码（布局符码、意素符码、文化符码、阐释符码和象征符码）之间相互交织。从以上分析可以看到克里斯蒂娃、罗兰·巴特等学者广义互文性的文化解构立场。由于他们对互文性作广义的理解以及旨在文化解构的目的，学界又称后结构主义方向的互文性为广义互文性、解构的互文性。

第二，结构主义方向的互文性研究是诗学和修辞学范畴下的互文性研究。当互文性研究进入20世纪70年代，研究者试图摆脱和剥离互文性（指广义互文性）最初携带的批判意图和论战色彩，倾向于用平和的学术心态重新审视互文性概念的外延和内涵。结构主义方向的互文性研究趋向于对互文性概念作清晰、精密的界定，使互文性成为一个可操作的描述和分析工具。如热奈特（2000）对互文性的明确定义："一个文本在另一文本中的切实出现，两个文本和若干文本之间的共现关系"（可参见1.2.1节相关论述）。这一方向的代表人物有热奈特、克里斯蒂娃的学生孔帕尼

---

① 钱锺书曾在1939年出版的《写在人生边上》序中说，"人生据说是一部大书"，他自己写下的文章"只能算是写在人生边上。这本书真大，一时不易看完，就是写过的边上也还留下好多空白"。遗憾的是，钱锺书当时并没有将其"人生是书"的比喻抽象化为关于写作和阅读的语篇或文本理论。

翁（Antoine Compagnon）、利法泰尔。由于他们对互文性作清晰的、狭义的界定以及在诗学和修辞学视野下探究具体文本间的引用、套用、影射、抄袭、重写等互文关系，学界又称结构主义方向的互文性为狭义互文性、建构的互文性。

如果说"克里斯蒂娃的互文性理论与巴赫金的对话理论恰好构成典型的互文关系"（秦海鹰，2004a：2）的话，那么狭义的结构主义互文性和广义的后结构主义互文性，与克里斯蒂娃互文性理论之间更是典型的互文关系。互文性理论是结构主义和后结构主义互文性建构的直接范本。它们是互文性理论的两种潜在极端，明确和晦暗之间，二者同处于互文性连续统上，差异只是关注的焦点不同而已。因为探索语篇或文本的互文性绕不开探讨两类互文性：作者在语篇或文本写作过程通过明确性的互文写作手法建立的互文性；读者、批评者和研究者在阅读和研究语篇或文本过程中通过联想、关联、追根溯源等晦暗性的互文阅读和通过社会、文化、心理分析手段建立的互文性。

1.2.2.2 互文性分类

互文性通过互文本（intertext）来体现。何谓"互文本"？互文本是某种特定的文本系统（符号实践）与其吸收到自身空间中的陈述语（句段）或发送到外部其他文本或其他语篇（符号实践）中的陈述语（句段）之间的交汇。[①] 如果把被创作、被研究、被阅读的那个具体研究对象文本或语篇称为"当下或当前文本"或"中心文本"，把当下或当前文本所征引、暗示、改造、重组、仿效的其他文本称为"他文本"或"源文本"的话，互文本就是当下或当前文本和他文本或源文本之间的关联重合"区间"。互文本是植入文本肌体内的"异物"，这个"异物"使文本肌体产生异常反应或建立新的生命机制。

互文性是当下文本把其他文本（全部或部分）纳入自身形成互文本的现象，"是一个文本与他文本或源文本发生关系的特性，这种关系可以在当下文本的写作过程中通过明引、暗引、拼贴、模仿、重写、戏仿、改

---

① 克里斯蒂娃（2015b：52）借用 Medvedev 在 1928 年出版的《文学理论中的形式主义方法：诗学的社会批评导论》一书中关于文学理论的定义（文学理论是囊括人类所有意识活动领域的各种意识观念学这一广袤学科的一个分支）中的"意素"（*idéologème*）来指称我们称谓的"互文本"本体。关于对"互文本"概念的理解，学界存在一定分歧（详见秦海鹰，2004b：28-29）。

编、套用、重写等互文写作手法来建立，也可以在文本的阅读过程中通过读者的主观联想、研究者的实证研究和互文分析等互文阅读方法来建立"（秦海鹰，2004b：29）。互文本可以是一个实体，也可以是一个性质或过程，互文本是可被读到和阐释的、"具体化"的互文功能的物理或心理表征，浮现（emerge）于文本结构的不同层面——词汇、句段、语言结构、同类型语篇、体裁等，它随着文本建构的进程而展开，互文本赋予文本以历史和社会坐标。因此，互文本可以与源文本重合，也可以与源文本交错。以互文本来理解语篇或当下文本的态度决定了符义分析理论（符号学之一）思考问题的方法和路径：在语篇或文本世界互文性中研究当下文本，并且在社会和历史文本中来思考当下文本。在语篇和互文本熔炉中，在语篇或文本世界整体中理性看待各种陈述语的转化，并把这个语篇或文本世界整体纳入社会和历史的广义文本中来解读（参见克里斯蒂娃，2015b：52）。我们用示意图1-8来表示互文本、当下文本、他文本（源文本）、互文语篇（互文空间）之间的抽象关系。

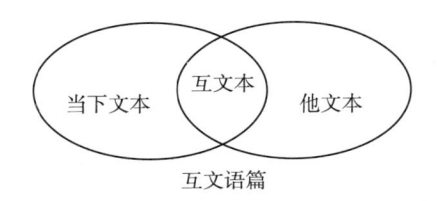

图 1-8　互文语篇、互文本、当下文本、他文本之间抽象关系示意图

对纷繁多样的互文性现象进行分类，即互文性的类型化、范畴化，是深化互文性研究的重要步骤，也是科学、系统地认识互文性的必经之路。

克里斯蒂娃（2015b：87）根据互文本交汇活动空间的三维构成性，三维即写作主体、读者和外部语篇（文本）三个维度，将互文性分为横轴互文性（horizontal intertextuality）和纵轴互文性（vertical intertextuality）。[①] 横轴互文性是指语篇（文本）中的词语同属于写作主体（作者）和读者，作者和读者通过词语互文本实现互文关系；纵轴互文性

[①] 又译作"水平互文性"和"垂直互文性"。本书遵从祝克懿与宋姝锦对此二术语的翻译：横轴互文性和纵轴互文性（参见克里斯蒂娃，2012）。"横轴"和"纵轴"也更贴合原意，"在不同文类或文本内部建构词语的特殊地位"。要在平面直角坐标系中确定一个点的位置，就必须依靠横坐标轴和纵坐标轴两个参数。

是指语篇（文本）中的词语指向先前、共时或将来层面的语篇（文本）集合。在互文语篇的对话空间中，读者作为语篇本身的一部分而存在，读者融入作者本人的书写形成相映射的他语篇（他文本）。徐赳赳（2015）基于此区分了作者互文性和读者互文性。

还有根据互文本的显著性程度进行分类的。如 Jenny（1982：40）将互文性分为强互文性（strong intertextuality）和弱互文性（weak intertextuality），强互文性指一个语篇中明显包含其他语篇的相关语段，如引言、抄袭，弱互文性是指一个语篇当中存在语义上对其他语篇联想的语段，如相似观点、主题思想；Fairclough（1992：104）将互文性分为显著互文性（manifest intertextuality）和构成互文性（constitutive intertextuality），显著互文性指"其他语篇或文本显性地出现或存在于所分析的语篇中，为语篇的表层表征（引号）所明确标示或暗示"，而构成互文性是指语篇生成过程中涉及的语篇规范或规约的组合，如各种体裁、各级规约类型。周小成（2009：42-43）根据互文本的符号指示性将互文性分为显性互文性和隐性互文性，显性互文性是指他文本以先例的形式与当下文本融合而形成的互文性，即互文性中出现交际主体（作者、作品中人物、读者）先前就已经熟悉的文本特定成分，隐性互文性是指两个或以上文本或语篇在事件内容、思想内涵、作品风格等方面相互验证而形成的互文性。如果说互文本的显著性程度标准是基于语篇生成中的写作主体，那么基于语篇理解的听话人、读者或分析者的互文性又是什么情况呢？

那就是根据互文本的可辨识度（distinguishability）对互文性进行分类。互文本的可辨识度依赖于读者或分析者的识解，辛斌（2005：127-128）整合 Jenny（1982）和 Fairclough（1992）的互文性分类并根据读者或分析者对互文本的可辨度将互文性分为具体互文性（specific intertextuality）和体裁互文性（generic intertextuality）。具体互文性指"一个语篇包含可以找到具体来源（即写作主体）的他人的话语（文本）"，体裁互文性是指一个语篇中不同文体（style）、语域（rigister）或体裁（genre）的混合交融。体裁互文性也涉及主体，但体裁互文性所涉及的不是个体主体（individual subject），而是集合主体（collective subject），如某一社会阶层、群体或共同体。

整合从语篇生成（写作主体、言说者）角度和语篇理解（受话人、读者、分析者）角度的互文性分类，本书基于互文本来源即他文本或他语篇本身性质的个体性和普遍性将互文性分为文本（语篇）实例互文性（token-based intertextuality）和文本（语篇）类型互文性（type-based intertextuality）。文本实例互文性是指通过与源于历史曾经使用或现在正在使用的存在（物理存在和精神存在）的语言事实或语篇（话语）建立的互文关系，个体性他文本包括作者和读者的私人文本和共享文本，他文本一定是个体实例或实际的存在，有具体主体（个体主体）、具体时间、具体表征空间；文本类型互文性类似于热奈特（Genette，1997）提出的广义文本性和辛斌（2005）提出的体裁互文性，但不限于体裁，它是基于语篇或文本类型（如体裁、文类范畴、文体、语体、认知框架）等宏观上的、结构上的、题旨上的、聚合意义上的、普遍性的类型规约或聚合系统对立而建立的互文关系，类型性他文本具有隐含主体性（多主体、雾化主体、弥散主体）、隐含时间性和隐含空间性（模糊时空）。

热奈特（1991；1997）把一些属于传统修辞学领域的现象吸收到文本建构和结构当中，作为互文性（跨文性）写作的具体形式来分类考察，使修辞学合理地介入当代语篇或语言的阐释，这同时也是发端于20世纪80年代的人文学科修辞转向的范例（参见曲卫国，2008：113）。

综合上文对"互文性"和"副文性"概念及其理论基础的梳理，我们可以看到，互文性理论自20世纪60年代末70年代初提出以后，发生了结构主义方向和后结构主义方向的嬗变。后结构主义方向基本奉行广义互文性的观点，而结构主义方向基本奉行狭义互文性的观点。当然，广义互文性和狭义互文性也是相对的。探讨互文性，无论是结构主义路径还是后结构主义路径，都有一些绕不开的本体命题或话题。为了便于操作和认知互文性，本书提出了基于文本（语篇）实例互文性和基于文本（语篇）类型互文性。热奈特策略性地使用"跨文性"概念来对待广义互文性中的某些互文现象。从热奈特的跨文性连续统中，可以看到"副文性"与互文性位置最相近、关系最密切。特别副文性的本体基础——副文本的建构更是与互文性（无论广义还是狭义）有着千丝万缕的关系。但目前研究大多数局限于副文本本身，并没有在副文本互文网络系统中考量副文本的互文性和互文机制，这正是本研究基于互文语篇理论来考察副文本系统互文机制的缘起和旨归。

1.3 研究综述

语篇分析无外乎对语篇的形式、结构与语篇的意义（内容）和功能的对应关系的研究。语篇研究的路径基本上可分为两条：一是从语篇形式到语篇意义和功能的"自下而上"式研究法，二是从语篇意义和功能到语篇形式的"自上而下"式研究法（见图1-9）。语篇语言学属于语言学的一个分支，自现代语言学建立以来，语言学者们普遍重视语言形式的研究，因此当前语篇语言学研究亦大都遵循"自下而上"从语篇结构到语篇功能意义的研究路径。当然，语篇结构与句法结构无法相类比，语篇结构的确定不得不参考多种意义、社会功能或以意义或社会功能为主要标准，意义是语篇分析绕不开的话题和核心内容。

学界对语篇结构的分类，大致有两种：一种是两分法，另一种是三分法。

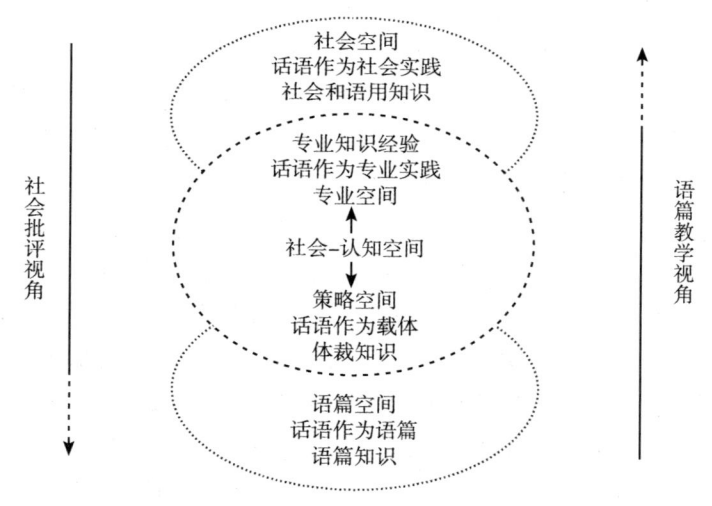

图 1-9 话语和语篇分析的视角与空间（Bhatia，2008：19）

两分法将语篇结构分析为宏观结构和微观结构两类（姜望琪，2012：10-19；王洪君和李榕，2016：21）。语篇的宏观结构研究"与完整语篇所表达的主旨相关联的直接组成部分及其彼此间的关系"，文章学里的"起承转合"结构就是典型的宏观语篇结构；微观结构研究"由层级性的大小不同的语篇单位构成的成分结构体系"（王洪君与李榕，2016：21）。

三分法将语篇结构分析为三个层面。van Dijk 和 Kintsch（1983）基于心理学的语篇处理模型将语篇表征结构分析为三个层面，微观结构、宏观结构和超结构（super-structure）。微观结构和宏观结构侧重语篇内容，微观结构是由命题①组成的命题网络，是语篇基，表现为一句一句、自下而上的语篇信息，宏观结构在微观结构基础上形成，宏观结构是反映语篇主旨、全局性的语义结构的抽象表征。宏观结构通过对微观结构的具体语义表征应用宏观化规则操作实现，宏观化规则有删除、概括、组编等。宏观结构表现为宏观命题，也就是语篇的中心思想和观点。而超结构则是某种语篇类型的特征在全局结构上的表现，超结构总是与特定的语篇类型、体裁、组织模式（textual patterns）等相关，超结构信息一般会在语篇中有所提示，即语篇进展组织语（advance organizers），可以出现在标题、副标题、引言、绪论、导论等导引性的副文本中。胡曙中（2012：174-175）这样认识微观结构、宏观结构和超结构：微观结构和宏观结构关涉语篇语义内容所指的现实世界，也就是说，关注的是语篇所表征的现实世界中各种事件或事物的逻辑关系，而超结构之所以"超"，在于其关注点不是具体语篇中所讨论的内容，而是元语篇，或语篇的元功能。

除了 van Dijk 和胡曙中的语篇结构三分之外，还有人将语篇结构分析为微观结构、中观结构（meso-structure）和宏观结构。何继红和张德禄（2016：74-80）总结了前人对语篇结构的分类后提出了体裁结构、关系（逻辑语义）结构和交换（对话或协商）结构的语篇结构三分法，并在对体裁结构进行层次性分析时，提到了自上而下（层级）、从大到小（级阶）的宏观结构、中观结构以及微观结构视角。祝克懿（2010：1-12）将互文理论引入语篇研究时指出语篇结构研究中存在的三个视角，即关注衔接连贯的微观结构视角和关注语篇交际空间和语篇关系网络的中观结构视角和宏观结构视角。现有语篇分析的研究中，微观衔接连贯等语篇结构研究者和研究理论占主流和主导，而探索中观和宏观语篇空间和关系网络结构的理论和研究仍有相当大的挖掘空间和发展潜力（祝克懿，2010：2；2011：2）。

---

① 命题（propostion）是人对世界作出的具有真值的心理表征。命题由概念组成，可以通过具体语言得到表达（蒋严，2008a）。命题包括文本命题（text proposition）和语境命题（context proposition）。

无论是语篇结构两分法还是三分法,都注意到语篇研究不只要考察微观层面的衔接连贯,语篇与体裁、语篇与其他语篇、语篇与社会文化的关系也是语篇研究绕不开的话题。

我们赞同祝克懿(2010;2011)对语篇结构分类的视角,并试图将其精细化和可操作化。微观结构视角研究语篇内部文本与文本,主要是句子与句子、段落与段落之间的形式或语义结构,中观结构视角主要研究语篇内部文本块与文本块间的意义或功能结构,宏观结构视角主要研究语篇与语篇之间、语篇与语篇类型之间、语篇与语篇世界(World of Texts)的时空结构和互文结构①。如果说微观层面的结构研究是基于语篇内成分的话,那么宏观层面的结构研究主要是基于语篇外成分(图1-10中的粗实线之外),中观层面的结构研究介于语篇内和语篇外之间(图1-10中的粗实线之内),或者说研究时既要参考语篇内成分的研究理论,又要参照语篇外成分的研究理论,遗憾的是目前语言学和修辞学界并没有一个成熟的理论来完美解释语篇在生成和理解过程中与其他语篇和语篇世界互文互涉这一"核心事实"。本书研究的语篇副文本就处于语篇和文本间的这一层级内。

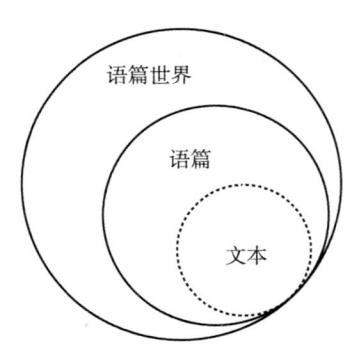

图 1-10　语篇层级抽象示意图

下文将以宏观、中观和微观视角的语篇三分层级结构为依据,对语篇和副文本的互文结构与功能、语篇和副文本的意义互文生成与理解的相关研究进行述评。

---

① 张德禄(2005)尝试扩大衔接关系和连贯关系的论域来阐释和概括语篇之间的宏观结构。

1.3.1 语篇互文结构研究述评

1.3.1.1 语篇内文本互文结构研究

语篇内文本互文结构属于中观和微观的语篇结构研究，主要研究语篇内部文本、文本块之间的结构关系和意义关系。从已有研究来看，大多数研究是基于结构主义语言学研究范式——重在研究语言的形式及其线性、层次组合关系，但在一些研究中闪烁着互文性结构研究的微光。

Halliday 和 Hasan（1976）对英语口语文本和书面语文本中的衔接手段进行了分析，揭示了组成语篇的各个文本块之间相互依存、具有"统一整体性"（unified whole）的特点；Beaugrande 和 Dressler（1981）在对"语篇"进行定义时提出了语篇的七个语篇性标准，互文性是语篇性标准之一，是指一个语篇的生成过程是对其他语篇在内容和形式上的继承和发展的过程，前语篇作为语篇生成的语境因素而存在，语境创造语篇，同时语篇也创造语境，二者是一种辩证动态的关系。高友工和梅祖麟（2013）运用结构主义方法来批评分析中国的唐诗语篇内部各部分之间的关系。他们（2013：52）提出艺术语篇分析的两个层面或两种审美形态：构架（structure）和肌质（texture），构架是指较大、也许是较远的审美对象之间的关系，在近体诗中表现为联与联之间整体的关系，肌质指的是相邻的审美对象之间的联系，在近体诗中表现为词语间局部的相互影响关系；他们发现了近体诗中意象语言（感性的、具体的）到推论语言（理性的、概念的）、非连续性到连续性节奏、历史时空到个人时空、客观到主观的语篇渐进动态过程。这可以解释为什么尾联常常不是简单的陈述语气，而是疑问、假设、感叹、祈使等个人情感性语气，因为通过这些语气可以表达诗人自我的心声并使诗歌语言有"言有尽而意无穷"之气韵。虽然他们分析诗歌语篇运用的结构主义方法，但可以看到，在分析过程中用到时间、空间、情感语言、整体、主体、多义、流动等术语已经在某种程度上超出典型结构主义范式，"走出结构主义的樊篱"（高友工和梅祖麟，2013："跋"），进入到基于符义分析的后结构主义视野。特别是他们（2013：145）对雅各布森提出的"对等（选择）原则"的运用，指出典故是表现诗歌张力或多义性的重要手法。典故的使用往往引入不和谐音调，暗示着古今分离的意义，从社会意义上讲，用典客观上排除了那些没有受过古典训练的读者，使古诗写作和理解中暗含着一种智识等级制度。

1.3.1.2 语篇间文本互文结构研究

语篇间文本互文结构研究主要探究不同语篇间文本内容和形式的交融、对话和互文。语篇间互文性主要包括两个层面的间性：具体语篇之间和类型语篇之间。类型语篇或语篇类型之间又可以分为同一语篇类型之间和不同语篇类型之间。在此需要说明的是，具体语篇之间和类型语篇之间的探究在语篇研究中均有"出场"，只是程度或侧重点存在差异，因为任何研究都是基于特殊性、个体性的事实或对象以建立某种适用于一定范围的普遍性或一般性规则、规律。研究的目的和方法决定了具体探究关注具体语篇之间还是关注类型语篇之间。这种语篇间文本互文结构的研究属于语篇与语篇世界互动的宏观层面的语篇结构研究。

文学批评界分析语篇或文本的互文结构更多的是针对具体语篇之间的互文互涉，而语言学界关注更多的是类型语篇之间的互文，比如说同一语体内部或不同语体中互文结构的差异。修辞学界关注具体语篇之间与类型语篇之间的互文结构之间的界面。

具体语篇之间的互文结构研究成果丰硕。如张德禄（2005：32-38；2012）试图扩大衔接关系的适用域来研究语篇与语篇之间的衔接和连贯关系；祝克懿（2011：2-5）考察了文学评论语篇与作为元语篇[①]的文学作品语篇之间的互文结构及其关系互动关系、共现关系、解构关系和建构关系；范子烨（2012：1-177）系统地对比了锺嵘《诗品》运用的历史批评法或推源溯流法与互文性理论方法，认为锺嵘品陶渊明诗的立论基础就是狭义的互文性解构，其批评理念与互文性经典观点相通。范子烨运用互文性原理阐释和解构了陶渊明的《拟古》九首诗与曹植生活和思想相关的种种关系，为"诗人对诗人的解读，诗人对诗人的发现，诗人对诗人的刻画，诗人对诗人的揭示，遥想中的遥想，追忆中的追忆"类拟古诗语篇的生成机制及互文本、源文本（前语篇）结构的探索树立了研究典范；辛斌（2018）基于互文性分析了《联合国海洋法公约》相关条款在所谓的《南海仲裁案裁决书》中再语境化或语境重构（recontextualization）过

[①] 元语篇，译作 meta-text，也有人译作 original text（源语篇）。"元"强调基础和根本，"源"则强调源头、原始。元、源，都指时间上的"先"。本书中的元语篇等同于源语篇概念，不做区分，皆指较当下语篇先前出现的基础语篇。

程中发生的认知框架转移和曲解。

类型语篇之间的互文结构包括体裁互文、语体互文等。语篇类型互文不仅研究同一类型中不同语篇如何保证或保持其为同一类型的结构和内容的力量，也就是同质语篇类型互文性（homogeneous type-based intertextuality），而且还关注不同语篇类型之间的结构和内容的创造性的交融和混合的全局价值和效果，也就是异质语篇类型互文性（heterogeneous type-based intertextuality）。同质语篇类型互文性研究，如祝克懿（2011：5-8）分析和归总了文学评论语篇的述核心板块和评延伸板块的语体范式；范子烨（2012：211-255）以陶渊明《止酒》诗为切入点，分析了其内容和形式结构的源流，并从《止酒》体和止酒情结的形成详细地阐发陶诗的影响。

异质语篇类型互文性的探究还可以引申到不同艺术体裁间的交融、对话和互文。如范子烨（2013：210-219）通过借助互文性理论与喉唪（呼麦）技法和二重结构的音乐乐理对中古赋史名作《啸赋》的文本渊源及其现代文化遗存进行了考察，得出当下在蒙古族中流传的呼麦艺术就是长啸在现代社会中的文化遗存。不同的文本，不同的艺术形式构成了一个生生不息的互文性文本场域。此种跨艺术表现形式的互文结构关系研究属于广义互文性的研究范围，本书暂不讨论。

1.3.2 副文本已有研究回顾

语篇的副文本以及"副文性理论"近年来越来越受到文学界、语言学界、修辞学界和其他人文学科的关注（图1-11、图1-12、图1-13）。从图1-11中可以看到，近十年来是国内副文本研究的快速激增期。特别是2010年之后，副文本研究相关文献数量呈现出"井喷式"增长，每两年的增长率基本维持在50%以上（2010年71篇、2012年140篇、2014年243篇、2016年共381篇、2018年523篇、2020年800篇）。

国内外文学界和语言学界对副文本的研究方兴未艾（参见反映副文本高频出现的学科的图1-12、图1-13和反映副文本研究具体热点和动向的知识网络图谱图1-14、图1-15、图1-16）。已有研究成果大致可以分为：文学批评视域、文学与语言学交叉视域——翻译视域、语言学—符号学视域、互文语篇分析视域。

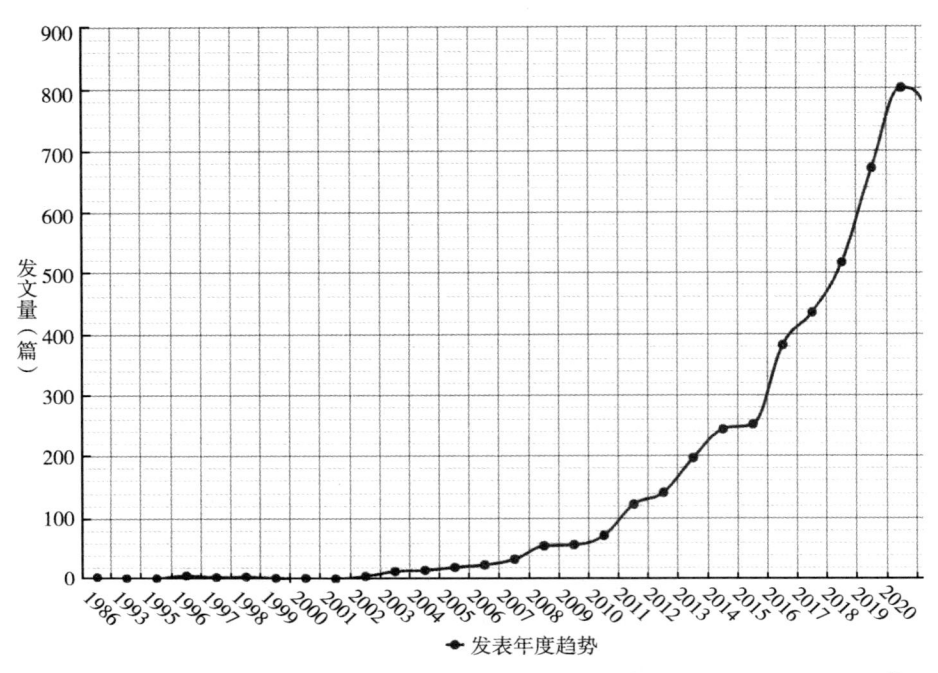

图 1-11　近三十年来出现"副文本"术语的文献数量趋势图（中国知网数据库）①

1.3.2.1　文学批评视域下的副文本研究

"副文本理论"是由作为文艺理论家的热奈特在阐释文学作品或文本时提出的。"近水楼台先得月"，国内现当代文学批评界也比较早地将"副文本理论"应用到文学文本的分析和阐释上。韩煜（2011）指出现代文学著作封面装帧对重构现代文学史的作用和地位。好的文学内容也一定要有好的封面来匹配，封面可以反映文学流派、作家的心灵世界作品甚至个人修养和趣味。

从体裁上看，对文学小说语篇的副文本进行研究的较多。如龚奎林（2009：385-408）对新中国成立初期十七年（1949—1966）的小说副文本诸如插画、定价、内容提要、封面、竖横排版、繁简字体情况等进行了分析，指出副文本彰显文学和历史的互动关系和副文本在话语缝隙间生存的情况；许德金和周雪松（2010）通过作为副文本的括号内文本梳理出主人公的成长历程及其身份的嬗变，指出副文本的叙事功能与主文本叙事

---

① 数据统计日期为 2020 年 12 月 31 日。

第一章 绪论

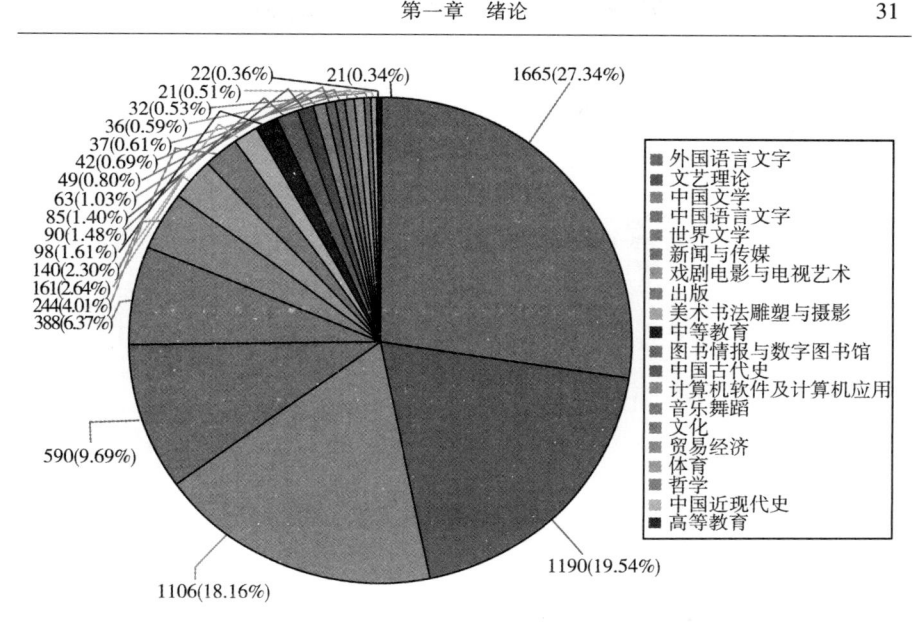

图 1-12 "副文本"术语高频出现的学科（中国知网数据库）

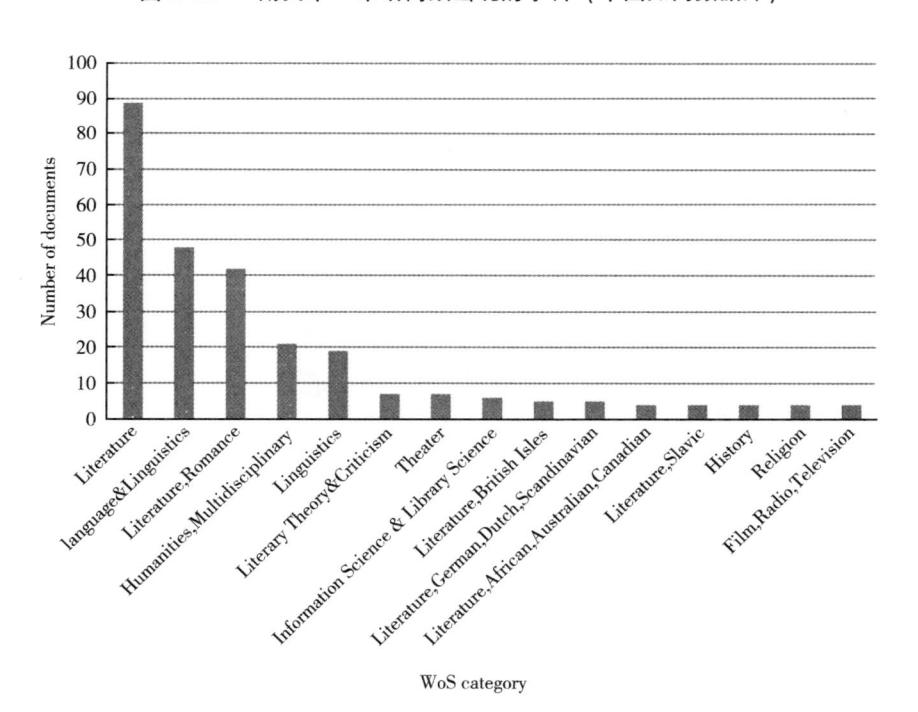

数据标签（按图例顺序）：
- 外国语言文字 1665(27.34%)
- 文艺理论 1190(19.54%)
- 中国文学 1106(18.16%)
- 中国语言文字 590(9.69%)
- 世界文学 388(6.37%)
- 新闻与传媒 244(4.01%)
- 戏剧电影与电视艺术 161(2.64%)
- 出版 140(2.30%)
- 美术书法雕塑与摄影 98(1.61%)
- 中等教育 90(1.48%)
- 图书情报与数字图书馆 85(1.40%)
- 中国古代史 63(1.03%)
- 计算机软件及计算机应用 49(0.80%)
- 音乐舞蹈 42(0.69%)
- 文化 37(0.61%)
- 贸易经济 36(0.59%)
- 体育 32(0.53%)
- 哲学 21(0.51%)
- 中国近现代史 22(0.36%)
- 高等教育 21(0.34%)

图 1-13 "副文本"术语高频出现的学科
（Web of Science 数据库，参见 Åström，2014：9）

图 1-14　国内副文本文献的关键词、标题共词网络图谱
（参见殷燕和刘军平，2017：23）

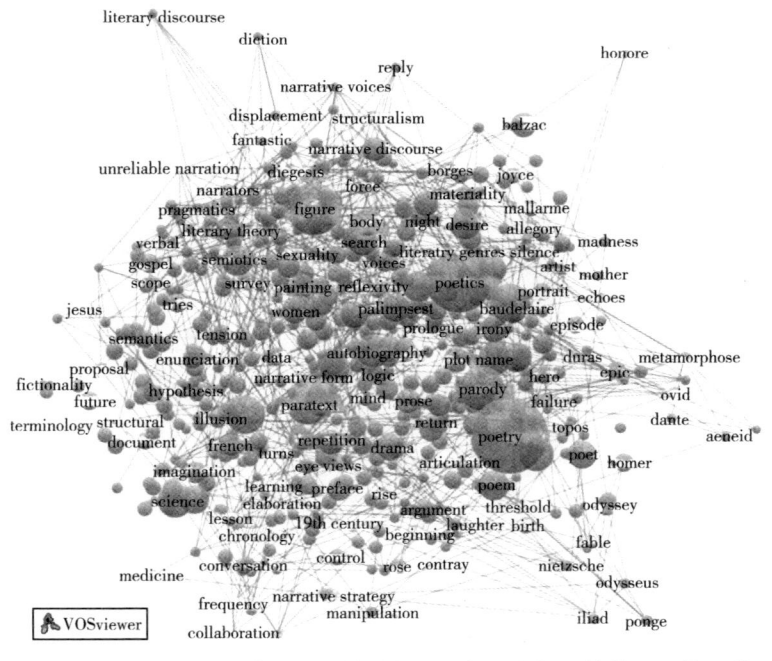

图 1-15　国际引用热奈特文献的关键词、标题和提要的共词网络图谱
（参见 Åström，2014：13）

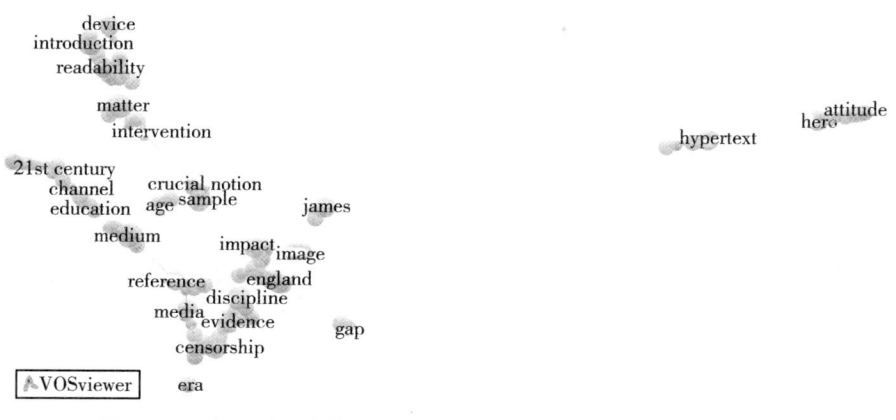

图 1-16　出现副文本的文献关键词、标题和提要的共词网络图谱
(参见 Åström, 2014: 14)

功能形成鲜明的对比，补充着主文本的叙事线索，二者相辅相成，相得益彰；蔡志全（2013）对戴维·洛奇的传记小说《作者，作者》的副文本进行了全面地分析，认为作者洛奇通过副文本传递了丰富的背景信息给读者，副文本引导着读者阅读，起到沟通作者和读者的媒介作用；王蕾（2014）指出小说选本的副文本对小说的经典化建构具有重要作用；柯彦玢（2015）考察了小说副文本的文本语境重构的功能；金宏宇等（2014）对中国现代文学作品中的副文本做了全面的考察，其中涉及中国现代文学语篇的多种副文本，包括序跋、题辞、图像、注释、广告、笔名、标题和版权页，肯定了副文本的史料价值、文本阐释门槛功能和文本经典化的推手的重要意义。何诗海（2016）对作为副文本的明清文集凡例的功能和作用进行了分析，认为"凡例兼容'书里边'和'书外边'，处于文学外部研究和内部研究的纽结点上，内容比序跋丰富，介入正（主）文本的程度远比序跋深，是确定正（主）文本意义最重要的副文本"（何诗海，2016：205），凡例与主文本构成相互依赖、相互指涉、相互印证的互文本系统，是文本释义场，深化、拓展、丰富着主文本的意义空间，同时也划定了主文本的意义限度。

也有学者关注诗歌语篇的副文本对其主文本意义传播及其建构中的功能。如王波（2011）对比了冯至《十四行诗》不同刊本和不同版本之间的副文本如标题、注释、附录之间的不同，探索了修改前后艺术的高低，指出副文本的变动一定程度上影响着主文本的意义及读者对文本的阐释；

Wu Yi-Ping（吴怡萍）和 Shen Ci-Shu（沈萋恕）（2013）以台湾诗人陈黎的具象诗英译语篇《亲密书：英译陈黎诗选（1974—1995）》作为考察对象，诗选收录了五首具象诗，其中三首译成了英文，两首则保留了中文原文，只是在诗前和诗中配以译者前言和注解等副文本。这些副文本的出现本身就显示了诗歌的不可译性和可沟通性的特性，副文本可以帮助读者理解和欣赏原诗文本，他们还特意指出副文本在一定程度剥夺了读者自己探索具象诗的乐趣，阻碍了读者对诗歌的可感性实现以及诗歌文本本身的多维阐释和读者多元解读的可能性（Pellatt，2013：103-120）。

1.3.2.2 翻译视域下的副文本研究

翻译视域下的副文本研究包括运用翻译理论和接受美学理论对经典名著语篇译文的副文本进行批评分析。如 Roberts（2010）对 20 世纪以来希腊悲剧作家索福克勒斯（Sophocles）的《安提戈涅》（*Antigone*）不同译本的副文本和互文本的形式和措辞的选择以及全剧的评价和阐释进行了分析，指出翻译研究的重点需处理两组关系：源文语篇和译文语篇的关系以及译文语篇与读者的关系；倪蓓锋（2012）对辜鸿铭《论语》译本副文本的历史价值、文本价值和史料价值进行了论述，认为副文本一定程度上折射了当时历史语境下翻译目的的功利性、翻译规则即译者的译法和心路历程；陈利（2015：52-65）对泰译本《道德经》的副文本诸如出版序言、作者前言、介绍性文章、注释、小标题、目录以及插画特点分别进行了考察，指出这些副文本对《道德经》整体语义的把握及其对翻译理论的建构都具有积极作用；葛校琴（2015）对《当中国统治世界》的英文本和汉译本的副文本比较分析发现：为了使目的语国家的读者能够更好地接受主文本，译者会通过对副文本内容进行删舍、添加、重排、凸显以引导读者，同时译者会在译文副文本中倾注个人感情和民族感情；罗天（2015）对《孙子兵法》的外译本副文本进行了综合分析，发现译本中存在大量的文化聚合现象，并就现象背后的译者、读者和社会权力因素进行了剖析。胡业爽（2020）从宏观的视角剖析了副文本在消弭和调节译语读者和原作之间的文化距离方面的重要作用。

还有研究通过经典名著语篇译文的副文本来分析译者，特别是著名翻译家的翻译观、文本观和主体观（参见耿强，2016）。如 Flotow（1991：69-84）对翻译过程中女性主义者给翻译文本加写前言和脚注以使译者主动介入文本、彰显译者身份的基本翻译策略的关注；王辉（2007）注意到传教士《论语》译本中副文本、注释、导言等是译者正面现身、知识管理的重要场域；修文乔（2008）、王雯馨（2014）等整理归纳了傅雷译作的译者序言、译者献词、作品简介、卷首语、译者附识、作者传略、题解等副文本语料，得出傅雷严谨谦逊的翻译观和神似翻译理论，同时从副文本中还可以看出傅雷关注读者、引导读者、对读者负责的主体间性；何俊（2015）通过《沫若译诗集》经典版本的副文本来探究翻译家郭沫若的翻译态度、方法和策略等；王琴玲和黄勤（2015）考察了林语堂次女林太乙《镜花缘》译本的副文本，指出林译《镜花缘》副文本体现了译者的翻译思想、译者对目的语读者的责任、译者作为离散译者的主体性。

文学和翻译界以其敏锐地学术眼光从新材料——文学语篇的副文本入手深入研究作者、作家、译者或翻译家与作品之间的互动关系，发掘出极具文学价值和史料价值的副文本在文学和文学史中的作用。但文学和翻译视角的研究，多从内容和思想上进行探究，而少从形式和结构上对副文本本身及其与主文本互文互涉关系进行分析。副文本研究若只考虑内容的互涉，难免陷入"过度阐释"的泥淖。

1.3.2.3 语言学—符号学视域下的副文本研究

语言学—符号学视域下的副文本研究将副文本视作语篇、小语篇或次语篇。语篇可以小到只有一个词，也可以大到由若干文本块构成的长篇巨著（胡曙中，2005：27）。此视域下的副文本研究包括语言学视域下的副文本研究和突破语言学本身视域进入包括语言符号但不局限于语言符号的符号学视域下的副文本研究。符号学从某种程度上说是研究意义活动的科学（赵毅衡，2016：3），所以符号学视域下的副文本研究重点关注作为表意符号的副文本的表意过程，包括意义的生成和理解。目前对基于语言学—符号学的副文本研究大致可以归为相互交叉或蕴涵的两类：系统功能语篇分析视角的副文本研究和批评话语分析视角下的副文本研究。

1.3.2.3.1 *系统功能语篇分析视角*

系统功能语篇分析视角下的副文本研究主要关注副文本本身的语法结构特点与功能适应之间的关系。如韩礼德（2010：446-451）在分析"小语篇"（相对于"长语篇"来说）的语法时提及我们称之为副文本的对象，诸如题目、标题、生平简介、公告等。小语篇属于语言的功能变体中的一类。一些小语篇是长语篇的附属部分，它们的形式和功能在一定程度上与语篇构成的长度限制有关。从系统功能语法的角度看，作为副文本的小语篇的语法特点明显：保留实词，省略语法词，无指示语的名词性成分，无指示成分的动词性成分，省略语气，指令性和信息性的非附属名词等；尹世超（2001）、刘云（2005）对作为副文本的标题和篇名的语法及其篇章特征进行了深入全面地分析，值得指出的是，刘云（2005：4、102-125）注意到篇名的双重身份和地位，篇名既是整个语篇的重要有机组成部分，又具有如处在文献目录中的相对独立性和完整性的地位，明确提出"篇章化"（textualisation）的概念来分析篇名语句和自然语句（正文中的句子）之间的关联，总结出篇章化过程中的手段和策略，如隐含手段、省略手段、移位手段和标记手段以及话题策略、称名策略、实词策略和文体策略；尚延延（2015）从系统功能的角度分析了《论语》译本的正副文本之间的话语基调，副文本补充主文本的所采用语气、情态等系统资源传达的话语基调，译者通过副文本可以向读者提供话语参与者的地位和认同维度以共享原文作者和译文读者显性信息。

1.3.2.3.2 批评话语分析视角

批评话语分析视角下的副文本研究主要揭示副文本对主文本意义的潜在影响或去蔽被遮蔽（concealed）在副文本中的社会文化、政治和意识形态因素。

如赵毅衡（2010；2016：140-141）立足符号学中的显文本意义的接受与解释提出"伴随文本"的概念，将副文本作为显性伴随文本进行探讨，指出细读文本中心的新批评派往往排除副文本"框架因素"来解读"纯文本"，这恰恰说明了副文本对文本阅读的重要影响，因为文本的出现总是伴随着副文本，所以整体文本意义的解读离不开副文本因素，从这个角度来讲，纯文本意义不是完整的文本意义。

李玮（2014）详细区分了新闻语篇伴随文本中的副文本，将新闻副文本分为普通副文本和特殊副文本。普通副文本包括媒介机构、媒介类型、所处位置及其文本的作者，特殊副文本包括报刊新闻文本的版面位置、版面次序、版面空间、版面的编辑元素，网络新闻文本的层次等，广播电视新闻文本的时长、时序、片头、片尾和主持人的语音、语调以及着装、神态等。这些副文本都或多或少负载着社会、政治、文化意义，会对主文本的价值产生影响，会潜在地影响新闻受众对新闻文本的阐释。

唐忠敏（2019）界定了网络叙述语篇的内副文本（呈现在同一网络页面空间内的辅助性元素）和外副文本（依靠网络超链接而形成的辅

助性元素），注释、广告、跟帖评论等文本内副文本是填充叙述空白的重要手段，读者通过点赞、转发、评论以及评论之评论等形式实现情感维系、抱团取暖和群体认同。网络叙述中副文本可以实现个体化和个性化叙述形式的相互交流和感染，同时此过程也是互联网语篇传播中语篇意义去中心化和去权威化的过程。

1.3.2.4 互文语篇分析视域下的副文本研究

批评话语分析试图由表及里发现语言文字游戏背后"被遮蔽"的思想、权力、政治要素，但正如郜元宝（2007：12）指出的那样，"严肃的批评话语分析有时容易被无处不在的文字游戏所欺骗，坠入文字游戏之中，去追求其背后并不存在的深度所指"，"思想并不在文字之外，就在文字之中。文字是思想乃至情感、幻想、憧憬和狂热的现象学在场的图景"。不同于批评话语分析，互文语篇分析视域下的副文本研究更加注重语篇副文本话语的自身建构与互文理解，更加注重副文本与主文本之间的文本互涉关系，更加注重副文本与文本或语篇世界的互动关系，更加注重副文本在语篇语义过程（成义过程）中所起的促进作用或阻碍作用，更加注重副文本修辞行为的修辞意图、修辞效果及其背后的认知机制。

目前大多数互文语篇分析视域下的副文本研究皆着眼于具体某一项副文本。如 Genette（1988）详细追溯文学标题科学的历史，分析标题副文本呈现的平面或立体材料，如书籍封面、标题页，书籍背封，及文学标题的位置、形式、结构、时间和功能。在物理呈现材料当中会包含作者姓名、献词对象姓名、编辑姓名、出版社的名称和地址，出版日期和其他辅助性的信息。因此标题被设定为受限的词语，并且能够被读者从封面和标题页等材料中识别。Genette（1988：694）区分了"标题"（title）、"二级标题"（secondary title）和"副标题"（subtitle）。副标题的基本内容原则是或多或少地明确指示体裁。不难看出，标题和二级标题是从形式上进行的分类，而副标题是从内容上进行的分类，分类之间存在着某种异质性。Genette 还注意到被称作"上位标题"（over-title）的现象，一般出现在丛书或全集中，当然丛书中的每一卷都有自己的标题。可以看到标题的多层级结构。上位标题统辖下的丛书或全集可以看作是一个联系紧密的整体。而且在复杂的丛书或全集中还可以有副上位标题（sub-over-title）。从标题和主文本之间的互文关系功能上，Genette（1988：711-720）区分了文学标题的指称内涵功能和指称外延功能（描述功能）。外延功能的主体又可分为话题标题和述题标题。话题标题指示主文本的主体对象（this book talks about…），述题标题指示主文本的所属类别（this book is…）。此外还探究了标题吸引读者和刺激消费者的功能。

储丹丹（2010）考察了作为学术语篇副文本的论文摘要与论文主文本、关键词副文本、标题副文本之间的种种互文关系和类型，建构了学术论文的结构系统。她从修辞动因、机制和策略上对摘要副文本相关的互文现象进行了分析。

闫文君（2012）对作为伴随文本的书籍装帧副文本进行了研究，指出读者、社会、文化和认知心理与副文本的双向构建功能。如封面文本的视觉冲击对读者的吸引力的影响以及名人序/跋和型文本（同一作者的小说、同一出版社或同一主题的丛书等）的光环和品牌效应对读者的心理冲击。作者还指出副文本的建构不只是还原"作者的意图"，还可能是为了吸引受众。

邓隽（2011）、郭恩熙（2012）根据互文本嵌入或进入主文本方式将互文性分为"内入式互文"和"外接式互文"，内入式互文指互文本完全嵌入到主文本内部形成的互文，外接式互文指的是互文本没有实际进入主文本，只是与主文本之间存在某种互文关系，读者在理解主文本时会将互文本导入到主文本中而形成的互文。他们就新闻主文本和解读性副文本、序言副文本与著作语篇的主文本之间的导入互文本——指称和引语等进行了形式和功能上的探讨。

宋姝锦（2014；2020）对作为语篇副文本的关键词进行了分析，指出关键词文本在语篇建构和理解中作用，如概括信息、组织信息、论域介入、开放文本空间等，并对学术文本的关键词和新闻文本的关键词进行了个案分析，建构了关键词文本的写作范式。

郭梦音（2014）以及董育宁和黄小平（2015）对报纸新闻语篇的副文本（电头和标题）进行了考察，将新闻副文本分为必有副文本和可有副文本两类，指出报纸新闻语篇中副文本的层级性、依附性以及内部地位的差异性，并就其设置的修辞动因进行了分析。

陈昕炜（2015；2018）运用互文语篇理论对作为中国古典小说语篇副文本的序跋与小说主文本的互文关系进行了系统分析，归纳出了古代序跋的内容配置方式和策略和作者—读者互动中序跋的组篇功能、交际功能、宣传功能和导读功能等修辞功能，并就序跋的多元互文关系的深层机制进行了剖析，指出主体之间的意识形态和话语权力的较量是互文语篇形式多样化的深层动因。

张虹倩（2015）从文学教材语篇的目录副文本出发探寻文学史的历时建构过程，发现文学性导向和革命性导向在当代文学史建构上的此消彼长的关系，还总结出了目录建构的两种阐释策略（主观和客观）和五个视点策略（作家、事件、文体、地域和时段）。

黄小平（2016）对作为学术语篇副文本的注释和参考文献进行了深入分析，指出其与主文本之间的种种互文形式和互文关系，注释有引导读者、补充丰富主文本、与学术共同体成员之间平等对话、交流以及规范学术写作的作用，同时注释又有破坏和颠覆或解构主文本的作用。参考文献作为对话主体的来源与正文形成互文关系，参考文献既与正文对话又参与正文的评价，既有对话性又有评价性。

王莹和辛斌（2016）对德国杂志《明镜》封面语篇的图片文本和文字文本进行了互文分析，他们借鉴"关联性互文"或指涉性互文（referential intertextuality）概念来分析多模态语篇的互文性，指出语篇互文贯穿语篇与生产者之间的互动、语篇与接受者之间的互动以及语篇的生产者和接受者之间的互动整个过程。图文的互文建构说明"无论是文本还是图像，其互文本的介入与交织都不是纯洁的、直接的，而是被改变的、被位移的，是为了适应杂志所在的机构意识形态而被语篇制作者重新编码的"（王莹和辛斌，2016：11）。

邵长超（2016）以互文嵌套来源属性为标准，将互文嵌套结构分为它嵌结构、自嵌结构和互嵌结构。副文本与主文本的互文结构是互嵌解读性超文本结构的重要分析对象。从本质上来看，它嵌结构和自嵌结构属于语篇内互文结构，互嵌结构属于语篇间互文结构。

刘斐（2019：255-273）将中国传统"小学"阐释体式诸如注、疏、正义、传、笺等看作副文本和元副文本[①]，建构副文本和元副文本与主文本之间的非线性立体形态，指出"我国传统副文本中的副文本实际上具有副文本和元文性文本的双重身份"，并对传统副文本的功能做出了概括。

[①] 热奈特认为"有时一部作品还可能成为另一部作品的副文本"，我们认为这不可取，这样只会使"副文本"概念的外延变得更加模糊。本书将副文本限定在与主文本共现的文本周边的范围之内，其物理形式依附于主文本。

纵观上述副文本相关研究，发现副文本研究早已超出句法学、图书出版学等静态的形式研究的界域，进入到语篇或文本意义的动态生成和理解的研究领域。副文本已引起其他人文社会学科如文学批评、翻译学、符号学、多模态语言学、修辞学的关注和重视，也涌现出了一批值得借鉴的研究成果。这些研究将为本书系统地研究副文本的互文机制提供重要理论和事实基础。我们将在此基础上进一步深化语篇副文本的互文范式和互文手段及其互文效果和认知机制的探究。

1.3.3 副文本研究可拓展的空间

副文本研究的范围渐广，视角渐多，成果渐硕，但目前副文本的研究依然有较大的拓展空间：

第一，副文本和副文性的概念混淆。

副文本是客观物理存在于主文本周围的文本，副文性是通过副文本与主文本的互文或跨文建构的一种抽象关系。副文本可以表现副文性信息，同时还可以传递和标记除副文性以外的其他跨文关系。许多研究断章取义，将副文本和副文性等同或不加界定和区分，基于此模糊性概念进行的研究很难得出科学性和可验证性的研究结论。

第二，副文本和"副文性"的系统性、整体性研究薄弱。

多数基于副文本的副文性研究往往只局限于副文性本身，是孤立的点的研究，而没有将副文性纳入整个跨文性系统或语篇系统整体，即立体动态系统中去考察。副文本所表现出的副文性与其他跨文性，如互文性、元文性、承文性和广义文本性之间的关系在热奈特那里是一个跨文性系统或跨文性连续统，在许多研究中只是借用其"副文本"和"副文性"概念本身，而对其跨文性系统只字不提；副文本的系统性还表现在其组构的层级性和性质的异质性和多元性，以及不同类型语篇副文本配置的差异性，许多探讨往往不加区分副文本内部系统与语篇系统的层级性和本质上的差异性，难免以偏概全。

第三，副文本研究理论支撑乏力。

副文本作为物理存在的客观对象，立足何种理论进行研究最具科学解释力？许多研究并没有前沿的理论意识和科学的策略方法，而是就副文本而研究副文本。有的研究干脆将副文本或副文性本身作为一种理论，称作"副文本理论"或"副文性理论"，至于其理论内核和基本观点就是副文性本身,此种研究往往会陷入循环阐释的圈套。理论的缺失、认知的偏颇导致副文本本身的描写仅浮于表面形式和功能的分类,对语篇系统中副文本生成的修辞动因和互文机制更是闪烁其词。

第四,副文本的动态语境意义研究范式和语境重构研究的互文机制欠缺。

研究范式和重构机制欠缺是前三个方面的基础研究相对薄弱的直接结果。

以上几个问题是突破副文本研究瓶颈、深化互文性或跨文性机制研究不得不解决的问题。鉴于此,本书将立足前人和时贤的研究成果,在互文语篇理论的视域下从语篇系统的层级与关系出发,整体地考察副文本系统及其互文结构系统,包括副文本和主文本之间的互文结构、副文本与副文本之间的互文结构、副文本与语篇世界的互文结构、副文本与各类跨文本的互涉关系等,剖析其修辞动因和机制,从而深化和推进对副文本和语篇意义的生成和理解过程和机制的认知。

1.4 研究框架和方法

1.4.1 研究框架

处于语篇交界或边缘空间的副文本,既是物理文本,又是精神文本,现象极其复杂。因此,研究副文本将涉及多个学科,图书学、版本学、文献学、装帧艺术设计学、文学、语言学、符号学等。不同的观察者由于受到不同的学术训练和知识经验的制约,其研究和分析往往会倾向采用不同的框架和路径。不同框架和路径有不同的标准来约束数据的样式和理论的有效性和可接受性。本书基于语言学和修辞学的互文语篇理论来研究系统研究副文本的语篇意义互文机制,重点关注副文本及其系统的形式和意义(功能)以及副文本与主文本、副文本与副文本之间的语篇内互文及副文本与语篇和语篇世界的语篇间互文,探究其互文修辞效果、修辞动因和深层认知机制。

语篇意义的研究关涉语篇和副文本构建和解读的框架,关心副文本所提供的知识、信息如何整合到一个相对完整的语篇整体中,关注说话人和听话人在动态的交际中如何操控和管理信息流,也就是说,语篇的知识整合和信息管理是语篇语义探究绕不开的两大课题（Tomlin *et al.*，1997：65-75）。知识整合是目的，信息管理是手段、策略和过程。二者相辅相成，相伴相生。修辞在知识整合和信息管理（信息组织和言语行为）中的作用至关重要。对任何一个文本或语篇的深入理解，参与者要清楚文本和语篇交际的目的和意图以及主观和客观预期要达到的效果。语篇或文本修辞目的、修辞意图、主观和客观预期的修辞效果等因素，极大地制约着交际双方对语篇和副文本建构及语篇意义的理解，特别是说话人（写作主体）在生成语篇或副文本时形成的命题内容以及听话人（读者主体）对接收到的语篇的识解。副文本结构和意义的认知和理解涉及知识整合和信息管理。

我们视副文本的生成与意义理解过程为一种复杂的修辞行为过程或修辞现象。关于什么属于"修辞现象"，陈望道（1997：7）有过精当论述："（语言材料）配置定妥和语辞定着之间往往还有一个对于语辞力加调整、力求适用的过程；或是随笔冲口一晃就过的，或是添注涂改穷日累月的。这个过程便是我们所谓修辞的过程；这个过程上的所有的现象，便是我们所谓修辞的现象。"刘大为（2016：46-47）借鉴后现代思想的"修辞学转向"观点，指出"修辞就是为了一定意图的实现而使用语言"，考虑修辞问题，需要预设："（a）只有在与语言形式相互作用的过程中思想才能形成，只有被语言表达出来的思想才是我们可以认识的思想；（b）不存在中性的表达，也不存在离开表达内容的表达效果。任何表达过程都是一次带有一定意图、针对一定对象、追求一定效果并发生于一定语境中的修辞过程。""只要在使用语言，就是在进行修辞活动，'语辞定着'是修辞，'配置定妥'也是修辞。"这在一定程度上扩大了修辞现象的外延。

无论是扩大化的修辞现象还是"传统"的修辞现象，"修辞要适合的是题旨和情景"（陈望道，1997：8）。修辞大抵涉及两种不同的表达法式：记述和表现。"记述的表达以平实地记述事物的条理为目的……表现的表达是以生动地表现生活的体验为目的。"（陈望道，1997：43-44）记述的表达和表现的表达是修辞表达的两个极端。在两个极端中间还有很多糅合的表达。因此语辞表达可以分为三个境界：（甲）记述的境界；（乙）表现的境界；（丙）糅合的境界。书面上的法令文字和科学记载是记述境界的典型，书面上的诗歌是表现境界的典型。对应记述表达和表现表达，修辞手法可以分作两大分野：积极修辞和消极修辞（具体对应情况见图1-17）。

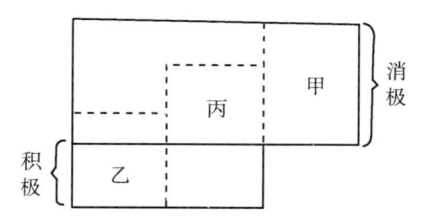

图 1-17　语辞的三境界与修辞的两大分野（陈望道，1997：46）

我们基于现代修辞学的核心理论体系——语辞三境界与修辞两大分野，建构研究语篇副文本系统的基本框架，重点探讨两类典型书面语语篇的副文本现象：一是科学语篇或学术语篇，是记述境界的典型；二是文学语篇，是表现境界的典型。当然处于互文语篇空间关系中的书面语语篇不止科学语体中论文语篇和论著语篇，以及文学语体的经典作品和民间作品语篇，还有公文事务语体中的文件、法律法规以及报刊语体中的新闻语篇和政论语篇。

本书总体框架：首先总述副文本系统在语篇系统整体中的地位及其常见类型。其次具体分析科学语篇和文学语篇的各类副文本的互文路径、互文关系和互文机制，包括副文本与主文本之间的互文、副文本与副文本之间的互文以及副文本与语篇和语篇世界的互文。最后总结出科学语篇和文学语篇在副文本类别、互文路径、互文关系、互文机制上的异同，试图找出副文本的互文建构和互文理解的认知规律，并归纳修辞题旨情景对副文本的形式设置和意义理解的制约机制。基于修辞题旨情景、修辞三境界宏观框架下的副文本研究涉及互文语篇研究的所有视角。

具体来讲，第一章为绪论，介绍副文本的概念及其研究现状，点明本研究的方法、语料和意义。第二章主要建构和完善互文语篇理论，包括其产生的学科背景、哲学和认知神经科学基础、语言观和理论源泉、核心术语等。理论的关键在于实践。第三章分析副文本系统在语篇系统整体中的地位，并对语篇副文本系统内部的层级和分类进行描写。第四至第五章力图将互文语篇理论和方法应用于具体的语篇或语篇局部——副文本的系统进行分析。第六章总结不同类型语篇的副文本系统之间的差异，并试图分析系统性差异背后的修辞动因及副文本与主文本互文建构和理解的认知机制。第七章为总结。总结互文语篇理论指导下的副文本系统的互文建构和互文理解机制，并对副文本系统互文机制的深化研究做出展望。

1.4.2 研究方法

语言学既是理论科学，又是经验科学。这就决定了语言研究既要关注语言理论，又要关注语言事实。在处理语言研究中理论和语料、事实之间关系时，蒋严有过精彩的论述："只有完备的理论，才能透过现象看本质，通过构建猜想来解释现象。语言研究从来就不是个单纯收集语料的过程。没有理论，在事实面前就会束手无策。没有理论，有些事实根本就无从观察和发现。"（斯珀波和威尔逊，2008："译者序"）任何只偏重一方而忽略另一方的语言研究都是不科学的。无论是理论科学还是经验科学都注重科学的研究方法。偏重理论性科学的语言研究主张采用思考和演绎推理的方法来构建结论，是经典数理逻辑推理的方法；偏重经验性科学的语言研究往往重视对事物或事实的观察和实验，凭借客观证据来归纳所呈现的现象，是一种归纳法，涉及的是类比逻辑推理、归纳逻辑推理和溯因逻辑推理。经验科学中的推理并不是按照线性的形式进行的，它以所有成分全方位同现的形式进行。有人将经验科学的归纳推理比作建拱桥，因为拱桥中每一个石头必须同时承受力才能够成功建成拱桥。拱桥是搭架的，是咬合式的。互文性理论本身的构建偏重演绎推理，如"互文性"的经典表述：任何文本都是引文的拼接，任何文本都是对另一个文本的吸收和转换。这就有种哲学和演绎推理逻辑的意味。互文语篇理论视角下的副文本系统的互文机制研究则偏重使用经验科学的方法分析副文本互文结构和动态功能（being）、回溯副文本结构与形式的存在动因（because）、建构副文本及其意义的互文生成和理解机制（become）。

大数据—语料库分析法、计算机模型法引入语言学虽极具诱惑，但缺少一种源于自然观察的特殊乐趣，因为在自然观察中观察者或分析者可以与不断扩大的观察对象进行"恋爱"和互动（Chafe，1994：IX）。本书副文本实例分析采用归纳法和自然观察法，即尊重个体语言事实，倡导以个体语言实际呈现的形式——语篇实例为中心来描写和解释（阐释）语篇副文本的各种互文现象。

1.5 研究实例来源

  宏观和中观视域下的语篇互文和语篇修辞分析决定了我们的研究对象是一个个有主体、处于时空之中、物理的、鲜活的语言实例（instance）、案例（case）或实践（*pratique*）而不是没有主体、没有语境的、漂白化的语言材料（韩礼德，2010：240；胡范铸等，2014；克里斯蒂娃，2015a：144-146）。语篇的类型划分既可以以外部非语言因素为标准，也可以以内部语言因素为标准，外部非语言因素包括听者/读者、交际意图和目的等，内部语言因素有词汇和句法特征等（Biber，1989）。语篇范式研究针对的是一种语体类型在一次使用中所形成语篇，即一种语体类型的个别存在，每一个个体或个别的具体存在形成了语篇类型或语体类型。
  中国修辞学界的前辈和时贤也对语体的类型及其分类标准做过详细的介绍和研究，如两分—四次分法（先区分"谈话语体"和"文章语体"，然后再将"文章语体"分为四类：文学体、科学体、事务体、政论体，或者先区分"口头语语体"和"书面语语体"，然后再将"书面语语体"分为文艺、科学、政论、公文四个变体）、三分法（区分书面语体、口语语体和文艺语体，或者科学体、艺术体和谈话体，或者首先三分为实用体、边缘体和艺术体，然后实用体又分为应用体、科学体，边缘体又分科学文艺体、文艺性政论体，艺术体再分散文体、韵文体、对白体三类）、四分法（分日常交谈语体、叙事语体、抒情语体、论证语体四类）、五分法（分政论语体、科学语体、文艺语体、公文语体、口头语体）、多分法（语体变量或颗粒度不同的子变量之间的不同组配和整合在理论上可以形成若干下位语体）（参见李熙宗，2010：130-133；刘大为，2013）。考虑到本书研究目的及其可操作性，本书语篇实例源自学术或科学著作语篇和文学作品语篇这两类语篇。

1.5.1 科学著作语篇实例来源

  根据李熙宗（2010：150-151）对书面语体的分类，科学语体下分专门科学体和科学普及体两个次类，专门科学体包括学术论著（自然科学和人文社会科学的一般学术论文、学位论文、学术著作）、教科书文体

（各种教材、教学参考书、实验指导书即实验讲义）、科技报告与科学考察报告（实验报告、科技政策报告、科技情况、考察报告、科技会议考察报告、科研考察报告、实验记录等），科学普及体包括科普小说、科学童话、科学故事、科学游记和考察记、科幻小说、科学报告文学、科学诗歌体、科学散文体等，科学普及体是科学语体和文艺语体的交融语体。

学术语篇是学术或科学领域内各种学术活动的言语记录。可以通过多种形式来表征和呈现，学术论文、学术著作、学术展示、学术教学、学术讲座等。本书重点关注以著作形式作为传播载体的学术语篇，称为学术著作语篇。

考虑到副文本样式的多样性及其范围的可控制性，我们选取学术著作语篇中专著学术语篇（包括专门科学体和科学普及体的语篇，区别于编著学术语篇和主编学术语篇）作为本研究展开的对象来源之一，以下若非特殊说明，学术语篇或学术著作均指学术专著语篇。主要撷取的是人文和社会科学相关的学术专著，共 50 本（学术著作语篇的详细介绍见附录表1）。其中语言学、修辞学和文学的学术著作居多。这些学术著作语篇均使用现代汉语书面记录纸质出版，出版或再版于 2000 年以后，出版社为我国较为著名的学术著作出版社。学术著作语篇皆为专著（而非论文集，两人以上合作完成的著作本书亦认定为专著）原创作品，其中有部分译作。

学术著作语篇的可操作性鉴别标准：（1）版权页"图书在版编目（CIP）数据"版块中的检索分类标识，一般有"研究"字样或具体学科领域的分类标识；（2）封底"上架建议""上架指导"中的明显标识，如"历史学""社会科学""语言学"等科学领域的分学科标识；（3）目录的逻辑性和系统性。

1.5.2 文学作品语篇实例来源

根据李熙宗（2010：150-151）对书面语体的分类，文艺或文学[①]语

[①] 文学（literature）有广义和狭义之分，广义的文学指文字作品，像诺贝尔文学奖中的"文学"的定义那样；文学不仅是纯文学（诗歌、小说、戏剧），而且是因其形式和风格具有文学价值的其他文字作品，包括历史和哲学等；狭义的文学指纯文学，仅限诗歌、小说、戏剧、散文等。刘大白曾在《修辞学发凡》序中说此书在中国文学史上价值崇高，位置重要可做广义文学解。但本书探讨的文学仅指狭义的、纯的文学。

体下分诗歌体、戏剧对白体和散文体三个次类，诗歌体包括诗（抒情诗、叙事诗、格律诗、自由诗、散文诗）、歌（民歌、民谚、儿歌、童话、时调、杂曲、词、鼓词、快板、弹词、唱词、歌剧），戏剧对白体包括话剧、戏曲、电视剧、街头剧，散文体包括散文（报告文学、传记、特写、游记、速写、悼文等）和小说（长篇小说、中篇小说、短篇小说、微型小说、日记体小说、自传体小说、书信体小说、纪实小说等）。

考虑到副文本样式的多样性及其可操作性，我们选取当代文学作品语篇作为本研究展开的对象来源之一，主要撷取散文体中的小说，共 50 本（文学作品语篇的详细篇目见附录表 2）。其中有中国小说，也有国外小说，皆为虚构小说，非虚构小说不在本书考察之列。这些文学作品语篇均使用汉字书写纸质出版，出版或再版于 2000 年以后，出版社为我国较为著名的文学作品出版社。文学作品语篇皆为独著原创作品，其中有部分译作。本书以下若非特殊说明，文学作品语篇均指当代小说作品语篇。

文学作品语篇的可操作性鉴别标准：（1）版权页"图书在版编目（CIP）数据"版块中的检索分类标识，一般有"散文""长篇小说"字样或具体学科领域的分类标识；（2）封底"上架建议""上架指导"中的明显标识，如"当代名家名作""中国文学""外国文学"等标识。

1.6　研究目标和研究意义

1.6.1　研究目标

本书立足互文语篇理论，旨在通过探究语篇副文本系统在语篇系统整体建构和理解中的地位和作用，分析语篇副文本与主文本和语篇世界之间的互文互涉对话空间结构及互文范式和互文方式，剖析副文本与主文本互文的互文修辞效果，解释副文本与主文本互文建构和理解的修辞动因及其认知机制。

结合以上研究理论和研究目标，本书拟解决如下几个主要问题：

第一，副文本系统在语篇系统整体中的地位是什么？副文本系统内部的层级及其类型有哪些？

第二，学术著作语篇的副文本系统的选择和配置情况是什么？学术著作语篇中各类副文本与主文本是如何建构互文互涉对话空间关系的？其互文关系实现的互文范式、互文方式和互文修辞效果（功能）又是什么？学术著作语篇的副文本在主文本意义的互文生成和互文理解中作用是什么？学术著作语篇是如何通过副文本实现与语篇场和语篇世界的互文联系的？

第三，文学作品语篇的副文本系统的选择和配置情况是什么？文学作品语篇中各类副文本与主文本是如何建构互文互涉对话空间关系的？其互文关系实现的互文范式、互文方式和互文修辞效果又是什么？文学作品语篇的副文本在主文本意义的互文生成和互文理解中作用是什么？文学作品语篇是如何通过副文本实现与语篇场和语篇世界的互文联系的？

第四，不同类型的语篇在副文本系统的配置方面，副文本与主文本的互文互涉关系以及互文范式、互文方式、互文修辞效果方面以及副文本与语篇世界的互涉空间建构方式方面是否存在差异？若存在差异，这些差异背后的修辞动因和副文本与主文本互文的深层认知机制又是什么？

1.6.2 研究意义

在互文语篇理论视域下对语篇副文本的互文机制进行宏观、全面地研究，具有十分重要的理论意义和实践意义。对不同类型语篇的副文本与主文本之间的互文关系和互文修辞功能以及副文本与语篇世界的互涉关系的探究，是一种从边界到中心的阐释模式，将为揭示不同类型语篇的整体意义的动态、互文生成与互文理解的规律提供参考。基于互文语篇理论的副文本系统互文机制的研究，突破了语篇语言学微观层面衔接连贯结构的分析，从中观和宏观视角考察文本与文本之间、文本与语篇世界之间的互动互涉结构空间。因此对语篇副文本现象的研究在为语篇修辞研究拓展了新的研究对象同时，也将为语篇中观结构和宏观结构研究提供一种新的探究路径和研究范式。其研究成果将为图书学、语篇阅读教学、计算机自动生成和理解语篇等实用领域提供一定的参考。

1.6.2.1 理论意义

第一，互文语篇理论视角下的副文本系统分析是对热奈特"副文性"理论的继承和突破。热奈特所定义的副文性，与其所定义的"互文性""元文性""承文性""广义文本性"意义和内涵明确相比，其意义比较含混，只是说副文性关系比"互文性"更"含蓄、疏远"。我们对副文本的概念和内涵进行梳理，目的之一就是要明确副文性含蓄、疏远的跨文关系到底是一种什么语义关系,即副文本和主文本之间的互文关系到底有哪些?通过考察发现,副文本不仅可以用来建构互文性、还可以用来建构元文性、承文性和广义文本性。另外,随着"副文本"概念从文学语篇扩大到所有语篇,我们初步发现副文本与主文本之间的互文关系以及副文本的设置在不同语篇类型中表现出一些差异,这也是本书从学术语篇和文学语篇两种复杂语篇类型的副文本切入分析的一个原因。所以说,在互文语篇理论的观照下,考察不同类型语篇的副文本系统的配置及其与主文本之间的互文机制是对热奈特"副文性"理论的继续和突破。

第二,使用现代修辞学中"修辞三境界和两大分野"论来统构和解释不同类型语篇之间的副文本选择配置和主副文本间的耦合互文及其互文效果等系统性差异,是对现代修辞学经典理论解释和适用范围的扩展。修辞学历来重视宏观语篇结构研究,陈望道在1954年出版的《修辞学发凡》倒数第二章(最后一章为"总结",因此倒数第二章可以看作论述章节的最后一章)中重点提出"语文体式"的概念,指语言文字成品(即语篇)的模式性形态或格局,"适用于与文章和语言文字运用有关的场合或方面"(李熙宗,2012:319)。修辞研究不仅要关注词语、句式、辞格、辞趣等微观修辞,还要关注属于言语层面的具有整体性的作品的意义结构方式或格局、样式等宏观修辞。这显示出宏观语篇修辞是现代或当代修辞学科学体系中的重要一环(李熙宗,2012)。陈望道"语文体式"研究为语篇宏观修辞或整体性语言运用的研究开了先河,为以后语篇修辞的系统研究起到了先导作用。李熙宗继承了陈望道重视宏观整体言语的学术传统,在语体和语文体式的交叉、分类等方面做了大量工作(李熙宗,2010:140-151)。本研究从两种不同语体或体裁类型的语篇出发研究副文本的系统性差异,就是考察语文体式或体裁对语篇及语篇意义的生成和理解的动态性制导和规约作用。利用"修辞三境界和两大分野"论和"题旨情景"论解释副文本系统配置及其与主文本的耦合互文差异的修辞动因必将拓展和深化现代修辞学中宏观修辞研究的新界域。

第三,在互文语篇理论视域下分析副文本与主文本之间的互文互涉结构空间也将夯实或扩大互文语篇理论在语篇意义动态互文生成和互文理解方面的适用性和解释力。互文语篇分析有别于语源研究,互文分析更加强调阅读和理解的过程,不只是要对具体相关或互涉的文本或语篇进行辨认,还要关注互文意义,把两篇相关、共现、组合、重现的文本放在一起来确立意义，注重理解引文或其他互文本在新环境中的意义，注重一个文本在被涉文本中的意义（语境重构后的意义）、在互涉文本中的意义以及在两个文本之间流动的意义，即注重嵌入性文本根据语篇内部的逻辑关系和语义结构被修辞性或策略性地加以运用的过程。本书分析的副文本与主文本之间的互文关系别于其他嵌入语篇主文本的互文关系，是一种与主文本同域和同现的一种耦合互文关系。用互文语篇理论来分析两个同域文本的耦合互文必将扩大互文语篇分析的论域，我们也尝试构建一个耦合互文研究的范式来扩充互文语篇理论阐释的对象。

1.6.2.2 实践意义

第一，探究不同类型语篇的副文本系统中建构性副文本和策略性副文本的选择和配置差异及其背后的修辞机制有助于作者主体的语篇写作和出版主体（包括出版社和编辑）对各类副文本的设置。副文本作为一种语篇行为或语言符号实践行为，"每一个符号行为都会或多或少地让世界发生改变"（韩礼德，2015c：263-264），都会影响读者，从而影响文本意义的生成和理解。因此针对不同的题旨情景、不同的读者主体设置不同类型的副文本将会为语篇意义的建构和传达起到积极的作用，从而实现不同主体的修辞目的和效果。如标题副文本的设置，学术著作语篇中往往有一定的规律，话题标题、述题标题、话题+述题标题、体裁标记式标题，往往以明确为主，与主文本间的耦合互文也最直接，所以作者主体在创造学术著作语篇标题时要注意其明确性。而文学著作语篇的标题副文本设置本身具有极强的主观性，几乎没有明显性规律，而且文学作品语篇的标题副文本自身可以互文的文本，所以一些苦心经营的作者往往会策略性（如使用否定、用典、引用等互文方式）设置互文性的标题副文本从而实现主文本的多声意义的传达。因此副文本的研究成果可以为作者主体和出版主体对语篇副文本的策略性设置提供参考。

第二，探究不同类型语篇的不同副文本在语篇主文本的互文关系度或耦合度有助于书面语篇阅读和语篇教学效率的提升。书面语篇阅读不同于口语语篇的即时在线解读，书面语篇的跨时空性给予了书面语篇阅读许多特性，书面语篇的空间性（用纸作为承载的书面语篇可以分为若干不同的空间，在不同的空间可以表征不同的信息和文本）、反复性（可以不止一遍地反复地阅读）、阅读的非线性（可以先阅读著作语篇的开头、也可以先阅读语篇的结尾）等。分布于不同物理空间的副文本对主文本的耦合互文的耦合度和作用力是有差别的。而且不同语篇类型的副文本选择也是有差异的，哪些副文本对主文本的意义建构和理解起正面修辞效果，在正面修辞效果（系统性效果、加强效果、矛盾代替效果或矛盾共存效果）中不同语篇又有哪些倾向性特征，如学术著作语篇中的注释副文本、序跋副文本与文学作品语篇中的注释副文本、序跋副文本对各自语篇主文本的建构和理解的作用是否一样，它们可以起到什么作用，这些问题对书面语篇阅读和语篇教学具有重要指导作用。

第三，探究不同类型语篇的副文本系统配置、语篇副文本与主文本之间的耦合互文的互文范式、互文方式及其互文修辞效果有助于自然语篇计算机处理的深入推进。自然语言处理是人工智能领域的主要内容，而自然语言理解是自然语言处理的核心。如何从语言学学理上弥合计算机处理自然语言的语义鸿沟（semantic gap），语言究竟是如何组织起来传递和构建信息，人是如何从一串或一段语言符号中获取和理解信息的，这些是现代语言学研究为自然语言处理提供的基础性知识。互文语篇理论视角下的主文本和各类副文本的互文方式和互文机制的倾向性分析，以及不同语篇的建构性副文本和策略性副文本的选择和配置分析，有助于语篇模型的完善和篇际模型的建立。迄今为止，以自然语言生成和理解为基础的人机对话平台仍然局限于人机对答层面，即一问一答话轮对结构。对于除一问一答结构之外的诸如嵌套结构（邵长超，2016）、三分会话结构（王志军，2014；2016）、语篇宏观互文和互涉结构等层面几乎没有涉及，这大大约束了人机对话和人工智能的深入发展。人理解一个句子或语篇不是单凭语法，还运用了大量社会知识、专业知识和个人体验，对文学作品语篇和学术著作语篇副文本与主文本间的耦合互文机制的研究成果必将惠及计算机对自然语篇的自动生成和自动理解的能力。人工智能领域中，人机情感交互已成为热点研究方向。语言理解是人工智能皇冠上的明珠，人工智能中自然语言理解必然涉及语言语义的多义性及语言的情感计算。对文学语篇的副文本与主文本之间的离心互文范式中互文方式和互文修辞效果的分析可以从某些方面给计算机自动处理语言多义性或情感性提供参考。

第二章

互文语篇理论的多声构成

以语篇为对象的修辞研究由来已久。在欧洲，语篇修辞研究的源头可以追溯到古希腊罗马时期。古希腊罗马时期，政治自由民主、思想活跃，在议会、法庭或集会演讲和雄辩中，出色的辩论能力成为说服和打动听众的一项必备技能。以说服为目的的雄辩术是修辞的原初形式。科拉克斯（Corax）、高尔吉亚（Gorgias）、伊索克拉底（Isocrates）、亚里士多德（Aristotle）、西塞罗（Cicero）和昆提利安（Quintilian）等创立并形成了古希腊罗马的古典修辞学体系（蓝纯，2010：4-5；霍四通，2015：9）。

在西方古典修辞学体系创立过程中影响最大、保存最完好的修辞学专著当属亚里士多德的《修辞学》，它是西方修辞研究的基石。亚里士多德根据修辞的定位和论证行为的目的将演讲分为三大类：证明采取某一将来行为正确且可行的议政演讲（deliberative oratory），证明某一过去行为合法或不合法的法律演讲（forensic oratory），赞扬现时或过去的某一行为比较高尚的宣德演讲（epideictic oratory）；并将演讲的准备和实施分为五个步骤：觅材取材（invention）、谋篇布局（arrangement）、文体风格（elocution）、记忆（memory）和呈现（presentation），这也是传统的修辞五艺。这可以看作是最早关于口头演讲语篇如何生成、说话人意图如何高效实现以及口语语篇意义如何产生的详细论述。

古希腊时期，人的修辞活动被看作人的社会属性和社会活动的一部分，特别是自西塞罗以降，雄辩术以造就强有力的社会公民为目的，通过辩论和演讲使人们知道，如何让别人听到自己的声音和如何听取国家的声音。雄辩术使公民发出声音，让他们形成一种或多种公众角色，以应对不同媒体、面对不同受众（帕克，2007：99）。雄辩和演讲关注说话人身份的形成及表达社会身份的形式。当时口语语篇是修辞活动的至上形式。

在中国，"修辞"二字并提最早的论述可以追溯到春秋战国时期的

《易经·乾卦·文言》中的"修辞立其诚",相传是孔子之言。古人所谓"修辞",其内涵和现代修辞学中的"修辞"有一定区别(可参考霍四通,2012:31-36)。中国古时只讲"辞","修辞"并说不常见(郭绍虞,[2017] 1983:94)。《左传》有言:

> 郑子产献捷于晋,戎服将事。晋人问陈之罪。(《左传·襄公二十五年》)
>
> 子产对答得体,孔子赞其曰:"《志》有之:'言以足志,文以足言。'不言,谁知其志?言之无文,行之不远。晋为伯,郑入陈,非文辞不为功。慎辞也!"《诗》曰:辞之辑矣,民之协矣;辞之绎矣,民之莫矣。(《左传·襄公三十一年》)

从上文可见,"辞"与"文"同义,皆偏指修饰之文或润色之辞,古人对于"修辞"的理解,只是修饰之言辞。郭绍虞([2017] 1983:94)认为古人所谓的修辞"平常得很",等于"立功、立德、立言"三不朽中的立言。修辞立其诚,就是说"立言重在诚"。荀子亦强调君子之言"正其名,当其辞,以务白其志义者也"(《正名》),"谈说之术,矜庄以莅之,端诚以处之,坚强以持之,譬称以喻之,分别以明之,欣欢芬芗以送之"(《非相》)。从上可推知,上古修辞中的语篇既包括书面语篇又包括口语语篇。春秋战国时期论辩和游说相当盛行,这在中国历史上是非常独特的(蓝纯,2010:8)。彼时诸侯割据,战乱迭起,兼并合纵。乱世不仅出战斗英雄,还出现了一批改变时势和时局的游说家、雄辩家和修辞家。如上面谈到的子产,还有苏秦、张仪、商鞅、李斯等。刘勰曾这样评价战国辩论家:"战国争雄,辨士云涌;纵横参谋,长短角势;转丸骋其巧辞,飞钳伏其精术;一人之辨(辩言),重于九鼎之宝;三寸之舌,强于百万之师。六印磊落以佩,五都隐赈而封。"(《文心雕龙·论说》)现在来看,如此评价虽有夸张之嫌,但可以看出修辞与政治、社会的关系一直是修辞探讨的重点。

段玉裁(1981:769)区别"词"与"辞"并指出二者的关系:"辞者,说也。从䇂辛。䇂辛犹理辜,谓文辞足以排难解纷也,然则辞谓篇章也;词者,意内而言外也。从司言。此谓摹绘物状及发声助语之文字也。积文字而为篇章,积词而为辞。"从这个角度来看,修"辞"学研究语篇乃是题中之意。

　　无论是西方修辞学还是中国古代修辞，都强调语篇生成和修辞定位与心理、社会、文化、政治等的关联。但全面而系统地研究语篇意义生成和理解，却必须从20世纪60、70年代人文学科和社会科学的巨大发展和齐头并进中寻找线索［梵·迪克（van Dijk），2015：1］。语篇的研究既与传统修辞学研究一脉相承，在现代各人文学科思想喷涌和人工智能迅猛发展的时代背景下，当代语篇研究又有了新任务、新阐释角度和新的学科生长点。互文语篇理论就是在此时代背景下产生的一种研究语篇宏观和中观关系网络结构及语篇意义的动态、互文生成的新理论。本章标题仿照祝克懿（2013）对互文性理论的思想形成的源流进行梳理的文章《互文性理论的多声构成》来命题。

2.1　互文语篇理论的产生背景

　　"互文语篇理论"术语最早由祝克懿（2012）在《中国社会科学报》上刊载的、介绍克里斯蒂娃及其互文性理论对语篇语言学研究的影响的文章《克里斯蒂娃与互文语篇理论》中正式提出。就像互文性理论是由多声构成的一样（祝克懿，2013：12-27），互文语篇理论也不是空中楼阁，而是建立在一系列语言实践和理论的基础与哲学和认知科学的最新发展和认知的背景之上的，它是当代语言学和当代修辞学深化研究的必然产物。

　　自20世纪初现代语言学确立以来，语言学界便不断地提出语言系统的分析方法，有从语言形式内部结构出发的，如结构主义语言学（层次分析法和结构分析法）、生成语法理论；也有从语言外部语境和语用意义切入考察社会、文化、心理、认知与语言结构的互动关系的，如系统功能语言学、社会语言学、认知语言学、互动语言学等。语言学研究逐渐形成了"系统性对立"的两大流派：一派是思辨式唯理学派或形式主义学派，以探究语言或语法的可能性（possibility）作为基础或目标；另一派是经验式唯物学派或功能主义学派，以探究语言或语法的概率性（probability）作为基础或目标（胡壮麟，2000；陶红印，2017）。

　　语言现象复杂，与社会、心理、神经、体验和行为都有一定关系。事实上，研究语言也的确并非只有语言学这一学科，哲学、心理学、精神分析、文学理论、社会学、计算机科学、神经科学以及各类艺术学科都以各自的方式在探索着语言的规律。相关学科对语言的多方位描写和探索，构成一条巨大的知识光谱，折射出各种不同的语言观及描写着各种不同的言语运作机制（克里斯蒂娃，2015：227）。各相关学科的最新研究成果将为我们全面、系统地观察和研究语言与修辞，建构互文语篇理论提供重要的理论参考和事实营养。

本小节将重点论述互文语篇理论产生的语言学学科背景和哲学、神经认知科学背景。

2.1.1 学科背景

陈寅恪在《陈垣〈敦煌劫余录〉序》中说："一时代之学术，必有其新材料与新问题。取用此材料，以研求问题，则为此时代学术之新潮流。治学之士，得预于此潮流者，谓之预流。其未得预者，谓之未入流。此古今学术史之通义，非彼闭门造车之徒，所能同喻者也。"（《陈寅恪集·金明馆丛稿二编》）。[①] 当今，语言与人工智能、语言与大脑、语言与生物学、语言与政治、语言与生态、语言与经济、语言与话语权等问题成为人们密切关注并迫切需要解决的学术前沿问题。语言学者们意识到只关注语言自身（特别是以句子为典型的分析对象）的科学研究无法面对和解决新时代的问题，也无法为人们探究人类语言及语言运用的奥秘提供全面而有效的分析工具和理论指导。

人工智能为各个学科的研究带来新的机遇和挑战（顾曰国，2020）。研究词与语段、词与文本、词与语篇之间的微观结构上的互动互生关系，句与句之间、语段与语段之间、文本与文本之间、语篇与语篇、语篇与人的情感等中观和宏观结构关系，研究以上各层级结构关系中主体之间的对话和协作，越来越受到语言学及其相关学科的关注。语篇与主体交互的深入研究越来越体现出其研究的理论价值和社会价值。

自20世纪60年代以来，语言学界和修辞学界涌现出一批基于语言工具功能和建构功能与人类认知相互关系的研究理论，如互动语言学、系统功能语法、评价理论、篇章语法、浮现语法、认知语言学、话语分析（包括会话分析）、批评话语分析、论辩修辞学、话语修辞学、同一修辞

[①] 陈寅恪：《陈寅恪集·金明馆丛稿二编》，生活·读书·新知三联书店2015年版。

观、比较修辞学等。每个理论和方法在一定程度上都建构了一个"核心概念"术语体系，为解决其"核心事实"提供了一个相对自洽的描写和解释框架（刘丹青，2016）。语言研究允许各种理论方法并存，每种理论方法都永远只能解决局部问题，包打天下的语言理论不可能，也不现实（邵敬敏，2014）。根据语言研究具体对象的不同，吸收多元、立体的语言理论为我所用，已成为学界开展研究的共识，同时也是客观求实、实事求是学术精神的一种体现。语言是一个复杂、立体的系统网络，研究对象所立足的视角塑造着研究方法，探究的问题又最终决定着视角的选择（Ribeiro，2006：49）。研究文本与文本之间、文本与文本场之间、语篇与语篇之间、语篇与体裁之间、语篇与语篇世界之间、主体与主体之间、主体与社会之间的对话性和互文性是语言学和修辞学研究螺旋式上升和"回归"式发展的具体反映。

下面主要从两个方面来说明研究互文的语篇和建构互文语篇理论的学科必要性和迫切性。具体来讲，一方面是当前语言学和修辞学研究对"言语的语言学"的重视，另一方面是当前语言学和修辞学研究对"人的语言学"的重视。

2.1.1.1 "言语的语言学"的重视

1916 年，索绪尔《普通语言学教程》（以下简称《教程》）的出版，标志着现代语言学的建立。此前出现的语文学，如古希腊的西方古典语文学、中国古代的"小学"（文字学、音韵学、训诂学）和古印度的语言学，历史比较语言学[①]都曾在当时甚至现在为语言学科作出了不可磨灭的功绩，但它们都没有做到将语言学建成一门真正意义上的、独立的语言科学。《教程》明确将言语活动（*langage*）区分为语言（*langue*）和言语（*parole*）（索绪尔，1980：12-29），指出语言学的研究任务是："（a）对一切能够得到的语言进行描写并整理它们的历史；（b）寻求在一切语言中永恒地普遍地起作用的力量，整理出能够概括一切历史特殊现象的一般规律；（c）确定自己的界限和定义。"把言语活动中稳定的、抽象的、共时的语言（*langue*）系统作为语言学研究的首要任务。至此，抽象的语言

[①] 陈明远（1983：9）曾把从语言历史发展的各个时期的语音、词汇、语法对应关系方面详加对比研究、证明印度—伊朗诸语言和欧洲诸语言的历史联系和构拟原始印欧语的历史比较语言学称为"现代语言科学的第一个里程碑"。

符号价值系统才成为语言学研究的真正对象,科学的语言学也得以确立。因此,索绪尔也被称为"现代语言学之父"。索绪尔及其所倡导的语言学思想也成为语言学研究"绕不过去的存在"。

20世纪中叶以后,科学、技术、文化、社会等各方面迅猛发展,对语言学提出了更高的期待和要求。当时占主流的结构主义语言学受到了一定的挑战,出现了众多别于结构主义的理论和流派,包括乔姆斯基提出的转换生成语言学(又称转换生成语法)和之后的功能语言学、系统功能语言学、社会语言学、认知语言学、文化语言学等。其中以乔姆斯基为代表的生成语言学影响最大。生成语言学继承性地批判了结构主义语言学。生成语言学认为,语言从根本上来讲属于生物事实,有其自然属性,因此可以建立一种人类语言的普适语法来解释人类生成和理解语言的心理机制和心理过程。语言学的首要任务是以严谨、明晰的方式对大脑语言器官中的语言能力(language competence)进行刻画(李曙光,2013:134)。主张用演绎法和形式化的手段来刻画思想表征为语言编码的过程,刻画由深层结构转换为表层结构的转换生成规则和过程。转换生成语言学的确在一些歧义句的解释和计算机自然语言处理中表现出了强大的解释力和优越性,但其语言具有自足性和封闭性的语言观及其对意义的漠视为后来功能主义者所诟病。

在生成语言学如日中天之时,语言学界涌现出一批强调语言社会交际功能和建构功能的功能语言学流派,主张联系社会、文化、政治和语言环境、身体认知等外部因素对语言意义和现象进行描写和解释。于是就出现了从社会互动、权力制衡、交际传播、上下文情景、社会意指过程等多维角度来考察复杂的语言现象。这些功能语言学派的研究对象——社会中实际存在的语言,从表面上看是索绪尔所区分的"言语的语言学"的回归与重新受关注。但从深层来看,言语的回归或言语的重新受关注是语言学自身发展"否定之否定""之"字形螺旋上升的认知过程。

von Savigny(1983:423-435)基于德国汽车司机为了安全和快速行驶使用的非言语(主要靠鸣笛和闪大灯)交际语言——NIVEAU(*NIcht-VErbale AUtofahrersprache*),从方法论上证明了语篇意义的探讨优先于句子意义,指出:"没有句子意义可能有语篇意义,但没有语篇意义一定没有句子意义",句子决不能构成一个语篇整体。这从侧面证明语篇意义特别是基于副语言和多模态情景下的语篇的深入研究将为揭开语篇整体成义过程的神秘面纱带来契机。

如今语言研究已不再局限于词语、小句、句子或命题的抽象结构的分析，而是将语言当作人类互动和交际中具有社会性、文化性和认知性的多模态完整语篇或话语系统中的一部分来研究，语言学已然成为"一个能够阐释社会和历史现实的学科"（海然热，2012：310-313）。索绪尔所称的"言语"不是某一个特定学科独一无二的对象，而是分散在不同领域之中。言语的跨学科性决定了语篇或话语研究的跨学科或交叉学科性。这也势必会造成一个学科的核心事实成为另一个学科的背景和语境，这并不是学科不纯粹的表现，这恰恰反映的正是当前学科研究的总体趋势——多元性、交叉性和跨学科性，这也是整体复杂科学的一种客观反映。因此，语境越来越成为语篇或话语研究者展开研究的核心关注点。语篇如果抽离于浮现它的语境，将无法被理解，空间的组织、人类身体（肢体及面部器官）的展现、控制和诠释、工具或其他人造物品的使用，诸如此类的文化和语境特征都是处理语言现象所关联的一个部分（Keating & Durant，2010：338）。本书所关注的副文本是与主文本、语篇、话语同时在场的重要语境成分或要素。

索绪尔（1980：27-29、110-136）还论述了语言学研究进向的两大分叉路口：第一个分叉路口基于语言的社会性和言语的个人性，将语言学分为语言的语言学和言语的语言学；第二个分叉路口基于语言的系统性、静态性（static）和不变性（invariability）与语言的演化性（evolutionary）、动态性（dynamic）和可变性（variability），将语言的语言学分为共时语言学和历时语言学。如果把20世纪初现代语言学建立到生成语言学研究语言静态系统的结构这一进向看作是研究"语言的语言学"的话，那么从20世纪中期的语用学（以合作原则和言语行为理论为基础）到当代认知—功能语言学研究语言的动态使用和建构功能的研究进向可以看作是研究"言语的语言学"。尽管形式语言学派和社会功能学派对语言普遍性和差异性的认知存在不同，但要说形式学派忽视功能，功能学派忽视形式就过于简单化了。事实上，这两种理论视角是从同一个问题（事实）出发的两个侧面，它们相互对立、相互补充，想在形式语言学和功能语言学之间画出一条清晰的界线是不可取也是不可能的。言语的语言学和语言的语言学相待相成，就像人体医学中研究人体发育及动态平衡过程的解剖生理学，是将研究人体形态和结构的解剖学与研究人体器官功能发育的生理学相结合而形成的科学（范德赫拉夫和沃德里斯，2002），解剖生理学既要注重静态人体的结构和功能，更要注重动态人体器官及其功能的形成、发育、退化的过程。"言语的语言学"的最大特点就是关注语境、关注动态过程、关注言听主体。

2.1.1.2 "'人'的语言学"的重视

"语言是所有人类活动中最中心表现人和人性的特点的，是打开人类心灵深处奥秘的钥匙"（申小龙等，2006：91）。法国哲学家让-保罗·萨特（Jean-Paul Sartre）1966年在一次访谈中谈道："人文科学研究结构，是试图把人简化为结构。"我们知道，语言不是一片抽象概念的冰层，语言是说话者"眷恋的对象"，人依恋自己的语言，视之为一块不可让渡的心腹之地。凡说话者皆怀说话之欲和占有话语之欲。人是历史性的动物，无时无刻不在依靠语言创造历史。语言是人造物，不关注主体而一味追求其"（自然）科学性"，"后果只能是语言学假模假样地自命'严谨'，却在任何地方都找不到根据，包括最严谨的学科在内"（海然热，2012：317）。语言学和修辞学研究的是人类身上最具人性和人文性的东西，它是一个开放的领域，不应局限于形式主义技术话语的樊笼，使人想象不出其研究对象是"活生生的、有血有肉的"运用语言的人。越来越多的语言学者（赵元任，2001；本维尼斯特，2008；克里斯蒂娃，2016a）认识到语言研究不仅要研究语言结构本体，更为重要的是，还要研究在语言中活生生的、有血有肉的人。萨丕尔说："人并不仅仅生活在客观世界中，也不仅仅像一般人所理解的那样生活在社会活动中，很大程度上，人是生活在特定的语言中。语言是人类社会的表达媒介。"（沃尔夫，2012：127）人生活和浸淫在言语活动之中。

图 2-1　语言的社会实践——语言或话语回路（索绪尔，1980：19）

"言语一半在于言者，一半在于听者"（蒙田，《随想》XXX：13）。语言是抵达他人或者说向他人传递信息并从他人那里接收信息的最为重要的渠道。语言产生之初和语言生产过程都预设着他者主体，如图 2-1、图

图 2-2　说话者和听话者的相互心理模型（Green，2006：409）

2-2 所示。图 2-1 是索绪尔的语言的社会实践——言语或话语回路图，图 2-2 是 Green 的言语交际当中言者和听者相互之间的心理模型图。从两图中，特别图 2-2 中我们可以直观看到语言生产和交际过程中社会性的人（social beings）作为言听主体之间的交互和互动性。人与人是相互依存的，人类生活本身就是充满对话性的，人的意识、思想无不带有这种相关又独立的特征。"人的思想总是指向他人的，指向他人的思想、他人涵义、他人意义。人的思想实际上总是显示两个方面的双重特性，两个主体，一个说话人，一个应答者；出现两者相互之间的动态的复杂关系，评价、应答、反驳。"（巴赫金，1998：59）主体与语言的密切关系正如梅洛-庞蒂（2001）所言，"语言产生于主体与主体的对话，在对话语境中，个体才认识到自己的思想与他者的思想，并使二者处于社会交流的思维大网之中"。主体的言语不表达一种既成的思想，而是在交际中实现这种思想。当然，交际中也常会出现言者和听者理解的错位（张伯江，2016）。

力主将主体或人引入语言研究的学者中首推本维尼斯特和克里斯蒂娃。本维尼斯特引入话语对话主体"我—你"和客观主体"他"者，克里斯蒂娃在本维尼斯特主体理论和巴赫金对话理论的基础上并结合弗洛伊德的精神分析理论对话语主体"我"又进一步解构，提出"异质的自我"或"陌生的自我"中的自我对话和自我互文。

第二章　互文语篇理论的多声构成

本维尼斯特（2014：51-56）在谈到个人和他人、社会与语言之间的关系时指出，语言和社会在表面不一致的背后所呈现出的是深层相似性，正是在社会实践中，在语言实践所代表的这种人际交流的关系中，语言机制与社会机制的共同特点才有待人们来探索，因为在语言为其创建并设立的双重属性中，人仍然是并且越来越应该成为被探索的对象。

每一个说话者的话语都是从他者出发并且返回到说话者自身，每一个人都相对于一个他者而自立为主体。语言作为每个个体深层自我的不可缩减的流露，同时也代表着一个超越个体、与全部集体所同享外延的事实。语言为说话者提供了话语实践的基本形式结构。它所提供的语言工具保证了话语或语篇在主体性和指涉性上的双重功能：无论在什么语言、什么社会或时代中，都能看到这一必不可少的区分，即我与非我的区分。代词的双系统对应：第一组是"我—你"的对应关系。"我—你"是只存在于人际的个人对话结构，只有在某种特殊的规约即带有宗教和诗学性质的特殊规约下，才准许人们把这种对应关系应用于人际范畴之外；第二组是"我—你"系统与"他"的对应，是把对话结构中的人称代词和非对话结构中的人称代词对应起来，它完成了指涉的过程，并且让话语能够建立在事物和世界之上，建立在对话关系之外。这是语言的双重关系系统的基础（本维尼斯特，2008：257-258）。这种角度是把说话者纳入他自身的语篇或话语之中，从而把人作为参与者放置到社会中，并且由此构筑了一个复杂的时空关系网络。人相对于社会和自然而进行自我定位并把自己纳入到社会和自然当中。语言则被视为人类实践活动，它揭示了不同的人类群体或阶层对语言的独特的使用方式，并且显示出在公共语言内部产生的语言分化现象（本维尼斯特，2014）。

克里斯蒂娃（2016a：29）在《陌生的自我》中谈到互文性的行为者即话语主体（*sujet parlant*）时明确指出："人的（心理）建构必然有异质成分的参与，包括语言以及不同文化的相遇。'我'的身上不断有'他'的存在，'我'在内心深层对'他'既好奇又害怕。'我'越想了解'他'，'他'越让我抓不住，于是'我'越想逃离。我们的内心是一个奇异的世界，我们是自我的异乡，我们在不断地建构它又不断地在解构它。""人们无法让陌异（陌生、异常）感引发的症候消失，但可以回溯它，解释它，通过自我认识和自我重构以获取新的力量，唯有如此才可抚平内心对陌异的恐惧感。"克里斯蒂娃将精神分析引入对话语主体的观照，正是因为精神分析科学可以烛照潜伏于人内在的和外在的"陌异"，认识自我当中的异质性，找到自我的特殊性，从而找寻自我的创造性（克里斯蒂娃，2016a：132-138）。

作家格非曾在一次演讲中举过一个十分生动的例子①：

> 有时我们在端详照片中自己形象的时候，会发现很难接受照片中的自己，甚至会觉得，照片中的人一点也不像自己。为什么照片所反映的自我形象有时候让人难以接受？那就是因为照片不同于照镜子，人们在照镜子的时候，自我意识参与了自我形象的建构。而照片来自于他者，来自于外部的视角。所以说，没有他者的介入，没有外部视角的参照，没有外部知识的刺激，人就会越来越自恋。

从格非的例子中，我们可以从另一个角度看到主体的交互性和社会性与"我"的异质性建构等问题的凸显性。话语与主体的关系同样如此。主体是在与他者（包括陌异性的自我）互动、对话或互文的基础上建立起来的。

修辞研究向来注重主体在语篇或话语中的作用。"诗书礼乐，其始出皆生于人。诗，有为为之也；书，有为言之也；礼、乐，有为举之也"（战国时期郭店楚墓竹简《性自命出》）。修辞立其诚即修辞立其人（人格之诚），人是文化之始。"修辞活动的主体是人，人的角色身份是复杂的存在，复杂的身份角色构成复杂的主体间性，复杂的主体间关系在具体的修辞活动中产生分化"（谭学纯和朱玲，2001：79-81）。语言的抽象结构不能取代人的个体经验，人类实践强调个体异于常规的特质及个体对结构的反抗，拒绝抽象结构的压制。人文学科的研究，特别是修辞学要从个体的人的鲜活经验出发（祝克懿，2015：12）。

2.1.2 理论背景

人类思想上的一些新理念、新思想，并不局限于某一时代的某个人、某一门学科，往往是同一时代的不同的人、不同的学科从不同的角度不约而同地产生了同样的理念或思想，从而形成独具时代特色的思潮。"思潮

---

① 清华校友网（http：//www.tsinghua.org.cn/info/1955/15993.htm）。

的起始和终结往往难以预测,一个思潮不会一夜之间出现,更不会一日之内消亡。不仅一种思潮往往孕育着另一种思潮,而且常常几种思潮同时存在,并行发展,(思潮之间)既有互动和相互影响,又在矛盾和斗争中显示出自己的正确性"(刘润清,2013:73)。

20 世纪西方哲学发生了语言学转向。现代结构主义语言学的建立不仅影响了语言学研究的各个流派,而且对其他人文学科(哲学、艺术、社会、人类学、心理学)的研究也有影响,如结构主义诗学、结构主义文学、结构主义美学等。20 世纪 60 年代末 70 年代初,旨在批评和超越结构主义的后结构主义或后现代主义兴起,其蓬勃发展一直延续至今。正如秦海鹰(2004b:27)和刘润清(2013:73)所言,当今时代是结构主义和后结构主义并行、现代主义和后现代主义共存发展的时代,它们相互竞争,又相互促进。互文语篇理论正是在结构主义和后结构主义(解构主义)、现代主义和后现代主义的相互竞争中兴起和发展起来的。

表 2-1   现代主义思想和后现代主义思想特征之间的主要区别[①]

现代主义	后现代主义	现代主义	后现代主义
浪漫主义/象征主义	虚构解决/达达主义	附属结构	并列结构
形式(联系、封闭)	反形式(分立、开放)	隐喻	转喻
目的	游戏	选择	组合
预谋性	偶然性	独根/深度	须根/表面
等级序列	无序	阐释/阅读	反阐释/误读
控制/逻各斯	枯竭/静寂	所指	能指
艺术客体/完成作品	过程/演示/进行着	可读的	可写的
距离	参与	叙述/宏观历史	反叙述/微观历史
创作/整体化	阻碍创作/结构解体	总体代码	独特用语
综合	对比	征兆	欲望
此在	缺失	类型	变体
围绕中心的	扩散的	生殖器/阳物	同质异形/雌雄同体
体裁/疆域分明	文本/互涉文本	偏执狂	精神分裂

---

① 原表见伊·哈桑(1999:123-125),本表略有删改。该表吸收了许多领域中的概念——修辞学、语言学、文学理论、哲学、人类学、精神分析学、政治学甚至神学,同时吸收了欧洲和美国许多著名思想家的思想,将各种不同的运动流派联系在了一起。

续表

现代主义	后现代主义	现代主义	后现代主义
语义	修辞	来源/原因	差异—延宕/印痕
范式	系统性体系	形而上学	反讽
确定性	不确定性	超验性	内在性

后结构主义和后现代主义是对20世纪西方社会、文化、科技等的一种有意义的再认识，是对结构主义和现代主义的"反叛"和批评，从某种意义上，可以说是对结构主义的一种继承和发展。伊·哈桑（1999：123-125）总结了结构主义和后结构主义或现代主义和后现代主义思想特征间的主要区别，如表2-1所示。互文语篇理论得以建立，正是得益于现代主义和后现代主义、结构主义和后结构主义思想的相互对立、相互竞争、相互促进的并行式发展。

本节主要介绍互文语篇理论得以建立和发展的几种基础性理论：互文性理论、符义分析理论、系统功能语言学以及互动语言学和现代修辞学。

2.1.2.1 互文性理论和符义分析理论

互文性理论和符义分析理论是互文语篇理论赖以建立和得以成形的最为直接的基础性理论。将互文性理论"引入语篇分析，其可以作为一种宏观视野的理论方法、谋篇策略去揭示语篇生成与理解的内在机制和外部联系"，可以进一步显示语言作为交际工具和建构工具的本质，"并能准确反映人类认知的普遍规律"（祝克懿，2010：2）。

本书1.2.2节曾对互文性的概念、分类及互文性理论的形成及其嬗变路径进行了介绍，在此不再赘述。本节重点述介一下克里斯蒂娃的符义分析理论。

20世纪60年代目睹了跨学科研究滥觞——符号学的发展。在人文科学领域，符号学将叙事、图片、视频、电影、手势、体势、绘画等其他非语言形式的"文本"引入传统文学和艺术研究当中。克里斯蒂娃（2015b）在《符号学：符义分析探索集》中明确指出："符号学家的任务是试图从某种不确定性中读出确定性，并揭示出某种可能源自诗性语言之秩序体系的连接方式的意指。（符义分析理论）描述诗性语言的表意运行情况，不啻描述某种潜在不确定性中的各种联结机制"，符义分析研究符号文本能指生产的意指实践的过程，是一种解析性的语言学。作为语言产品的文本，只有在语言材料或言语中才是可以探讨的，因此文本的探讨属于某种意指理论，属于符义分析。符号学在某种程度上扩大了语篇研究的文本范围，并强调要在整体、多模态、动态的复杂交流系统中研究语篇。

符义分析理论与一般符号学存在差异，它强调以下思想和事实："不用'符号'去遏制表意实践的研究，而是分解符号并从中找到某种新的外在性——可以翻检和组合的、有迹象的某种新的空间，即成义过程的空间。"（克里斯蒂娃，2015b：241）

符义分析理论是一种文本意指理论，它把符号视为保证意指生产滋长过程的反思成分，它内在于符号，同时又把符号囊括其中。所以符义分析不仅关注文本展现某种符号体系的事实，而且要在该体系内部开辟一个被结构所遮蔽的场景，这个场景是符号或文本活动的成义过程，其结构是某种时间差之后的散落物或离散场。符义分析既依仗语言，同时保留心理分析的主题学研究和审美理想主义的研究。"如果说符义分析是语言学性质的分析的话，那么它与对某种言语汇集的描写主义没有任何关系"（克里斯蒂娃，2015b：241），符义分析更关注语言学中作为差异化的表意单位的、事物性质的文本现象，即以某种编码为支撑的信息文本。

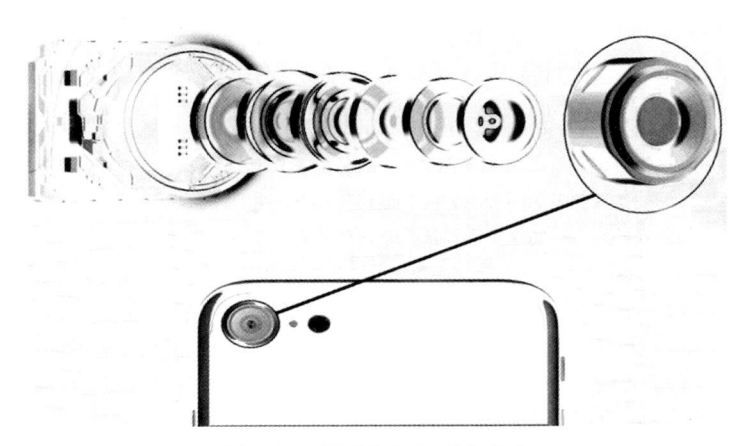

图 2-3 基因文本与现象文本

文本是符义分析的基本操作对象，它不是言语中出现的那种平淡无奇的意义结构，它是意义结构的生产（*engendrement*）本身，即记录在印刷的物理文本中的这一语言"现象"或"现象文本"的产生过程。克里斯蒂娃（2015b：242）将文本区分为两部分：基因文本（*géno-texte*）和现象文本（*phéno-texte*）。基因文本，又译作生殖文本，或生成文本。"基因文本是语言潜在的基础,现象文本表现在用于交流的语言层面","现象文本是一种可以生成的结构,它遵循交流的原则的同时假定了阐释的主体和接受者,而生成文本则是一种过程,它穿越相关或毗邻的区域,形成一段路径,这段路径并没有被限制在两个独立主体之间单义信息的两端"(克里斯蒂娃,2016b:64-65)。我们可以看到文本成义过程中的双重行为:(1)语言网络的产生;(2)处于介引成义过程地位的主体"我"的产生。因此,分析某种文本的表意生产,就是展现表意体系的生殖程序如何表现在现象文本中的。在现象文本(能指和所指)所有层面实现了表意体系之生殖程序的任何表意实践都被视为文本实践。我们把内嵌在手机中的相机比作文本(参见图 2-3),来说明基因文本和现象文本的关系。我们在手机平面上看到的仅仅是作为现象文本的一个镜头位置,而事实上现象文本的生殖活动(拍照活动)是基因文本的纵向展开的过程,即作为相机中的一组潜在的镜片组合的基因文本,在拍照成像过程中都发挥着一定的作用。

基因文本与拓扑学[①]有关,现象文本与代数学相关。"基因文本和现象文本间的差异被汉语这一意指系统所证实,作为书面语的汉字将意指过程再现和表述为一种特定的系统(如形声字中的形旁一般用于表义)和空间(上下结构、左右结构、左中右结构、独特结构等)[②],而汉语口语

[①] 拓扑学,英文 topology,源自希腊文 τόπος(位置)和 λόγος(研究)。从形式上说,拓扑学只考虑物体间的位置关系而不考虑它们的形状和大小,主要研究几何图形或拓扑空间在连续改变形状下保持不变的性质。简单来讲,拓扑学就是研究连续性和连通性的一个数学分支。

[②] 裘锡圭(2013:15)认为,汉字在象形程度较高的早期阶段(大体在西周以前),基本上是使用意符(跟文字所代表的词在意义上有联系,包括形符和义符)和音符(跟文字所代表的词在语音上有联系,严格来说是借音符)的一种文字体系,简称意音文字;随着字形和语音、字义等方面的变化,汉字逐渐演变为使用意符(主要是义符)、音符(借音符)和记号(跟文字所代表的词在语音和意义上都没有联系)的一种文字体系(隶书的形成可以看作汉字演变完成的标志),称为意符音符记号文字,由于汉字中的记号几乎都有意符和音符变来,这一阶段的汉字又称后期意符音符文字或后期意音文字。无论是早期意音文字还是后期意音文字,汉字体系与拼音文字体系(只使用音符,如英文、法文等)截然不同,汉字兼用意符、音符和记号。汉字是意义在场的文字,拼音文字的意义不在场。陈宣良(2016:425-426)更是认为汉字是直接指向对象、指向意义所指的一种能指,中国语言中有着语音和文字这样两种并列的能指。陈甚至指出,汉字是中国语言中第一序列的能指,语音反而是处于第二序列的能指的能指。在语言的文明历史发展中,中国语言已经变成以文字为本体的语言。汉字书写也形成了一套独特的意指符号体系,包括笔法、字法、构法、章法、墨法、笔势等书写技法,在此基础上发展成为书法艺术学。

则恢复了两个主体间意义交换所必需的区分元素"(克里斯蒂娃，2016b：65）。简单来讲，就是汉字符号本身反映了一定的意义，这有别于西方表音文字，只记录声音，而意义完全不在场。意指过程包含现象文本和基因文本，因为所有的意指操作只有在语言中才得以实现。但每个意指实践并没有包含这个实践过程的无限的或所有的整体。"多种制约使意指过程停留在某一个它穿越的命题之中，它们将意指过程打包，将其封闭在某种既定的表面或结构中。这些制约实践，使其处于固定的、破碎的、象征的矩阵中，处于删除了过程无限性的不同社会制约的仿造语中；正是删除的部分通过现象文本来表现。"（克里斯蒂娃，2016b：66）

"只有在近些年（20 世纪 60、70 年代）或革命时期，意指实践才能在现象文本内铭刻下意义活动中多元的、异质的、矛盾的意指过程。这类意指活动包括驱动力的流动性、物质的不连贯性、政治的斗争性和语言的破碎性。"（克里斯蒂娃，2016b：66）克里斯蒂娃（2016b：76）认为，人的身体并不是一个统一体，而是一个由多个分离的部分组成的多元整体，人本身是一个动态的过程。分离的部分虽并没有同一性，但可以形成驱动力施展的空间。在被纳入包含意指过程的实践之前，无法重组的分裂身体始终处于运动之中，或者处在生物学或生理学层面运作。

文本生产的过程不属于已经建立的社会，而是属于本能和语言改变不可分割的社会变革。马克思认为，由于意指过程处在所谓物质生产本身之外的维度，并且存在于真正自由的文本实践当中，所以它改变了社会关系中不透明的、难以理解的主体，使其挣扎着变为过程中的主体（转引自克里斯蒂娃，2016b：79）。

文本理论的目的在于批评任何元语言，修正科学性的言语。文本是某种言语片段，被置于语篇的视野中。文本理论考察文本的反映性、建构性和文本的不同陈述和措置的思路。这与当代修辞学和批评语言学的某些出发点和目的不谋而合。

克里斯蒂娃 1966 年在《建立复量符号学》一文中，从符号类型学的角度将符号实践①分为三种类型（克里斯蒂娃，2015b：144-146）：

一、系统型（*systématique*）符号实践。系统型符号实践建立在符号亦

---

① "实践"是克里斯蒂娃借用马克思哲学理论中的概念术语。实践包括物质生产劳动和政治、伦理、宗教等人的现实活动以及艺术、审美和科学研究等精神生产劳动。实践是涵盖人类全部社会生活的统一的概念，人的各种活动不是处于离散的状态之下的（俞吾金，2002：17）。

即作为预先确定和预先设置之元素的意义的基础之上，是科学言语和任何再现性言语的符号体系。这种符号实践又称作单义体系性符号实践。这种符号体系保守、受限制，其内容引向指涉物，它是逻辑性的、解释性的、不变的和不改变他者（信息接收者）的。其话语主体等同于律令并以某种单维联系反馈给某客体，既排斥话语主体与接受者的关系，又排斥接受者与客体的关系。

二、转换型（*transformative*）符号实践。转换型符号实践又称改造型符号实践。转换型符号实践的符号的意义逐渐模糊，各种符号脱离它们的指涉物，转向他者（接受者）和改变他者。魔术、瑜伽、精神分析师的符号实践属于这类符号实践。转换型符号实践是变化的，以改造为宗旨，它不是限制性的、解释性或传统逻辑性的。改造型实践的主体永远服从于法律，客体、信息接受者和律令（＝主体）三者的关系未被排斥，同时表面上处于单向关系。

三、复量型（*paragrammatique*）符号实践。复量型符号实践又称书写型符号实践或对话型符号实践。复量型的符号被相关的表现为 2 或 0 的复量节段悬置。文学语言或诗性语言可以看作是复量性符号实践的代表。

克里斯蒂娃的"符号实践三分"可以看作是巴赫金"叙事词语三分"的拓展和深化。

巴赫金在叙事中区分三类词语：第一类是直接词语（*le mot direct*）。直接词语是言语主体表达最基本意义的词语，是可以提供直接、客观理解的本义词语（*le mot dénotatif*）；第二类是对象词语（*le mot objectal*）。对象词语拥有直接的客观意指，表征各种"人物"的直接言语。但是对象词语与作者的言语不处在同一层面，与它存在一定距离。作为作者理解对象的对象词语是从属于叙事的他词语。作者面向对象词语但不进入或改变它，把它作为一个整体来接受，既不改变其意义，也不改变其语调；第三类是双值词语（*le mot ambivalent*）。作者使用他人词语，在保留其原有意义的同时被作者给予一个新的意义，那么这种获得了两个意指的词语就是双值词语。这类双值词语又可以分为三个次类：（一）模仿双值词语；（二）戏仿双值词语；（三）内在暗辩双值词语。巴赫金认为："小说是唯一一种出现双值词语的体裁类型，双值词语是小说结构的独有特征。"（克里斯蒂娃，2012：38-39；2016a：96-98）但从现实语篇来看，不只诗性语篇（包括小说和诗歌），相对来讲较为客观的科学语篇中，双值词

第二章 互文语篇理论的多声构成

语也是存在的。

小说语篇是双值词语或复量型符号实践的典型代表。"小说文本是一种符号实践，其中可以读到多种陈述语的轮廓和综合。小说文本是一个运作过程，是组织各种运作材料的活动。表现在书面文本中，这些材料或是字词，或是作为义素[①]的字词连缀（语句和段落）。……我们无意对组织材料实体（义素本身）加以分析和研究，而是要研究把它们兼容并蓄到文本整体中的功能（fonction）。这的确是一种功能，也就说具有变化性和关联性，每次取决于它所联系的互不关联的变项，或者更清楚地说，是字词之间或语句、段落之间的单义对应。"（克里斯蒂娃，2012）互文分析方法虽然是通过字、词、句、段等语言单位来进行，却具有超语言的性质。比如语言单位（主要是语义单位）只是我们划分小说陈述方式（types des énoncés romanesques）或诸多功能的跳板。忽略语义单位是为了提炼出起组织作用的逻辑应用（application logique）关系，从而达到超越切分的层次。

超越切分的陈述语在小说创作中构成一个整体。通过这种方式，建立起小说陈述方式的类型体系，进而寻找小说文本之外的来源。只有这样才能从整体上定义"并且/或"作为互文本的小说文本。小说互文本就是在这个来自小说外部的文本和在小说自身文本中发生作用的互文性功能板块（克里斯蒂娃，2015b：53）。

闻道有先后，术业有专攻。克里斯蒂娃的互文性理论和符义分析理论一经提出，作为其老师的罗兰·巴特便大加赞赏并积极推广。罗兰·巴特在其重要论著《S/Z》开首《评估》（évaluation）和《解释》（interpréter）章节中指出：确定文本的价值，建立文本的首要类型涉及评估，但"对一切文本的根本性的评估，不可能出自科学，因为科学不做估测。也不可能源于意识形态，因为一个文本的意识形态价值，如道德、审美、政治、真理等都是一种再现的价值，而非生产的价值"，评估只与

[①] 此处"义素"（sémème）术语不同于语义学中的通用说法，而是克里斯蒂娃（2015b：52）借鉴 A. J. 格雷马斯在 1969 年出版的《语义结构》（Sémantique Structurale）中的定义：义素是语义核心与语境词素的结合，属于表象层次，与词素（sème，从语音的物理属性角度划分出来的，最小的语义单位）所属的内在层次相对立。可对比音素（phème，最小的语音单位）和音位（phonème，从语音的社会属性角度划分出来的，某种语言和方言中能够区别意义的最小的语音单位）的概念。词素和音素相对，义素和音位相对。

写作实践相关，在此理论基础上，罗兰·巴特区分了可写性文本（le scriptible）和可读性文本（le lisible）（罗兰·巴特，2000：55-63）。罗兰·巴特（2000：56）认为，文学工作的目的在于使读者成为文本的生产者，而非消费者。但已有的文学体制却维持着文本的生产者和消费者、物主和顾客、作者和读者之间的"离婚"状貌，常常使读者陷入一种闲置的境地，表现出一副守身如玉的正经模样，从不与对象交合（intransitivité）。读者不把自身的能动性施展出来，将永远不能完全体味到能指的狂喜，将永远无法领略写作的快感。可写性文本并非成品，在书肆中汲汲翻寻，必劳而无功；可写性文本是生产而非再现，它取消一切批评；可写性文本是无休无止的现在，所有表示结果的个体语言都放不上去；可写性文本就是正写作着的我们，处于永不终止的运作过程之中；可写性文本是无虚构的小说，无韵的韵文，无论述的论文，无风格的写作，无产品的生产，无结构体式的构造活动（罗兰·巴特，2000：61-62）。而可读性文本是产品，而非生产，是文学的巨大主体。解释便是可读性文本的运算规则。解释一个文本，并非赋予该文本某一特定意义（此意义多多少少是有根据的，也多多少少是随意的），而是鉴定此文本之所以为此文本的复数的形象（罗兰·巴特，2000：62）。已被重写过的文本的种种碎片，在解释中，可以辨认出来，但其在文本中的编织，却是独特的，这就是复数：差异与共同并存，分化与聚拢兼具。当然，这里的复数并非意谓诸多意义，因为多义仍然可以居于一个统一的结构内，而纯粹的复数却是消去中心性和统一性，无等级，无顺序。在可读性文本中能指与所指的关系是明确的，可读性文本的作者在意义的产生中具有权威性，可读性文本的读者不是意义的生产者，而是意义的消费者。而在可写性文本中能指具有生产性和非明确性，所谓能指之网的立体摄影的多元性，在可读性文本中，读者与作者结婚和交会，读者参与文本的新创造，文本的意义在永远处于"现在"的状态中，呈现出一种开放的、无限的、多元的意义。

  本书第五章将会基于互文语篇理论对文学作品语篇副文本系统进行分析，其中将涉及现实语篇呈现和阅读中读者、文本和作者之间的关系，也将验证罗兰·巴特读者中心论的现状或者说现实中文本阅读是否带来了"愉悦"。

2.1.2.2 现代修辞学

  无论是中国现代修辞学还是西方现代修辞学，在当今新时代语境下都有了新的学术生长空间。自 20 世纪八九十年代至 21 世纪初，国内外的修辞学者们一直在尝试着重构新的修辞学理论体系以摆脱"修辞学的困境"或"修辞学的危机"。但不论东方的还是西方的修辞学者在当代有一个共识就是：修辞是一种符号行为和言语实践过程。但是在对修辞实践或行为本身的具体研究进向或路径上不同的学者、不同的派别存在一定的差异。一些学者（刘大为，2003；陆俭明，2016）主张从符号行为的本体出发，寻找不同语境下修辞意义（包括交际意图和话语意义）和修辞形式①之间的关系（赵国军，2007）；一些学者（胡范铸，2003；Mailloux，2006；胡范铸等，2013；胡范铸等，2014）强调政治、社会、文化语境和修辞之间的互蕴（mutual entailment）关系，主张从社会、文化和政治等角度切入展开对使用事实的修辞实践的批评性研究；也有学者（毛履鸣，2016）超越对使用事实的修辞实践的关注，强调使用事实和未用事实之间，有实、无实和有无共存的语言之间的相互依存关系，注重发现和描述使用事实和未用事实以及与使用事实和未用事实相映衬的由历史性、具体性和不一致性构成的整体生态知识系统，这也就意味着修辞要批判性地、总体性地评价和再评价已知的知识。

曲卫国（2008）梳理了20世纪80年代以来西方人文学科的修辞转向以及修辞学的批评性转向，指出当代修辞学在分析方法上的开放性和多元性，不同的修辞学流派根据各自描写与解释的需要会借助各种语言学理论、文学批评理论、人类学理论、社会学理论、认知科学理论等，这种跨学科性或超学科性为当代修辞学找到了"新的学术生存活动空间和社会关联"，从而使修辞学获得了新生。曲卫国（2008：119）还提取了批评性修辞学研究常见且相互联系的五个切入点：读者定位（reader positioning）、视角定位（perspectivization）、词义定位（definition）、多声定位（multivocality）和论据定位（evidencing）。当然，在修辞学转向批评性方向之后，"话语（语篇）的任何构成要素、话语（语篇）间的关系、与话

---

① 修辞形式或话语形式不止传统修辞学所关注的语言手段和语言材料，修辞的话语形式可以从几个层面上来讨论。第一层是互文层次，此文本和其他文本之间的关联，关联内容及其实现方式；第二层是文本层次，为事实一定的言语行为意图而形式的文本的内部各层组织和结构（可能参考意义）；第三层是语言单位层，任何文本的解读都要落实到具体的语言单位，如特殊句式、词语、语音乃至文字等（赵国军，2007：72）。第三层是以往中国传统修辞学和现代修辞学较关注的，这可能与修辞学的学科定位有关，中国现代修辞学被定位于语言学学科之下。当代修辞学越来越向跨学科、交叉学科方向发展，因此第一、第二层次的修辞形式探讨得到了重视。

语（语篇）有关的主体间关系、社会背景等都可能成为修辞分析的关注对象"（曲卫国，2008：119）。

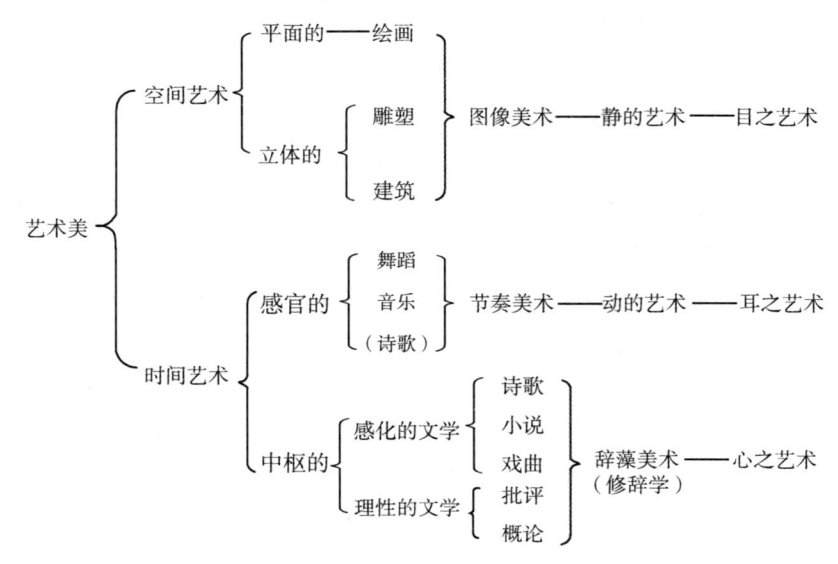

```
                 ┌ 平面的 ── 绘画
         ┌ 空间艺术┤          ┌ 雕塑    图像美术 ── 静的艺术 ── 目之艺术
         │       └ 立体的 ┤ 
         │                └ 建筑
艺术美 ┤                ┌ 舞蹈
         │       ┌ 感官的┤ 音乐    节奏美术 ── 动的艺术 ── 耳之艺术
         │       │      └（诗歌）
         └ 时间艺术┤                       ┌ 诗歌
                 │       ┌ 感化的文学┤ 小说
                 └ 中枢的┤           └ 戏曲   辞藻美术 ── 心之艺术
                         └ 理性的文学┤ 批评   （修辞学）
                                    └ 概论
```

图 2-4　修辞学与美学①关系图（郑业建，[2017] 1946：128）

图 2-4 一定程度上反映了 20 世纪中国修辞学界对修辞学与艺术美学的交叉关系的认识，现代修辞学的关注对象远不止是时间艺术、中枢的心之艺术美的词藻修辞，也开始关注空间、动态的艺术修辞，出现了空间修辞、视觉修辞、多模态修辞等方向。另外，从近几年的修辞研究来看，理性的文学（广义的文学）批评性语篇、法律语篇、新闻语篇、科学性语篇越来越受到修辞学者的重视。

2.1.2.3　系统功能语言学和互动语言学

功能语言学对互文语篇理论的建构和完善有许多借鉴之处，在此简单介绍系统功能语言学、互动语言学与互文语篇理论相贯通的一些思想共识。

2.1.2.3.1　系统功能语言学中的小句复合体的内部组织关系

韩礼德建构的系统功能语言学有其独特之处。系统功能语言学认为，语言作为意义潜势是语言的纵聚合基础，语言组织有三大元功能，即概念功能（包括经验功能和逻辑功能两个次类）、人际功能和语篇功能，语境（文化语境和情景语境）属于语言的一个层次。对建构互文语篇理论影响

---

① 美学包括自然美学、人类美、艺术美（人工美美术）。修辞学与艺术美学关系密切。

较大的是系统功能语法对小句之上的小句复合体（the clause complex）内部组构关系规律的论述及韩礼德弟子马丁等人在此基础上深化的评价理论。在此重点介绍韩礼德对小句之上的小句复合体内部关系的深入探索。

构成小句复合体的小句之间的关系的解释涉及两个"系统"维度：相互关系（interrelationship）和逻辑—语义关系（logical - semantic relation）。从相互关系维度可以将小句之间的关系分为主从关系（hypotactic）和并列关系（paratactic）。主从关系是一个从属成分和一个支配成分之间的关系，后者是前者所依存的成分；并列关系是指地位平等的两个相似成分之间的关系，一个是起始句，另一个是后续句（韩礼德，2010：242）。从逻辑—语义关系维度分析小句复合体之间的多种不同的逻辑语义，大体可以分为两大类：扩展关系和投射关系。

扩展关系是指次要小句扩展基本小句①，有三种扩展方式：详述（elaboration）、延伸（extension）和增强（enhancement）。详述关系是通过重述、详细说明、修饰或增加一些描述性的属性或评论，对已有的成分作进一步的刻画，可以细分为说明、例证、阐述等类型；延伸关系是一个小句通过添加新信息来延伸另一个小句的意义，添加的信息可以仅仅是添加、替代、排除或其他选择，添加其中涉及肯定性添加、否定性添加、转折性添加等；增强关系是一个小句通过几种可能的方式，如时间、地点、方式、原因、条件等来限制另一个小句的意义，从而达到增强的目的。其中时间包括同时、不同时（之前和之后），空间包括相同地点，方式包括手段和比较，原因包括理由和目的，条件包括肯定、否定和让步等（韩礼德，2010：252-268）。

投射关系是指次要小句通过基本小句的投射而变成言辞或思想。韩礼德（2010：283-308）区分了三种投射关系：引述投射、报道投射、事实投射。

引述投射（直接引语）是最简单的投射形式，它主要涉及言语过程，是一种"措辞"，表征的是一个词汇语法现象。用于引述小句的动词有：（1）say，说，属于引述小句的通用动词；（2）关于陈述和提问的特定动词，如 tell、remark、point out、report、announce、ask；（3）把 say 和某种

---

① 在韩礼德（2010）的术语体系中，基本小句包括并列关系中的起始句和主从关系中的支配句，次要小句包括并列关系中的后续句和主从关系中的从属句。

环境成分合为一体的动词，如 reply，explain，interrupt 等（汉语中的"说""道"不容易被融进动词中）；(4) 含有各种内涵的动词，如 insist（强调）、complain、shout、boast（吹）等，有些动词本身不是言说动词，但在特殊语篇中，如小说中，可以用作言说动词，如表示伴随说话动作的态度、情感以及表情手势，如 sob（抽泣）、snort（哼）、twinkle、beam、venture、breathe 等。

报道投射（间接引语）不是一种措辞，而是一种意义，表征的是一种"思想"。引述投射和报道投射不仅仅是投射形式的不同变体，它们的差异源自并列和主从关系之间普遍存在的语义差异，这种差异存在于特定的投射语境中。引述投射的成分具有独立地位，它能够产生更直接和更生动的效果，引述有时候可以投射思想，包括由一个全知叙述者从第三人称角度阐述的思想；报道投射的成分是作为从属结构加以表达的，虽然能表明某些语气，但它的形式排除了它在交换中起语步的作用的可能性。介于引述投射和报道投射之间的还有一类是自由间接引语，间接引语中所有的指示语成分都从照应变成了言语情景：第一、第二人称代词变成了第三人称，指示代词从近指变成了远指。自由间接引语既可以投射为言语过程，又可以投射为心理过程。

所有的言辞和思想都可以被嵌入，那么投射成分都是表事物的名词。可以分类言语过程（言辞）名词和心理过程（思想）名词。英文中，陈述命题的言辞名词有：statement、report、news、rumor、claim、assertion、proposition，提问命题的言辞名词有：question、inquiry、argument、dispute；陈述命题的思想名词有：thought、belief、knowledge、feeling、notion、suspicion、sense、idea、expectation、view、opinion、prediction、assumption、conviction、discovery，提问命题的思想名词有：doubt、problem、question、issue、uncertainty（韩礼德，2010：298）。在言辞和思想的投射中主语（感知者或言说者）总是显性的。

事实投射的小句并不是由带言说者或感知者的言语或心理过程投射的，也不是由言语或心理过程名词投射的，而是以一种打包预制的被投射形式待选（韩礼德，2010：300）。事实名词有四个小类：事例、机会、证据和需要。事实本质上是非人格化的投射，它具有客观意态的功能，说话人对其不负任何责任。

引述、报道和事实属于语言范畴，不是现实世界的范畴。"引述→报道→事实→事物"是一个客观化的序列，越往右越客观，越接近"现实世界"。同时也是主观化弱化的序列，越往左主体性越强烈，越接近"主体世界"。语言表征的事实不一定真实、现实。

言语的投射、思想的投射区分为互文语篇理论的分析方法提供了具体操作手段，互文性语篇的具体体现更多的是一种思想上的"互"，言语上的"互"在某种情况下可以转换为思想上的"互"。因为言语不仅用于交际，还用于认知和思维。系统功能语言学对小句之间的关系解释涉及的两个系统维度（相互关系和逻辑—语义关系）为我们建构不同类型语篇的副文本与主文本之间的互文关系及互文机制的分类提供了参考。

2.1.2.3.2 互动语言学中的言听双方动态交互、相互塑造的思想

互动语言学（interactional linguistics）本身具有跨学科性，主要基于功能语言学、会话分析和人类语言学等，考察作为社会交际行为的语言结构和组织及其运行情况。

从目前汉语学界结合互动语言学进行的汉语相关研究成果（方梅，2016）中可以看出，互动语言学视角下的汉语研究大多是探究在会话互动中的汉语语法以及互动的汉语语用法，以此验证和倡导"汉语是一种特别重视用法的语言，讲汉语的语法离不开讲用法，或者说离开了用法就没有多少语法可讲"这一基本命题和思想（沈家煊，2016）。

互动语言学认为交谈者之间的互动行为是语言的本质。研究的互动材料大多是典型的语言互动材料——口语会话或自然交谈语篇。双方的互动社会行为有两个基本原则：一是社会行为是目标（动机）取向的；二是社会行为表征人（person）与情景（situation）之间的连续互动（道格拉斯·肯尼克等，2017：9-12、362-369）。无论何时何地，根本动机或具体目标都表征在作为人的个体与外界情景的持续互动当中。但人与情景的互动方式高度复杂而且相互影响，因为人与情景都不是固定的实体，总是处于变动之中，这就涉及人与人交际中的联合或协作。交流联合行为的根本问题是交际参与者无法洞穿（read）别人的思想（minds）。语言就是一种最基本的合作装置，用于解决交流中的合作问题，一般这种合作装置反过来又解决了联合行为中的合作问题。因为交流本身是一种联合行为。凡来自他人的信息（思想）都属于"人际互动"范畴，人际互动中，信息（思想）的交流是常态（陈振宇，2017：24）。

从这种意义上讲，互文语篇理论和互动语言学的核心原则和根本立足

点存在一致性,即都强调言语行为的动机性或目的性和言语主体与言语环境的动态性、对话性和协作性。但二者在研究的具体操作过程中的研究对象、研究侧重点、研究旨归都存在一定的差异。

一是研究对象不同。互动语言学注重即时的（instant）、在线的（on-line）、有受话人在场的（present）对话言语行为,主要以口头会话语篇作为研究对象;而互文语篇理论认为所有言语,即使是独白形式也都必然是一个有受话指向的意义表征行为,注重离线的（off-line）、延宕的（delayed）、编织的（textual）"对话性"言语行为,主要以书面语语篇作为研究对象。

二是研究侧重点不同。研究对象的不同,一定程度上决定了关注点的不同。口头语言和书面语言有一个本质区别,那就是:口头语言只具有纯粹的时间特征,而书面语言则是把时间和空间联系在一起,具有时间和空间双重属性（雅柯布森,[2012]1980）。因此,书面不仅关注语言的时间性还要关注语言的空间性。

三是研究旨归不同。互动语言学以语言形式为中心,互文语篇理论以言语意义为中心。互动语言学追求双方互动对语言形式和功能的塑造和影响,无论它是"语法为互动"（Grammar for interaction）语法观,还是"语法在互动"（Grammar in interaction）语法观,还是"语法是互动"（Grammar as interaction）的语法观（谢心阳,2016:351）。互文语篇理论更加侧重语篇意义的符义过程,具体表现为语篇的互文建构和互文阐释过程。我们以刘运同（2016:326-339）对称呼语的互动语言学分析为例来管窥互动语言学的研究旨归。他运用互动语言学理论考察了称呼语在多人当面在线共时互动当中的话语功能和话轮位置的关系。刘运同（2016:336）举了教师在课堂中针对教学内容进行提问的例子：

(1) a 张三,睡莲的名字是怎么来的？
　　 b 睡莲的名字是怎么来的,张三？

(1) a、(1) b 两种提问形式的课堂效果是不一样的。(1) a 的称呼语在前,首先指定了回答问题的学生,然后再提出问题;而 (1) b 的称呼语在后,首先提出问题,停顿一段时间,然后再指定回答问题的学生。二者的不同课堂效果在于,方式 a 提问之前指定答话的学生,其他学生就只需作为旁观者的听众或观众，将不再参与思考和做回答的准备，方式 b 则避免了这种情况，因为学生不知道教师指定谁来回答问题，所以所有学生都参与到问题的思考和作答的准备中，从而调动全体学生的思考积极性。从互动语言学理论的角度来，称呼语的话轮位置跟其话轮转换存在一定的关联。放置在发问之前，也就是话轮初始位置的称呼语主要功能是指定听话人，建构对话的渠道并保持渠道的畅通；放置在发问之后，也就是整个话轮结束位置的称呼语主要功能是选择下一个发话人，让渡话轮。

相对在汉语学界渐成气候的互动语言学，互文语篇理论的研究刚刚起步，其对相关语言和修辞现象的强大阐释力才初露端倪。我们相信，互文语篇理论的重要性及其阐释力会被越来越多的研究者关注，会被越来越多的语言事实验证。

2.2 互文语篇理论的哲学和认知科学理据

2.2.1 哲学理据

哲学是在最普遍、最广泛的形式中对知识的追求，是全部科学之母。语言学和修辞学理论每一次变革的背后都蕴含着深刻的哲学观念基础的变化，如认知语言学的哲学基础——体验哲学（Embodied Philosophy），它既不属于理性主义哲学，也不属于经验主义哲学，是一种全新的哲学观念（王寅，2002）。互文语篇理论的建构主要基于以下几个哲学（发展）基础。

2.2.1.1 科学主义和人文主义哲学思潮从对立到合流

现代西方哲学中主要有两大思潮：现代科学主义思潮和现代人本主义思潮。二者均源自西方近代哲学。科学主义思潮源自近代英国的经验主义和欧洲大陆的理性主义，英国经验主义的代表人物有培根、霍布斯、洛克、贝克莱、休谟，欧洲大陆的理性主义的代表人物有笛卡尔、斯宾诺莎、莱布尼茨等；人本主义思潮源自批判西欧理性主义的非理性主义，代表人物有康德、费希特等，康德提出先验范畴、先验统觉等概念以强调人的主体性，费希特以康德对理性的批判为基础将客观的理性主义转向主观的非理性主义（李自强，2002；丁东红，2009）。

20 世纪初西方（分析）哲学界刮起了一股语言（人工语言和自然语

言）分析之风，导致西方哲学发生了语言转向。哲学轴心从认识论（探讨知识的起源等问题）转向了语言论（探究语言的意义和认识逻辑意义的关系等问题）（曲卫国，2008：115）。在哲学（指分析哲学）发生历史性转向过程中，对立、分离的科学主义思潮和人本主义思潮逐渐开始走向融合和互补。

现代科学主义哲学思潮的早期代表——实证主义主张把自然科学的方法，特别是现代数学和物理学的方法，推广到一切知识科学领域（包括哲学在内的人文科学）使其"科学化"。弗雷格和罗素是这一时期的主要代表，他们把哲学等同于语言哲学，希望建立一种数理逻辑或高度公式化的人工语言代替非科学的哲学语言与人文科学语言，因此出现了逻辑实证主义（陈平，2015b：3）。继逻辑实证主义之后历史主义分析学派兴起，它是一种后实证主义哲学，主要代表人物是提出著名的"范式"理论的托马斯·库恩（Thomas Kuhn）。库恩认为，历史上经常出现理论的兴衰和更替，并不是经验的证实与证伪，而是科学共同体信念变化的结果。从逻辑实证主义到后实证主义，科学主义思潮发生以下几个变化（夏基松，2009：3-6）：（1）从客观主义转向相对主义：逻辑实证主义肯定知识的客观性与确定性，后实证主义强调知识的主体性、约定性与相对性；（2）从理性主义转向非理性主义：逻辑实证主义强调科学是理性的事业，后实证主义强调科学是非理性的事业；（3）从科学主义逐渐倾向人本主义：逻辑实证主义坚持科学主义，强调哲学、人文科学的自然科学化，后实证主义转向人本主义，否定科学对人文学科具有优先地位，强调科学与宗教、迷信以及文学艺术等并无本质区别；（4）从主张语言的意义的不确定性及其可交流性转向主张语言的意义的不确定性及其不可交流性。科学主义思潮在其发展的前期与人本主义思潮的相互对立，到了后期，即后实证主义时期，二者之间的对立逐渐消失，开始向人本主义靠拢或合流。

人本主义哲学思潮反对把哲学对象归结为自然界的科学主义，认为人（自我意识）才是哲学的根本对象，主张通过内心体验或现象学直观，以洞察、把握人的自我价值与人生意义的非理性主义方法。人本主义的演变大体经历了三个阶段：客观唯心主义、主观唯心主义（胡塞尔为代表）和反对主体—客体二元对立的反逻各斯中心主义（海德格尔和德里达为代表）。人本主义思潮的语言学转向开始于卡西勒的符号学和狄尔泰的解释学。海德格尔极大地继承和发展了狄尔泰的解释学，他认为解释学不是解释文本的表面文字的意义，而是对"此在的生存方式"的理解，并且接受了日常语言学派维特根斯坦的观点：文本或语句的意义并不是客观的、确定的，而是不确定的，它会随着人们对它使用情况的变化而变化。文本的理解必须以"前理解"为基础，但在"前理解"基础上如何理解该文本的意义，有各种各样的可能性。德国哲学家伽达默尔对海德格尔的本体论解释学进行了系统化，强调"理解的语言性"，"人只有通过语言才能拥有世界"，"世界也只有进入语言并通过语言的理解才有意义"，还强调"理解的历史性"，文本的理解必然受历史的局限，必须以"先见"为基础（转自夏基松，2009：331）。人的理解受历史条件所构成的"视域"的局限，不同"视域"的人，对同一个文本的意义可以有不同的理解，但是在不同的理解之间并不是不可通约的，而是相通的，可以通过互相对话而交流。至此便可以发现，互文语篇理论的核心思想"文本意义的建构和理解是建立在前文本或其他文本的基础之上的"，正是伽达默尔强调的"理解的语言性"和"理解的历史性"的语言学和修辞学化。

在人本主义后期出现了与科学主义合流的哲学家，如德国哲学家哈贝马斯、卡尔-奥托·阿佩尔、法国哲学家保罗·利科。他们认为研究科学语言和自然语言的英美语言哲学和研究文学艺术语言（人的内心体验）的欧洲大陆语言哲学并不是彼此排斥，而是相互补充的，二者结合起来才是全面的语言哲学或全面的解释学（夏基松，2009：8）。在此主要介绍一下保罗·利科的哲学思想。

保罗·利科（Paul Ricoeur）[①]是法国哲学史上最重要的哲学家之一，他的主要贡献是将解释学传统与现象学进行了嫁接。保罗·利科认为，"解释不仅仅是一种对符号性文本进行解读的工作，因为任何符号性文本都有其所归属的文化背景和历史时代。然而，对于今天的解释者而言，这种文本的意义并不是直接通过字里行间的纯粹语义学结构向我们展现出来的，相反，对文本的理解与直接作为解释者的人的地位相关。换句话说，我们在此时此地的背景，让我们可以将自己的生命灌注到抽象的文本当中，让文本成为与我们同时代的内容"（转引自蓝江，2017）。这样，符号性文本的解释就成为与我们生存息息相关的存在。

[①] 法国现任总统马克龙曾做过保罗·利科的学术助手。

也就是说，不仅仅是文本通过我们的解释行为获得了鲜活的意义，而我们也通过对文本的解释行为，也让自己的生命在文化的世界中熠熠生辉（蓝江，2017）。

基于以上对哲学发展的梳理，反观哲学轴心更迭下的语言思想的变化。在人本主义和科学主义相抗争、技术进步与个人精神需求相对立、科学与道德相分离的 19 世纪末 20 世纪初，索绪尔提出语言符号的系统性和差异性、能指和所指的任意性、语言的社会性和言语的个人性、共时语言学和历时语言学、组合关系和聚合关系等重大概念命题，这直接促使了现代语言学的建立和语言观的更新，使工具论语言观转变为本体论语言观。从索绪尔"思想离开了词语的表达，只是一团没有定型的、模糊的浑然之物"，到海德格尔"人生活在语言之中，语言是人的存在之家，只有通过语言，人才能诗意地栖居于大地之上"，再到维特根斯坦"语言的边界就是世界的边界"，再到保罗·利科"科学言语和诗歌言语的力量"，可以窥见哲学的语言学转向以及人本主义思潮和科学主义思潮的对立和合流影响了 20 世纪以来西方乃至世界的所有人文学科（赵渭绒，2012：47、55）。

本书第四章和第五章分别对科学语篇和文学语篇的互文分析正是在科学主义和人本主义合流的哲学背景之下进行的当代语言学和当代修辞学语篇意义研究。

2.2.1.2 宇宙从封闭到无限

现代科学和现代哲学源自 17 世纪的一场思想和精神革命，这场革命的最明显特征就是意识的世俗化，也就是说，人们从对外在超越目的的追求转变为对内在目标的追求，由对彼世和彼命的关注转变为对此世和此命的关注。从更深层次和更加根本过程来看，这场科学和哲学革命可以描述为天体（spheres）的破碎———一个有限的、封闭的和有等级秩序的整体宇宙的消失，取而代之的则是不定甚至无限的宇宙（universe）（柯瓦雷，2016：导言）。简单来说就是古代有限宇宙观的破除和现代无限宇宙观的确立（王南湜，2006：1-5）。

在封闭的整体宇宙当中，价值的等级决定了存在的秩序和结构。因此，就有了黑暗、沉重、不完美的地球和更高更完美的星球和天体之别。而在无限的宇宙当中，宇宙为同一基本元素和规律约束，其中的所有存在没有高下之分。这也就意味着现代科学摒弃了一切基于价值考量的观念，如完美、意义等。直到最后，存在变得与价值完全无关，从此事实世界与价值世界完全分离（柯瓦雷，2016：导言）。虽然事实世界和价值世界完全分离是最后的理想终点，但这种从封闭到无限开放的思想给我们研究语篇的意义带来很多启示。本书研究的副文本就是将其与主文本"一视同仁"，以往研究主要关注比较整齐、完整的主文本，认为主文本的价值才是文本或语篇价值的体现。从无限开放的视角来看，语篇的完整知识一个相对的、理想的状态，副文本不仅参与文本或语篇动态意义的建构和理解，而且还是沟通语篇与语篇世界的重要渠道和桥梁，因此语篇及其副文本的相对价值要放到相互交织的语篇场和语篇关系网络世界中去考量。

2.2.1.3 认识从描写认识论到创构认识论

人类有两类基本活动：探索现存的事物和创设新的事物。二者需要不同的认识：探索既存的事物或世界存在规律的认识和创设新事物规律的认识。前者主要是一种描述性的活动，而后者则主要是一种创构性的活动。王天思（2016：26-31）从哲学的角度区分了因素和原因[①]以及事物之间的因果关系和相关关系，认为"描述性认识主要基于因果关系，属于因素已经通过相互作用凝固为结果后的由果溯因；而创构性认识则主要基于相关关系，属于因素还没有通过相互作用凝固为结果而可能与结果相联系的由因（素）构果"。这便形成两种不同的认识论：描述认识论和创构认识论。描述认识论研究人类认识中以符号、语词和模型等摹写既存对象的性质、结构、前提和基础、发生和发展过程及其规律等，而创构认识论研究人类认识中创设从未存在过的对象的性质、结构、前提和基础、发生和发展过程及其规律等，描述认识论求真，创构认识论求善求美。"描述认识论中的因果关系的意义在于其与对象本身，越是反映对象根本性质的因果关系，意义越大；创构认识论中因素相关的意义取决于我们所要达到的目的，即我们想象中的创构物。创构认识论'不再强调意义的真实来源，而是强调意义如何被生产'"（王天思，2016：38），强调人或人的需要在意义生成或构建过程中的作用。

创构认识论虽然与描述认识论在对象、方法和目标上存在差异，但二

[①] "原因由因素构成，但原因不仅包括因素本身，更重要的是因素的相互作用过程。……因素与结果间的联系与原因和结果间的联系，描述的是客观过程中处于两个不同发展阶段的事物联系形式。因果关系描述的是因素相互作用过程与其效应之间的联系"（王天思，2016：26）。

者本质上彼此相关，缺一不可。认识事物都有一个先认识既存事物再到建构新事物的整体过程，鉴古知今，鉴当下知未来。哲学强调通过思辨来把握对象的抽象整体性，创构认识论及其相关关系就是从整体上把握事物的一种认知方式或认知基础，这与基于抽象个别来把握整体的"以小见大"的方式存在范式上差异，它更像是一种"以大见小"，提纲挈领式或高屋建瓴式认识和研究范式。从宏观出发，从可能出发，预测未来的可能或潜在结果，做出具体趋势性预测，从而深入把握因果关系，达到对意义的描述和意义的生成整体过程的全面认识。

互文语篇理论不仅对现存语篇之间的对话和互动关系进行研究，而且对语篇如何融入未来语篇世界或者语篇如何在历史或未来的长河中产生和构建意义也有所关注。

2.2.1.4　思想的可交际性和共享性

"文果载心，余心有寄"（刘勰《文心雕龙·序志》结篇语）。中国历来有文以载心、文以寄心、文以载道、文以寄情的文化或文学思想传统。语言表达我们对世界的认识，而且表达我们对世界的认识的认识（王路，2016：289）。通过语言，我们可以抵达彼此的心灵、了解"文"背后的人或主体的思想和情感。哲学家弗雷格为了建构自己的"思想"理论提出世界的三个领域：外部世界（the external world）、内部世界（the inner worlds）和第三域（a third realm）（陈波，2012a：18、24），详见表 2-2。

表 2-2　　　　弗雷格的世界三域（见陈波，2012a：24）[①]

	外部世界	内心世界	第三域
所包含的对象	物理对象，如日、月、山、川，以及某棵树、某只狗、某张桌子	心理实体，如观念、态度、感觉印象	抽象对象，如思想、数、真值、外延

[①] 弗雷格的"思想"理论认为一个语句中只有把不确定成分全部都确定下来或者把话语的相关情景都表示出来才表达一个完整的思想。比如显索引句（指包含"我""这里""这"等的句子）"我今天受伤了"中的"我""今天"必须确定，隐索引句"德国人口总数是 5200 万"至少要指出"在某个确定的时间"。弗雷格还指出语句中诸如情感、修辞的成分、音调变化等都不表达思想或对思想的表达不会造成影响，把它们视为"思想的色彩或阴影"（陈波，2012a：19）。我们认为，思想不仅纯粹属于第三域，人们往往在外部世界和内部世界中投射思想因子，特别是在中国古代诗歌语言中。

续表

	外部世界	内心世界	第三域
对象的特点	客观的：独立于认知主体而存在	主观的：被单个认知主体所拥有	客观的：独立于认知主体而存在
	现实的：占据时间和空间，有变化	非现实的：不占时间和空间，有变化，不稳定	非现实的：不占时间和空间，无变化，恒久不变
	可由感官感知到，因为它们是某些效果的直接原因	不可感知，因为它们是内在于心灵的	为我们的思维所把握，但不可感知，因为它们不能对感觉主体有任何直接的因果影响

外部世界由感官感知的事物组成，内心世界由观念构成，第三域的主要"居民"就是思想，弗雷格认为"思想是独立于人的心灵而存在，是客观的，不可被人的感官感知的永恒实体，具有无时间性和无空间性"（陈波，2012a：18）。思想是句子所表达的内容，是客观的，可以为人所把握。陈波（2012b：72）对弗雷格第三域中的思想的客观性和普遍性提出了质疑，认为"完全不需要诉诸思想的纯粹的、完全的客观性，只需要思想的主体间性就足以说明为何同一个思想可以被不同的人所表达、理解和把握。凭借语言和思想的关系，我们可以清楚地解释思想的主体间性。语言是一种公共建制，其特征是社会性、约定性和历史性，它是人与人之间、人与世界之间交流和沟通的媒介。语言本身是物质性的：声音可听，文字可读。思想必须用语句来表达，必须固化在语句这种物质形式中，至少是对人类有重要意义的那些思想必须如此"，并对弗雷格的思想理论进行了替代或超越："思想依赖于语言，由一定的语言形式来表达；由于语言是人类的创造，思想也依赖于人类，特别是依赖于它们的表达、思考和心灵；只有不依赖于个别人的思想，没有不依赖于人类共同体的思想；思想可以在人类共同体之间传播和交流，可以被不同的认知主体所分享，这是思想的本质；人通过理解语言去理解和把握思想；思想在被人理解和把握之后，可以导致或指导人们做出决定，付诸实施，由此造成外部世界的变化。"（陈波，2012b：72）

互文语篇理论中很重要的一部分就是要探究和解释他人及自己的"思想"如何在语篇中表征，又如何在主体之间流动以及思想在流动、主体间对话、互动过程中所发生的变化。语篇以及语篇世界是如何编织思想之网，语篇世界的客观现实是否会对相对客观的语篇思想或语篇意义的传递和生成产生影响以及产生何种影响，这些问题既是建构互文语篇理论的出发点也是落脚点。

2.2.1.5 事物之间的普遍联系性及"相关律"逻辑

无论阐释古代哲学思想传统还是建立现代中国哲学，都难以摆脱西方哲学的影响，西方哲学构成了谈论中国哲学的基本语境。中国哲学家张东荪（1886—1973）从西方哲学出发，创建了当时富有中国特色的哲学体系——架构主义的宇宙观和多元主义的认识论从而与"革命的科学的辩证唯物主义哲学相抗衡"（胡啸，1984：29）。架构，亦称结构（structure），实质上之配列（arrangement）。架构主义宇宙观认为：宇宙是无数架构互相套合互相交织而成的一个总架构，其中无数的架构又时常由缔结的样式不同而突然创生出新种类来，即进化（祝克懿，2013：19）。多元主义认识论认为：一个民族的知识与文化、思想密切相关。西方哲学直问物的背后、追问其主体，是纵向穿入式的关系，而中国哲学讲象与象之间的互相关系，是横向牵连的关系体系，体现在逻辑上就是西方以同一律为根本，中国以相关律为根本。西方重本体论而中国重宇宙论。尽管张东荪的哲学理论本身有诸如胡啸（1984）所指出的这样或那样的问题，但在结构主义和后结构主义并行、科学主义和人本主义合流的今天，我们仍然能够从张东荪的哲学体系中汲取到有益的思想营养，诸如"相关律"思想、多元思想、动态思想、互动思想、丝结网络思想，来指导当前语言与社会、文化、政治等的关系的实践研究和理论建构（祝克懿，2013）。

唯物辩证法认为，事物是普遍联系的。也就是说，从广义上来讲，世界上任何两个事物都处于相互联系之中，都具有相关性。德国哲学家、数学家莱布尼茨（Leibniz，1646-1716）晚年在其著作《单子论》（*Monadology*）第六十一节中曾对事物和人的相互关联和交互影响的社会观和世界观做过精彩的阐述：

> 这个世界乃是一片大充实（Plenum，与真空 Vacuum 相对），其中的一切物质都是接连着的。这个大充实里面有一点变动，全部的物质都要受影响，其受影响的程度与物体距离的远近正相关。社会也是如此。每一个人不但直接受他身边亲近的人的影响，并且间接又间接地受距离很远的人的影响。所以世间的交互影响，无论距离远近，都受得着的。所以世界上的人，每人都受着全世界一切动作的影响。如

果他有周知万物的智慧，他可以在每个人的身上看出世间一切施为，无论过去未来都可看得出，在这一个现在里面便有无穷时间空间的影子。（转引自胡适《不朽》，原载 1919 年 2 月 15 日《新青年》第 6 卷第 2 号。胡适，2015：77-78）

事物之间和事物内部各要素之间相互影响和相互制约。这种影响和制约的相关关系是一个内涵和外延都比较广泛的概念。关系可以是直接相关关系，也可以是间接相关关系，还可以是直接相关关系到间接相关关系的一个无限蔓延的连续统（王天思，2016：27）。可见两个事物间的关系存在一个关系强度或相关系数度量的问题。并且事物存在多种层次，不同学科关注不同事物之间的影响。具体到文学研究领域，如布鲁姆（2016）对研究文学之间的相互"影响的焦虑"，关注诗歌之间的关系，重点分析两首诗或几首诗之间在隐喻、意象、用词、句式、语法、韵律和诗歌立场（poetic stance）层面上是否存在修正的关系，而对人与人之间的关系并不关心。互文语篇理论强调文本之间的关系、关联，还强调文本背后作者和读者的关系。但互文语篇研究需要注意的是，不是所有关系、关联都是互文（本书 2.3.3 节会对互文范式和互文形式和手段做简单梳理和分类）。本书第四章相关小节会引入耦合及耦合度概念来解决副文本与主文本之间互文一致（intertextual identity）和互文变异（intertextual deviation）的互文强度或质量问题，当然也可以采用更精确的大数据或全数据的方式来解决，这是我们将来要做的工作。

2.2.2 认知科学理据

互文语篇的深入分析离不开对认知、记忆等因素在语篇的互文生成和互文理解中的作用的探究。下文介绍认知科学为互文语篇理论的建构和完善提供的理据。

认知科学不是一门单独的学科，而是包含着一系列基于某些共同原则和兴趣的活动。认知科学的所有领域有一个经验现实主义（简称经验主义）共识，就是在身体之外存在一个客观世界，但是只有通过人的感知和认知经验才可以接近它。认知学者不否认世界上存在着有待发现和理解的客体和关系，但这些现象的感知、概念化和探究必定受到人类自身遗存下来的历史条件、物理条件和心理条件的制约。一般来讲，认知科学由认知语言学、认知心理学、心智哲学和神经科学组成，其他像人工智能、计算机模型、进化生物学和研究大脑和肌体关系的医学与认知科学也有密切关系（Stockwell，2009：2；崔刚，2015：2）。表征化的语言——语篇均不是单独存在的，其生成和意义理解跟人类大脑的认知密切相关。

2.2.2.1 大脑认知的神经网络机制以及大脑的可塑性

人类的基因组与黑猩猩的基因组相似度高达 98.5%，但人类的大脑容量却是黑猩猩的 3 倍。人的大脑皮层上复杂的沟回折叠以及巨大的神经元数量赋予了我们复杂认知行为能力、高级的逻辑思维能力和语言能力，人类大脑皮层的相对表面积大小和沟回的复杂度是其他物种不可比拟的（Liu et al.，2017：1-15）。

人类的一切认知活动，诸如感知、运动、表现、情感、理性、意志、记忆、判断、推理、联想、想象等，都建立于大脑的中枢神经系统之上。大脑神经系统是由负责传递信息的神经细胞——神经元（neuron）构成的一个极其复杂的系统。正常人类的大脑拥有约 1000 亿个神经元，堪比银河系中所有星星的数目。许多神经细胞联结在一起，构成大脑中不同的模块，这些模块之间又相互联结。因此，大脑中神经细胞之间的联结至少有两种：一种是个体神经细胞之间的联结，另一种是神经模块之间的联结，模块之间的互动和联结不是单方向的，而是双向的（崔刚，2015：32-33）。这些神经元之间的连接网络和方式会随着年龄的增加而发生巨大的变化，变得越来越稠密，越来越复杂（如图 2-5 所示）。

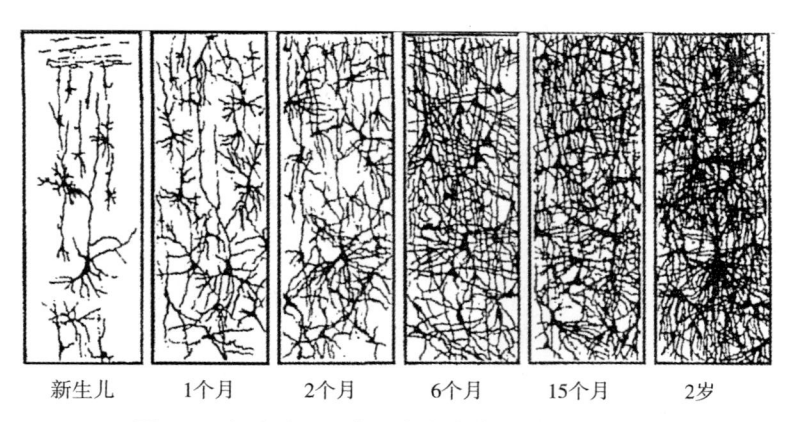

新生儿　　1个月　　2个月　　6个月　　15个月　　2岁

图 2-5　新生儿至两岁儿童大脑神经元联结的变化

2 岁儿童额叶中的神经联系（interneuronal connection），即突触（syn-

apse），数量大约是 20 岁青年人的 2 倍，随着外界的刺激、知识增加和智力的发展，神经联系会大量消失和减少，神经联系数量减少的过程同时伴随着强化神经元之间的重要神经联系的活动的过程，在这个强化和削弱减少的过程中，大脑神经系统的结构会得到不断优化和重组。

认知过程中神经元被激活以后，这些神经元会被联系在一起组成一个网络。当一个信息在线时，它会以某些神经元持续活动的形式一直存在于人的意识中。

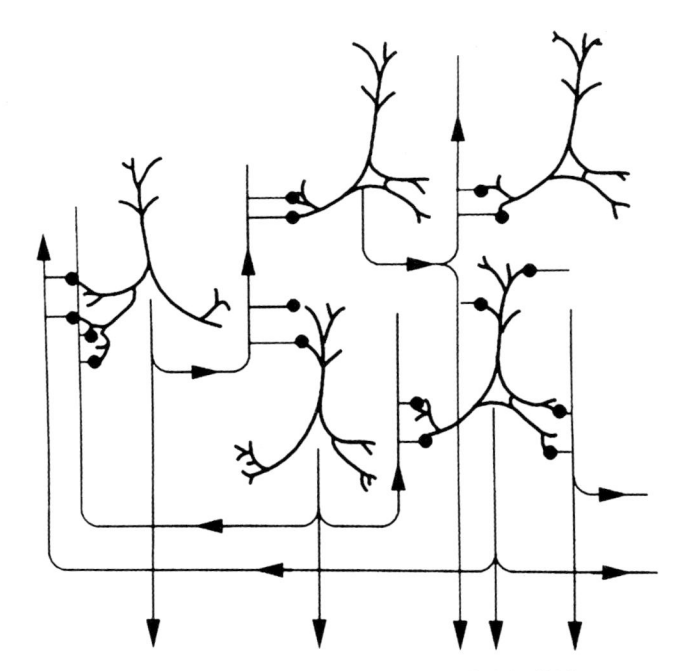

图 2-6　计算机模拟神经元网络联结和激活

人的大脑具有可塑性。学习和各种形式的经验可以改变一个人的大脑。也就是说人的大脑功能图谱并不是一成不变的，而是处在一个不断重新绘制的过程中。只有这样语言使用者的大脑才能够激活可及性信息实时处理富有意义的、适切的文本的复杂结构。大脑具有提供解释、填补空白信息的功能，是一台制造意义的机器或装置。认知并不总是外部世界的复制，人的期待、信念和动机等内部信息都可能对认知产生微妙的影响。认知是一个建构的过程，认知者在不断地构建外部信息的假设。

2.2.2.2 互文语篇的心理整合空间

周小成（2009：41）从认知心理空间理论出发，对互文语篇形成的心理空间整合过程进行了分析：输入空间一——与当下文本语义对应的心理空间、输入空间二——与源文本语义对应的心理空间、共享空间——与互文本语义对应的叠合心理空间、整合空间——互文语篇的心理空间。整合过程：分解当下文本并提取热点语义项→投射并激活前文本或源文本中的相应语义项→映射到共享空间→形成新的整合空间。如图 2-7 所示：

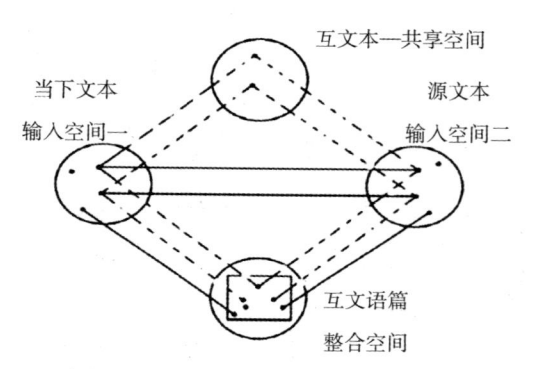

图 2-7　互文语篇的认知心理空间

在整合空间的互文语篇结构的产生过程中会经过组合、完善和扩展三种相互关联的过程。组合过程会在两个输入空间之间形成不曾存在的新关系，完善过程指在合成空间内被激活的模式会借助背景图式知识和认知文化模式不断完善，扩展过程是运用人们的主观能动性对细节进行无限扩充。此过程正好是互文起作用的过程，或相互批评、或相互加强、或协调校正、或改造创新（殷祯岑，2014）。这个过程就是对话、融合的过程，这个过程也是体现主体间性的客观反映，现实世界中人与人之间交际关系多样，通过语言能够把人与社会的关系展示和凸显出来，因此，互文语篇是集对话性、多主体性、社会文化性评价和认知过程为一体的多维互动过程或修辞行为。

互文语篇的本质心理现实性就是"语言活动主体人格中意识和无意识的辩证统一。互主体人格的自我意识和无意识，尤其是集体无意识，构成了互文语篇本质的心理基础"（周小成，2009：41）。归根结底，互文语篇的心理现实性还是"社会中的人"或"语言中的人"。

2.2.2.3　记忆与个体认知世界和集体认知世界的形成

大脑若不是储存记忆，它是不会发生变化的。著名认知神经科学家 Michel Gazzaniga 曾说过，"除了稀薄的此刻（present）边缘，生命中的一切都是记忆"（转引自 Foster，2009：2）。记忆在人们的日常生活中发挥着举足轻重的作用。记忆使我们回想起几秒钟、几分钟、几小时、几天、几个月甚至几年前见过或发生过的重要事物或事件。记忆内在于我们个体之中，如果没有记忆，我们无法从事任何外在的活动，包括写作和阅读。克里斯蒂娃（2013：2）也明确指出，读者和作者的个人记忆和历程是一个不折不扣的互文工厂。记忆是一个几乎贯穿一生的文学问题和研究方法："当你凭记忆携带大部分英语诗歌的时候，它们之间的关系也会呈现出奇妙的模样。"（布鲁姆，2016："译者序"）

记忆是文学、社会学、历史学、文化人类学、心理学、语言学、修辞学、精神分析、认知神经科学等学科研究的重要课题。根据记忆申述的内容（memory claims）的不同，人类的记忆大致可以分为三类：个体（个人）记忆、认知记忆和集体（社会或习惯）记忆（康纳顿，2000：19-21；汪新建、艾娟，2009）。个体记忆申述指那些把个人生活史作为记忆对象的记忆行为。可以表达为："我在如此这般的时间，如此这般的地点，做过如此这般的事情。"这一记忆涉及本我（my ownself），因为它定位和涉及个人的过去。个人过去的历史是自我观的重要根源。个人通过这类记忆的途径来获知有关他们自己过去历史的事实以及他们自己的身份，原则上来讲，人们不能通过这类途径获取其他人和事的历史和身份；认知记忆申述涉及对词义、诗句、笑话、故事、城市布局、数学公式、逻辑真值或未来事实。这一记忆基于个人记忆，依赖过去对自我的认知或感觉状态，但认知记忆无须拥有任何有关知识背景或情节的信息就可以保持和利用这类记忆。这类记忆并不要求记忆对象是过去的某事，但要求记忆那件事的人必须在过去遇到、经历或听说过它；集体记忆关乎身体习惯、纪念仪式的记忆。① 不同学科对记忆的研究侧重点也不相同。

---

① Bergson 在 1962 年出版的 *Matter and Memory* 一书中将记忆分为两类：一类是由习惯构成的如何做某事的运动机理的（motor mechanism）记忆，一类是对独特事物的回忆的典型的记忆。后者是认知的，前者则不是。但 Bergson 也坦言，实践中二者很难甄别。因为习惯是我们心智生活中的伴随特征，而且常出现于乍看上去似乎不存在的地方。也就是说，记忆一个独特事物的习惯是可以存在的，一旦描述了那件事，我们用于描述的词汇可以轻易地变成习惯。

个体记忆、认知记忆和集体记忆的区分不是泾渭分明,记忆整体既是认知的,又是个人的,也是集体的。拿集体记忆来说,我们知道,仪式是塑造集体记忆的重要手段。可以从三个角度来对集体记忆中的仪式符号表征进行分析。

从精神分析的角度看,仪式行为是符号表征(coded representation)的一种形式,存在于个人生活史中,在仪式象征体系中冲突是被编码的系统性间接陈述,仪式文本编码充满冲突,某种程度上也在否认冲突。弗洛伊德认为,仪式是建立在个体发生与系统发生之间拟设的相似之上,父权权威的脉络下父子之间的俄狄浦斯争斗是原始过程,弑父—懊悔—图腾餐纪念脉络是仪式理解的基础。"每年一次的图腾餐,不是弑父行为本身,而是对其弑父后心态的庄重再现。它重现的是被压抑的记忆,这个记忆克制而又潜意识地显露原来的行为。"图腾餐是对不可忘却之罪的再现和纪念,是虔诚、礼节或尊重权威的行为表征,在这个意义上仪式是一种编码化的准文本表征(encoded quasi-textual representation)(康纳顿,2000:55-56)。

从社会的角度看,仪式是一种沟通群内共同价值,减少内部纠纷,维护社会稳定和平衡的形式。在仪式中,"个人向自己表述他们作为成员的那个社会以及他们与这个社会之间模糊而亲密的关系"。在这种意义上,仪式具有认知内容,可以扩展,可以更改。仪式可以解释为权力分配不平等的政治脉络中运行的仪式。如果像巴赫金那样把狂欢节尤其是那些在文艺复兴时期盛行的民间节日解读成为仪式,那么狂欢节颠倒等级次序的特征使得仪式不再作为重复确认等级制度的公开手段来解读,而是作为社会解放途径来解读。因为狂欢节是一种民众以自己的方式自组织为"集体"的行为,在这个"集体"中,个体成员成为人类大众不可分离的一部分,以致民众开始意识到情欲和肉体在他们身上的统一。从这种意义上讲,民间节日为民众提供了一个关于乌托邦的符号表象,一个未来国家(全体民众富裕、自由、平等、博爱、获得胜利)的意象。狂欢仪式象征和预示了自由、平等、博爱的理念,这种编码表达了其他未言或不可言,未来时代的天地自然得到展现(详细论述参见康纳顿,2000:57)。

从历史的角度看,仪式不能单独地从内部结构来理解,所有仪式无论如何声称历史悠久和古老神圣,都必须是在某个时刻创造出来的。在它们存在的历史跨度中,容易发生意义上的变化。诸如各个国家的国庆纪念意识和意识形态功能之间的关系。绝对变化性的系统对立面是相对不变性,正是仪式的相对不变性规定了仪式操演和参加者所言为何物之间的关系。仪式的相对不变性来自仪式语言的特殊交流方式，仪式语言不使用具有命题语势（propositional force）的交流形式，即不对事件进行报道，不对事物进行描述，不对实验发现进行陈述，不对假说进行公式化表述。仪式语言是一种操演或表演（performative language）和形式化的语言，表演话语本身构成了某种超越必要的、发有意义之声的言语成事行为，例如允诺事实。仪式语言的运用有风格化和典型化的倾向，有大致不变的言语系列。这种言语并非出自操演者，而是已经在规定中编码。因而仪式语言是对某些典型的动词和人称代词的反复言说。常见的仪式语言有诅咒语、祝福语和发誓语。诅咒、祝福和发誓共同预设了某种态度——信任和尊敬、服从、悔悟和感激等。仪式语言中的复数代词"我们"是一个特殊词汇，它标识的是一个集合人格，能够带来凝聚力。当反复宣称的时候，就形成了一个共同体。通过宣称"我们"，"参加者不仅相聚在一个可以定界的外部空间，而是相聚在一种由他们的言语行为决定的理想空间"，在这个空间中，共同体形成并让自己回忆自己已成型的事实，也是参与历史建构的形式。这是把仪式置于历史脉络之中来考察（详见康纳顿，2000：58-59、65-67）。简单来讲，仪式这个集体象征文本（collective symbolic texts）可以从心理学、社会学和历史学角度进行解释和阐释。

从仪式的相对不变性和反复性可以推出仪式象征文本或符号的重复性。重复性本身可以带来意义，每次重复性出现都是一次意义效力的增加和提升。对仪式象征文本的分析同样适用于互文语篇的分析，因为同一文本通过不同文本主体不断使用，无论以何种方式（引用、预设、否定、元话语、反语、双关、外指照应、模仿、重复、翻译、改编等）何种程度［互文一致或互文变异（增添、减缩、重新排列）］，每一次使用都是文本的再现或现身，这个不断增添、减缩、改动或重复的过程本身就是一种集体知识和集体记忆的塑造过程。

我们常常求助于自己的记忆来回答别人提出或想象他们提出的问题。为了回答问题，我们常常把自己想象成和他们一样同属于一个或一些群体的成员。"我回忆一些事情，是因为别人引起我回忆，他们的记忆帮助了我的记忆，我的记忆在他们的记忆中找到支持。每次回忆，无论如何个人化，即使是有关尚未表达的思想和感情的回忆，都和其他许多人拥有的一整套概念相关相生：人物、地点、日期、词汇、语言形式，即我们作为或曾作为成员的那些社会的全部物质和规范的生活。"(康纳顿, 2000: 36) 而且人们往往根据当前对自己有利的形势记忆往事, 特别是忆的过程, 唤醒和再现的过程。有研究表明, "人们倾向于把正在记忆的材料合理化", "回忆, 并不是去重新激活那无数固定不变、死气沉沉、支离破碎的旧日痕迹。回忆是运用想象力去重建或构建。这种重建或构建是基于我们自身的态度和看法: 我们对于过往经历 (这些经历活跃且经过整理) 的态度, 以及对于一小部分鲜明细节 (这些细节往往以图像或语言的形式体现) 的态度。回忆几乎总是不准确的, 即便是最基本的机械复述, 也不会真正正确"(Foster, 2009: 16-17)。因此回忆便涉及一个记忆文本的语境重构 (recontextuality) 问题或记忆构建或重建的 "后视偏差" 问题。如例 (2) 中英国国王两个女儿之间的对话涉及对父亲一句话的不同记忆:

(2) 英国国王乔治六世两个女儿的谈话①:

Margaret: Two sister who envy one another, we wouldn't be the first. "Pride and joy", remember? what Papa called us. (玛格丽特: 姐妹俩总是互相嫉妒, 我们也不是头一对。"骄傲和开心果。"记得吗? 父亲这样叫我们的。)

Elizabeth: Yes. "Elizabeth is my pride and Margaret is my joy." (伊丽莎白: 记得。"伊丽莎白是我的骄傲, 玛格丽特是我的开心果。")

Margaret: "But Margaret is my joy." I'm sorry, I have to claim the few victories I'm left with. (玛格丽特: "但是玛格丽特是我的开心果。"非常抱歉, 我必须得强调我所剩无几的胜利。) [*The Crown* (电视剧《王冠》)]

例 (2) 中谈及两个女儿对父亲曾经说过的一句话的记忆和回忆, 两人各自基于记忆对自身的有利态度和看法来进行的回忆。伊丽莎白作为姐姐, 认为父亲的话表示两姐妹各有优点, 相互平等。妹妹玛格丽特则认为父亲更加疼爱自己, 因为她记忆的父亲的原话为 "Elizabeth is my pride

---

① 英国国王乔治六世生前知道玛格丽特公主要永远生活在女王姐姐伊丽莎白的光环之下, 甚是宠爱玛格丽特公主。待乔治六世死后, 伊丽莎白作为长女继承王位成为英国女王, 次女玛格丽特公主因早年间被父亲溺爱而性格叛逆任性, 经常给王室带来麻烦。此为玛格丽特公主在一次任性发言表态后伊丽莎白女王在白金汉宫与其谈话的部分内容。

but Margaret is my joy","but"往往有转折递进的意思,因此妹妹对此语言细节的记忆特别深刻。

许多学者都对记忆在语言生成和理解中作用做过相关阐释:Chafe（1994:Ⅸ）注意到语言、心理、记忆和意识之间的关联,明确指出"如果不理解人类的心理,那么就不会真正地理解语言,反之亦然";唐文学研究专家陈尚君也指出成年累月的博闻强记在作诗、读诗和解诗中的重要作用,特别是诗歌中的"用典"。诗中的语典和事典是诗人言志缘情的重要载体和手段,阅读和熟悉诗词中的典故和出处是诗歌学习的入门之道（童薇菁,2017:10）。

人们往往能够长时间地、生动地记住某一些事件或事物,尤其当这些事件或事物非常特殊、意义重大,或者它们能引起大量情感时,这些记忆也称为"闪光灯记忆"（flash bulb memories）。因此,常常会出现睹物思人、睹物思情的现象。因为过去的记忆可藏在某种物质当中,更确切地说,在这种物质给我们的感觉当中藏着过去的时间。比如说,一个人触摸一朵花,嗅闻它的香味,这种对花的感觉,可以让他想起某一段过去,或者是昨天,或者是童年。只要机缘巧合,这种隐藏在感觉中的时间就会回来,就会让我们与它相遇。"不去探究了解文化渊源,会失去不少文本隐藏的意义记忆。"（克里斯蒂娃,2014:4）

2.3 有关互文语篇理论的几个基础概念

2.3.1 语篇与文本

2.3.1.1 语篇

语篇①是什么?不同学科背景、不同语言习惯和研究目的学者们从不

---

① 关于"语篇"的英文译法,学界基本上分为两种:第一种是将其译作"text",如:胡曙中（2012）、黄国文和辛志英（2014）、沈家煊（2016）。第二种是将其译作"discourse",如:田海龙（2009）、姜望琪（2011）。本书遵从第一种译法。但需重要指出的是,英文中 text 的内涵无法完全与本文中的"语篇"相对应。为了区别"语篇"和下文将要提到的"文本",除引用原文外,在需要用英文区分二者的地方,一律用大写开头的 Text 来译"语篇",用小写开头的 text 来译"文本"[参考 Gee（2005:26-27）用大小写区分"Discourse"和"discourse"]。

同的角度对语篇进行了不同的定义。如：

> 语篇（Text）作为一种交际活动（communicative occurrence），是使用中的话语（discourse）的实例，如路标、摇篮曲、新闻文章、科学笔记、日常谈话和诗歌等。交际视角下的语篇认知涉及不同层面且相互依赖的七个语篇性（textuality）标准或特征：语篇中心层面的衔接性（cohesion）和连贯性（coherence），使用者中心层面的意图性（intentionality）、可接受性（acceptability）、信息性（informativity）、情景性（situationality）和互文性（intertextuality）。（Beaugrande 和 Dressler，1981：3-12）

> 语篇是言语创造过程的产品，具有完整性，体现为文字材料。语篇是根据材料类型相应加工的产物。言语产品具有明确的意向和语用目的，包括名称（标题）及一系列独立单位（超句统一体），并通过各种词汇、语法、逻辑、修辞等联系手段，把它们结合为一个整体。日常语篇的内容可以分成事实信息和观念信息，文艺语篇还有潜在信息。事实信息是对现实或想象中的事实、事件、过程做出报道，由词语明确传递，能够被确定地感知和接受；观念信息则是作者对事实信息的个人理解、态度和视角。它可能没有词语明确传递，不同的读者可能有不同的解读。事实信息由离散单位分割，通过衔接手段链接，而观念信息则是弥散分布，不仅通过衔接手段而且要经过整合才能获取。［И. Р. Гальперин（加利佩林），1981，《作为语言学研究对象的语篇》。转引自姜望琪，2011：6-7］

> 语篇（Text）作为话语（discourse）的表征，是交际行为（communicative act）的言语记录。语篇可以分为书面语语篇和口语语篇。书面语语篇是印刷出来的话语记录（printed record），那就涉及一个语篇可能因为不同的版本、不同的版面、不同的字体、不同的分列和分栏有不同的呈现。这些不同的呈现表征的是"同一个语篇"。口语语篇作为交际行为的话语的记录显得比较复杂，记录口语语篇最好是录像带记录，可以保留更多非语言信息和情景信息。书面语语篇和口语语篇存在一定的功能分工：口语语篇通常用于人际关系的建构和维持，主要体现的是语言的互动性功能；书面语语篇通常出于信息的交换，主要体现的是语言的信息性功能。（Brown 和 Yule，2000：5-19）

语篇是一个既抽象又具体的概念。语篇抽象是因为它是一种无形的社会规约，制约着人们使用语言的方方面面，如在什么场合对什么人说什么话；语篇具体是因为它是实际运用的语言，如语篇可以是某种语体的文章，也可以是某种场合的一个实际演讲。（田海龙，2009：8）

语篇（Text）是人们在交际过程中产生的语言，是带有交际意图或目的意义的语言表达。口语媒介中，这种表达采用的是由一个或更多的参与者发出的瞬时的声音信号。口语语篇本质上是不完整的，需要依赖其他带有交际意图的副语言。会话中经常是由交际双方在线互动生成的；在书面语媒介中，语篇是永久的，本身是由一个参与者有意识的记录。语篇无法独立于语言使用者而存在，只有为了实现某些交际意图才会产生。意图性（intentionality）可以作为鉴别语篇性的一个标准。在某种程度上，语篇是有待接受者激活的现实（reality）。[《剑桥语言科学百科全书》（*The Cambridge Encyclopedia of the Language Sciences*），Hogan，2011：855]

语篇是作为语言过程（的产品）的话语，话语是社会文化语境中的语篇。话语通常是指有一定长度的语言文字。话语以措辞的形式，即词汇语法层面的语言，来呈现，话语是通过声音或文字的形式展现并传递给接受者。系统功能语法视域下的语篇分析看待语篇有两个视角：一个视角是把语篇看作言语成品，强调语篇表达意义的目的及语篇意义是否准确表达以及语篇的价值等；另一个视角是把语篇看作样品，视语篇为发现语言系统成分的工具，通过某一语篇或某些语篇语篇来发现语言系统中的现象。（韩礼德，2011；黄国文和辛志英，2014：104-105）

从以上各种定义中可以看到，不同时期、不同学者对"语篇"概念的内涵界定和认识并不完全一致。这恰恰体现了语篇和语言学学科在当代的变化和发展，当然从某种意义上讲也体现了人们对语篇和语言学整体的认识的深化和拓展。虽然所处时代、学科背景、研究目的不尽相同，但可以从他们的定义中得出"语篇"范畴本身的一些共同特征：

第一，语篇是人们在交际过程中产生的言语成品的记录，其形成和理解与语言使用者、交际意图和语境密切相关。

第二，语篇根据话语记录和表现媒介的形式不同，首先可以区分为口语语篇和书面语语篇。口语语篇的记录通常采用录音机、录像机，往往能够提供更多的话语场景信息，书面语语篇的记录通常采用文字、图片等，在一定程度上会忽视掉语言的节奏、音量、音色等多模态信息。但口语语篇与书面语语篇同等重要，口语言说（lecture）与书面书写（écriture）具有可转换性，相互混融。从某种意义上讲，言说和书写的相互混融和转换消弭了书写符号是记录言说的符号这层后与先的关系。

第三，语篇是形式和意义的结合体。语篇研究必然与意义相关，包括逻辑意义、态度意义和语境意义等，语篇结构本质上是一种意义结构。

汉语学界经常与语篇概念相纠缠的还有"话语""篇章""言语""文本"等术语。为了保持学术研究的体系性和自洽性，下文将厘定这几个术语的内涵并尝试廓清它们之间的界限。

2.3.1.1.1 语篇与话语

"话语"（discourse）[①] 是一个多属性、多面向的概念范畴（van Dijk，2010；韩礼德，2011：138）。在某种程度上，"话语"类似于李宇明（2016）提出的"语言生活"（Language Life）概念。话语既包括认知和互动的微观话语层面，又包括社会、政治秩序问题的宏观话语层面。话语研究可以从社会互动、权势关系和权力滥用、表达交流、上下文情景化、社会意指、自然语言应用、复杂分层结构、序列层次结构、抽象结构与动态策略、类型或类别等角度进行（van Dijk，2010：1-7）。因此，话语本身的定义从语言学、文学到社会学、政治学、哲学展现出不同的内涵。如Chafe（1994：Ⅸ）将"话语"定义为"超出孤立句子的语言"；陈宣良（2016：423-424）将其定义为"共同价值意义上的、语言内涵方面的规定意义上的共同语言"等。

一些论著（沈开木，1996；徐赳赳，2010）不严格区分语篇和话语，在文章中统一使用或互换使用。但一些学者认为话语和语篇的区分无论对话语研究还是语篇研究都有很大的帮助，尽管区分的标准很难统一。如Halliday认为语篇是语言系统的实例化，语篇之于语言如同天气之于气候，话语是语言运用的多维的过程（process），而语篇是此过程的产品

[①] 关于"话语"的英文译法，有学者（姜望琪，2011）将其译作"utterance"，大部分学者（黄国文和辛志英，2014）将其译作"discourse"。我们遵从将"话语"对译为"discourse"的译法，认定其与英文中 discourse 内涵基本一样，都是一个跨学科、多面向且含义丰富的概念。

(product)（详见黄国文和徐珺，2006：1-5 相关论述），Brown 和 Yule（1983：26）持同样的观点，认为"语篇是话语动态过程的记录"。《剑桥语言科学百科全书》(Hogan，2010：855)"TEXT"词条下从意义的角度对话语意图和语篇意义的角度对话语和语篇进行了详细的区分，它"将话语定义为信息的潜在意义，既包括第一人称的语篇生产者通过语篇所意指的意图意义（intention），也包括第二人称的接受者对语篇的解读（interpretation）意义。语篇只是话语意图的部分记录，因为它预设假想的接受者与语篇生产者共享世界知识和相互信任的背景，不需要语言指示便可以识别意图。语篇是由语言编码的语义资源构成的。语篇为有意图的话语提供指示（indicators）。但是指示实现意愿（will）的程度相当不同。在某种程度上，意愿的实现取决于实际接受者与作者在语篇产生过程中假想的接受者之间的距离。当然，话语的意图与从语篇中推断出的意义之间存在对应关系，否则交流无法实现。语篇的意义为语用推理提供了一个基础或底线。由于语篇只是语篇生产者意愿的不完整记录，因此推断的意义只是无限接近话语的意图。另外，话语的意义也取决于接受者的合作程度，他们可以忽视指示意图而从语篇中推出符合自己目的的话语。特别是在文学语篇中，意图很难从语篇证据中直接推出，语篇对接受者所指示的东西远远高于生产者自身"。本书支持以上区分话语和语篇概念的观点。

我们认为，话语的内涵要大于语篇，只有通过具体实例化的语篇意义的详细阐释才能把握话语意义。

2.3.1.1.2 语篇与篇章

"语篇"与"篇章"的纠葛源自语篇语言学与传统文章学的对话。

"篇章"是中国传统文章学中常用的术语。如现存最早的论"文"专著《文心雕龙》（约成书于公元 500 年）"章句篇"有言："夫人之立言，因字而生句，积句而为章，积章而成篇。篇之彪炳，章无疵也；章之明靡，句无玷也；句之清英，字不妄也：振本而末从，知一而万毕矣。"我国最早的论辞章学专著《文则》（成书于公元 1170 年）中有言："大抵文题名篇章，悉有所本。"古人所谓"文"，乃"沈思翰藻"之文（《文选·序》），乃"以用韵比偶之法错综其言"形成之文（阮元《文言说》）。《左传》曰："言之无文，行之不远。"古人以简策传事、以目治事者少，以口舌传事、以口耳治事者多。口耳转相告语，必有衍误。寡其词，协其音，以文其言，始能达意行远。可见篇章的概念属于"文"的范畴。而"文"又与书面语之跨越时空、跨越人际天然相关联。篇章更多的是与现代语篇语言学中书面语语篇相对待。也有学者将传统篇章概念内涵扩大使其与语篇整体相对待,如潘文国译屈承熹(2006)《汉语篇章语法》(*A Discourse Grammar of Mandarin Chinese*)中的"篇章"以及姜望琪译韩礼德(2011)《篇章、语篇、信息——系统功能语言学视角》(*Text, Discourse and Information: Asystematic - functional Overview*)中的"篇章"。当今"篇章"一词还经常以比喻义出现,用于日常话语和文学性话语,如扎根中国大地了解国情民情,用青春书写无愧于时代无愧于历史的华彩篇章(《人民日报》2017年8月16日)。为了避免术语使用的驳杂,本书以下论述一律使用"语篇"。

2.3.1.1.3 语篇与言语

"言语"与"语言"概念相对[①],共同属于言语活动(*langage*)范畴。按照索绪尔(1980:28-29)的说法,言语处于语言学研究遇到的第一个分叉路口——语言的语言学方向和言语的语言学方向,"语言是主要的,是社会的(集体的)、不依赖于个人的语言",而言语是次要的,是"言语活动的个人部分"。也就是说,个人的言语事实只有其形式一再重复为社会所接受,才会变成语言事实。"不是任何言语创新都能成功,只要它们还是个人的,我们就没有必要考虑,因为我们研究的是语言,只有等到语言为集体所接受,才进入我们的观察范围。"索绪尔(1980:134-136)又明确提出了语言学研究遇到的第二个分叉路口——共时态方向和历时态方向,"共时语言学研究同一个集体意识感觉到的各项同时存在并构成系统的要素间的逻辑关系和心理关系,历时语言学则相反,研究各项不是同一个集体意识所感觉到的相连续要素间的关系,这些要素一个代替一个,彼此间不构成系统"。并且认为"语言中凡属于历时的,都是言语"。任何语言创新的历史上,都有两个不同的时期:个人言语事实时期

---

① "言语"和"语言"在日常生活中也经常用到,如"本报征集市区易积水路段 哪儿积水请您言语一声"(《大河报》2008年6月5日),这里的"言语"作动词,有招呼、告诉之义;"婚姻的第一杀手不是出轨,不是婆婆,不是家暴,而是夫妻之间没有共同语言"(新蓝网2017年6月29日),此例中的"语言"指有兴趣的话题。日常生活中的"言语"和"语言"的用法虽在广义上"言语"和"语言"概念相关,但本节探讨的"言语"和"语言"的概念是狭义上的,局限于语言学学科术语范畴内。并且此处的"言语""语言"概念更是局限于索绪尔建构的语言学概念体系。

和外表虽同但已集体化了的语言事实时期。出于对抽象共时语言系统的追求，苦于找不到理论上的和理想的形式，索绪尔（1980：135）指出："必须承认，一门科学理论上的和理想的形式并不总是实践所要求的形式。"与索绪尔的语言学研究旨归和研究对象——"语言"不同，我们所研究的对象是语篇。语篇是个人或机构在社会语境中（包括机构语境和社团语境）使用语言或语言以外的其他符号的社会实践形式的记录。也就是说，我们研究的是使用语言交流思想的个人活动以及活动的结果。语篇研究的直接对象就是言语，个人主体或集体主体的语言。

语篇语言学本质上就是言语语言学。语篇的记录方式不局限于有声音、有文字的语言符号，还可以是图片、音像、表格、数字等非语言符号。其物理载体更是丰富多样，如简帛、书、光盘、报纸、网络等。古语云：尽信书则不如无书。书是传递信息的重要物理载体，这句话中两个"书"的内涵是不一样的，前一个"书"指书本承载的信息或内容（information / content），后一个"书"则指承载信息的物理形式——物质（substance）。"书"的前一个意义是通过方式转喻内容而得到的①。不同于 Brown 和 Yale（2000：5-19）将不同物理表征的语篇视为"同一个语篇"，本书将物理载体在语篇意义的生成和理解过程中的重要作用视为研究的重点。真正表现在物理层面或者说有物理实体的书面语篇，如图书，它是如何表征意义的？现实空间对书面语表达产生哪些制约？看似静态的、封闭的、以物理实体存在的图书的对话性和互动性何以实现？

2.3.1.2 文本

文本是什么？相比"语篇"概念在语言学的不同分支学科之间体现出的各种盘根错节的关系，文本概念理解的多样性更是跨学科或超学科研究中精彩纷呈、纵横交织的万花筒。

克里斯蒂娃（2015b：51）指出"符号学的研究对象不仅仅是言语（*discours*），而且是多种符号实践（*plusieurs pratiques sémiotiques*），这些符

---

① 正如地产广告"失去爱人，房子再好也无家可归；失去房子，爱人再好也无家可归"中"家"的物质承载和精神内涵两个层面一样，第一个"家"指由夫妻或恋爱双方组成的抽象家庭组织，第二个"家"指承载家庭的占有一定物理空间的房子。两种意义混淆从而使地产商达到刺激潜在买房者心理的广告目的。英国女王伊丽莎白二世在 2018 年圣诞电视致辞中也多次提及"家"（home），这个"家"超越物理房屋（physical building），是一个温暖的、承载着家人的爱、故事和记忆的地方。可见区分物理承载和内容实质是认识事物的必要途径。

号实践具有超语言（translinguistique）特征，即通过语言来实践但又不属于现今所确定的各类语言范畴"。从符号实践的超语言的角度来看，文本是"一种重新分配了语言次序的超语言单位"，文本使直接提供信息的交际片段与已有的或现时的各种陈述产生关联。文本本身是一种生产力（productivité）或表意过程。克里斯蒂娃的"文本"定义本身隐含两个影响深远的命题：（1）文本与其所处的语言之间是破坏—建立的语言再分配关系。相对纯粹语言手段，破坏—建立的语言再分配关系从逻辑范畴上更便于读者或阐释者解读文本；（2）文本意蕴着文本间的重构与置换，文本具有互文性。也就是说，文本是来自其他文本的若干陈述相互交会和中和的空间（详见克里斯蒂娃，2015b：51-53）。克里斯蒂娃对文本的定义和相关思想得到了罗兰·巴特的认可和支持。

罗兰·巴特（2012：337-343）从文学和文学批评学科发展的宏观历史出发，梳理了"文本"概念和"作品"（work）概念在20世纪60、70年代受到"相关"学科（语言学、人类学、马克思主义和精神分析学等）的影响或跨学科接触所发生的转变，他指出"文本"概念和"作品"概念的交迭更替实际上是人们认识论上的螺旋渐进、转变、超越和否定的投射。当结构主义文学理论与马克思主义和弗洛伊德主义一旦结合，其分析对象必然异于结构主义视角下的对象——作品，那么跨学科视角下的文学批评分析对象就是文本。罗兰·巴特将"文本"和"作品"概念的交替情形类比于物理学引入爱因斯坦相对论所引发的人类对宇宙和自然的观念的转变。"文本"概念主张作者、读者和鉴赏者（批评家）三者之间关系的相对化。在文学理论研究中，文本有其独特和独立的地位。

罗兰·巴特（2012：338-343）从七个方面对比了"作品"和"文本"的区别来证明"文本"的独特价值和独立地位：

第一，作品是一个物理性的片段，占据现实世界的部分物理空间（比如在图书馆里、在资料室里、在书房的书架上），而文本属于形而上的方法论的领域。作品是现实世界的陈列（displayed），可以在书店、书目和考试大纲中看到，可以拿在手里，而文本则是一个真实界的演示（demonstrated），只维系在语言中，只存在于言说活动之中。"文本不是作品的分解，而作品是文本想象性的附庸。文本只在意义生产活动中被体验到。"文本不会停留在图书馆的书架上，文本的构建活动就是在某个作品或某几个作品中"穿越"。

第二，文本不停留在某一个文类或文体之中。这牵涉文本分类的问题，或者更进一步讲，涉及文本的社会功能问题，因为分类经常会涉及某种限制性的经验（写作、批评、研究等经验）。

第三，作品只有一个所指，是文学"科学"、语文学的对象，是终极的、探寻的神秘的东西；而文本则是所指实践的无限延迟，因此文本结构是一个开放且无中心的系统。

第四，文本具有多元性。文本的多元性不体现在内容的歧义含混，而是依赖交织的、立体的多元性。文本的阅读和理解本质上是单独发生的，所以文本整体上可以说是由引文、参照、重复、过去的或当代的文化语言编织而成。每个文本都依存于互文状态，互文本身存在于一个文本和另一个文本之间，互文不与文本的本源相混淆。构成文本的引文是匿名甚至无稽之言，是不加引号的引文。文本肌理的多元使文本和作品产生对立。文本的多元状态也导致阅读发生了根本变化，从一元意义论向多元意义论转变。

第五，作品卷入某种起源关系过程，作品从属于作者，作者被尊为"作品之父"，是作品的拥有者。作品研究尊重作者的手稿和作者所陈述的意图，社会生活中强调作者和作品之间的某种合法关系（著作权）。而文本的阅读撇开作者的题记，它不需要"文本之父"。当然，作者可以回到文本中来，只是在文本中，作者同样也是一个宾客，不再拥有特权、真理的地位。文本是一个网，文本拓展自身就会形成联合网络系统。

第六，作品是消费的对象，而文本将作品从消费中沉淀下来聚合为游戏、行为、生产和实践。文本尽力取消（至少是缩小）写作和阅读的距离，将读者与作品融合在表意实践中。当然，阅读和写作之间的距离是历时变化的。在民主文明建立以前，阅读和写作属于特权阶级。民主文明的到来使得阅读和写作的距离逐渐缩小，一定程度上，作者和读者很难严格区分。文本就是邀请读者给予现实的合作，让读者和受众来生产作品，虽然今天仍然只有评论家掌控作品。

第七，不可读的作品（先锋文学和先锋电影或绘画）使人"厌烦"，人们感到厌烦说明读者不能生产文本、不能开启文本、不能去发展文本。他倡导开辟通往文本的愉悦之路，在能指的序列中，文本以自己的方式参与"乌托邦"的建构。

综合以上七点，罗兰·巴特认为，元语言学的解释无法满足文本理论，元语言的解构才是文本理论本身的一部分。关于文本的语言本身无外乎文本、研究、文本活动，因为文本是某种不让任何语言安然处于文本之外的社会空间，文本不会给予任何言说主体权威、主人、法官、评论家、译码者的身份和地位。基于此，罗兰·巴特1973年在撰写《法国大百科全书》(Encyclopedia Universalis)"文本理论"条目时"将文本定义为一种语言跨越的手段，它重新分配了语言次序，从而把直接交流信息的言语和其他已有或现有的表述联系起来"。

符号学家和文艺理论家 Todorov 认为，文本是大于或小于句子（sentence）、结构上永远不同于句子的言语单位。文本与句子处于不同的层面，句子属于抽象的语法层面，而文本属于具体的言语意义层面。文本可以与一个语句或整本书吻合。文本自成体系。不应把文本体系等同于语言体系，但它与语言体系又密切相关，是一种毗邻又相似的关系（转引自罗兰·巴特，[2009] 1985：299）。

Mailoux（2006：40）认为，"文本是诠释注意的对象，可以是口语形式、书面语形式以及非言语形式的实践，甚至可以是任何样式的人工作品"。他还主张修辞研究文本要更加关注文本的文化效用，关注其在特定历史时期、特定时空位置中文化对话的政治动力以及人文科学修辞思考中的权力和知识的关系。

芬克尔斯坦与麦克利里（2012）认为："文本是具备某种物质形式的供人阅读而写下的文献。物质形式可以是广义上的媒体，如书籍、杂志、报纸和网页。"假如你读的是一本书的非法复印件，虽然它是印刷本的复印件，但如果你不把零散的书页装订在一起，它不能叫作书。这些零散的纸页只能算是文本，以散页的物质形式存在的文本。这里可以看到"文本"和"书"的差异。

格雷西亚（2015：14-15）将"文本"定义为"一组用作符号的实体，它们被作者选择、排列并赋予意向，从而向一定语境中的特定读者传达特定的意义"。此定义表明：文本是复杂的实体，是由其他的实体构成的，文本包括"表述、句子、段落和书之类的东西"，文本是以某种意向为前提的。值得注意的是，意向不应该混同于对意向或意向内容的充分认识。一个人可能没有充分意识到某个文本的意义，却有去传达它的意向，一个人可能没有充分意识到传达意义的意向，但却意欲去传达意义（格雷西亚，2015：6）。从格雷西亚给文本的定义中可以推论出：文本是约定的实体。文本的约定性指文本的意义与构成文本的实体之间的关系。

格雷西亚（2015：7）还论述了语境与文本的关系，语境虽非文本的构成要素，却能够影响文本的意义。不同的文本类型对语境的依赖程度和方式并不相同。不同的文本会以不同的方式不同程度地依赖于语境。可见，文本本身具有相对历史确定性（一定语境、作者、特定读者）、目的性（意向性）和主体性（大多数文本都有可以确认的作者和读者）。格雷西亚（2015：10-11）提出文本的两种分类标准：功能和形态。从功能角度来看，像语言一样，文本可以用以告知、指示、表达、评价和执行。但文本还有一个十分重要的功能就是文化功能。文本的文化功能取决于各种不同的文化现象以及它们如何影响文本的用途。

文本根据文化功能的不同可以分为：法律文本、文学文本、哲学文本、科学文本、宗教文本、历史文本、教育文本、忏悔文本、娱乐文本、启示文本、备忘文本等（格雷西亚，2015）。这些文本之间并非相互排斥的关系。文本可以在不同时间或同一时间实现不同的功能。因为文本的功能随着环境改变而变化，所以文本范畴无法穷尽所有的文本功能；从形态角度来看，文本还可以根据形态不同分为不同的类别。具体可划分为现实文本、意向文本和理想文本。现实文本指存在于解释者头脑之外的文本，包括历史文本、当代文本和中间文本。历史文本是历史作者实际已经创作出来的文本，不论我们是否拥有它。当代文本是我们可以按其产生的原始语言加以使用的文本。当某个历史文本被完整地保存至今时，其当代文本和历史文本就是相同的。中间状态的文本即不是我们实际拥有的文本也不是历史文本，而是在某一时期存在过的、在当时作为读者的当代文本起过作用的文本。意向文本是作者意欲创作却没有创作出来的文本，格雷西亚认为意向文本的这种理解不合情理，因为意向文本是一组关于文本及其意义的模糊观念和意向。理想文本是解释者认为历史作者应当创作出来的文本。从例（3）中，我们可到文本的各种存在形态：

（3）语篇《别再劝我生二胎了》

打亲戚是不对的，我知道。但人生中总有一些瞬间，让我想动手。昨天晚上，我正在公司开会，亲戚群有人@我好几次，以为家里出事了。

结果是一个一年都说不了几次话的亲戚，她儿媳刚生了二胎，于是，她转发了一篇《生二胎，是给孩子最好的礼物》@我，然后语重心长地劝我也生二胎。

她说，我知道你忙，但你忙归忙，孩子扔家里，让你妈或者你公婆带不就完了？你又不用操心，趁着你还能生，赶紧生，我也是为了你好blahblah……

好吧，我想写一篇《闭嘴，是你给整个家族最好的礼物》，@她100次。（《别再劝我生二胎了》，咪蒙公众平台，2017年10月24日）

在例（3）中，既有现实文本，又有意向文本和理想文本。现实文本有亲戚群文本（家族亲戚话语主体你一言我一语组成的语篇或文本，"我知道你忙，但你忙归忙，孩子扔家里，让你妈或者你公婆带不就完了？你又不用操心，趁着你还能生，赶紧生，我也是为了你好blahblah……"就是转引自此文本)、《生二胎，是给孩子最好的礼物》文本、《别再劝我生二胎了》文本，意向文本是《闭嘴，是你给整个家族最好的礼物》，同时从意向文本的内容来看，《闭嘴，是你给整个家族最好的礼物》是出于对亲戚群文本的不满意而构想的一个理想文本。

赵毅衡（2016：40-41）这样定义"文本"："符号很少会单独出现，一般总是与其他符号形成组合，如果这样的符号组成一个'合一的表意单元'，就可以称为'文本'。……文本一词西文text原意是'编织品'。中文定译'文本'极不合适，其'文字'意味太浓。"并指出中外学界常把"文本"等同于"讲述"（discourse，或译"语篇"）是"过于倾向于语言符号，不适合作所有符号组合的通称"，因为符号学范畴内的文本"可以由任何符号编织组成"。在符号学界内部，"文本"有狭义和广义之分。狭义文本仅指文字文本。

吴礼权（2016：9-12）提出"修辞文本（rhetorical text）"概念，"特指表达者（说写者）为了特定的交际目的，适应特定的题旨情景，运用某种特定的表达手段而形成的具有某种特殊表达效果的那些言语作品"。此"修辞文本"更多倾向于积极修辞指向的文本，是一种狭义的修辞文本观。我们认为，无论是积极修辞还是消极修辞，均受特定的交际目的、特定的题旨情景、特定的表达手段和特定表达效果的约束，任何文本都是修辞文本，是一种广义的修辞文本观。

综合以上文学批评界、符号哲学界和修辞学界基于学科自身属性或跨学科视野对"文本"下的各种定义，并结合前文的副文本概念，本书将"文本"定义为：文本是诠释者操作注意的、由表意符号单元实体组成的精神或物理的言语实践。

诠释者可以是读者、批评家、语言研究者甚至作者本人等任何试图阐释作品或文本意义的主体。文本像构式（construction）① 一样，本身具有普遍存在性，是有待解读主体参与理解的形义关系的结合体。文本一定处于语境（一定的时间和一定的空间）之中，存在于与诠释者或业已存在的（文本）思想的相遇过程中。言语实践是指文本实体的精神或物理的存在（being）与所在（location）。文本可以是精神的存在，精神文本存在于上帝的头脑中，存在于作者的头脑中，存在于读者（某个或某些特定的人或是作为一个整体的社会团体）的头脑中；也可以是物理的存在，物理文本存在于头脑之外，事实上，我们接触、熟悉并在社会中有效起作用的大多数文本都是作为个体存在的物理文本。物理文本和精神文本的区分使许多原本可能被忽略的问题出现在我们的视野当中，如物理文本的意义生成和精神文本的意义生成之间的关联问题，物理文本和精神文本的同一性问题，不同体裁对物理文本和精神文本的处理形式的异同问题等（格雷西亚，2015：69）。

文本可以是词、短语、句子等。只要能够从中读出某种思想或情感的言语片段都可以称作文本。最小的文本可以是语境中单独存在的一个词，如北岛的小诗《生活》，正文只有一个词"网"。词汇本身传递某种命题或思想，特别是诗性语言中的词。唐诗研究专家陈尚君曾指出，一个诗人必须首先是个"文字专家"，要掌握大量的汉语字词，理解每个汉字的历史渊源、内涵以及在不同语境下所传达的思想和意义（童薇菁，2017：10）。我们以专有名词为例，专有名词在句法学中一般不特殊探讨，而在

---

① 构式是（广义的）形义结合体或配对体（施春宏，2015：26）。"形"为广义之"形"，语音形式、成分序列、组合方式、篇章类型、韵律表现等都可以看作"形"；同样，"义"为广义之"义"，词汇意义、语法意义、语用意义、话语功能、语境内容等都可以看作"义"。语素、词、短语、句子、语篇甚至语体、文体都可以看作是构式。既包括图式构式，也包括实体构式，以及介于图式构式和实体构式之间的中间状态（施春宏，2015：14）。当然，构式的具体研究对象要视当前研究工作需要而定。与构式语法较强调"形"或"构"（结构）相比，文本分析更加强调"义"的分析，特别是在语境当中的"义"的生成和理解。

文本理论或基于文本的修辞学研究中特别重视专名名词的意义的建构和解构。地名、人名、具体事物的名称凝结着许多意义，包括个人意义和文化意义。"名字，常常是一个人给我们留下的一切。不仅在他死后，也在他生前"（普鲁斯特语）。名字邀请读者展开遐想，在联想之中实现意义的理解和增殖。

比如在足球圈中，"MSN""BBC"分别指 2014—2017 赛季西班牙足球甲级联赛中两大豪门——巴塞罗那足球俱乐部和皇家马德里足球俱乐部中的当红锋线组合，MSN 指由 Messi（梅西）、Suárez（苏亚雷斯）、Neymar（内马尔）三前锋组成的锋线，BBC 指由 Benzema（本泽马）、Bale（贝尔）、Cristiano（C 罗）组成的锋线。MSN 和 BBC 是公众所知的专有名词"Microsoft Service Network Messenger"和"British Broadcasting Corporation"的简称，球迷和体育报纸通过简称前锋名字的首字母以至于其与已存在的文本之间实现某种互文联系或投射，三个专名与一个专名之间构成一个凝固的固定认知场。实现对前锋线的团结一致的认知，从而得到良好传播的效果。在此认知基础上还可以继续延伸其意义和进一步解构，如英国媒体 101 Great Goals 发现 MSN 南美三叉戟组合的出生地阿根廷罗萨里奥市（Rosario）、乌拉圭萨尔托市（Salt）、巴西圣保罗州摩基达斯克鲁易斯市（Mogi Das Cruzes）正好可以连成一条完美的直线（如图 2-8 所示）。这是作为即时通信工具的 MSN 和巴塞罗那锋线组合 MSN 与锋线组合出生地的直线之间的三种意义耦合的结果，MSN 意义弥漫在比喻义（足球职能线）到现实义（真正的一条直线）之间，相互关涉。

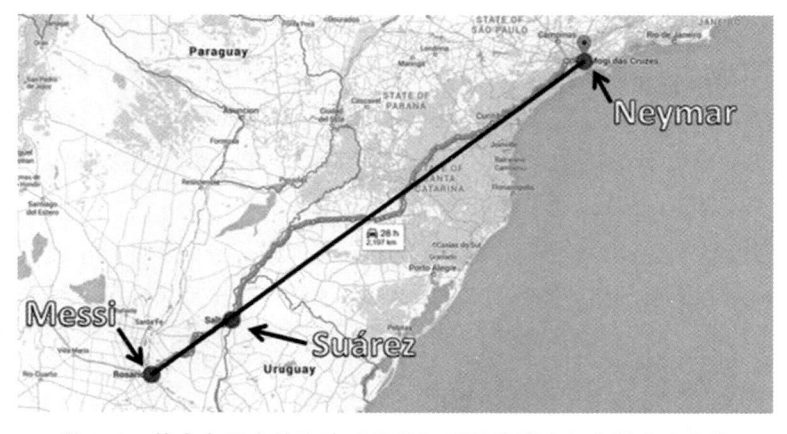

图 2-8　从人名组合的隐喻"锋线"到转喻地名组合的真实直线

文本理论对意义增殖产生的剖析比单从一词多义或双关的修辞分析更加科学，更加具有说服性。李希凡等（2007）对《红楼梦》中贾家贾元春、贾迎春、贾探春、贾惜春四姐妹（元迎探惜四春）的解读和克里斯蒂娃（2014：1-11）对普鲁斯特的 *À la recherche du temps perdu*（《找寻失去的时间》，又译《追忆似水年华》）中的"玛德莱娜"（Madeleine）点心的互文解读都可以看作是从一个专名文本出发去找寻和发现文本和互文本的奥秘的研究实践。

2.3.1.3 语篇与文本的区别和联系

"读者面对的不是一个文本，而是一个物质对象——书籍"（McGann，1991）。文本的文字会使用一种特别的字体和字号，用一种特别的纸印刷，存在于一本特别的书中，在特别的封面和封底之间；实体书籍的这些特殊性也影响和限制了可能的意义的范围。

文本不存在于字典中，而是在具体语篇中才可以出现。语篇是占据一定空间的、有一定边界的、个体的有界事物，而文本是占据一定空间的、边界模糊的事物。语篇作为有界的事物，是由不同的、异质的或同质的文本构成。这些异质的或同质的文本之间存在着层次性和关联性。每一个文本在语篇构建和理解当中都扮演着自己独特的角色，发挥着自己的功能。其语篇地位其他文本无法替代。语篇和文本的可转换性，如序、跋、导读类副文本可以单独作为语篇发表在报纸上或期刊上。超结构语篇是一个文本和另一个出现在同一阅读现场的多个文本而形成的超语篇。

但语篇的边界本身是模糊的（陈昕炜，2015），语篇的鉴定标准具有难执行性（Beaugrande 和 Dressler，1982）和主观性。文本的边界则更加主观。切分一个完整事物由于研究目的和单位的精确度问题，文本的边界需要在语篇的边界内进行探讨，就好像取水一定要用容器一样，水本身是无界的事物。

对语篇进行精确分析绕不开对语篇分析和操作单位的界定，研究的精细度决定了分析单位的颗粒度，为此，韩礼德（2010：237-264）区分了语篇（text）和次语篇（sub-text），Tomlin *et al.*（1997：66）将语篇片段（text fragment）作为语篇分析单位。我们则将文本和文本片段作为语篇分析的基本操作单位。如例（4）所示：

（4）用关联词造句

1. 一边……一边

爸爸一边开车,一边看美女。

2. 不仅……还

爸爸不仅爱玩手机还爱看美女。

3. 要么……要么

爸爸要么看美女,要么玩手机。

4. 即使……也

爸爸即使再忙,也会抽空看美女。

5. 无论……都

无论发生什么事,都改变不了爸爸爱美女的心。

6. 只有……才

爸爸只有看到美女他才会笑。

7. 不是……就是

爸爸一天到晚不是看着美女笑,就是笑着看美女。

8. 虽然……但是

虽然爸爸知道这样是不对的,但是他死不肯改。

9. 如果……就

如果这些让妈妈知道,爸爸就死定了。(来源于网络趣图转录)

例(4)中造句部分可以看作是一个相对完整的语篇,而每一句话被看作是一个次语篇或语篇片段,将其称为文本,因为它们在理解时并不单独存在,而是处于相互交织和关联的同一连贯语篇之中。

2.3.2 对象文本和双值文本与引语文本的使用和提及

互文语篇研究关注语言中作为差异化表意单位、以某种编码为支撑的信息文本,考察文本的反映性、建构性和文本的不同陈述或措置的思路或意图。差异化表意文本的研究涉及不同文本的区分。本节重点梳理常见的、作为差异化表意文本的对象文本和双值文本概念并区分引语文本的提及和引语文本的使用两种互文现象。

2.3.2.1 对象文本和双值文本

对象文本和双值文本涉及文本主体及交互主体性。对象文本出现在作者的叙述文本之中,但是其拥有直接的客观意指和主体,表征各种"人物"和主体的直接文本。对象文本与作者的文本不处在同一层面，与它存在一定距离。作为作者理解对象的对象文本从属于叙事的他文本，是异质的表意编码。作者面向对象文本但不进入或改变它，把它作为一个整体来接受，既不改变其意义，也不改变其语调。

双值文本是指作者使用他人文本，在保留其原有意义的同时被作者给予一个新的意义，那么这种获得了两个意指的文本就是双值文本。这类双值文本又可以分为三个次类：（一）模仿双值文本；（二）戏仿双值文本；（三）内在暗辩双值文本。双值文本不止存在于诗性语篇中，日常对话语篇和科学语篇中也是存在的。如例（5）、例（6）：

（5）她跟陶小陶躺倒就不想再起来了，丁一将随身带来的食物拿出来，说："我们要在山顶吃午饭，这很【a 有意义】。"歇了半天，俩美女才坐起来吃那顿【b 有意义】的午餐。[宗利华《天黑请闭眼》，高迈（2013）用例]

（6）"Ron, what are you staring at?"（"罗恩，你在看谁？"）

"【Nothing】." said Ron, hastily looking away from the bar, but Harry knew he was trying to catch the eye of the curvy and attractive barmaid, Madam Rosmerta, for whom he had long nursed a soft spot.（"【a 没谁】，"罗恩说，他赶紧把目光从吧台移开，不过，哈利知道他刚才在试图吸引老板娘罗斯默塔女士的注意，她是个曲线优美、长相迷人的女人，罗恩一直对她抱有好感。）

"I expect '【nothing】' is in the back getting more firewhisky". said Hermione waspishly.（"我想那个【b'没谁'】正在后面拿热火威士忌吧，"赫敏尖刻地说。）

Ron ignored this jibe, sipping his drink in what he evidently considered to be a dignified silence.（罗恩不理会她的嘲弄，一直在啜饮着他的饮料，他显然觉得这样的沉默更有风度。）[*Harry Potter and the Half-blood Prince*（J. K. 罗琳《哈利波特与混血王子》）]

例（5）中"b 有意义"是嵌入在作者文本中他文本"我们要在山顶吃午饭，这很有意义"的一部分，作者与小说中的人物保持着一定距离。但作者将人物语言嵌入自我文本中显示着作者对小说中人物的评价。例

(6)中,可以看作是日常会话中情形,当赫敏在自我文本中嵌入罗恩的回答文本之后,在自己的文本中多了一层指称和多了一种"尖刻""嘲弄"的意义。

2.3.2.2 引语文本的使用和引语文本的提及

引语文本在互文语篇分析中是绕不过去的客观存在。前人针对引语文本的研究理论和成果非常多(辛斌,2009),关于引语文本的"使用"(use)和"提及"(mention)的讨论最为热烈。邵长超(2016:77-83)对引语的使用和提及做了语言学化的调整并提出引语的使用和提及的鉴别标准,认为:引语文本的提及是将引语作为一个语言单位嵌套进入主文本,主文本对引语的描述,是语言对语言本身的描述,而引语文本的使用是在提及引语文本之后由于表达的需要或者凸显某种创作意图而将引语文本的意义临时使用到主文本对外部世界的意义表达上,引语文本的使用更多地依赖心理可及,一定要在上文中出现并在时间上相邻。但是我们知道,任何言语行为都是有表达和创作意图的,以上鉴别标准依然难以把握。如果从2.3.2.1节中探讨的对象文本和双值文本的角度来看,引语文本的提及就相当于对象文本,其中引语文本的原意并没有变化,只是一种客观化的表达和陈述,引语文本的使用则相当于双值文本。它在保留引语文本原意的同时作者或者说话者赋予了引语文本一种新的意义,因此引语文本此时是一种双值文本。如例(7)、例(8):

(7)常羡人间琢玉郎,天应乞与点酥娘。尽道清歌传皓齿,风起,雪飞炎海变清凉。万里归来颜愈少,微笑,笑时犹带岭梅香。<u>试问岭南应不好,却道,此心安处是吾乡</u>。(苏轼《定风波·南海归赠王定国侍人寓娘》)

(8)<u>当尧之时,皋陶为士。将杀人,皋陶曰"杀之"三,尧曰"宥之"三</u>。故天下畏皋陶执法之坚,而乐尧用刑之宽。四岳曰"鲧可用",尧曰"不可,鲧方命圮族",既而曰:"试之"。何尧之不听皋陶之杀人,而从四岳之用鲧也?然则圣人之意,盖亦可见矣。《书》曰:"罪疑惟轻,功疑惟重。与其杀不辜,宁失不经。"(苏轼《刑赏忠厚之至论》)

例(7)中"此心安处是吾乡"语出苏轼好友王定国的歌妓柔奴之

口。因为受到"乌台诗案"牵连,王被贬谪到地处岭南荒僻之地宾州。王受贬时,其歌妓柔奴毅然随行到岭南。公元 1083 年(元丰六年)王定国北归,出柔奴(别名寓娘)为苏轼劝酒。苏轼问及岭南风土,柔奴答道"此心安处,便是吾乡"。苏轼听后,大受感动,便作《定风波》一词加以赞赏。"此心安处是吾乡"一句是引语的提及还是引语的使用,完全在于苏轼是否在词句中投射自己的情感。读者和体裁对引语文本是提及还是使用存在一定影响。不同读者对"此心安处是吾乡"解读影响引语文本的提及还是使用。如果不去仔细追究文中的典故,可能得到的是引语文本的提及。

不同体裁也会对引语文本的解读存在限制。如例(8)论述文中对皋陶和尧之间的对话引语文本的理解问题。《刑赏忠厚之至论》是苏轼应试之作,考官欧阳修、梅尧臣对此文赞赏有加。但对皋陶与尧的对话的出处不甚知悉。等苏轼上任后,梅尧臣委婉问及"当尧之时,皋陶为士。将杀人,皋陶曰'杀之'三,尧曰'宥之'三"的出处时,苏轼坦言"此对话乃杜撰而已"。欧阳修欣赏苏轼的创新,赞赏苏轼"善读书,善用书"。论说性体裁限制了引语文本的使用的理解。只当它们是客观陈述。但是对苏轼来讲,通过皋陶和尧的对话是要论证"天下畏皋陶执法之坚,而乐尧用刑之宽"。作者杜撰对话中投射了自己的主观意义。

对象文本和双值文本的区分一定程度上可以更明显地看到引语文本的提及和引语文本的使用之间的差异。因为对象文本和双值文本本身的区别标准是从语言意义到语言形式,而不是从语言形式到语言意义。

2.3.3 互文范式和互文形式

2.3.3.1 互文范式

互文指一个确定语篇或文本与它所引用、改写、吸收、扩展或在总体上加以改造的其他语篇或文本之间的关系。"'互文'之'互'指存在于当下的文本与之前、共时的源文本成分间有以互动关系制约下的组合关系、共现关系、重写关系。这些关系显示为当下文本与源文本间互依互存、不同层次参互的空间结构关系;而'互文'之'文'实质上指由当下文本成分与源文本成分构建的共组文本,是互为存在前提的互文本。从文本内部看,互文本体现为当下文本成分与源文本成分间的互涉关系;从文本外部看,互文本体现为处于不同空间层次上、不同来源的源文本按不同的方式参加到当下文本中来所形成的空间结构关系。"(祝克懿，2010：3）语篇的互文空间结构以文本的交互性、互涉性和对话性为核心。互文空间结构视角下的语篇研究超越了从微观层面对语篇进行静态的衔接、连贯的分析，进入到在语境、社会和文化背景中动态考察语篇或文本与其他文本的互涉、共现和重写等关系对语篇意义生成和理解所起的作用的研究领域（朱永生，2005）。

语篇的互文空间结构有不同的交互或互文范式，祝克懿（2010：10）列举了三种互文空间范式：回环平行范式、影响范式和交汇范式（"□"表示互文的板块），如图 2-9 所示：

回环平行范式　　　影响范式　　　交汇范式

□ ⇄ □　　　→□→□→□　　　

图 2-9　互文空间范式

语篇交互空间的互文结构从语篇中观层面来讲，考察当下文本与嵌入的属于源文本的成分间的交互关系，从语篇宏观层面来讲，考察当下文本与参考文献、图书馆、语篇世界、人类世界知识、社会和文化的交互关系。从上面所列的三种互文范式可见，语篇或文本的互文空间中，互文范式形式复杂多样、层次丰富。因此，从副文本视角切入研究互文性的语篇，既可以探究主副文本之间的互文方式，又可以探究语篇与语篇世界之间的交互关系。

2.3.3.2　互文形式与标记手段

语篇或文本在互文空间的互文范式具有形式多样性、层次丰富性和方式复杂性的特点。"互文性的具体形式，诸如引用、暗示、参考、仿作、戏拟、剽窃、各式各样的照搬照用，不胜枚举、一言难尽"（萨莫瓦约，2002：2）。在此仅列举一些与本书分析相关的互文形式与手段。互文关系总是涉及两个或多个相互映射的文本和符号系统，可以从广义符号系统和语言符号系统两个角度来对互文形式进行分类（朱永生，2005：112-113）。

从广义符号的角度出发可以把互文形式分为三种：

第一种，媒介变化带来的互文，媒介互文性。如相同、相似或相关的内容由文字变成声音，由文字变成图像，由文字变成影像，或由声音、图像和影像变成文字。

第二种，语言变化带来的互文，语码互文性。如英文著作变成中文著作，方言著作变成普通话著作或者普通话著作中夹杂方言或转变为方言。

第三种，体裁变化带来的互文，体裁互文性。小说变成话剧、小说变成电影。另外，也要注意同一体裁内部的各语篇之间的互文，可以称为同质体裁互文性，而体裁变化带来的互文，可以称为异质体裁互文性。

从语言符号系统表征内容的角度出发也可以把互文形式分为三种：

第一种，增添或发挥，增添文本的附加成分、前言、后记、附录、注释或模仿、反讽、双关、评论、否定、预设等。

第二种，减缩或省略，对整个文本进行约缩，如摘要、文摘、内容简介，对已有文本进行截取或改造。

第三种，排列或重组，对源文本进行重新组合或语境重构。如引语、重复和翻译。

从上面分类中可以看到，这些互文形式的分类只是理论上的，事实上落实到具体文本的互文形式上，广义符号互文和语言符号系统内部互文以及语篇系统内部之间的各次互文形式之间往往相互交叉。

上面列举的互文形式，有的是由物理标记或界限标记（boundary marker）明确标示的，如最明显的引用（直接引用和间接引用），一般有引号或其他引用标记，如字体、字号的变化或引导语（"某某说""某某认为"等，可以参考2.1.2.3小节）等，在口语中还可以使用不同的语调和重音手段来标记，可以称为有标记互文形式（marked intertextuality）。而大量互文形式是无标记的（unmarked intertextuality），这就需要读者根据语言形式和语言印迹（语言形式和语言意义）、时空位置、心理联想和记忆去建立互文关系。萨莫瓦约（2002：33）将文本明白地反映文本的互文、读者必须识别的有标记互文，称为强制性互文（compulsory intertextuality），而那些靠读者自己联想、记忆、时空关系、语言印迹而建立的互文，我们可以称为自由性互文（free intertextuality）。

2.4 互文语篇理论的基本观点及研究方法

2.4.1 互文语篇理论的基本观点

互文语篇理论以全新的理论向度构筑了一个语篇（文本）网络世界，

互文性是这个语篇（文本）网络世界、文本间最核心的空间结构和互动关系。互文语篇理论概括了文本新向度的指向功能，一定程度上揭示了语篇写作和语篇阅读认知过程的普遍规律（祝克懿，2010：2）。互文语篇理论内涵丰富，其核心观点基本上可以概括为以下三个：（一）语篇-语境-社会历史文化观；（二）文本（主体）异质观和意义的多元观；（三）非线性和多维语篇网络系统观。

2.4.1.1　语篇—语境—社会历史文化观

互文语篇结构研究以文本的交互性为核心，其研究领域跨越静态的句法领域，进入动态语境下的语篇领域。动态语境在语篇生成和语篇理解中扮演着至关重要的角色。研究语篇，对语境的关注再多也不过分。互文语篇理论视域下的语言研究，不仅重视语言的工具性的交际功能，而且重视语言的建构性的功能。因此，语篇和动态语境是相互塑造的一个过程：第一，语篇是嵌入语境的，语境对语篇的诠释和理解起着至关重要的作用；第二，语篇也塑造语境，塑造主体身份、认同和权力。语篇是社会文化环境中的语篇，不存在脱离语境和社会、历史、文化的语篇，语篇意义的生成和理解离不开动态语境中各种因素的制导。互文空间结构就是尝试用具体的方式来诠释语境与语篇的双向互动和相互塑造的关系。

人工智能的迅猛发展和广泛应用给语言学研究带来的巨大影响，陈平（2018）指出：相较于语言结构组合关系（constituency），语言结构成分之间的依存关系（dependency）将受到更广泛的关注；相较于句法，语义、语用和社会文化因素会日益成为研究重点。互文语篇理论就是结合语义、语用和社会文化来研究语篇与语篇、文本与文本、语篇与主体之间的相互依存关系的一种理论和方法架构。

2.4.1.2　文本（主体）异质观和意义的多元观

任何复杂语篇都是由异质文本的相互作用交织而构成的网络，异质文本的背后是异质和"陌生"的主体——人。语篇的互文性与主体间性存在必然的联系，因为不存在没有语言的主体，或者说，有主体必然有语言。人的身体并不是一个统一体，而是一个由多个分离的部分组成的多元整体，人的存在本身是一个动态的过程。个人是一个个具体的、知觉着的、活动着的主体。语篇中保持着概念意义和人际意义的平衡，"在人类符号学中，意义产生于概念和人际之间的互动。概念诠释我们所处的'现实世界'，人际规范我们的社会关系"（韩礼德，2011：143）。语篇意义不像一些人所说的那样是语言中固有的一系列特征,而是由语言使用者指派给语篇的。

弗洛伊德的精神分析给"对话性""互文性"带来的启发不仅在于"人只要开口说话(包括书面语篇),就处于对话关系之中,就有'他'的存在,所有的语言都是对话性的""人的思想总是指向他人的,指向他人思想、他人涵义"的观点,重点还在于"人只要开口说话(包括书面语篇,引者注),就有爱的关系产生。对话关系是爱的关系,爱与恨往往是相对相生的"的思想(克里斯蒂娃,2013:附录)。

大数据时代,人和物的数据化,某种程度上来讲,数据是对人的主观能动性的消解。因此,互文语篇理论视角下的语篇或文本互文分析更多的是实例的分析,是研究者与语篇实例的交互和"恋爱"。在大数据"盛行"的时代,互文语篇分析体现的是对"小数据"的偏爱。在语篇细读和互文分析中找寻(作者和读者)失去的时间和记忆。寻找记忆,特别是文学语篇中的记忆,不仅仅是探索发现的过程,也是一种创造活动,是一个不断经历与重构的过程。

2.4.1.3 非线性和多维语篇网络系统观

语篇构成离不开将其他文本纳入自身,每一篇文本都联系着其他若干篇文本。互文语篇理论"突破了文本是以线性方式组构的传统思维,文本组构不仅仅包括传统微观研究中由小而大的组合思维,宏观研究中由大而小的分析思维,更强调综合运用向心思维、发散思维、平行思维、交叉思维、逆向思维、顺向思维、多向思维等语篇分析立体空间的复合功能"(祝克懿,2010:11)。互文语篇理论突破对孤立语篇的研究,将语篇视作语篇场或语篇世界中的一个星球,它处于层次交错、复杂和无限的文本宇宙空间和关系网络之中(Bazerman,2004)。从语篇网络系统来看,互文语篇理论也是索绪尔语言"系统"观的延伸,索绪尔(1980:121)将不同的自然语言和某种语言的不同历史阶段都视为一个整体,任何部分的变化都会对整体带来影响,如同任何一个星球在体积和质量上的变化都将会打破整个太阳系的平衡,进而变成一个新的体系。正像韩礼德(2015c:263-264)所说的那样:"每一个符号行为(语篇是符号行为的一种表征)都会或多或少地让世界发生改变。"互文语篇激活了文本或语篇的时空结构意识和关系意识,突破了语篇研究的传统范式,使传统分析中一维、线性组合的语篇结构凸显了其多维、多向度的交互结构(祝克懿，2010：9）。互文语篇理论为语篇结构的互文动态生成过程以及语篇意义产生的动态符义过程的刻画和解释提供了理论参考和方法指导。

时空范畴问题在语言学和修辞学发展的过程中是绕不开的话题。互文语篇视角下的时空范畴体现在两个方面：一是语篇中的文本如何编码和表征时空中的信息、概念和思想，二是时空范畴如何在语篇意义的生成、传递和理解过程中起作用。第二个方面是本书所关注的重点，即语篇的时空性存在对语篇主文本和副文本的形式鉴定及其内容和意义的理解起着哪些重要作用。

2.4.2 互文语篇理论指导下的语篇研究方法

看似扁平化的语篇世界其实是立体多元、层次丰富、互联互通的，互文语篇理论是开启这个无尽曼妙世界的一把钥匙（陈昕炜，2018：272）。互文语篇理论强调语言研究不仅要研究文本本身结构，还要研究文本背后的作者主体的意义、读者接受和动态语境的建构作用。这就促使语言研究从严密的形式剖析转向开放的意义经验阐释，这就要求语言研究必须关注语言学领域之外的学科，如心理学、社会学和历史学等。通过对语言意义与感知的产生、语篇意义的互文建构和互文解构过程的研究，重新诠释学科间的界限，从而勾勒一种跨学科甚至超学科的研究方法。

布鲁姆（2016：7）这样界定"影响"研究的适用范围："影响的过程在所有的文艺和科学中都起着作用，在法律、政治、媒体和教育领域也一样重要"。而"互文分析反对单线致使性（影响）的分析，（更加）支持解释作品中互文材料的表达和互文材料在后文本或语篇中的功能性整合"（Frow，1990）。互文语篇理论视角下的互文过程分析同样在所有的文艺和科学中起着作用，在法律、政治、媒体和教育领域语篇的互文分析也是一样重要。

对互文语篇分析来讲，意义上的联系远比形式上的"挪用"显得更重要（朱永生，2005：129）。因而在互文语篇研究过程中，不仅要注意语篇或文本中哪些声音在说话、这些声音来自何处、它们之间有哪些历史、文化和社会根源，更要重视它们在语篇中如何得到体现以及它们是如何参与到当下语篇的生成和语篇意义的建构和理解当中来的。

祝克懿（2010：7）对"互文本"互涉关系类型进行探究时指出："除了在互涉关系的两端能够找到相互映射的互文本外，还有一类互文本较难把握和分析：此端是当下文本自身，而彼端是指向群体庞大、形式复杂的注释、参考文献、图书馆、文本世界和储存在人类头脑中的形形色色的世界知识。此类互文本的彼端有时有迹可寻，如附着于论著的注释、直接参考的文献等；有时则只是大脑里的信息单位、知识和记忆"，记忆在互文本建构和理解此类"较难把握和分析"的互文本。本书就是在此基础上对有迹可循的论著的注释、参考文献等类似的副文本系统的互文性进行全面地分析，试图寻找到副文本在语篇的互文建构和语篇意义的互文理解中的作用和机制。

2.5　小结

当今是结构主义和后结构主义并行、现代主义和后现代主义共存发展的时代，它们相互竞争，又相互促进。互文语篇理论正是在结构主义和后结构主义（解构主义）、现代主义和后现代主义的相互竞争中兴起的。语言学研究越来越多地关注"言语"和关注语言中的"人"（主体）和语言的人文性，结合着最新的认知科学和哲学认识的理据，基于互文性理论和符义分析理论、现代修辞学、功能语言学、语篇语言学等理论，互文语篇理论逐渐发展了起来（如图2-10所示）。

图2-10　互文语篇理论的背景和发展简图

互文语篇理论作为一种大视野的理论方法，可以从宏观和中观的角度揭示语篇的谋篇策略和动态语境下语篇意义的生成和理解，进而解释语篇修辞行为的动因、建构策略和识解机制。

第三章

作为语篇边界的副文本系统及其类型

3.1 导言

　　语篇的系统性可以立足不同角度、采用不同理论来考察，我们立足互文语篇理论来研究语篇副文本和主文本的形式建构和意义理解的系统性及相互关系。本章建构了一个由主副文本层级性构成且相互依存的语篇系统整体并对副文本在语篇系统整体的地位进行了定位。

　　印刷、无线电和电子网络技术的发展更新着人们交流的媒介，一定程度上也改变着人们的语言生活（李宇明，2017：145-158），如各类社交网络平台（微博、朋友圈、Facebook、Twitter 等）改变了传统的信息呈现方式，塑造了一种按时间线排序、以信息流（news feed）的形式呈现的信息生成和接受机制。但在科学（包括自然科学和人文社会科学）和人文领域，书面语篇仍是全面系统了解一个作家或学者的思想、作品、成果的主要方式。

　　语篇是具有层次性（hierarchy）、格律性（periodicity，指信息流的格律）、互动性或对话性、互文性、动态性和整体性（holistic）的多元复杂系统。作为语言系统实例化的语篇，其系统性既区别于构成精神或物理语篇的实体事物——语言符号自身的系统性，二者又密切相关。语篇的系统性更多的是通过符号文本之间的相互依存、层级组构及其协调配置来体现。

　　语篇不是存在于真空之中，而是切切实实地存在于具体时空之中。就像人的神经系统区分中枢神经系统和周围神经系统一样，语篇的系统可以分为主文本系统和副文本系统。任何复杂语篇的生成和意义理解离不开伴随文本与物理性和精神性的副文本。以往语篇研究大多只关注主文本的衔接和连贯,而对边界性的副文本与主文本的辩动和互涉关系往往视而不见,更别说对其进行全面、系统地观察和研究了。

本章3.2节立足语篇研究的宏观和中观视角建构了一个由主文本和副文本层级性构成且相互依存的语篇系统整体并对副文本在语篇系统整体的地位加以定位。3.3节对学术著作语篇和文学作品语篇中常出现的副文本现象进行了归纳并根据不同标准对副文本进行了分类。3.4节为本章小结。

3.2 语篇系统整体与副文本系统的边界地位

3.2.1 语篇系统整体

语篇不是信息文本的简单叠加集合,虽然某些语篇看起来是一些基本事实或信息的集合,比如说电话簿或年鉴。但即使是电话簿或年鉴也是经过合理组织(well-organized)以使读者能够更好地使用和理解(Bazerman,2013:123)。语篇是一个具有层次性、格律性、互动性或对话性、互文性、动态性、辩动性的整体多元复杂系统。

3.2.1.1 主文本系统和副文本系统

作为语篇的著作的物理形态是书(纸质书或电子书),我们称为"物理语篇",可以捧在手中,陈列在图书馆或书店的书架上,显示在电脑屏幕上,储存在硬盘和云盘介质中。物理形态的纸质书一般由封套、护封、腰封、封面(又叫封一)、封二(封面的背面)、封三(封底的背面)、封底(又叫封四)、扉页、勒口(又叫飘口,包括前勒口和后勒口)、环衬、夹衬、书芯、书脊、正文等形式构成(如图3-1所示)。电子书和纸质书的阅读体验存在一定的差异性,本书以纸质书作为考察和分析的对象。故下文若非特殊说明,文中所称的语篇均为以纸质书为载体的书面语篇。

任何著作语篇系统整体都由主文本系统(the Systemof Central Text)和副文本系统(the Systemof Paratexts)两部分构成,二者之间相辅相成、相存相依。从副文本和主文本的空间位置来看,副文本可以出现在书籍书芯或正文、主文本之外的任何空间,不排除部分副文本也出现在主

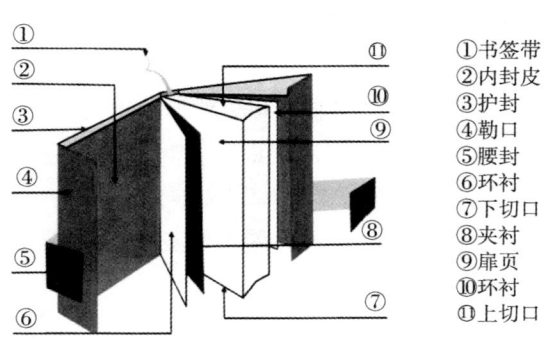

①书签带
②内封皮
③护封
④勒口
⑤腰封
⑥环衬
⑦下切口
⑧夹衬
⑨扉页
⑩环衬
⑪上切口

图 3-1　书的形式构成

文本的夹缝"字里行间"和页边、页眉、页脚处。不同类型的著作语篇的副文本系统在内容设置、表现形式、空间布局、层次分布、语篇功能及其与主文本、语篇世界之间的互文关系等方面会表现出系统性和全局性的差异。这也是之所以选择两种不同类型的语篇副文本系统来作为考察对象的原因，我们希望通过比较和描写两种不同类型的语篇副文本系统的种类配置、分布、建构方式之间的异同，归纳出普适性的语篇副文本与主文本互文建构的路径和理解规律，解释造成不同类型语篇副文本系统性差异的深层修辞动因和机制，以此建立起对副文本及其系统进行互文语篇分析和研究的新范式。

3.2.1.2　构成性副文本和策略性副文本

书中考察的著作语篇系统整体中，标题副文本、作者姓名副文本属于完整语篇性的必需副文本，是著作语篇完整的必备成分。如果一种副文本是使某种类型的所有语篇完整的文本，我们称之为构成性副文本（constitutive paratexts）；而其他不属于语篇构成性副文本，如序跋、题辞、献词副文本诸如此类附加语篇性的可选副文本，我们称之为策略性副文本（strategic paratexts）。构成性副文本和策略性副文本之间存在一定的互蕴关系，策略性副文本是相对语篇所属体裁的构成性副文本系统而言的，策略性副文本在具体语篇中也属于构成性副文本；从修辞行为的角度来看，构成性副文本也是策略性和调节性的，构成性副文本只是更加侧重其语篇形式的组织性。

从共时角度来看，不同的文体、语体、体裁的语篇在构成性副文本和策略性副文本的类别选择和配置上存在差异。一种体裁的构成性副文本可能在另一文体中就是策略性副文本，如注释副文本和参考文献副文本在专门学术著作语篇中属于构成性副文本，而在文学作品语篇中则属于策略性副文本，甚至非选副文本。如果只注意一种体裁或文体的语篇就会出现类似 Genette（1991：269）指出的"无法识别副文本是否属于主文本或语篇"的情况。区分不同体裁、不同语体的语篇类型及不同副文本属性（构成性或策略性）是考察某类副文本系统的具体语篇功能的第一步。

3.2.2　作为边界的副文本系统

3.2.2.1　边界与语篇边界

边界（boundary），又称边际、边缘或界限。进入21世纪，伴随着各科学分支学科的深入交叉发展，"边界"概念逐渐被各个学科术语化和范畴化。越来越多的研究者出于学科的自身定位和学科理论的自觉开始从元学科的角度探究自身及研究对象存在的边界和界面（interface）问题，如冯黎明（2006）对文学语篇的边界与历史性和文学性之间的关系的探究，吴琳（2007）、谭学纯（2019）对科学语篇的边界（安全边际）及其意义的探究。

符号学家洛特曼提出"符号域""符号边界"等系列概念，符号域是符号体系得以存在、运作的环境和条件的文化空间或文化域，是多种语言、多种符号体系构成的多维的、结构不对称的综合体或系统，符号域内部空间的不同层面、不同文本之间由相互交错的符号边界所区隔；符号边界是区分两种符号空间或体系的基本概念，是多个将该符号域之外的另一种（或多种）语言的文本转换为自己内部语言的"双语翻译过滤器"，是沟通文本或语篇的内部空间和外部空间的中间区域（管玉红，2006：154-155）。

符号域内部层次、不同语篇、不同文本之间不是一个个的孤岛，而是各自独立而又相互接触的"区块链"（如图3-2所示）。要实现接触就需要将符号文本"翻译"成一种两个空间都可以接受的语言或编码，这样两个空间才能在边界空间中实现接触和交互。因此边界便同时隶属于边界两边的文化、两个相邻的符号域而具备双语性或多语性的特点。边界像信号转换器一样，通过它可以将别人或自己的文本或符号加以转换、翻译，这样在保持异己（异质，他者，矛盾的自我，陌异的自我）的特性的同时与符号域的内部符号相协调一致。因此，边界具有联结沟通的作用。另

图 3-2　区块链

外，边界还可以对外部符号进行限制和过滤从而实现其适应性加工的作用，甚至可以加速和催化符号活动从而推动符号域的生成和理解。边缘的符号不是封闭的语言结构，而是整个结构的一部分，作为"异类"系统的边界文本是整个符号表征构造中的加速器和催化剂，它们一方面加速意义生成，另一方面催化和改造着整个系统的机制，甚至打破和颠覆语篇或符号文本的整体性（管玉红，2006：155－157；克里斯蒂娃，2016a：115-144）。当然，符号文本和语篇的边缘和中心具有相对性、可转换性和动态性，如"革命"一词在不同交际领域内语义的滑动性和相对性（祝克懿和蒋勇，2010）。边缘文本的活跃会压缩、替代甚至挤占中心文本的空间，实现从边缘到中心的跨越①，但并不是所有的边缘都有足够强大的理想去挤占中心，更多的是加强和催化中心的意义表征。

从著作语篇来看，语篇的副文本系统所处的物理空间环绕或间插在主文本的物理空间周围或中间的边缘，语篇副文本是语篇的边界文本（陈昕炜，2015）。作为语篇边界的副文本具有一定的层级性，间插或镶嵌在

---

① 北京 2022 年冬奥会主火炬"点燃"方案可以印证，一定条件和特定目的情况下边缘文本或副文本可以实现向中心文本的跨越。该设计方案突破了历届奥运会小火炬点燃熊熊大火主火炬的方式，以不点火代替点燃，以小火炬代替大火炬，最后一棒传递的小火炬就是主火炬。如果说熊熊燃烧的大火炬是主文本的话，那么微微燃烧的小火炬就是副文本。小火炬副文本在北京冬奥会上实现了向主火炬主文本的跨越。

主文本字里行间（如中国小说语篇中独有的评点、圈注）和页边、页眉、页脚处，这些副文本与主文本保持着一定距离，并没有嵌入主文本，这类副文本要比外层的序跋等副文本对读者阅读造成的局部影响更大，是读者阅读主文本时目光所及之物，会被读者"轻易占有"。

3.2.2.2 层级建构的语篇边界副文本系统

副文本作为语篇的边界文本，即属于语篇内部空间又属于语篇外部空间，联结和区隔着不同的语篇；在语篇内部空间中，副文本又与主文本形成"边界-中心-边界"的互涉空间。需要注意的是，语篇内副文本的建构有一定的层次性，在语篇内部可以形成"｛边界-［边界-中心-边界］-边界｝"的互涉空间格局。

研究语篇副文本系统的互文机制必须从两个大的方面入手：

一方面研究语篇副文本与类型语篇和语篇场、语篇世界之间的复杂互文关系，如图3-3所示。

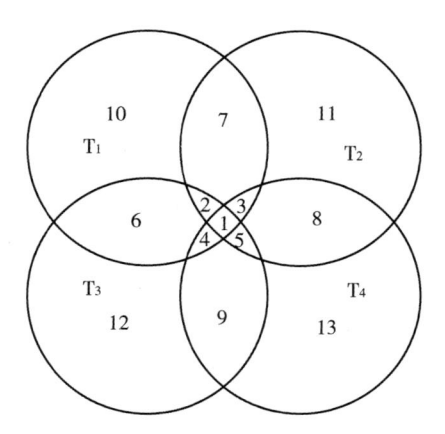

图3-3 语篇世界及语篇边界

T_1、T_2、T_3、T_4代表语篇世界中互涉的四个语篇，这四个语篇之间的边界副文本的互涉有着不同的层级、深度和可及度。边界副文本1蕴含着边界副文本2到副文本9。这些副文本当中，有的边界副文本（如边界副文本1）涉及四个语篇，有的边界副文本（如边界副文本2、3、4、5）涉及三个语篇，有的边界副文本（如边界副文本6、7、8、9）涉及两个语篇。

另一方面研究语篇内副文本和主文本之间的互文关系，如图3-4所示。图3-4中的主文本可以为图3-3中的文本10、11、12、13，主文本可以先与内层边界副文本 1 到副文本 n 发生互动关系然后再与外层的副文本 1'到副文本 n'互文，或者说外层副文本的辖域要比内层副文本的辖域要大。辖域的大小与互文强度成反比。辖域越大，力量越分散，互文影响力越加弥散，力量越小。总之，主文本与一系列层构副文本系统性地构成一个"辩动"（cogency）①的复杂整体语篇。

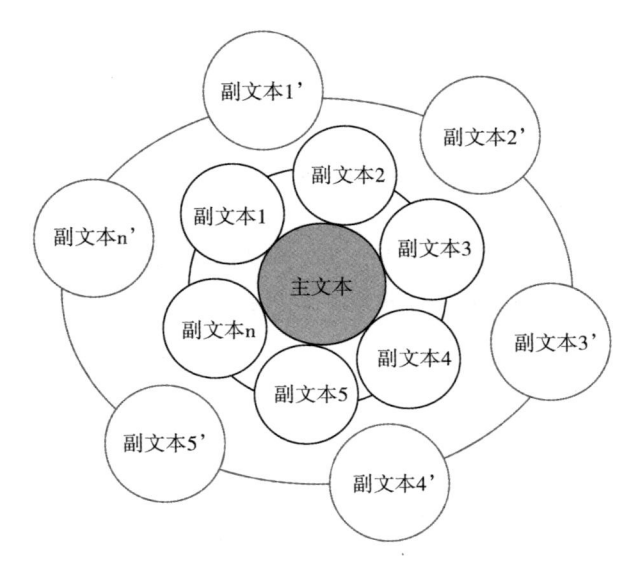

图 3-4　语篇内层次组构的边界副文本

从宏观结构上看，语篇世界是由类别、层次、系统、关系不相同的语篇组成的语篇场或语篇网络。一个语篇与语篇世界发生关联的第一门槛或场域便是作为边界文本的副文本，或者说，边界副文本是静态、有限的语篇向动态、无限、对话的语篇世界跨越的第一平台。语篇实现跨越的方式多种多样，再现、评论、改造、创造、模仿等。因此，副文本系统是篇际关系研究绕不开的存在。

从中观结构上看，语篇是由结构、功能、地位、层次各不相同的文本组成的综合体。语篇系统有主文本系统和副文本系统两部分构成，二者分工不同，相辅相成。任何只研究主文本系统或只研究副文本系统的语篇研

---

① "辩动"概念可参见刘亚猛（2017：21—22）的定义，辩动意为"共同驱动"，引申为"具有迫使（接受主体）同意或信服的力量"，用于判断语篇（不同层级、板块之间）是否按照事先其总体效力或整体效果需要而组织起来的适当语言的选择。

究都是片面的，以往语篇的相关研究往往主要集中于语篇的"中心区域"——主文本系统，而忽略了语篇的"边缘"区域——副文本系统的考察。

下文将对文学作品语篇和学术著作语篇中常见的副文本进行归纳和分类，以期对纷繁复杂的副文本系统有个静态初步的认识。

3.3 学术著作语篇和文学作品语篇的副文本类型

副文本是语篇或文本客观存在的在场语境，金宏宇（2014：358）认为副文本是"正（主）文本的最显见最具在场感的互文本"，我们认为，副文本的在场感虽然强，但是要弱于主文本内部各次文本之间的自互文的在场感，副文本是除了主文本内部的上下文语境构成的自互文和由"引用""剽窃"等方式造成的主文本中切实出现的它互文之外的第一语篇互文语境（"自互文"的概念参见马国彦，2010：23）。观察副文本可以立足不同语境因素，如空间位置因素、时间因素、文本来源主体因素、文本接受主体因素、功能目的因素。立足点和视点不同，副文本的工作分类、分类结果也不尽相同。本节介绍与学术著作语篇和文学作品语篇的副文本系统研究相关的观察角度和分类。其中一些副文本类别具有普遍性，为其他语篇类型所共享，而另一些副文本类别具有特殊性，或只属于学术著作语篇，或倾向于出现在学术著作语篇中，或只属于文学作品语篇，或倾向于出现在文学作品语篇中。

3.3.1 空间标准

著作语篇是以物理文本的形式存在并呈现于大众和读者视野面前，物质材料自身占据着一定的物理空间[①]。因此，语篇的副文本也必然是空间性地存在。"任何事物的存在方式一定会影响这一事物的结构和功能，语言也不例外"（胡范铸，2016：17），语篇的物理存在形式会影响读者对

[①] 陈引驰（2014：505）指出文学的传布流通方式影响文学文本内部的组织结构、情节节奏和叙事策略。两宋以前文学作品依靠传抄流传。"而在现代出版条件下，出版文化的要素直接介入、烙印在文学作品之中，比如作品是以主要面向陌生人世界的规范化的形式如刊物、报纸登在媒体上登载"，连载的形式势必会影响作品的结构、情节和策略安排和选择。

语篇的结构和意义的认识。根据著作语篇呈现的物理空间位置的不同，Genette（1991：263-264）以副文本出现在语篇内外空间分界区分了内副文本（epitexts）和外副文本（peritexts）①，内副文本是出现在语篇内部的副文本，外副文本是出现在语篇空间之外的信息文本，副文本＝内副文本＋外副文本。外副文本的形成具有不可控性和绵延无限性及全面搜集外副文本具有不现实性和不可操作性，本书重点分析的是内副文本及其次类，外副文本的类型和互文情况将会在下文简单论述。根据内副文本在著作语篇空间内部形式构成和布局可以将内副文本分为封面副文本、腰封副文本、封底副文本、封二副文本、封三副文本、封底副文本、勒口副文本、扉页副文本、书脊副文本、正文伴随副文本等几个次类。

3.3.1.1 封面副文本、书脊副文本和封底副文本

封面、封底和书脊是以书的形式表现的语篇与读者交会的第一物理空间，特别是书脊和封面，在封面、封底和书脊上出现的文字文本称之为封面文本、封底文本和书脊文本。

首先来谈书脊副文本的内容类别。书脊空间狭小，能够传达的副文本信息内容也有限，它是侧立物理语篇与读者目光交会的第一空间，空间的有限性制约着书脊副文本只能传递语篇最必要、最重要、最具特色的信息，比如区别性信息。著作语篇的书脊副文本一般有四种副文本类型：作（著、撰）者姓名副文本、著作名（即标题）副文本、出版单位名称（标志）副文本、丛书名称（标志）副文本。其中著作名副文本和出版单位名称副文本是必有副文本，其他两类书脊副文本是可选副文本，可以不全部出现，如商务印书馆"汉译名著"丛书的所有著作的书脊副文本中作者姓名副文本没有出现；《关联标记的语体差异性研究》的书脊副文本中并没有出现其所在丛书"汉语话语研究"的丛书名称副文本。但有一点需要特别指明的是，除特殊的空书脊装帧外，一般每个语篇的书脊上至少会有三类副文本，其中两类必定是著作名副文本和出版单位名称或标志副文本。绝大多数的学术著作语篇的书脊副文本为著作名副文本、作者姓名

---

① 有学者将"epitexts"译为"邻近文本"，"peritexts"译为"外部文本"（陈昕炜，2018：101）。语篇的外副文本和内副文本可以在一定的条件下相互转换，如《朗读者》语篇的内副文本《专访：人不因为曾做罪恶的事而完全是魔鬼》（时间：2005年10月8日，人物：本哈德·施林克，译林出版社编辑袁楠采访）本来属于外副文本。

副文本、出版单位副文本和丛书名称副文本四类共现。绝大多数的文学作品语篇的书脊副文本为著作名副文本、作者姓名副文本和出版单位名称副文本。书脊副文本还可以有图书收藏主体用于分类识别的副文本，如图书馆的分类检索信息副文本或个体读者用于标识和检索的标签副文本。如果著作语篇是译作语篇，那么书脊副文本中还可以出现译者姓名副文本。

其次谈论封面副文本的内容类别。封面是平放的物理语篇与读者目光接触的第一空间，相对书脊的细长狭小空间，封面空间可以传递除书脊副文本所传递的信息之外的更多信息，出现更多类型的副文本。不同类型的语篇的封面副文本出现的类型不完全相同。学术著作语篇书脊上的所有副文本类型（著作名副文本、作者姓名副文本、出版单位副文本和丛书名称副文本）在封面副文本中全部都存在，二者完全一致。除了以上四种副文本，在学术著作语篇的封面上还有著作名译文或译著的原名副文本（如《语言与世界》封面上的"Language and the World"、《符号学：原理与推演》封面上的"SEMIOTICS Principles 和 Problems"）、丛书主编姓名副文本、著作所在学术领域的副文本（如《文本：本体论地位、同一性、作者和读者》封面上的"哲学"）、著作框架或价值副文本（如《图书出版学》封面上的"总结图书出版经验 探索图书出版规律 建构图书出版理论体系 指导图书出版实践"是说明著作主文本的学术架构和价值的副文本）等。而多数文学作品语篇的封面副文本除了书脊副文本上的信息外，多有评论、简介、述评或其他别于著作名、出版单位和作者的信息副文本。述评类副文本如《古炉》"一个人，一个村庄，一个国家，一个民族，一段不可回避的历史。贾平凹首次直逼二十世纪六十年代中国最大历史运动"，评价类副文本如《这边风景》"边疆的风光·细腻的生活·虔诚的信仰·内外的恩仇·感人的恋情·惊心的事件"等，其他类如《古炉》封面的英文"CHINA"，实际上其两个意思：瓷器和中国，二者都与作品相关，贾平凹在封底副文本中解释道："在我的意思里，古炉就是中国的内涵在里头。中国这个英语词，以前在外国人眼里叫作瓷，与其说写这个古炉的村子，实际上想的是中国的事情，写中国的事情，因为瓷暗示的是中国。而且把那个山叫作中山，也都是从中国这个角度整体出发进行思考的，写的是古炉，其实眼光想的都是整个中国的情况"。

再次探讨封底副文本的内容类别。封底与书脊、封面均处于第一交会空间，只是封底的目接需要动作协助，花费一定的精力，故其文本的可接触度或可及度相对书脊与封面的文本来讲，要略低一些。从学术著作语篇的封底副文本内容来看，一般会有著作名副文本、作者姓名副文本、著作名副文本、所在丛书名称副文本、核心观点和内容副文本、学术价值评价副文本（如《符号学：原理与推演》的封底上的"'近三十年来最重要的符号学著作.'——《中国图书评价》"）、著作简介副文本、出版单位相关副文本（如出版《从创意到畅销书》的中国人民大学出版社在其封底左下角的"做大家好书 传至简之道"是出版社的出版宗旨和目标）、上架建议副文本、书号副文本［一般为国际标准书号（简称 ISBN）］和定价副文本、丛书所有（部分）书目副文本（如《关联：交际与认知》的封底副文本"当代语言学理论丛书：《生成音系学理论及其应用》《当代社会语言学》《简明语言学史》《句法理论概要》《语言获得理论研究》《形式语义学引论》《计算语言学导论》《模糊语义学》《罗曼语句法经典》《音系与句法的交叉研究》《音段音系学》《关联：交际与认知》"就是丛书已出的所有书目）等。不同学术著作语篇的下位类型在封底副文本的内容和类别上也存在差异，如普及性的学术著作语篇和研究性的学术著作语篇之间的封底副文本之间会存在较大的差异。文学作品语篇的封底副文本内容丰富多样，但以评论类居多，由于受封面空间的局限，一般比较短小，写作主体多样，有主文本作者本人，亦有出版单位编辑或其他相关利益主体或共同体代表主体。同样的作品语篇，精装本和平装本的封底会存在不同，一般来讲，精装本的封底和封面副文本信息较少。

值得一提的是腰封副文本，据统计发现，文学作品语篇携带腰封副文本的情况要比专门学术著作语篇更为常见，而且科普类学术著作语篇也大量携带腰封副文本。在后面章节会分析这种现象背后的修辞动因。

3.3.1.2 勒口副文本、扉页副文本和正文伴随副文本

首先谈论勒口副文本。勒口，又称飘口、折口，是纸质著作的护封、封面（封底）的延长内折部分（见图 3-1 中③所示位置）。分为前勒口和后勒口。其物理功能是增加封面的厚度、保护书芯和防止封面、封底卷曲。前勒口是展卷后的目接空间。在勒口空间内会有一些文字副文本，学术著作语篇的勒口文本一般由作者简介副文本、译者简介副文本、内容简介副文本、学术著作语篇所在丛书相关的副文本（如丛书编委会名单副文本、丛书已出书目等）构成。文学作品语篇的勒口副文本比学术著作语篇的副文本内容更多样，除了作者简介副文本、内容简介副文本，还有

作品出版原因等信息副文本。一般来讲勒口上的这些副文本都是可选副文本，勒口空间内没有任何文字或图画文本也较为常见，只是纯粹为了加强封面硬度的功能而存在。

其次，扉页副文本处于封面和主文本之间，即封面之后主文本之前，或主文本之后封底之前。从扉页内容上来看，一般有书名页副文本、题辞副文本、版权页副文本、目录副文本、序言（前言、自序、他序、译序、代序）副文本、跋（后记）副文本、获奖信息副文本。学术著作语篇还有参考文献副文本、附录副文本、尾注副文本、索引副文本等。文学作品语篇还有手稿手迹副文本、访谈录副文本、人物表副文本等。

最后，讨论学术著作语篇和文学作品语篇主文本伴随副文本。伴随副文本区别于赵毅衡（2016：139-148）定义的"伴随文本"：伴随文本是"伴随着符号文本一道发送给接受者的附加因素"，包括显性伴随文本（包括副文本和型文本）、生成性伴随文本（包括前文本和同时文本）和解释性伴随文本（包括评论文本、链文本和先后文本）。主文本伴随副文本的外延小于赵毅衡所定义的伴随文本，主文本伴随副文本是指出现在主文本叙述空间内的副文本，分作者主体性的主文本伴随副文本和读者主体性的主文本伴随副文本。根据主文本伴随副文本与主文本的空间位置关系可以将主文本伴随副文本分为主文本上伴随副文本、主文本中伴随副文本、主文本下伴随副文本和主文本旁伴随副文本。笼统来讲，所有伴随副文本都具有"推论本源，广大其义"的语篇建构和延伸功能。具体到学术著作语篇和文学作品语篇中，主文本上伴随副文本包括章节标题副文本、著作名称副文本等，主文本中伴随副文本包括页码副文本、夹注副文本、评点副文本、深度阅读或相关阅读副文本、章后评点副文本等，主文本下伴随副文本主要是脚注副文本、页码副文本等，主文本旁副文本主要是旁注副文本、页码副文本等。

3.3.2 时间标准

任何语篇不仅是空间性的存在，而且也是时间性的存在。参照语篇主文本的初版（first edition）出版时间[①]，可以将副文本分为前副文本、原

[①] 也可以参照作者的生卒时间与出版时间的相对关系对副文本进行分类，如 Genette（1991：264）将副文本分为作者生前出版副文本（anthumous paratexts）和作者逝世后出版副文本（posthumous paratexts）。

始副文本和后副文本。不同类型语篇的副文本与主文本之间的互文交错关系有不同的特征。不同时间造就的副文本对主文本的理解也存在巨大的差异，版本目录学和文献学很重要的一部分工作就是鉴定文献语篇副文本的具体时间或大约时间段，在 1.1 节中提到的学界对《春晓》一诗的标题副文本"春晓"和"春晚绝句"的历时考证说明副文本生成的时间是主文本意义生成和流变考察的重要参数。

3.3.2.1 前副文本

前副文本（anterior paratexts）是指在主文本初版出版之前就已存在的副文本。学术著作语篇和文学作品语篇中的前副文本包括历史经典或诗歌文本，如石毓智《语法化的动因和机制》扉页上的"衣带渐宽终不悔，为伊消得人憔悴。——柳永《蝶恋花》"副文本、《剑桥语言科学百科全书》(The Cambridge Encyclopedia of the Language Sciences) 的献词副文本中的"puruṣa-artha-śūnyānāṃ guṇānāṃ pratiprasavaḥ kaivalyaṃ sva-rūpa pratiṣṭha vā citi-śaktir-iti——Patañjali"（此为《瑜伽经》最后一篇"解脱篇"的最后一句，大意为：当本性的特质融入了本性，不再需要来服务真实自我，它已安住在自己的纯洁的本性里，于是，达到了解脱的最好境界）；部分丛书出版说明副文本，如《生命的季节：生生不息背后的生物规律》"出版说明"副文本 2005 年 1 月就面向大众了，而《生命的季节》的主文本却是 2016 年出版的。虽然这些副文本是前文本，但是其作为作者主体的修辞策略指导下的当下语言行为出现就会对主文本的意义建构和理解产生影响，当然其自身的意义也会得到多元解读。这就是下文即将探讨的前副文本与主文本进行耦合互文过程中发生的语境重构，或者说历史文本的语境重构过程对副文本自身及主文本整体意义的生成和理解带来的影响。

3.3.2.2 原始副文本

原始副文本（original paratexts）是指与主文本初版同时出版的副文本。大多数学术著作语篇的副文本是原始副文本，与主文本同时出版，特别是标题副文本、献词副文本、目录副文本、附录副文本、自序副文本等。文学作品语篇的原始副文本通常是研究作家及其时代思想的重要来源。如《语言与世界》语篇中的序言副文本及其目录副文本、主要参考文献副文本、索引副文本及封底上的简介副文本"分析哲学和语言哲学是 20 世纪后哲学研究中的主流，在西方学界受到高度的重视。但该研究在国内则比较薄弱。主要原因之一是对现代逻辑把握不够……从而对语言哲学的理论和成果理解不够，甚至导致畏难或回避。……本书既可以专门用作语言哲学导论……有助于读者学习和认识语言哲学的理论和方法，了解和认识逻辑在哲学中的运用，从而更好地理解分析哲学"。在此不一一列举。

3.3.2.3 后副文本

后副文本（posterior paratexts）是指在主文本初版出版之后产生的副文本。学术著作语篇中的后副文本包括再版产生的副文本以及出版之后流通和消费环节中出现的副文本。如刘大为《比喻、近喻与自喻——辞格的认知性研究》（2016 年版）与《比喻、近喻与自喻》（上海教育出版社 2010 年版）相比较，2016 年版的语篇的丛书名称副文本"认知语言学与汉语研究丛书"、封底丛书目录列表（《语法六讲》《从施受关系到句式语义》《语言理解与认知》《构式语法与汉语构式》《现代汉语动词的认知与研究》《汉语句法的认知结构研究》《比喻、近喻与自喻》）副文本、"作者简介"副文本、"出版前言"副文本、"再版后记"副文本、"告读者"副文本以及"学林自出版平台"二维码副文本都是后副文本。后副文本还包括读者在阅读过程中添加的副文本。后副文本"后知后觉"，是主文本经历一定时间检验之后而生成的一种文本，从某种意义上讲，这种在主文本经过时间检验和证明而产生的副文本对主文本的建构作用要比原始副文本大，也更具说服力。在文学作品语篇中常见后副文本的情况，即初版出版之后，过一段时间再版时，作者会新添或修改一些副文本，那么这些新添或修改的副文本相对初版原始副文本来讲，就是后副文本。如《穆斯林的葬礼》语篇《自序——二十年后致读者》副文本就是初版出版二十年之后新添的序副文本。在此值得一提的是，文学作品语篇的主文本创作时间又长又短，一些几十年前写的主文本，当下拿来出版时会添加一些副文本，如王蒙的《这边风景》写于 1974—1978 年，但是直到 2012 年才出版。在出版时添加了一些副文本目录副文本、人物表副文本、小说人语评论副文本等。因此，根据时间对副文本进行的分类，还可以以主文本写就的时间作为参考时间，分主文本写就时和主文本写就后，这种分类可能难以把握。

3.3.3 模态媒介

副文本内容多样，表征形式不尽相同。顾曰国（2007：3）区分了装载内容或信息的物理媒介和在物理媒介上装载内容或信息的编码手段,即逻辑媒介。物理媒介包括纸、磁盘、光盘、硬盘、云盘、网络等,逻辑媒介包括文字、音频、视频、图像等。物理媒介承载信息并且在一定程度上也约束逻辑媒介的表征或信息编码,比如说纸质媒介中只能装载文字、图像信息,却很难装载音视频信息。如有音视频信息需要读者获知只能通过间接的方式如网址链接、二维码扫描获取音视频副文本信息。

3.3.3.1 物理媒介副文本

根据承载副文本的物理媒介可以将副文本分为纸质副文本、光盘副文本、电子副文本、网络副文本等。学术著作语篇和文学作品语篇本身可以由纸质媒介承载,也可以由电子媒介、网络媒介承载。纸质媒介和电子媒介的副文本的设置及其空间、功能存在某种不对称性。比如电子媒介著作语篇中没有书脊副文本、勒口副文本、腰封副文本,尾注副文本、封底副文本对电子媒介语篇的可及性要远低于纸质媒介语篇的尾注副文本和封底副文本。本书主要考察以纸质媒介承载的学术著作语篇的副文本情况。在纸质学术著作语篇和文学作品语篇中,副文本多以纸质媒介来承载,但也有光盘媒介来承载的,如陈锦川《著作权审判原理与实务指导》和王科俊、冯伟兴《中文印刷体文档识别技术》所附的案例和指导光盘就是有效延伸和补充主文本的光盘副文本,文学作品语篇往往可以携带承文本形式的副文本,如根据作品改拍的电影光碟。

3.3.3.2 逻辑媒介副文本

根据承载副文本的逻辑媒介可以将副文本分为文字副文本、图像副文本、音频副文本、视频副文本等。

由于受纸质物理媒介的限制,学术著作语篇和文学作品语篇的副文本的逻辑媒介多为文字、图像和表格。虽然文学作品语篇的主文本可以以音频的形式承载,但是用音频来承载文学作品语篇的副文本的情况并不多见。从这个角度也可以看到文字媒介和音频媒介的不同,文字媒介可以传递更多的副文本信息,而声音媒介原则上可以承载副文本,但现实情况比较少见。这从另一个角度也说明了副文本的边界性地位。副文本在一些情况是可以不管不顾的,其存在的有无并不影响主文本的接受。图像副文本一般包括作者肖像、丛书标志、历史版本书影、作者书稿、手迹、二维码、其他相关人物、地点等图片等。如《陈望道学术著作五种》扉页上的"二十世纪三十年代的陈望道书稿手迹"图片以及"民智书局1922年

3月初版本《作文法讲义》书影""民智书局1927年8月初版本《美学概论》书影""大江书铺1932年版《修辞学发凡》（上、下册）及合订本书影""世界书局1931年10月初版本《因明学》书影""上海教育出版社1978年4月初版本《文法简论》书影"图片副文本。又如《曲院风荷：中国艺术论十讲》封面上"莲叶荷花"图像副文本（见图3-5）。学术著作语篇的图像多为抽象图，没有实际意指。而文学作品语篇的图片往往来自现实世界的照片或剪影等。

图3-5 《曲院风荷》语篇封面"莲叶荷花"图片副文本

3.3.3.3 多模态副文本

不同的逻辑媒介的互动和理解涉及不同的模态（modality）。区别于非真值条件下的可能世界（possible world）或假设情景（hypothetical situation）中的语义探讨下的模态，话语理解和分析中的模态是指人类通过感觉器官（视觉器官、听觉器官、触觉器官、味觉器官、嗅觉器官、空间感知器官等）跟外部环境（人、物、动物）之间的互动方式（顾曰国，2007：3）。正常人之间面对面互动都是多模态的。根据副文本表征内容的模态性可以将副文本分为多模态内容副文本和非多模态内容副文本。多模态内容副文本是指副文本表征的内容是关于多模态互动的副文本，多模态互动多与现实（虚拟）、实时、具体的世界相关，非多模态内容副文本是副文本表征的内容不是关于多模态互动交流的副文本。

由于学术著作语篇本身的科学性、客观性、思想性和抽象性，它不是以"感人""动人"的表现为目的，多模态内容的展示空间被压缩，有极个别的语篇在序言或后记副文本中略有涉及。文学作品语篇虽然主文本传递的多为多模态内容。但是其副文本也多为单模态——靠视觉来实现。

3.3.4 来源主体

著作语篇作为"物化的精神产品，其生产和传播过程通达人类思想观念、物质生产和交际活动的各个层面"（于文，2009：57），思想观念、物质生产、交际活动每一个方面都涉及作为主体的人的出场与参与。也就是说，著作语篇从作者生产到呈示在书店或图书馆中供读者选择、消费、购买再到最后阅读的过程，涉及若干主体（政府出版管理部门、学者、作者、科学家、出版商、印刷商、书商以及作为大众的读者）的参与。在语篇的物理表征当中，或多或少、或现或隐地能够找寻到语篇生成和语篇成义过程参与主体的"踪迹"。根据副文本的生产主体与主文本的生产主体——作者之间关系，可以将副文本大致分为作者副文本、编者（编辑或出版单位）副文本和读者副文本。

3.3.4.1 作者副文本

作者副文本是指由主文本作者主体生成的副文本。主文本作者主体对作者副文本负责。物理空间上，越是作者副文本，越靠近主文本。学术著作语篇中作者副文本主要有标题副文本、目录副文本、参考文献副文本、注释副文本、后记或跋副文本、致谢副文本、题记副文本、前言或序、基金信息副文本。其中标题、目录、参考文献、注释、后记、题记、致谢、基金信息副文本必定是作者副文本，而序、前言副文本可以是读者副文本或编者副文本。如《语境动态研究》语篇中的目录副文本、"作者的话"副文本、附录中的英汉术语对照表及索引副文本以及英汉人名对照表及索引副文本等都是作者副文本。文学作品语篇中作者副文本主要有标题、注释、题记、目录、前言、序跋、人物表、作者的话、内容简介等副文本，其中序跋、内容简介副文本可以是编者副文本或读者副文本。如《这边风景》语篇中的标题、注释、作者姓名和书名题字、手稿、题辞、前言、人物表、目录、小说人语、后记、情况说明、"关于本书"副文本的作者均为主文本作者王蒙。在作者中心论阅读观中，作者副文本是了解作者背景及作品中心思想的主要背景文本信息。

3.3.4.2 编者副文本

编者副文本是指由编辑和出版单位集体主体生成的副文本。作为主文本部分责任主体的编者在著作语篇生产的过程中也起着重要作用，在语篇中也会留下许多反映自身作为责任主体的相关副文本。如丛书名称副文本、出版单位名称副文本、版权副文本、出版社微信公众号二维码副文本、出版社相关业务部门微信订阅号二维码副文本、上架建议副文本等。如《语言与世界》上的编者副文本：封面上的"博雅爱智文丛"丛书名称副文本、"北京大学出版社"出版单位名称副文本、封底上的"北京大学出版社"微信公众号二维码图片和"北大社文史哲事业部"微信订阅号二维码图片副文本、"上架建议：哲学"副文本；《比喻、近喻与自喻》上的编辑副文本：封面上的"认知语言学汉语研究丛书"副文本、"学林出版社"出版单位副文本、封底的"世纪出版"出版单位副文本、"认知语言学与汉语研究丛书"列表副文本、"上架建议：语言学"副文本、"出版前言"副文本以及"告读者"副文本等。有些副文本，如作者简介副文本，腰封、封面和封底上简评副文本及其内容简介副文本很难立即确定到底是作者副文本还是编者副文本。从某种意义来讲，这并不重要。作者和编者是著作语篇的共同责任主体。

3.3.4.3 读者副文本

读者副文本[①]是指由主文本的潜在或实际读者生成的副文本。读者副文本分为出版前读者副文本和出版后读者副文本。出版前读者副文本的作者往往与主文本的作者关系密切，出版社的编者、作者或出版单位邀请的序或前言的生成主体，如推荐者、评论家、导读者，相对主文本主体都是读者。如《穆斯林的葬礼》语篇内容简介副文本、冰心《序一·一本奇书》副文本和刘白羽《序二·穆斯林诗魂》副文本。并且出版前的读者副文本从某种程度上讲也承担著作语篇的部分责任，如部分他主体序跋副文本就是一种读者副文本的体现。出版后读者副文本大多是个体读者在主

---

① 关于"读者"概念，格雷西亚（2015：232）从哲学角度将"读者"定义为事实上知悉、能够知悉或打算知悉一定的文本或语篇的现实的或假想中的人群。读者包含聆听者和阅读者。在科学和人文科学领域，特别是文学，书面文本或书面语篇仍然是了解一个作者的思想、作品的主要方式，某个作者的文学作品或学术著作的读者仍然主要是由阅读者构成，聆听者由于受时空的局限往往难以成为学术著作和文学作品的主要读者。

文本周边添加的感悟、评论、点评、划的重点标记、笔记等副文本,此类读者副文本具有极大的开放性和不可控性,暂不在本研究讨论范围之内。

从上面可以看到,作者副文本、编者副文本、读者副文本有时并不是泾渭分明的,往往互相交错。

3.3.5 接受主体

任何语篇都具有对话性和互文性,现在的语篇研究往往只关注写作者,以写作者为中心,而忽略了写作者自身的读者身份以及潜在的读者对语篇生成和理解的作用(谭学纯,2017)。本节讨论潜在的阅读者和听者对副文本的间接塑造,作者自身的读者地位在4.2.3节参考文献副文本与主文本的关系中讨论。任何语篇副文本都有接受者或读者,只是接受主体的范围有大有小,大体上来讲,副文本接受主体的范围大小与语篇和文本所要适应的具体题旨情景相关。作为语篇边界的副文本,内部异质性高,不同的副文本往往针对不同的接受主体或读者。读者可以是作者所希望的理解文本的任何人,也可以是实际上与文本发生关系的任何人,也可以是任何潜在地可能与文本发生联系的任何人(格雷西亚,2015:233)。Genette(1991:267)根据副文本接受主体即读者的组织方式的不同和作者希望的理解文本的读者性质的不同将副文本区分为公众副文本(public paratexts)和私人副文本(private paratexts)。

3.3.5.1 公众副文本

公众副文本是指接受主体为普遍的集体性读者(collective reader)的副文本。此类副文本常常具有公开性,读者往往是异时异地的间接性(mediate)读者。读者由个人(individual)构成,其实现方式可以是集体性的,也可以是个体性的。我们根据副文本的接受集体性读者的数量还可以将公众副文本分为大众副文本(mass paratexts)和小众副文本(niche paratexts)。大众和小众是相对的概念。大众副文本是指那些传播范围广、接受主体普遍的副文本,可以是内副文本,也可以是外副文本。如标题内副文本、访谈外副文本可以迅速地得到较广泛的传播;而有些副文本的接受主体范围窄,如"版权页"副文本以及"上架建议"副文本、序言副文本等。公众化或公开化的程度影响副文本内容本身的语言设置。

3.3.5.2 私人副文本

私人副文本是指以口语或书面语的形式针对分散的个体性读者(distributive reader)的文本，是作者主观上不希望公之于众或未到公之于众的地步的副文本。此类读者是与作者处于同一时空中的直接性（immediate）读者。我们还可以将私人副文本细分为私下副文本（personal paratexts）和私密（intimate paratexts）副文本。私下副文本是作者针对特定个人的未公开的话语副文本，如个人通信副文本、个人私下闲聊整理而成的副文本等，私密副文本是作者在日记或手稿中讲给自己听的话构成的副文本，当然私人副文本会被大众或小众所知，这中间私人副文本经历了公众化的过程。

特别要说明的是，公众副文本和私人副文本之间并没有一条泾渭分明的分割线，二者在一定的条件下可以相互转换，如面向公众的学术讲座语篇不小心涉及集体或个人隐私的内容，话语主体往往会采用"关起门来说""哪里说哪里了""这里没外人"等公私话语转换标记来切换文本的接受者范围。

3.3.6 功能标准

副文本的功能传统分类法是根据副文本对读者和消费者所起的指导和提示功能，将副文本大致分为三类：识别性副文本、说明和参考性副文本、检索性副文本[①]（张天定，2006：47-52）。这三类功能大致总结和概括了著作语篇副文本的静态功能。第四章和第五章将重点探究语篇副文本与学术性和文学性主文本以及语篇世界的互文建构和互文理解的动态功能。

3.3.6.1 识别性副文本

识别性副文本是作者和出版单位提供给读者和消费者，特别是研究主体性的读者关于著作语篇的、最基本的区别于他语篇的信息，如著作名称副文本、作者姓名和出版单位参加相关出版工作的人员（责任编辑、封面和版式装帧设计人员、绘图和校对人员、题字题签者）的姓名副文本、出版单位名称和标志副文本、开本、篇幅、书号、定价等版权页相关副文本以及版次副文本。识别性副文本主要集中在版权（版本记录）页副文本上，也零散地分布于封底、封二、封三上。著作语篇的个性化和差异化是其识别性副文本存在的根基。

[①] 此为张天定（2006：47）根据图书的辅文（与正文相对）的功能对其进行的分类。

学术著作语篇的识别性副文本除标题副文本外，识别性副文本与其他语篇类型的识别性副文本的设置类似。学术著作语篇识别性副文本对于研究性质的作者和读者主体来讲，其识别功能尤为重要，记录语篇主文本主体的观点和思想的出处是研究者的基本素养和学术规范，也是尊重他人或自己的思想和劳动成果的具体表现。文学作品语篇的识别性副文本对作家年谱以及生平和创作、受众关系的研究来说，也是绕不过去的存在。

3.3.6.2 说明和参考性副文本

说明和参考性副文本是指那些用于辅助读者理解或给读者提供相关主文本参考的副文本，包括：编辑说明副文本、出版说明副文本、凡例副文本、前言（弁言、引子）副文本、序言（自序、他序、译序、代序）副文本、后记（跋）副文本、注释副文本、附录副文本、参考文献副文本、人物表副文本、作者年表副文本等。前言和序言的含义基本相同，可以通用。但需要注意的是，前言、序言副文本与主文本中绪论存在差别，它们处于不同文本层级。一般论著主文本是由绪论、本论和结论三大部分组成，绪论是主文本的一部分，是本论的先导。前言或序言副文本是处于主文本之前，分布在目录副文本之前。从层次上来看，前言副文本与主文本处于一个层次，而绪论文本仅仅是主文本内部的一个文本板块。同样也要注意后记副文本与结论文本的差别。在后面关于副文本与主文本的互文的详细探究中可以发现后记文本和结论文本在与其他副文本产生互文关系的互文方式和路径上的不同。注释副文本也是解释、补充、考证、订正、评论、延伸主文本的重要手段，可以帮助读者扫除阅读障碍，加深主文本的相关内容的阐释深度，进一步提供延伸材料等，也是写作主体客观化写作的重要修辞策略。附录副文本也是补充或补全主文本，提供主文本理解参考的重要部分（张天定，2006：50-51；黄小平，2016）。说明和参考副文本的类型在学术著作语篇和文学作品语篇中表征形式存在差异。学术著作语篇的说明和参考副文本相对丰富、完备和全面，而文学作品语篇的说明和参考性副文本则视不同的作者、不同的作品而定。

3.3.6.3 检索性副文本

检索性副文本指用来帮助读者快速检索主文本相关信息，包括概念、语篇框架、图表、关键词等，其功能的发挥主要发生在一个语篇之内，是语篇内副文本和主文本间互文的重要分析对象。从次类上来看，主要有目录副文本、索引副文本、书眉副文本、页码副文本等。

目录副文本是依次编排的主文本和副文本的标题及其在著作语篇中出现的页码，可以用来了解全书结构层次和快速切入感兴趣的章节。这是著作语篇区别于论文语篇（学位论文语篇除外）的地方。论文语篇相对著作语篇篇幅较短，层次结构相对简单，容易把握。而长语篇的语篇结构把握很大程度上依赖于目录的层级关系来识别。当然，学术著作语篇的目录副文本相对于文学作品语篇的目录副文本从设置、互文路径到布局上都有很大的差异。纲举目张，对学术著作语篇的逻辑结构的外显作用更为明显，文学作品语篇特别是小说语篇的目录对整体语篇的结构把握要弱于学术著作语篇的目录副文本。

索引副文本是主文本概念、关键术语、关键人物等重要信息的汇集。可以使读者快速了解主文本所用术语全貌，从而把握主文本的知识图谱（knowledge graph）。书眉副文本一般是书名、篇章节题，作用在于提示本页内容。同样，页码副文本也是用于快速锁定相关内容的副文本。同目录副文本一样，索引副文本也是学术著作语篇较为明显的特征。文学作品语篇中出现类型很少，常见的有人物表副文本。

需要注意的是，以上副文本的静态功能并非相互独立，有时某些副文本有不止一种静态功能。下文中将会看到这些副文本在动态语篇建构和理解中的、更深刻的建构功能和语境化及语境重构的修辞功能。

从以上副文本的多角度分类中不难看出，副文本现象复杂，结构层次错综，类别交叉。若不全面、系统、分层级、多元地来探究副文本这一复杂现象，副文本研究将永远处于离散、孤立的、个体的状态。这也导致了以往副文本研究"只见树木，不见森林"，仅仅只关注某一种副文本的形式和功能，而忽略了语篇系统和副文本系统对其形式和功能的管控和制导。基于互文语篇理论来观照作为语篇边界的副文本系统的互文机制，将会大大弥补孤立地研究副文本的缺憾。

3.4 小结

本章首先立足语篇研究的宏观和中观视角对副文本系统在语篇系统整体中的地位进行了定位。语篇系统整体由主文本系统和副文本系统组成。副文本系统中一些副文本是语篇完整性的副文本，是构成性副文本，而一些副文本是附加语篇性的副文本,是策略性副文本。不同体裁和题旨情景制约着建构性副文本和策略性副文本的设置及其功能。总体来看,副文本系统处于沟通和联结语篇内部空间和外部空间的语篇边界地位,副文本系统具有层级性和相对性。处于边界地位的副文本决定了研究副文本必须从两个大的方面着手:一方面是研究语篇副文本与语篇场或语篇网络世界的互文关系和机制,另一方面是研究语篇内副文本与主文本之间的互文关系和机制。副文本对语篇主文本的意义建构和理解表意过程有一定作用。

本章还根据空间、时间、模态媒介、来源主体、接受主体和静态功能等不同的标准对学术著作语篇和文学作品语篇中常见的副文本现象进行了可操作性分类。

第四章

学术著作语篇副文本系统之互文探究

4.1 导言

　　学术语篇是科学研究活动中各研究主体或学术共同体展示和交流学术思想和研究成果的重要载体和空间。学术语篇可以通过多种形式表征和呈现，如学术论文、学术著作、学术展示、学术教学、学术讲座等。本章重点关注以著作（专著）形式作为传播载体的学术语篇或科学语篇。

　　以往对学术著作语篇的研究主要集中在作为精神文本的同一性文本或语篇上，而事实上我们日常接触到的学术著作语篇总是作为物理文本或语篇出现的，它们占据着不同的时空，印在不同材质、硬度、尺寸、颜色的纸上，有着不同的版本，处于各种各样的副文本包围之中。就像市场上的螃蟹和白菜，总是由草绳捆绑着来售卖，水果店中售卖的桃和橘子往往会带有绿叶。副文本可以比喻为打包、捆绑主文本（螃蟹和白菜）的草绳和衬托主文本（桃和橘子）新鲜的叶子。其自身的存在和价值依附于主文本。任何语篇的生成和意义理解离不开伴随文本与物理性和精神性的副文本，学术语篇也不例外。互文语篇理论可以烛照当前学术语篇副文本的研究困境，拓展对作为语篇边界的、层级性的副文本系统的描写和解释域界，深化对语篇系统整体的认识。

　　本章4.2节将探究学术著作语篇副文本与主文本的层级组织结构和互文类型、互文方式、互文深度，并结合学术著作语篇中典型的副文本实例来具体分析各类副文本是如何实现与主文本的耦合互文，或各类副文本是如何对学术语篇主文本的互文建构和互文理解起作用的。4.3节将探究学术著作语篇内副文本之间的次级互文结构如何建构的。4.4节将探究学术著作语篇是如何通过副文本的"跨越"实现与其他学术著作语篇或其他类型的语篇互文并建构语篇世界的。4.5 节为本章小结。

4.2　学术著作语篇副文本与主文本间的耦合互文

4.2.1　副文本与主文本的层级组织结构和向心互文模式

4.2.1.1　层级组织结构

主文本要进入语篇世界必然经过边界性副文本之"门槛",副文本的设置和安排并非混乱无序,而是存在一定的层次性、规律性、系统性和修辞意图性。陈昕炜(2018:105)在探究小说语篇序跋副文本时根据副文本的空间是核心区还是发散区建构了著作语篇副文本体系的空间层级模型(见图 4-1)。核心区副文本距离主文本的物理空间最近,发散区副文本距离主文本的空间相对较远。注释副文本、章节标题副文本属于核心区副文本,参考文献副文本、题辞副文本、献词副文本、序跋副文本、目录副文本、附录文字(图片文字)副文本、总标题副文本等副文本属于发散区副文本(陈昕炜,2018)。

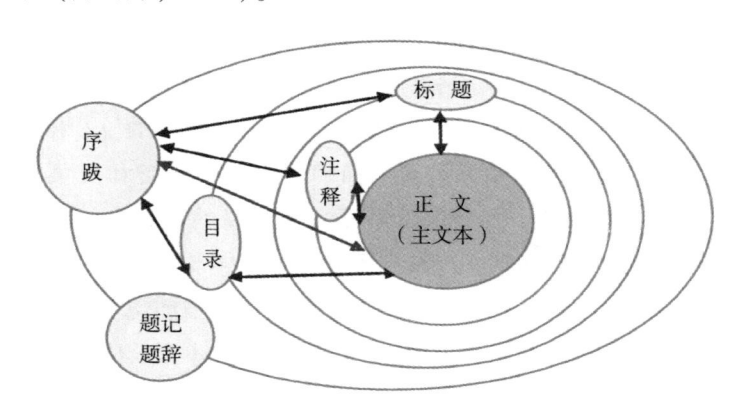

图 4-1　著作语篇副文本体系的空间层级模型

从图 4-1 中可以看到,陈昕炜(2018)在建构著作副文本系统的空间层级模型时不仅参照了物理空间的距离,一定程度上也参考了心理空间的距离,比如说标题副文本在客观物理空间上距离主文本最远,但是标题副文本作为主文本的第一道门槛往往是距离主文本的心理距离最近的。我们从图 4-1 中看到了心理空间和物理空间的协商、和谐和辩动。该空间层级模型是立足副文本对主文本的语篇建构功能而进行的分层,标题副文本、注释副文本属于完整语篇性的构成性副文本,是语篇完整的必备成分,而其他副文本如序跋、题辞、献词副文本属于附加语篇性的策略性副文本。我们知道,不同的文体、语体、体裁或题旨情景下的语篇在构成性副文本和策略性副文本的类别选择和配置上存在差异。图 4-1 中构建的著作语篇副文本体系的空间层级模型有待进一步完善。

4.2.1.2　向心互文模式和离心互文模式

为了避免给人带来副文本越靠近边缘互文度越低和所有类型语篇的主副文本互文关系内部存在一致性的错觉,我们根据修辞题旨情景、社会认知空间（Bhatia, 2008:19）和认知模式的不同,分别建构副文本与主文本之间的互文结构模式。借鉴句法词组结构中"向心结构"和"离心结构"概念,本书建构了向心互文（Endocentric Intertextuality）和离心互文（Exocentric Intertextuality）模型假设。向心结构是指词组和其中的一个（或多个）成分属于同一个功能类型,下分并列或系列向心结构和从属或修饰向心结构两个次类,如并列结构、定中结构都属于向心结构。离心结构是指词组可能属于一个与任何成分的功能类型都不相同的功能类型,如主谓结构、介词结构。

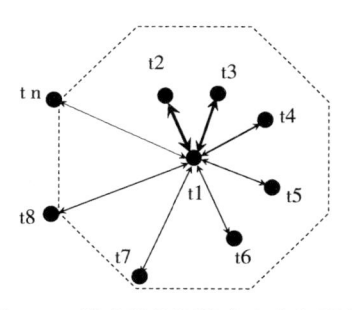

```
t1：主文本
t2：标题副文本
t3：作者主体名称副文本
t4：目录副文本
t5：注释、参考文献副文本
t6：题辞、献词副文本
t7：前言、后记副文本
t8：简介、提要副文本
……
tn：xx 副文本
```

图 4-2　学术著作语篇主文本和副文本的向心互文及耦合空间结构①

首先立足消极修辞典型的学术著作语篇建构副文本与主文本间向心互文模式与耦合互文关系模型（见图 4-2）。学术语篇受到消极修辞境界的制导,语篇主文本中心往往较为明确,围绕在学术著作语篇的一系列副文

---

① 连线的粗细、长短表示互文深度。连线越粗、距离主文本越近,表示二者互文程度越深、互文越直接。

本与主文本的互文也往往具有强化和催化主文本主体思想、观点、看法等作用。以下 4.2.3 节、4.2.4 节、4.2.5 节将具体分析各类副文本与主文本间的耦合互文关系。

4.2.2 副文本与主文本的耦合互文及其分类

4.2.2.1 副文本与主文本的耦合互文

不同于通过各种嵌套方式（直接引语和间接引语是最明显的嵌入方式）嵌入主文本中的互文本，作为互文本的副文本与主文本同处于相同时空构成一个完整语篇却又离散性存在于这一时空之中，保持着相对独立性。副文本作为这样一种特殊存在的文本包围着主文本但又不渗入主文本内部，与主文本保持一定距离。两种互文的形式和功能的确存在着较大差异，难怪热奈特（1982）仅将通过嵌套形成的互文和投射关系定义为他所理解的"互文性"（即狭义互文性）。

为使语篇主文本和副文本的互文或跨文关系便于被语言学者和修辞学者认知和操作，一些学者在其语言学化和修辞学化方面做了许多积极努力。如邓隽（2011：50-51）、郭恩熙（2012：12-14）区分了三种互文：依赖语言形式的互文、依赖心理联想的互文和依赖文本印迹的互文。他们认为依赖语言形式的互文才是语言学最关心的互文，并将依赖语言形式的互文又细分为内入式和外接式，外接式互文是指"一个文本进入另一文本，可以只在我们理解的心理空间中发生，通过想象，一个文本进入了主文本并与主文本发生了种种互文关系，如同实际进入了主文本一样"，文本间的关系通过互文物理或界限标记的接引两者形成具有某种稳定关系的超文本。超文本的主副文本之间的互文关系是一种"桥接关系"。但事实上，主文本和副文本具有相对独立性，它们之间是间接影响的互文关系，因此用"桥接关系"概念来界定这种独立文本间的互文关系理论上欠妥。另外，需要注意的是，在互文关系语言学化的过程中关注形式无可厚非，但互文的语言学化并不是完全语言形式化或标记化。篇章语义学和修辞学，特别是关注意义的双层组织、多元生成与多重表达的积极修辞分析，多数是很难找到形式标记的，如：

（1）真正的爱好者和收藏者是不把所爱之物和藏品藏于家中而是藏于眼中，凡是收藏文物古董的其实都是被文物古董所收藏。（贾

平凹《画人记》）

"藏于家中"与"藏于眼中"的形式表达完全一样，"文物古董是被收藏文物古董的所收藏"与"收藏文物古董的是被文物古董所收藏"的语法形式表达完全一样，但是它们各自所传递和建构的修辞意义及其修辞效果是完全不一样的。所以在修辞研究中，关注语言意义要比关注形式更多一些，当然这并不是说修辞学研究可以完全不谈形式而是像哲学那样去"空谈"语言的意义。

管志斌和田银滔（2012：53-60）根据互文本（前文本和当下文本）之间的空间位置区分了同域文本间的互文关系和跨域文本间的互文关系，"同域的互文本和主文本都具有实示的性质，它对所有的读者是一视同仁的，大家都可以借助实示进行阅读而在自己的心理空间中呈现一个完整的互文结构；跨域的互文本不具有实示的性质，它在读者心理空间中的呈现，依靠的是对读者关于这一文本的阅读记忆的激活，没有这种记忆的读者，他所建立起来的语篇互文结构中互文本就会呈现为一个空位"（管志斌和田银滔，2012：59）。主副文本关系可以被看作是同域文本间的互文关系，因为它们处于一个相对同一的时空中，但是主副文本之间的互文关系不属于典型的同域文本间的互文关系，因为这种关系的开启或激活并不像管志斌和田银滔（2012）所说的那样"对所有读者一视同仁"，读者有选择是否建构此种互文关系的主动权。因此同域文本间的互文关系和跨域文本间的互文关系对理解主副文本互涉关系有一定帮助，但是不能完全概括其核心内涵及互文范式。

陈昕炜（2015）在探究序跋语篇的互文结构时将序跋中实现的互文关系厘定为"边界互文性"，指出边界互文性是在语篇边界形成的篇际互文性，"篇际互文性区别于篇内互文性，是指一个具体语篇借助语言手段与另一个或多个语篇形成语篇之间的呼应关系，并在当下语篇留存关联痕迹的互文成分。外部语篇通过语码的选择或转换进入当下语篇，一是参与当下语篇的整体性建构（构成指定性篇际互文，引者注），二是作用于当下语篇的局部表达，构成当下语境的参照背景或语境（构成自由性篇际互文，引者注）"，边界互文性是篇际互文性的代表类型，是篇际语义连贯和语用连贯的实现方式（陈昕炜，2015：46-47），事实上陈昕炜所范畴化的"篇际互文性"仍然是一种类似于热奈特（1982）提出的内涵丰富的"跨文性",并没有从实质上将其区分于其他类型的跨文关系(狭义互文性、元文性、承文性和广义文本性)。

邵长超(2016)提出语篇结构的下位结构——"嵌套结构"范畴并细分为三个次嵌套结构:它向的它嵌结构(others-embedded structure)、自向的自嵌结构(self-embedded structure)和互向的互嵌结构(inter-embedded structure),他尝试用表征互向关系的互嵌结构来整合和界定副文本与主文本构成的各种互文关系。但是,典型嵌套结构是源文本通过互文本镶嵌到主文本当中造成的嵌套结构,也就是热奈特(1997)定义的"互文性"和邵长超(2016:25)厘定的"它嵌"结构。主副文本之间以及语篇与语篇之间的互文关系或跨文关系用"嵌套结构"这个术语来范畴化和规定势必会扩大甚至违背"嵌套"的内涵,从而使得"嵌套"术语本身及嵌套现象难以捉摸。

以上学者对副文本的互文范式的相关探索对本书从某些侧面来认识和理解语篇副文本的形式建构及其功能不无帮助,但其描写和解释范式仍然倾向于"形式—意义指向"(form-meaning oriented)的语言研究范式,而不是"意义—效果指向"(meaning-effects oriented)的修辞研究范式(参考刘亚猛,2017:21)。如何从修辞研究范式出发用一种较容易操作认知又切实妥帖的概念来范畴化主副文本之间的互文关系呢?

我们认为,主文本和副文本之间的互文关系或跨文关系是一种相互扩展(coextension)的耦合互文关系。

耦合(coupling)最初是一个物理学术语,指的是"两个或两个以上的体系或运动形式间通过各种相互作用而彼此影响以致联合起来的现象。如放大器级与级之间信号的逐级放大量通过阻容耦合或变压器耦合;两个线圈之间的互感是通过磁场耦合"(中国社会科学院语言研究所词典编辑室,2016:968)。随着科学技术和学科交叉的不断深化和发展,耦合关系的理念被其他自然科学界和人文社会科学界所认可和接受,逐渐被引入到工程学、化学、计算机科学、管理学和心理学等领域。近年来,有语言学者(祝克懿,2006:131-140;王艳萍等,2009:152-155;徐静,2011:32-36;刘大为,2017:1-22;沈家煊,2019)尝试把耦合概念引入语言学和修辞学领域来分析和解释各层级上的修辞现象,如语篇层面对偶辞格以及骈文的耦合认知与理解、超语篇层面超文本(hypertext)语篇的建构与认知图式的动态变化之间的相互耦合关系、多模态语篇互动过程中各主体的身份构建及隐含的权势关系、句子和词汇层面上对现场描述语篇中的指称"这"和指示行为的耦合关系及其具身认知等。耦合①强调两个或多个事物或系统之间不是一个导致另一个的单向因果关系，更不是一个与另一个的简单相加或叠加关系，而是二者或多者之间"互为因果""相互决定和塑造"的双向互文关系。

根据源文本或前文本与主文本之间的离散程度，可以区分两种形式的基于文本（语篇）实例的互文性：一种是嵌套互文（Embedded Intertextuality），一种是耦合互文（Coupling Intertextuality）。嵌套互文是指一个或多个源文本嵌套或合并到主文本当中所形成的在场投射性互文关系，耦合互文是指两个或多个相对独立的、离散的、"粘贴"于同一物理空间的文本或语篇之间，比如主文本和副文本之间的相互影响和相互塑造的跨文本或跨语篇互文关系。当然这两种形式的互文之间也存在交叉和叠合的界面空间，如中国传统修辞格"互文"就是嵌套互文和耦合互文交叠的典型例子，只是这种嵌套和耦合发生于一个句子之内。"秦时明月汉时关"是"秦时明月关"和"汉时明月关"的嵌套［秦{汉时明月关}］和耦合［秦时明月（关）］［汉时（明月）关］。而传统修辞格"对偶"则是一种最为典型的耦合互文，对偶的两个句子相互独立，表现在物理形态上可以是一组对联，对联的上下联分置于门的两侧，对联的意义生成是在二者相对相成、耦合中产生的②，如昆明大观楼号称中国最长的对联：

（2）上联：五百里滇池，奔来眼底。披襟岸帻，喜茫茫空阔无边。看东骧神骏，西翥灵仪，北走蜿蜒，南翔缟素。高人韵士，何妨选胜登临。趁蟹屿螺洲，梳裹就风鬟雾鬓，更苹天苇地，点缀些翠羽丹霞。莫辜负，四围香稻，万顷晴沙，九夏芙蓉，三春杨柳。

---

① 耦，即"对"。中国传统文化哲学"阴阳五行"中也暗含广义耦合思想，认为事物之间是相互影响，相互塑造的。如北宋王安石《洪范传》中指出，万物生于五行——金、木、水、火、土五种元素，五行在其生成万物时的各种属性上是两两相对的，"道立于两，成于三，变于五，而天地之数具。其为十也，耦之而已。盖五行之为物，其时、其位、其材、其气、其性、其形、其事、其情、其色、其声、其臭、其味，皆各有耦。推而散之，无所不通，一柔一刚，一晦一明。故有正有邪，有美有恶，有丑有好，有凶有吉，性命之理、道德之意皆在矣。耦之中又有耦焉，而万物之变遂至于无穷"（王安石，1999：281）。这是一种朴素辩证法的思想。

② 可参考沈家煊（2019）提出的"汉语是'以对为本，对而有读'的耦合结构"观点来理解对联的意义。

下联：数千年往事，注到心头。把酒凌虚，叹滚滚英雄谁在。想汉习楼船，唐标铁柱，宋挥玉斧，元跨革囊。伟烈丰功，费尽移山心力。尽珠帘画栋，卷不及暮雨朝云，便断碣残碑，都付与苍烟落照。只赢得，几杵疏钟，半江渔火，两行秋雁，一枕清霜。

上联写浩荡之景色，下联叹哀婉之生命，一写景，一写史。上下联节奏一块一慢，一放一收，气势一高扬一落寞。上下联相互耦合产生的参差错落、收放自如、快慢结合的别样图景才形成了上下联对言组构的语篇的整体意义（沈家煊，2019：97）。若意识不到对偶之文的这种耦合互文成义的规律，就会产生类似陈寅恪（2001：72）对对偶之文的片面认识："'对偶之文，往往隔为两截，中间思想脉络不能贯通'，要达到于一篇之中情感融化贯彻而无所阻滞，文气贯通，必'思想之自由灵活'，因此论述事理复杂者，骈文缺点显著，不及散文。"

4.2.2.2 直接耦合互文和间接耦合互文

两个文本之间的耦合互文可以表现在不同文本层次上形成不同的互文范式，耦合互文可以有多种互文方式来实现。王艳萍等（2009：152-155）曾用动态耦合来解释超文本语篇层面的认知图式与超文本语篇在构建、阅读、重构过程中的相互依赖、相互作用、相互影响、相互促进关系。本文将语篇层面的副文本与主文本之间的互文关系看成是一种耦合互文关系。如果把词语（最小的文本）的意义理解中的耦合（刘大为，2017）和对偶语篇的意义生成中的耦合（祝克懿，2006）称为对称性耦合互文的话，那么副文本与主文本之间的耦合互文现象属于非对称性耦合互文。

根据副文本提供信息的内容能否在场以及在场性强弱和类型语篇建构必需性程度可以将主文本和副文本之间的耦合互文现象区分为直接耦合互文（Direct Coupling Intertextuality）和间接耦合互文（Indirect Coupling-Intertextuality）两类。直接耦合互文是指内容直接在场和语篇或主文本建构必需的副文本与主文本之间建立的耦合互文关系，间接耦合互文是指那些形式上可能为语篇建构策略性成分、内容在场或仅表现为外指标记，有时甚至只是语言或心理印迹标记的副文本与主文本建立的耦合互文关系。

在此需要明确的是，直接耦合互文和间接耦合互文是耦合互文连续统的两端，在两端之间还有多种直接和间接糅合的耦合互文次类。语篇副文本的具体类型不同，互文实现方式不同，其互文耦合度即两个文本之间的紧密度（或独立度。独立度与紧密度成反比。紧密度越高，独立度越低，相反，紧密度越低，独立度越高）的高低也不相同。在直接耦合互文或间接耦合互文内部也存在互文耦合度的差异。

4.2.2.3 耦合互文度控制因素

Chandler（2007：207）分析了影响"嵌套互文"的互文性意指系统的显著度或区别度（markedness）的因素：

一、互文资源的自反（reflexivity）或自我意识（self-consciousness）程度。

二、互文资源的改变（alteration）程度。改变越明显，自反互文性越强，读者可识别越差，读者互文性越弱。

三、互文参照的明确（explicitness）程度。

四、对读者理解的重要性（criticality to comprehension）程度。

五、整体文本的改造比例（scale of adoption within the text）。

六、互文本结构有无边界性（structural unboundedness）。

在某种程度上，第六个因素不仅关涉嵌套互文也关涉耦合互文。因为文本本身也经常被理解或被呈现为更大的文本结构（互文链）的一部分或与更大的文本结构紧密相关。更大的结构可以是体裁、系列、连载，杂志，展览。这些因素往往是文本作者个体无法控制的。下面我们参照 Chandler（2007：207）对制约和控制嵌套互文的互文程度的因素或特征的分析，列举了考察主文本和副文本的耦合互文及其耦合度需要注意的几个特征或控制因素。

副文本本身的性质、篇幅、长度、空间位置、颗粒度等都会影响副文本和主文本的直接耦合互文和间接耦合互文的耦合度。制约和控制耦合度的因素大致有以下几种：

一、副文本与主文本的互文本接口（interface）的复杂度和可及度，或者互文本结构有无边界性。

二、副文本与主文本的生成主体的一致性程度，或者说主体间性程度。

三、副文本对主文本的控制模块或互文本标记的多少。

四、副文本对主文本相关命题、思想或话语的互文本的激活和调用程度。

五、副文本对主文本传递的信息量或数据量。

六、副文本与主文本的物理空间分布及二者的物理距离和心理距离。

根据耦合互文度，4.2.3 节和 4.2.4 节将分别探讨学术著作语篇副文本与主文本的直接耦合互文和间接耦合互文。

4.2.3 副文本与主文本的直接耦合互文

根据上节对直接耦合互文的界定，以下几种学术著作语篇的副文本与主文本耦合互文可以归为直接耦合互文：标题副文本与主文本的耦合互文、作者主体姓名副文本与主文本的耦合互文、注释副文本和参考文献副文本与主文本的耦合互文、序跋副文本与主文本的耦合互文、题辞副文本与主文本的耦合互文、简介副文本与主文本的耦合互文等。

参照 4.2.2.3 小节制约和控制互文耦合度的若干因素，我们对学术著作语篇的副文本与主文本之间的直接耦合互文强弱程度进行了排序。下文按照学术著作语篇中主副文本的直接耦合互文的耦合强度的递减顺序，分别论述标题副文本、作者主体名称副文本、目录副文本、注释副文本和参考文献副文本、序跋副文本、题辞副文本、简介副文本与主文本的直接耦合互文范式、互文形式和互文机制，认识各类副文本在语篇主文本或语篇整体意义生成和理解中的功用。

4.2.3.1 标题副文本与主文本的直接耦合互文

以往关于标题的研究对象大多是针对报刊新闻语篇和学术论文语篇的篇章标题或名称，如尹世超（2001）、Dor（2003）、刘云（2005）、Ifantidou（2009）、白丽娜（2013）、朴宝兰（2015）等，他们主要研究新闻标题内部的语法特点和功能及外部语境对标题语法的制约和限制等。尹世超（2007）主编的《标题用语词典》中略有论及著作的标题，但是著作语篇标题本身具有体裁性、层次性和系统性特点，《标题用语词典》作为一部词典只是全面地涉及各种各类标题，并没有详细就著作语篇标题副文本展开进一步的研究。虽说新闻标题、学术论文标题与学术著作语篇的标题有一定的相通之处，但不同的语体、体裁的物理表现形式都会对标题的设置及自身语法产生约束或控制。本小节主要讨论学术著作语篇标题副文本与主文本之间的直接耦合互文。

标题副文本在所有副文本中的地位最特殊，是作者的直接言语行为（direct authorial speech act），与读者有着特殊的关系（Maclean，1991：

275)。标题副文本也是边缘或阈限（liminality）特征最明显的边界副文本，其出现的物理空间也是读者最容易接触到的封面和书脊。标题副文本是最容易被感知到的"门槛"，它是读者进出主文本的玄关空间，也是"签订"体裁协约的第一空间，特别是进入新文本、新语篇世界的通道。标题副文本可以通过多种方式来提供主文本的话题（theme）或述题（rheme）甚至体裁（genre）标记。不同于文学作品语篇主文本和副文本可能处于两种表征序列［文学作品语篇的第一表征序列为主文本表征的虚构世界，只存在于语言表征之中的世界（represented world），虚构世界指向内容形式，现实/叙实世界层次内的副文本属于第二表征序列］，学术著作语篇副文本与主文本同属一种表征序列，表征现实世界（real world），指向内容实体（格雷马斯，2011：285-286）。

辛斌（2013）从标题和主文本的互涉关系角度将新闻语篇标题中的转述言语分为警示引语、直接引语、间接引语和"假设引语"，并分析了转述言语行为的修辞效果。我们沿此思路来分析学术著作语篇的标题副文本和主文本的耦合互文。不同于文学和新闻语篇标题副文本和主文本的可分离性，即同一个主文本可以有不同的标题副文本，如严歌苓小说《床畔》语篇标题曾为"护士万红"，新闻语篇易题的情况更为常见，如例（3）：

(3) <u>伊朗总统鲁哈尼与叙总统阿萨德通话：谴责军事干涉叙利亚行径</u>

央视新闻客户端 4 月 14 日消息，伊朗国家电视台 14 日报道称，伊朗总统鲁哈尼当地时间 14 日与叙利亚总统阿萨德通了电话，在通话中鲁哈尼强烈谴责美英法军事干涉叙利亚的行径……阿萨德在此次通话中则对伊朗政府和民众的支持表示感谢，同时表示"美英法的侵略行径不会有任何结果"。（原题为《<u>伊朗总统鲁哈尼与叙总统阿萨德通话声援叙利亚</u>》）（澎湃新闻，2018 年 4 月 14 日）

例（3）中新闻主体"澎湃新闻"在转述"央视新闻客户端"新闻语篇时变更了原新闻标题，而学术著作语篇的标题副文本与主文本的黏合程度更高，这从侧面反映了学术语篇系统的整体性更强。

标题副文本是主文本的"眼睛"，是传主文本之"神"的窗户。学术著作语篇的标题副文本内容一般传递两个重要信息：语篇主文本的研究对象和核心论点（王雨磊，2017）。不同于教材语篇的平行罗列式陈述特点，学术著作语篇的陈述特点则是向前推进式的。因此研究对象范围和核心论点式最为突出的信息，属于有序性的常态信息（常态信息和非常态信息的区分可参考姚双云和徐杰，2021：3-5）。借鉴信息结构中"话题"和"述题"概念，可以将学术著作语篇的标题副文本分为话题标题副文本、述题标题副文本和带体裁标记标题副文本。话题是话语的出发点，是所谈论和研究的对象，整个语篇的主文本围绕话题展开和组织，述题是对话题的叙述、描写和说明，它是整个语篇主文本的核心内容。每一个完整形式（well-formed）的句子都有话题和述题，但是语篇标题副文本本身的话题性制约着述题标题的出现及出现的方式（刘云，2005：31-41）。

话题标题副文本和述题标题副文本与主文本的耦合属于直接耦合互文，而体裁标记标题副文本与主文本则属于次直接耦合互文。话题标题副文本和述题标题副文本是无标记式或隐含式标记标题，而带体裁标记标题是显性标记式标题，在标题中有显示学术著作语篇的标记词、句式或结构。带体裁标记标题不同于其他单独体裁标记，它是嵌在标题副文本当中的，无法单独出现，而其他体裁标记（如"上架建议"副文本、版权页图书分类副文本等）可以单独作为副文本而存在。它们在表现形式上也存在一定差异。下面从话题标题副文本、述题标题副文本、带体裁标记副文本[①]三个方面来讨论标题副文本与主文本的耦合互文。

4.2.3.1.1 标题副文本与主文本的耦合互文类型

一、话题标题副文本与主文本的耦合互文

学术著作语篇的话题标题副文本的内容构成较为简单，仅由学科领域内所共知的现象、理论或关系的词语或短语来构成。

我们知道，不同科学领域之所以为不同科学领域，其中有很大一部分原因就在于每个学科都有一套属于本领域的、系统的专业术语知识体系，

[①] 学术著作语篇的标题副文本的内容分类，还可以分为中心论点式标题、话题式标题、说明式标题（参见丁允玲，1991）或范围式标题、问题式标题、结论式标题、叙述式标题和对比式标题（参见马东震，1997）等。结合本节研究的目的整合中心论点式和说明式标题、结论式标题、叙述式标题和对比式标题为述题标题副文本，整合话题式标题、范围式标题为话题标题副文本。另外，新增带体裁标记标题副文本一类，是因为标题本身的称名性、话题性、简省性属性会带会来一定的标记性（刘云，2005：90-102）。

"一套专门术语的形成标志着一种新观念的产生和发展。……一门科学只有通过命名的方式形成其概念并为人所接受的时候，才开始存在或具有影响力。除了通过命名来规定它的对象外，没有其他什么方法可构建一门科学的合法性。这些对象可能是一类现象的范畴，一个新的领域，或是某些数据材料间的一种新的关系模式。思维的工具首先由这些词语组成，然后利用这些词语对现实进行梳理、描写和分析。而所谓的命名，即创造一个概念，这是一门科学最初、也是最后的程序"（本维尼斯特，2008：322）。话题标题副文本对读者定位主文本、吸引领域内研究者眼球具有重要作用。

如沈家煊 2016 年出版的《名词和动词》语篇，标题副文本就是"名词和动词"，名词和动词是语言学中最基本的词类范畴，沈家煊在主文本论述中摆脱印欧语言学眼光的束缚，从汉语事实出发，对一些基本的、传统的观念范畴"名词"和"动词"及其关系做了大胆的重构，提出汉语的词类系统中实词类属于"包含模式"，即"名动包含说"，名词包含动词，动词是名词的一个次类，是动态名词。这不同于印欧语的"分立模式"，即"名动分立说"，名词和动词分离而立，如图 4-3 所示：

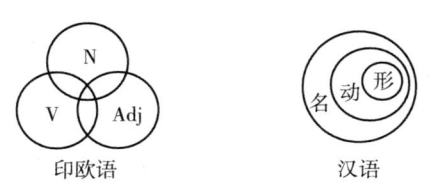

图 4-3　印欧语和汉语的名词、动词、形容词相互关系

沈家煊还从深层的认知机制上解释了名动包含说：印欧语中一个具体范畴投射（mapping）到一个对应的抽象范畴的"解释关系"，是实现关系，汉语中的具体范畴投射到抽象范畴的关系则是构成关系。现代语言学是基于研究印欧语言的《普通语言学教程》而建立起来的知识体系（knowledge system），其核心概念术语是西方的知识体系，而沈家煊在主文本中建构的并不是套用西方的知识体系，而是结合汉语及相关语言的事实而建立的、新的知识体系。因此通过读者阅读主文本之后，标题副文本"名词和动词"与主文本"名动包含说"之间形成一种相互成就的耦合互文关系，其语篇意义构建是在两种知识体系的对话中产生的。在此过程中，可以看到关于名词和动词关系的思想的多元构成及系统知识体系间的

对话，我们还可以看到研究主体的思辨能力及其主体性的建构，以及作者作为读者身份的多元系统知识体系的积累过程（曲卫国和陈流芳，2017：15）。

基本词语或范畴的产生、转化和更新是科学演变过程中重要事件。这些词语融入科学之中，又带动了新概念的产生，这些词语本身具有创造性，也激发着创造性。许多词语都是从已有概念（词语）派生出来，经过主文本的论证，然后被注入了新的意义。正如本维尼斯特（2008）所说的那样，概念或术语既是一门科学研究的起点也是最后的终点。术语形成和传播的过程是不断建构、多元主体相互影响的过程。

话题标题副文本还可以是主文本内容的不同程度的抽象和提炼。如"《花间集》的主题与感觉"。这相对《名词与动词》的话题标题副文本对主文本的建构的较为直接强烈的耦合作用，其耦合建构性要略差一些，因为"主题和感觉"在文学批评界的术语性并不像"名词和动词"在语言学界中那么强。

二、述题标题副文本与主文本的耦合互文

述题标题副文本的构成是仅有述题出现，从标题中很难推断出将要讨论的具体对象，如朱珩青《外部的和内部的世界》语篇标题副文本"外部的和内部的世界"。此类标题副文本在学术著作语篇中较少出现。学术研究总是针对具体的事实对象，在标题中不提对象或话题而仅仅提及对象的属性、特征、动作或关系、机制这些特征，常常会给人一种无边界之感，从吸引特定读者的角度来看，述题标题副文本需要花费读者较大的精力去锁定要谈论的对象。

现实世界中此类标题副文本的提示功能的实现，必须通过外在的同类体裁语篇的并置或类置，比如说同一书架上的相同类型的其他相关著作语篇等，和内指的主文本或其他副文本的协同起作用。

三、话题+述题标题副文本与主文本的耦合互文

话题+述题标题副文本，有时也表现为述题+话题标题副文本形式。刘云（2005：333-342）在探讨冒号"："作为篇名篇章化手段或标记时分析了"A：B"格式的标题，将其称为"话题式篇名"，稍加分析就可以得出此类标题是由话题和述题两部分组成的。事实上此类话题+述题标题副文本还有"A，B""A——B"等格式，以下以"A：B"式标题副文本统称。冒号、逗号、破折号在标题副文本中都有提示或界定述题范围

或标记话题的作用，有时冒号、逗号、破折号之后的述题还可以作为副标题副文本。从标点符号前后部分的具体语义关系来看，它们之间呈现出复杂多样的关系，有解释或定义关系，如"语言，这个未知的世界""生命的季节：生生不息背后的生物节律"；有拓展关系，"影响的剖析：文学作为生活方式""关联：认知与交际"；有缩域关系，"符号学：原理与推演""语言研究的跨学科视角：语言、大脑与记忆""文本：本体论地位、同一性、作者和读者"；有详述关系，"文本周边——中国现代文本副文本研究""比喻、近喻与自喻——辞格的认知性研究""奢侈的女人：明清时期江南妇女的消费文化""公主之死：你所不知道的中国法律史"等。"A：B"式的"话题+述题标题副文本"或"述题+话题副文本"在科学著作语篇的不同下位分类中使用的倾向性是不一样的，如通俗科学著作语篇中话题往往是基础性词汇或日常词汇，如商务印书馆的文明小史系列的科学著作语篇的标题副文本"救命：明清中国的医生与病人""说地：中国人认识大地形状的故事"，讲座性科学著作语篇"曲院风荷：中国艺术论十讲"，而纯科学著作语篇的话题往往是专业领域内的术语，如"文本：本体论地位、同一性、作者和读者""认知图景：理论构建及其应用""关联：交际与认知"中的"认知图景""文本""关联"都是专业性术语。

此类副文本与主文本之间的耦合互文本或控制模块比只提供主文本话题或述题的副文本更多，它们之间的耦合性和相互依赖性更强。

四、带体裁标记标题副文本与主文本的耦合互文

带体裁标记标题副文本是指在标题中含有明显类型语篇标记的标题，一般由"标题+体裁标记"或"标题+述题+体裁标记"构成。学术著作语篇的体裁标记有"（之）研究""探微""观照""论……""……论""……看……"等，如"语篇和话语的语言学研究""不对称与标记论""张看红楼""宋代诗学的多维观照"等，这些是典型的学术体裁协约标记。标题中出现的体裁标题会将读者对主文本的理解预期导向知识性、思辨性和逻辑性的方面。

4.2.3.1.2　标题副文本耦合互文与语篇意义的理解与建构

从学术著作语篇的标题副文本本身的互文性来看，学术著作语篇的典型互文性并不明显，与文学作品语篇（如王安忆《红豆生南国》、刘震云《我不是潘金莲》等标题本身就具有互文性）相比，其显性互文性程度较弱。其互文性主要体现在与主文本的耦合互文上。当然也有类似"曲院风荷"这样的本身具有丰富互文性词语出现在标题《曲院风荷：中国艺术论十讲》当中，曲院风荷是西湖十景（苏堤春晓、断桥残雪、曲院风荷、花港观鱼、柳浪闻莺、雷峰夕照、三潭印月、平湖秋月、双峰插云、南屏晚钟）之一，提及曲院风荷，会自然联想到西湖的美景和江南的意蕴，它是具有文化意蕴的词语。但作为学术著作语篇的标题作者还是在其后添加了学术性的词语"中国艺术论十讲"使标题副文本表达清晰、明确，并且与探究的主题——艺术学或艺术论相耦合。

不同类型标题副文本激活不同读者、不同领域、不同层次的认知知识框架、体裁和全局意义期待。以往研究往往只关注标题或体裁期待对语篇主文本意义理解的单向影响，如赵毅衡（2016：135-138）重点讨论了体裁期待对接收者解释眼前符号文本所起到的"指引读者采用某种相应的注意类型或阅读态度"的作用。我们认为，纵观整个语篇或文本成义或表意的全过程，标题副文本与主文本的互动关系是一个动态的双向影响和双向耦合互文建构的过程，不仅仅是单向的指引的过程，而且是一个验证和辩动的过程（如图4-4所示）。

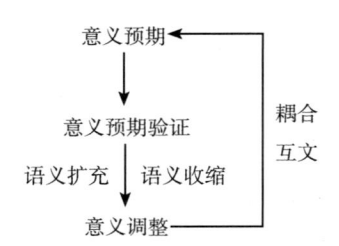

图4-4 标题副文本对整体意义的互文理解和建构的动态过程

刘云（2005：32）曾从读者初度阅读过程的角度概括了标题副文本对读者阅读的作用和价值，"篇名（标题）是读者的向导，它用最精练的文字高度概括文章的内容，把文章中最有价值的东西推荐给读者。读者一瞥篇名（标题），就知其内容，就可以根据自己的兴趣和爱好，有目的地选择适合自己的文章阅读"，篇名对篇章内容有揭示作用。Ifantidou（2009）指出新闻语篇的标题的语义总是欠明的（underdetermined semanticmeaning），新闻语篇标题经常出现新闻事实表征不足、新闻事实表征过量，进而出现标题表征歪曲新闻事实的情形。姚双云和徐杰（2021）指出新闻语篇标题副文本可以通过"信息量抑制"来实现"陌生化"的语用效果。某些新闻标题副文本具有"自治文本性"（autonomous-text）（Ifantidou，2009：702），读者可以只看标题副文本而不去关注文章故事内容主文本。

事实上，任何标题副文本都是欠明的。俗语讲，"题好一半文"，我们倒过来想，即使再好的标题也只是等于整个语篇的一半。标题副文本和主文本本身都是半语篇性的，特别是学术著作语篇。因此，读者的世界知识和复杂阅读策略（多切入点、频繁地联系主文本）在提取文本标题表征的显性意义和隐性意义时起着至关重要的作用。不同于新闻语篇，学术著作语篇的标题副文本呈现给读者最多的是抽象的研究对象，对象很难说"它高度概括文章的内容"。

因此，从这个角度上讲，学术著作语篇标题副文本与主文本之间的耦合度要高于新闻标题副文本与新闻主文本之间的耦合度。要获得学术著作语篇的标题词语副文本在具体语篇（ad hoc context）中的临时意义（ad hoc concept）需要基于文本实例的互文方式和基于语篇类型的互文方式。

作为语篇第一道门槛的标题的优先性或先入性①、导入性［副文本作为通往"自我世界"（solipsistic world）的钥匙引导眼睛进入主题、引导读者进入文本］和导出性（副文本还可以是有意的导出目光和注意力，鼓励读者关注语境而不是文本自身）（Maclean，1991：273-274），及其自身的简省性和吸引性（刘云，2005：42-88），决定了学术著作语篇标题副文本在主文本意义和建构过程中的认知框架（frames）激活功能。框架可概念化为词语，不同的词是对人类学习和生活经历中所形成的大大小小的、不同层次和抽象度的框架的侧显（profile）（束定芳，2013：280-281）。框架又与认知图景、图式（schema）、脚本（script）、情节框架（scenario）相通，是对过去经验及基于此的处理模式，是一种过去经验的固定但动态的形式轮廓，通过话题可以激活已有的认知框架以理解当下话语的意义（胡曙中，2012：104；卢英顺，2017：5、14-18）。体裁知识可以看作是一种较为抽象的框架背景知

---

① 标题副文本经常处于目光最易接触的空间位置。感知—运动神经系统在真实世界环境中负责动作和感知，它们也承担实时的、基于语境的意义运算和推理（real-time context-based inferences in reasoning）。所以空间关系在一定程度上也参与标题副文本和主文本构成的整体意义的耦合机制。

识。带体裁标记标题很容易激活相关体裁的"写法和读法的契约",建立体裁期待和语篇的整体意义期待。不同的学科在研究对象、论证方法和研究结果展示过程中存在差异。

标题提供的信息越多,认知框架和丰盈度和颗粒度越高,越能引发读者的共振和阅读兴趣。增加标题信息度和扩充标题信息量的重要方式就是添加副标题。学术著作语篇最宏观的认知框架当属"提出问题→分析问题→解决问题"科学认知和展开框架。

George et al.（1994：70-83）曾用事件相关电位（ERP）实验的方法验证标题副文本在主文本理解中的重要作用。实验文本材料如下：

（4） Ø[1]/ [*Procedure for Washing Clothes* (《洗衣服的程序》)] t1

[The procedure is actually quite simple. First you arrange things into different groups depending on their makeup. Of course, one pile may be sufficient depending on how much there is to do. If you have to go somewhere else due to lack of facilities that is the next step, otherwise you are pretty well set. It is important not to overdo any particular endeavor. That is, it is better to do too few things at once than too many. In the short run this may not seem important, but complications from doing too many can easily arise. A mistake can be expensive as well. The manipulation of the appropriate mechanisms should be self-explanatory, and we need not dwell on it here. At first the whole procedure will seem complicated. Soon, however, it will become just another facet of life. It is difficult to foresee any end to the necessity for this task in the immediate future, but then one never can tell. （这个程序非常简单。首先根据事物或事情的成分或性质将事物或事情分成不同的组。当然,根据工作量,分一组可能就足够了。在下一步操作之前,你最好设定一下。重要的是不要做任何过量的工作。也就是说,一次少做点比多做点更好。从短期来看,这可能并不重要,但多次操作问题就很容易出现。问题的代价可能很昂贵。适当的操作机制是不言自明的,在此不需要详述。起初整个程序

---

[1] 此处"Ø"符号表示"无标题"。

看起来很复杂,但是马上它将成为生活的另一面。将来很难预测这项工作的必要性,也许永远无法说清楚。)] t

实验分为两组,一组实验文本为无标题文本 t,另一组为加了标题"*Procedure for Washing Clothes*(《洗衣服的程序》)"的文本 t+t1。实验结果显示,与加标题的文本 t+t1 相比,无标题文本 t 诱发了幅度更大的 N400(词汇和语义加工理解的重要指数)。这从神经实验的角度验证了标题副文本在宏观语义期待和主文本意义整合理解中起至关重要的作用。标题副文本为主文本的初次阅读和理解提供了框架背景知识和全局意义预期(global semantic expectancy)。

需要注意的是,从"书读一遍,其义初见"到"书读百遍,其义自见"的阅读理解过程中的体验是不同的,第一次阅读和多次阅读的框架激活也是不一样的。每次阅读的语境都不相同,每一次阅读都是对认知框架或认知预期的调整和适应,因此每次阅读对其意义的把握和理解也是不一样的。不同于即时、不可重复的口语语篇意义识解,重复阅读行为本身对书面语篇的语篇意义的动态建构和生成起着至关重要的作用。

标题副文本是具有内指和外指性的关联优化器(relevance optimizers)。人们在阅读和认知标题副文本时追求最大的累积关联。每次阅读都是在为标题副文本本身附加主文本的意义从而"打包"和构建着整个语篇的语义。因此副文本与主文本的耦合互文是一个动态的、协商的、不断建构的过程。学术著作语篇主文本阐释得越充分,标题副文本上凝结的语篇意义越丰富。这里着重讨论的是标题副文本的内指性特征,其外指性将在 4.4 节中论述。

综上所述,学术著作语篇标题副文本与主文本之间的直接耦合互文主要是通过减缩互文形式中提取主文本中心词和中心思想而建立起来的,它与主文本构成一种话题—述题式的互文范式,而且还可以通过体裁互文方式来为理解语篇主文本提供全局意义预期和体裁认知框架。

4.2.3.2 作者主体名称副文本与主文本的直接耦合互文

作者主体名称副文本与标题副文本的空间位置往往相邻,也经常出现在最为重要的空间内,如封面和书脊。是读者接触学术著作语篇主文本主体的重要门槛。

作者主体名称副文本是指显示或标记主文本主体和著作所有权的副文

本。著作权法①明确规定，著作权和署名权属于作者。作者是语篇或作品（著作）署名权的行使主体。作者创造了主文本，与他（她）所创造的主文本具有密切联系。主文本是沟通的主要平台，而沟通必定与文本主体的思想、意识（consciousness）或认识有关。首先作者主体把主文本纳入到他（她）所具有的概念、经验和知识体系的框架之中（格雷西亚，2015：225）。作者的创造或重构影响着他们在主文本中建构或重塑的复杂概念和经验框架。

每一个个体主体由于不同的知识背景、教育程度、社会成长环境，对世界有着不同的理解和认知框架。这个框架使得每个主体以不同的方式解释同一图景，从而对周围的事物产生不同的认识和理解。例如修辞研究中，提到"陈望道"，研究者往往会联想到修辞两大分野"积极修辞和消极修辞"和三大修辞境界"记述境界、表现境界和糅合境界"。句法研究中，看到"朱德熙"，就会想到他的"词组本位"语言观，看到"徐通锵"，就会想到他的"字本位"语言观，提到乔姆斯基，就会想到生成语法，看到"沈家煊"，就会想到他构建的"大名词"类包含语言观等。另外，附加在主体副文本背后的主体的学术身份、社会地位对主文本的意义的建构有一定的建构作用。学术身份、社会地位越高，其主文本越容易被读者接受，其主文本传递的思想影响力越大。其思想影响力越大，主体的学术身份越高。二者是一个循环建构、耦合互文的互动关系。

特别是对于学术著作语篇而言，作者主体副文本显得尤为重要。学术著作，特别是人文社会科学，是作者高度思想性、独立性和创造性的智力劳动成果。作者对主文本意义的生成不仅有建构或重塑作用，还有一定的约束作用。如果某个主文本被确定为某个特定的作者创作出来，那么这个作者的认识、看法，作者的以往观点和威望，都会对这个主文本可能被理解的方式和方向产生影响，学术著作语篇的作者拥有语篇主文本的第一解释权和阐释权，以至于其他人或其他解读方式都会被看作是不合理的（格雷西亚，2015：215）。有人认为作者限制了读者的自由，以各种不同的方式管控着读者理解，抑制了读者通过自身的努力去理解文本的创造力。这对文学作品语篇来讲，的确作者在某种程度上影响着读者深入理解

---

① 以《中华人民共和国著作权法》为例，法律条文见中国政府法制信息网法律法规数据库（www.chinalaw.gov.cn）。

主文本。但学术著作语篇探讨对象的客观性、科学性、条件限制性要求主文本传达的思想和意义必须明确清晰。因此，规范科学或学术写作时，别人的观点或话语一定要强制注明何人何时何观点，一是对作者劳动成果的尊重，二是对阐释主体的说明，读者可以按照文本中提示的相关线索自行去理解和阐释原科学论著文本或语篇的作者意义。作者主体姓名副文本与主文本中叙述者是指称互文，二者具有一致性。

作者主体姓名副文本的自身排列顺序对主文本意义也有影响。学术著作语篇中，有时会出现多作者的情况，作者排列次序会对主文本意义的接受产生一定影响。作者的次序往往反映主文本创作过程中的责任的大小，付出心力的多少，贡献思想的多少。人文科学学术著作语篇中，往往第一作者或通讯作者容易被读者、学者和社会评价机构关注和重视。

综上所述，作者主体姓名副文本与主文本的直接耦合互文一方面是通过指称互文建立起来的，即作者主体姓名和主文本作者的一致性，另一方面作者主体姓名副文本自身负载一定的社会互文本信息，如作者的学术身份和社会地位等，在某种程度上会对主文本意义的理解和扩散产生积极作用。

4.2.3.3　目录副文本与主文本的直接耦合互文

目录，往往被认为是图书馆学、文献目录学的研究对象。《现代汉语词典》（中国社会科学院语言研究所词典编辑室编，2016：928）中这样定义"目录"：

（1）按一定次序开列出来以供查考的事物名目：图书目录｜财产目录。

（2）书刊上列出的篇章名目（多放在正文前）。

以往图书馆学和文献目录学对目录进行的研究大多针对的是第（1）条所定义的"目录"，如对目录的编制或编纂问题、分类目录和主题目录与目录检索的关系问题、图书目录与社会学术思潮之间的关系。而列于正文（主文本）之前的书刊上列出的篇章名目的目录，即"目录"定义的第（2）条，其自身的生成、功能和理解，往往遭到图书馆学和文献目录学研究者的忽视。"副文本"概念的提出，使得列于主文本之前的目录[①]有了新

---

① 本节下文以下所称目录若非特殊说明，皆指整体呈现于主文本之前、由散布于主文本中的篇章名目等构成的目录。

的定位和观察角度。东汉郑玄在《诗谱序》中言：

> 欲知源流清浊之所处，则循其上下而省之；欲知风化芳臭气泽之所及，则傍行而观之，此《诗》之大纲也。举一纲而万目张，解一卷而众篇明。于力则鲜，于思则寡。其诸君子亦有乐于是与。

此乃郑玄盛赞研究诗经的《诗谱》对《诗经》的理解有纲举目张、提纲挈领之功。作为学术著作语篇副文本的目录，对主文本的建构和理解也具有纲举目张、解一众明、提纲挈领之功用。

修辞和语篇研究学者发现列于主文本之前的目录副文本在语篇意义和主题建构过程中起着相当大的作用。张虹倩（2015：76-84）从文学史教材语篇目录副文本出发，探寻文学史语篇的不同历史时期的建构过程，发现文学性导向和革命性导向在当代文学史建构中呈现出此消彼长的隐性关系，她还总结出文学史类语篇的目录副文本建构的两种修辞阐释策略（主观阐释策略和客观阐释策略）和五个视点策略（作家视点、事件视点、文体视点、地域视点和时段视点）。

本小节立足语篇主文本和副文本的篇内互文关系来探究学术著作语篇目录副文本与主文本的语篇意义的相互建构和相互影响关系。以北京大学朱良志教授所著《曲院风荷：中国艺术论十讲》语篇目录副文本为例，详细考察目录副文本的建构和生成规律及其与主文本间的耦合互文关系。

在具体分析之前，介绍一下文本间耦合互文的修辞分析框架和具体操作手段。借鉴刘悦明（2012）、鞠玉梅（2017）建构的评价—介入系统修辞分析框架，来具体分析两个文本之间的话语资源是如何实现耦合互文的。

Martin 和 White 提出的介入系统主要用于分析说话者如何选择不同的语言资源来介入自己的声音，从而表征说话者对语篇命题的立场、价值的判断和评价。介入系统分两个子系统：单声系统（monogloss systems）和多声系统（heterogloss systems）[①]。单声系统是指说话者或作者直接陈述命题，而不提及信息的来源和其他可能的观点，表达修辞者的确定性，对命题承担全部责任。单声可以通过陈述句来断言，也可以通过祈使句来提出

---

① 也有学者译为"自言系统"和"借言系统"，本文采用姜望琪的译法。

建议和要求。多声系统是指说话者或作者以多种方式将其他声音和思想观点投射到自身话语和语篇中。拓展多声空间的语言资源进入当下语篇，会对作者的声音和观点产生一定影响，或者说，说话者或作者有意识地引入外部多声空间一定有其修辞意图。多声系统之意图可以分为两大类：紧缩聚焦自身立场和扩展加强自身立场。紧缩聚焦自身立场可以通过否定和对立具体介入实现手段来否认对立的观点和立场，压制或反对某种声音的存在从而确立权威，也可以通过同意、宣称、赞同等具体介入实现手段来否认其他意见的合理性，排除其他的选择以聚焦自己立场的正当性。扩展加强自身立场可以通过承认或接纳自己的意见只是多种可能性的一种的介入实现方式，从而实现与读者结盟，引发读者的参与互动，也可以隐藏说话者的出场，直接让他人及他人话语出场，通过认同或疏远他人观点的具体介入实现手段来确立自己的立场归属。

刘悦明（2012：252）根据介入系统的标记性将介入实现方式分为显性介入（overt engagement）和隐性介入（covert engagement）。显性介入是指通过显性的词汇、结构指向源文本从而转述或投射他人的观点，包括直接引述和间接引述；隐性介入是指通过隐性的词汇实现，被紧缩和拓展的观点、思想、立场没有具体指向源文本的词汇出现（如表4-1所示）。

表4-1　　　　　　单声和多声介入系统及实现方式[①]

介入系统	具体介入实现方式			介入修辞策略的显隐
单声系统	立场直陈	命题陈述		隐性介入
		建议要求		隐性介入
多声系统	紧缩聚焦自身立场	立场否认	否定	隐性介入
			对立	隐性介入
		立场声明	同意	隐性介入
			宣称	显性介入
			赞同/背书	显性介入
	扩展加强自身立场	立场接纳		隐性介入
		立场归属	认同	显性介入
			疏远	显性介入

---

① 介入系统及实现方式整合自刘悦明（2012：253）和鞠玉梅（2017：39）相关论述。

下文按照介入系统及其实现方式的语篇修辞分析法对《曲院风荷：中国艺术论十讲》语篇目录副文本的观点或立场与主文本的观点或立场之间的耦合互文进行分析。

(5)《曲院风荷：中国艺术论十讲》语篇目录副文本
［引子］t0
［第一讲 听香
明李日华题画诗道："霜落蒹葭水国寒，浪花云影上渔竿。画成未拟将人去，茶熟香温且自看。" ｛品着一杯香茗，伴着几缕墨香，看着蒹葭苍苍、白露为霜的画面，渐渐地，他似乎听到生命的妙音。｝〈中国艺术的妙境，就在那形式之外妙香远溢的世界中，形只是走向这世界的引子。〉本讲谈中国艺术理论中的形神问题。］t1

［第二讲 看舞
中国艺术或在静穆中求飞动，或在飞动中求顿挫，或从常态中超然逸出，纵肆狂舞；或于断处缺处，追求一脉生命的清流。总之，静处就是动处，动处即起静思，动静变化，含道飞舞，以达到最畅然的生命呈现。｛本讲谈中国艺术理论的动静问题｝。］t2

［第三讲 曲径
曲胜过直，忍胜过躁，力从内在的冲荡来，胜过外在的强力，美从迷离中寻来，胜过通透的美感。中国艺术的世界宛如一条弯弯曲曲的小径，赏艺人沿着这条小道悠悠前行，在那深深的处所，有一无上妙殿。本讲谈中国艺术理论中的含蓄问题。］t3

［第四讲 微花
一花一世界，一草一天国，一勺水亦有曲处，一片石亦有深处。中国文化有见微知著的智慧，中国艺术有以小见大的特殊创造方式。本讲谈中国艺术理论中的以小见大思想。］t4

［第五讲 枯树
中国艺术家于散木中求全，怪石中求春，在丑陋中发现美意，在迷离中玩味清幽。△他们认为△，以巧追巧，并不能巧；拙中见巧，方是大巧。本讲谈中国艺术的大巧若拙问题。］t5

［第六讲 空山
三十根辐条汇于一毂，正因有空虚，才有车子的用处；揉陶土做

第四章　学术著作语篇副文本系统之互文探究　　165

器具，因中间空虚，才有器具的用处；开凿门窗建房屋，因有空虚之处，才有房屋的用处。空是老子哲学的落脚处，也是中国艺术的生长点，中国艺术的奇妙世界宛如一座空山。本讲谈中国艺术的虚实问题。] t6

　　[第七讲　冷月
　　在静寂冷寒的天地中，空亭子立，显出令人窒息的死寂。然而，△你看△那孤云舒卷，轻烟飘渺，荡得青山浮沉，孤亭影乱，这不正是一个喧闹的世界！彻骨的冷寒，逼人的死寂，原来藏有一个温热的生命天地。中国艺术挚爱这荒寒的冷世界。本讲谈中国艺术的荒寒冷寂趣味。] t7

　　[第八讲　和风
　　早春季节，鹅黄淡绿，轻柔的柳枝上，悠然地站立着三只洁白的鸟，在它的上方，又有几只小鸟在嬉戏。线条飘逸，色彩淡雅，风格宁静。这是明吕纪《三思图》所描绘的境界，艺术家深刻的心灵体验，赋予此画独特的魅力。人类何不需要这样精纯、和美的境界。两宋以来，中国艺术就以这种平远宁静的境界为最高理想，揭开中国美学和谐理论的另一篇章。本讲谈两宋以来中国艺术的和谐美问题。] t8

　　[第九讲　慧剑
　　"两头共截断，一剑倚天寒。"截断世间"有为"法，超越一切知识，去除辩解的努力，荡去一切遮蔽，任由一把智慧的利剑，在苍天之间放出凛凛清光。妙悟之心就是这把慧剑。本讲谈中国艺术理论中的妙悟问题。] t9

　　[第十讲　扁舟
　　扁舟作为一个象征，是艺术家心灵的寄托，它带着艺术家作心灵的远足，驶向那理想中的天国。那里是精神止泊的地方。艺术不是技术，艺术乃安顿心灵之具，中国人把艺术当作一叶扁舟。本讲谈中国艺术的性灵寄托问题。] t10

　　根据目录的定义，目录是书刊放在正文（主文本）前的篇章名目。这说明目录一定有一个内置或穿插于正文（主文本）内部的"篇章名目"相呼应，本文称列于主文本前的目录为第一目录副文本，而内置或穿插于主文本之内的篇章名目，也就是第一目录副文本组成部分的文本，称为第二目录副文本。绝大多数语篇第一目录副文本和第二目录副文本具有同一关系，但也有部分第二目录副文本和第一目录副文本之间存在不一致的情形。例（5）中划"＿＿＿"的部分，"第一讲、第二讲、第三讲……第十讲扁舟"为第一目录副文本，例（5）列举的全部文本是第二目录副文本。在此分析第二目录副文本与主文本之间的耦合互文，并试图归纳学术著作语篇目录副文本的互文生成路径。

从第一目录副文本中，很难看出各个章节的逻辑层次和整个主文本的逻辑框架和中观语义架构。为了顺应学术语篇清晰、明白的题旨，作者主体在第二目录副文本中对第一目录副文本进行了明晰化操作。我们来看作者主体是如何在主文本的基础上构建第二目录副文本的，或者说第二目录副文本和主文本是如何耦合互文的。

曲卫国（2013）指出："话语互文性的实质就是指对其他话语资源的利用。"我们认同此观点。可以对"其他话语资源"的概念作进一步的区分：一类是他者主体的话语资源，包括其他国界的话语资源、他人的话语资源；另一类是陌生—熟悉自我主体的话语资源。自我主体的话语资源的利用就是作者主体在不同的语境条件下改造、重构自己的之前或之后的话语资源，丰富话语表达的语义场和形式潜势，实现当前话语和之前话语或之后话语的耦合互文。①

对比《曲院风荷》第二目录副文本"第一讲 t1"与主文本第一讲的文本可以发现二者观点、立场之间的耦合互文，并且可以看到不同文本功能块（目录文本和主文本）对观点和立场的介入方式的不同选择策略。

表 4-2　　　《曲院风荷：中国艺术论十讲》语篇第二目录
副文本与主文本直接耦合互文

第二目录副文本 t1 ← →	主文本相关文本（首节或结语）
t1 副文本片段 1：第一讲　听香	主文本片段 1：我将这讲的题目定为"听香"，从一个关于"香"的体味中看形神问题的实体及其意味。
t1 副文本片段 2：明李日华题画诗道："霜落蒹葭水国寒，浪花云影上渔竿。画成未拟将人去，茶熟香温且自看。"	主文本片段 2：明李日华题画诗道："霜落蒹葭水国寒，浪花云影上渔竿。画成未拟将人去，茶熟香温且自看。"

---

① 此段当中的"话语"均可改为"文本"，不影响语义真值。

续表

第二目录副文本 t1 ↔	主文本相关文本（首节或结语）
t1 副文本片段 3：品着一杯香茗，伴着几缕墨香，看着兼葭苍苍、白露为霜的画面，渐渐地，他似乎听到生命的妙音。	主文本片段 3：就以清净的心去饮一杯香茶吧，在那香雾腾起处，也许能听到生命的妙音。
t1 副文本片段 4：中国艺术的妙境，就在那形式之外妙香远溢的世界中，形只是走向这世界的引子。	主文本片段 4：前人有诗云："不愁明月尽，自由暗香来。"中国艺术追求超越形似之外的神韵，对于中国艺术家来说，可以感觉的形，只是一个开始，一个引领人们走向其无穷艺术世界的门户，看中国艺术，要注意它暗香浮动的妙韵。
t1 副文本片段 5：本讲谈中国艺术理论中的形神问题。	主文本片段 5：这一讲谈中国艺术理论中的形神问题，其实这个问题很复杂，无法在一讲中说清，这里拟选择一个角度，结合具体的艺术形式来谈。

　　主文本第一讲首节文本的最后一段为"这一讲谈中国艺术理论中的形神问题，其实这个问题很复杂，无法在第一讲中说清，这里拟选择一个角度，结合具体的艺术形式来谈。我将这讲的题目定为'听香'，从一个关于'香'的体味中看形神问题的实体及其意味。〈前人有诗云：'不愁明月尽，自有暗香来。'① 中国艺术追求超越形似之外的神韵，对于中国艺术家来说，可以感觉的形，只是一个开始，一个引领人们走向其无穷艺术世界的门户，看中国艺术，要注意它暗香浮动的妙韵。〉"主文本第一讲的最后一段文本为"明李日华题画诗道：'霜落兼葭水国寒，浪花云影上渔竿。画成未拟将人去，茶熟香温且自看。'｛就以清净的心去饮一杯香茶吧，在那香雾腾起处，也许能听到生命的妙音｝"。

　　对比第二目录副文本 t1 与主文本相关文本片段发现，t1 目录副文本的生成主要改造或提取自主文本第一讲的首节和末段（如表 4-2 所示）。目录副文本与主文本在耦合互文生成过程中立场改造或重构的实现手段和方式也相应地发生了改变。总体上来看，显性介入有变成隐性介入的倾向，建议、要求直陈介入有变成命题、陈述直陈介入的趋势。具体来看，隐性接纳多声立场扩展实现方式变为单声直陈（如主文本片段 1→t1 目录副文本），隐性单声建议立场（"就……吧"为标记）实现方式变为单声

---

① "不愁明月尽，自有暗香来"，疑为"不愁明月尽，自有夜珠来"（出自宋之问《奉和晦日幸昆明池应制》）的化用。

直陈立场（如主文本片段 3→t1 目录副文本 3），显性立场归属认同实现方式（"前人有……云""对于……来说"为标记）变为隐性单声直陈介入（如主文本片段 4→t1 目录副文本 4），显性立场声明介入实现方式变为隐性直陈介入（如主文本片段 5→t1 目录副文本 5）。当然，也有不发生变化二者直接对等的介入（如主文本片段 2→t1 目录副文本 2），二者均为显性立场认同介入。虽然二者内容相同，但是不同的空间位置会影响其意义的解读。以上分析是立足主文本看副文本生成的单向路径，反过来就是从副文本看主文本的生成路径，两个方向结合到一起就是耦合互文生成和理解的分析方法。

用同样的修辞分析方法可以对《曲院风荷》的第二目录副文本 t2 到 t10 及其对应的主文本之间的耦合互文进行分析。

以下列出与 t2-t10 的主文本主要片段，并用符号标出各部分之间的互文。波浪线"～～"部分表示二者内容相同，即为显性直接引用关系，单下画线"＿＿"部分表示二者之间存在改造与被改造关系。符号"≒"表示二者为互涉的互文关系（此互文符号取自祝克懿，2010：5），符号"△……△"为立场、思想、观点介入的标记。

t2 目录副文本≒主文本第二讲的首节和结语：第一小节"舞的精神在中国艺术中体现为动静相参的思想，动中有静，静中有动，动静相宜。△我△这一讲，就是以舞为契机，通过具体艺术活动的解释，谈谈中国艺术理论中动静相参的学说"，结语"变化不已，运转不息，飞扬蹈厉，从容中节，这是舞的精神。舞的精神，就是要打破这寂寞的世界。在空白的世界舞出有意味的线条来。中国艺术将此化为具体的艺术创造方式，或在静穆中求飞动，或在飞动中求顿挫，或从常态中超然逸出，纵肆狂舞；或于断处缺处，追求一脉生命的清流。总之，静处就是动处，动处即起静思，动静变化，含道飞舞，以达到最畅然的生命呈现"。

t3 目录副文本≒主文本第三讲的首节片段和结语：首节片段"△唐代诗人常建《题破山寺后禅院》诗说△：'……曲径通幽处，禅房花木深。……'……△北宋欧阳修有《蝶恋花》词道△：'庭院深深深几许。杨柳堆烟，帘幕无重数……'△上引两首诗词△，一个是由外到内的曲径通幽，一个是由内到外的庭院深深，其实，曲即是深。……它是我们重内蕴的东方民族的重要审美观念……△我△这一讲就说这个问题，主要意思在阐释含蓄的内在意蕴"，结语"曲胜过直，忍胜过躁，子路的冒进，△

第四章　学术著作语篇副文本系统之互文探究

夫子颇不以为然△，颜回的忍辱，被夫子许以大气象。<u>力从内在的冲荡来，胜过外在的强力，美从迷离中寻来，胜过通透的美感。中国艺术的世界宛如一条弯弯曲曲的小径，赏艺人沿着这条小道悠悠前行，在那深深的处所，有一无上妙殿</u>"。

t4 目录副文本≒主文本第四讲的首节片段和结语：首节片段"△中国人有这样的观点△，长江白沙无数，却可一尘观之……更有那一叶落，知劲秋……一朵微花低吟，唱出世界的奥秘……<u>所谓一花一世界，一草一天国。这是中国哲学的一个重要问题，也是中国美学和艺术中的一个大问题，它反映了中国人以小见大的智慧，是代表东方美学传统的最有魅力的观念之一</u>"，结语"中国艺术重视'小'，有两个重要的理论内涵：其一，以小总多，以简驭繁。△苏东坡说△：'谁言一点红，解寄无边春'……微小的对象是'小''少'，而'宇宙间无穷的能量'即是万殊，即是在小宇宙中体现出大宇宙，<u>一花一世界，一草一天国</u>，一石即是宇宙间无穷的秘妙。△恽南田说△：'<u>意贵乎远，不静不远也，境贵乎深，不曲不深也。一勺水亦有曲处，一片石亦有深处</u>。'正是此意；其二，当下即是全。……不必有所缺憾，当下就是圆满，觉悟就是全部。△陶渊明△'采菊东篱下，悠然见南山。'△后人曾感叹道△：'天地一东篱，万古一重九。'就是注意当下直接的体验，一个小园，一朵浪花，也是全然的满足"。

t5 目录副文本≒主文本第五讲的首节片段和章节结语：首节片段"△老子说△：'<u>大巧若拙</u>。'这是一条深刻的哲学道理。中国艺术打上了这理论的深深烙印……""苔痕历历，斑斑陈迹；寒潭雁影，恍惚幽情。站在目标的对岸，向着理想境界招手，艺术家深领反者道之动的智慧。△**在他们的心意中**△，**散木中有全，怪石中有春，丑陋中有美意，衰朽中融振翻神情，迷离中含清幽之致**。△一句话△，**以巧追巧，并不能巧；拙中见巧，方是大巧**"。

t6 目录副文本≒主文本第六讲第三小节"三、道虚、色空和无常"文本："……△《老子》（《道德经》）说△：'三十幅共一毂，当其无，有车之用。埏埴以为器，当其无，有器之用。凿户牖以为室，当其无，有室之用。故有之以为利，无之以为用。'这段文字可以译为：<u>三十根辐条汇集在一个毂中，正因为有空虚的地方，才有了车子的用处；揉和陶土做成器具，正因为中间空虚，才有了器具的用处。开凿门窗以建成房屋，也</u>

是因为有了空虚之处，才有了房屋的用处。所以说：实体之所以有用处，那是因为空虚在其中起的作用……"

t7 目录副文本≒主文本第七讲：第七讲主文本开头以《红楼梦》第七十六回湘云和黛玉月夜对诗引入，△湘云联△"寒塘渡鹤影"，△黛玉对联△"冷月葬花魂"。"凉（冷）月播下的清辉，砌成一幽冷宁静之世界，幽夜之逸光照人心扉，使人通体透凉、物欲尽涤，在宁静中归于宇宙之本体。这一丸冷月似乎在中国艺术中永远照耀。"

t8 目录副文本≒主文本第八讲的首节片段和章节结语：首节片段"中国美学早期的和谐思想，侧重于人与社会的和谐，如大乐与天地同和。唐以后和谐的美学思想显然发生了转变，在强调人与人之间的社会性和谐之外，更突出人内在世界的和谐……中唐以后，受到道禅哲学的影响，中国艺术是和风劲吹。这一讲就来谈谈这个问题"，章节末段"△类似这样的图画（明沈周《慈乌图》）△，在中国绘画史上很多，如△明吕纪的《三思图》△，此图细腻温软，早春季节，鹅黄淡绿，轻柔的柳枝上，悠然地站立着三只洁白的鸟，在它的上方，又有几只小鸟在嬉戏。线条飘逸，色彩淡雅，风格宁静。这是明吕纪《三思图》所描绘的境界，艺术家深刻的心灵体验，赋予此画独特的魅力。人类何不需要这样精纯、和美的境界！"

t9 目录副文本≒主文本第九讲的主文本首节第二段文本："△禅宗的古德有这样的语句△：'两头共截断，一剑倚天寒。'它所指示的就是禅悟的方法。禅的根本意思就是悟，在宁静中去除一切遮蔽，放出智慧的光芒。所谓两头截断，就是截断世间的'有为'法，超越一切知识，去除辩解的努力，从而进入到绝对、不二的境界中。这是一把智慧的魔剑。△禅宗有所谓△'路逢剑客须呈剑，不是诗人莫献诗'的话，悟是根本的，没有智慧的悟，说得再多也是空话。△'三十年来寻剑客，几回落叶又抽枝'△，悟禅者，就是寻剑人。"

t10 目录副文本≒主文本第十讲的主文本首节第二段片段和末段片段："△在中国古代诗词中△，不乏扁舟意象，如'小舟从此逝，江海寄余生''人生在世不称意，明朝散发弄扁舟''永忆江湖归白发，欲回天地入扁舟'……扁舟作为一个象征物，是艺术家心灵的寄托，它带着艺术家作心灵的远足，驶向那理想中的天国。那里是精神止泊的地方。摇动这扁舟，是要离开这尘岸；作精神的远足，那是为了回应一个遥远的召唤。……中国古代很多艺术家，△简直△就是将艺术作为他们的'扁舟'，艺术就是他们抒发性灵，同时也是安顿性灵的工具。本讲就谈谈中国艺术的性灵寄托问题"。

通过对目录副文本与各自对应主文本的互文介入方式详细分析，得出以下结果，如表4-3所示：

表4-3 《曲院风荷》第二目录副文本与主文本
耦合互文本介入方式转变及互文本位置分布

第二目录副文本	主文本→第二目录副文本 互文投射或评价介入具体方式的改变	互文本在主文本中的位置分布
t1	①隐性接纳多声立场→单声命题直陈立场 ②隐性单声建议立场→单声命题直陈立场 ③显性立场归属认同→隐性单声直陈立场 ④显性立场声明→隐性单声直陈立场 ⑤多声显性立场认同＝①多声显性立场认同	①首节末段 ②章节末段
t2	①单声命题直陈＝单声命题直陈 ②多声隐性命题接纳→单声命题直陈	①章节末段 ②首节末段
t3	①多声显性立场认同→单声命题直陈 ②单声命题直陈＝单声命题直陈	①首节中间段 ②章节末段
t4	①多声显性立场认同→单声命题直陈 ②多声显性立场声明→单声命题直陈 ③单声命题直陈＝单声命题直陈	①首节首段 ②章节末段
t5	①多声显性立场声明→单声命题直陈 ②多声显性立场声明＝多声显性立场声明 ③单声命题直陈→多声显性立场声明	①首节末段 ②章节末段
t6	多声显性立场声明→单声命题直陈	章节的第三小节
t7	多声显性立场认同→单声命题直陈	章节首段
t8	①单声命题要求＝单声命题要求 ②单声命题直陈→单声命题直陈	①章节首段 ②章节末段
t9	多声显性立场声明→单声命题直陈	首节第二段
t10	多声显性立场认同→单声命题直陈 多声显性立场接纳→单声命题直陈	首节第二段和末段

从表4-3中不难看出：目录副文本中除多声显性立场直接引用或复制多声显性立场主文本外，几乎所有主文本的观点、立场在目录副文本中会发生策略性改变，即从多声变化为单声。单声变为多声的情况比较少见，在《曲院风荷》语篇的副文本中只看到一例（见t5黑体部分）；另

---

① 符号"＝"表示副文本直接引用或"复制"主文本观点和思想。

外从互文本在主文本中的位置分布来看,副文本与主文本互文的互文本主要分布在主文本章节的首节首段和末节末段,分布在中间章节的情况比较少,《曲院风荷》语篇副文本也仅看到一例(见 t6 黑体部分)。若仔细对这一例外进行观察就会发现其特殊之处,副文本的内容实为老子《道德经》原文的译文,将其在目录中进行复制和凸显事实上也是符合目录生成的规律的,即凸显和强调重要主文本观点思想和立场。

综上所述,目录副文本是对主文本(部分)进行复制粘贴、排列和增减而生成的,在复制粘贴、排列和增减的过程中互文本的位置发生了变化或者说其语境发生了重构,而且介入方式也发生了变化。目录副文本与主文本的直接耦合互文就是通过复制粘贴、重新排列和增添和减缩等互文手段来实现的。目录副文本和主文本的直接耦合互文可以更好地理解语篇主文本内部的逻辑推理或演进结构,主文本和目录副文本的相互建构构成和凸显了语篇内部不同板块之间互动和对话空间,目录副文本和主文本的耦合服务于语篇整体意义的表征和传达。通过目录副文本和主文本的耦合互文,可以看到作者主体在语篇不同文本板块中采用不同的介入方式,从不同的介入方式中我们可以窥见,话语主体在不同的题旨情景中为顺应不同的修辞目的和实现预期的修辞效果,会对其他和自己话语资源进行充分合理利用。这为第六章探究目录副文本的认知机制和修辞策略提供了事实依据。

4.2.3.4 注释、参考文献副文本与主文本的直接耦合互文

4.2.3.4.1 注释副文本与主文本的直接耦合互文

注释副文本是"构成论点的思想主流之外的补充材料",本质上具有补充说明性和解释性(坎贝尔等,1991:84),是反映科学语篇严谨、客观的语言行为。从物理空间上看,注释副文本间插在主文本中间,距离主文本最近,与主文本共现于同一页面空间(文内注和页末注或脚注)或附于其后(尾注或主文本末注),但空间上有所区隔,如处于页面的边缘空间或语篇的边缘空间(结尾处)。注释副文本有别于随主文本推进而间入主文本的括号文本①。虽然二者有时可以相互转换。从注释副文本的主

---

① 徐赳赳和付晓丽(2012:22)将括号内的词或句称作"括号语",区别于"在语义上紧密相连的正文中的语言成分"的"正文语"。为了保证术语的统一,我们将"括号语"称为"括号文本"。

体来源上看，可以把注释分为作者注、译者注、编者注等；从注释副文本所注对象或互文本的对象来看，可以把注释分为补充说明注（分扩展补说注，包括内涵补充说明式和外延补充说明式，和强调补说注）和解释注（解释题名、作者及某些主文本内容）。注释副文本与主文本耦合互文通常有互文形式标记，如在主文本中相关的主体、概念、思想、观点、语例等内容文本的右上角或右下角标注的数字"1""①"。如：

（6）主文本：当代口语里被动标记的使用情况调查：现代汉语的语法著作所谈到的语法标记有"被""让""叫"和"给"4个。……以下两个文献都是1992年出版的，应该可以代表当今北京话口语¹的使用情况。

（尾）注释副文本：1. 我们是把北京话作为普通话口语的代表。北方话内部的被动标记也有很大的差异。（石毓智《语法化的动因和机制》，2006：32-33、55）

（7）主文本：《二十四诗品》有"委曲"一品。这品说道："登彼太行，翠绕羊肠。杳霭流玉，悠悠花香。力之于时，声之于羌。似往已回，如幽匪藏。水理漩洑，鹏风翱翔。道不自器，与之圆方。"①

（页旁）注释副文本：①杳霭：朦胧的雾霭。流玉：形容山泉溅落，如玉珠洒出。力之于时：时力为古代大力士名。《战国策》卷二十六《韩策》一："奚子、少府时力、距来，皆射六百步之外。"《史记·苏秦列传》："天下之强弓劲弩，皆从韩出。豁子、少府时力、距来者，皆射六百里之外。裴骃《集解》：时力者，谓作之得时，力倍于常，故名时力也。"声之于羌：就像羌人的笛声，婉转缠绵。所谓"羌管何须怨杨柳"也是形容羌人乐曲的特征。（朱良志《曲院风荷》，2016：57）

（8）主文本：所谓"姿态飞动，极沉郁顿挫之致"，诚为的评，在飞动中见沉郁之妙，这的确是稼轩的妙处。我倒觉得他的《水龙吟·登建康赏心亭》更具此一势态：

{……落日楼头，断鸿声里，江南游子，把吴钩看了，阑干拍遍，无人会，登临意。……求田问舍，怕应羞见，刘郎才气。可惜流年，忧愁风雨，树犹如此。倩何人，唤取红巾翠袖，揾英雄泪?}②

（页旁）注释副文本：②"求田问舍"三句：三国时，许汜见陈登，陈在高床上睡觉，叫许汜睡下床，许汜认为陈登轻视自己，就告到刘备处。刘备说，你没有忧国忧民的志向，只是求田问舍，要是我，就让你睡地上。树犹如此：据《世说新语》记载：桓温打仗经过金城，见以前在琅琊时种的柳已有十围之粗，慨然叹曰："木犹如此，人何以堪！"｝这首词比较难懂，为助理解，试译如下：……在这落日楼头，断鸿声里，一位江南游子，低头细看吴钩宝刀……如果像许汜那样求田置屋，怕也羞见风流倜傥的刘备。可惜时光流转，风雨飘摇更使人忧愁。桓温的"木犹如此"的感叹时时从胸中涌起……｝（朱良志《曲院风荷》，2016：42-43）

例（6）中的注释副文本是作者主体注释副文本，副文本与主文本的互文本是"北京话口语"。根据上文，可以看到语篇主文本中要解决的是现代汉语"当代口语"里的被动标记问题，而此处调查的对象却是北京话口语。作者把北京话口语作为调查对象，与赵元任《中国话的文法》（*A Grammar of Spoken Chinese*）的研究对象存在一致性。现代汉语口语和北京话口语中间存在不一致性，如果没有副文本的补充说明或明示辖域的范围就会造成逻辑上的范畴不一的情况，文章的科学性和精确性将大打折扣，从而影响学术语篇的说服力。通过注释副文本的解释说明可以限定谈论对象的辖域，凸显重点考察的对象在整体中的地位。从而避免给读者造成逻辑上范畴不一的印象，客观上讲，这也是一种客观、务实的学术态度的体现。

例（7）、例（8）中，①、②注释副文本与例（6）中的注释副文本的互文指向有差别。例（6）中的注释副文本是作者主体和主文本建构指向的生成性副文本，而例（7）、例（8）注释副文本是读者主体和主文本理解指向的理解性副文本。其中涉及元话语及话语来源典故的解读，如"杳霭""流玉"的意思是元话语，而"力之于时""声之于羌""求田问舍"三句、"树犹如此"的相关副文本则是文本的典故和来源，还涉及主体间性，这里体现为作者对读者的一种关注"这首词比较难懂，为助理解，试译如下……"即译文的出现是互文的一种方式。

有人（黄小平，2016：145）指出"注释不是正文的主要内容的补充和解释，而是正文主要内容之外的补充和解释"。我们认为，不能将注释副文本的补充和解释作用的对象笼统地归纳为主文本主要内容之外的内容，一是因为主文本主要内容和主要内容之外的内容本身区分有操作难度，二是因为注释副文本语言行为本身或注释副文本设置的修辞策略本身是出于更准确、更客观地呈现主文本事实和思想，以及使读者更容易理解主文本思想和内容的目的。注释副文本和主文本之间的耦合互文正是出于这方面的考虑，副文本提供的信息随时可以介入主文本的构建和读者的互文理解，从而影响主文本或整体语篇的意义建构。

4.2.3.4.2　参考文献副文本与主文本的直接耦合互文

参考文献副文本是主文本生成所立足的"前文本"的在场指称或指示表征集合，是学术著作语篇的必需副文本，是学术著作语篇完备性和科学客观性的重要体现。从定义来看，参考文献是指"对一个信息资源或其中一部分进行准确和详细著录的数据，位于文末或文中的信息源"；从范畴分类来看，参考文献有"阅读型参考文献"和"引文参考文献"两类。阅读型参考文献是指"著者为撰写或编辑论著而阅读过的信息资源，或供读者进一步阅读的信息资源"，引文参考文献是指"著者为撰写或编辑论著而引用的信息资源"。[①] 需要注意的是，阅读过的信息资源文本即阅读型参考文献副文本不一定显性出现（有互文标记）在主文本当中，但是引文参考文献副文本（其主体部分的片段）一定是显性出现主文本当中，有引用或借鉴等的标记指明。参考文献副文本内容是由阅读型参考文献或引文参考文献著录构成的文本组合。科学著作语篇的参考文献的著录生成往往遵循一定的规则，诸如著录项目、著录格式、著录顺序、著录文字、著录符号、著录方法以及参考文献在正文中的标记或标注方法都有一定的规范。学术专著语篇的参考文献著录副文本的每一条参考文献的著录项目一般由主要责任者、题名项［题名、其他题名信息（版本）、文献类型识别（任选）］、出版项（出版地、出版者、出版年和期、引文页码……）、获取和访问路径等组成。

任何学术或学科、科学的推进和发展都是建立在前人的基础知识之上的，是一种"站在巨人肩膀上"进一步推进和深化人类认识、扩大人类"知识圆"的社会实践。有别于文学作品语篇，参考文献是学术著作语篇必需的构成性副文本，是学术著作语篇完整性、科学性、客观性、自洽

[①] "参考文献""阅读型参考文献""引文参考文献"的定义均来自《中华人民共和国国家标准：信息与文献 参考文献著录》（GB/T 7714—2015）。

性、规范性的重要体现。通过引用参考文献体现尊重前人研究成果,可以承认、借鉴、继承、修正、反驳、批判或向读者提供进一步的参考线索等,作者通过引用文献前语篇从而建立语篇世界和学术共同体中作者的独特学术身份。任何学术性语篇(包括学术论文或学术著作)都要慎重处理和设置参考文献副文本的主文本索引,主文本中索引、明示或暗示与参考文献之间是一个联动装置。如果一个学术语篇中只在主文本中出现索引却没有主文本之末的参考文献具体项或只在主文本末设置参考文献具体项而没有主文本的对应索引提及,那么这个学术语篇是半语篇性的,严格来讲,这样的学术语篇是不科学、不规范、不严谨的语篇。从这个意义上说,学术著作语篇是一种闭环性的语篇。

组成参考文献著录副文本中的各著录项往往反映作者作为读者主体所涉猎的相关问题的范围和相关文献材料的掌握情况,这会对读者解读和理解主文本产生一定的影响。具体来讲,参考文献信息源的责任主体的学术权威地位和责任程度、参考文献信息源题目的新颖度和热点度、参考文献信息源的出版者(出版社和学术期刊)的知名度和可信任度、参考文献信息源的出版时间(包括版本)等都会对主文本的理解产生耦合作用,加强或削弱语篇主文本的意义的生成与理解。学术权威或其领衔的责任主体、题目的新颖和高热点度、知名和可信任的出版单位或学术期刊以及较近的出版时间往往能够提升主文本的质量或者说放大主文本的意义。以朱永生 2005 年出版的学术著作《语境动态研究》语篇参考文献副文本为例:

(9)《语境动态研究》语篇的参考文献副文本(节选)

Ballmer.T. (ed.) (1985) *Linguistic Dynamics: Discourse. Procedures and Evolution.* New York: Walter de Gruyter.

Barthes. R. (1981) "theory of Text." In Robert Young (ed.), *Untying the Text: A Post-structurealist Reader.* Boston: Routledge & Kegan Paul. pp. 31-48.

Brown. G & G. Yule. (1983) *Discourse Analysis.* Cambridge: Cambridge University Press.

Dressler. W. (ed.) (1978) *Current Trends in Textlinguistics.* Berlin: Walter de Gruyter.

Fairclough. N. (1992) *Discourse and Social Change*. Cambridge：Polity Press.

Fillmore. J. (1982) Towards a Descriptive Framework for Spatial deixis. In R. J. Javella and W. Klein (eds.), *Speech Place and Action*. New York：Wiley.

Firth. J. R. (1957) *Papers in Linguistics*. 1934-1951. London：Oxford University Press.

Grice. H. P. (1971) "Meaning." In D. Steinberg and J. Jakobovits (eds.). *Semantic*：*An Interdisciplinary Reader in Philosophy. Lingusitics and Psychology*. Cambridge：Cambridge University Press.

Gumperz. J. J. & Cook-Gumperz. (1976) "Context in children's speech." In Gumperz. J. and Cook-Gumperz (eds). *Papers on Language and Context*. Berkeley：CA.

Halliday. M. A. K. (1977) "Text as semantic choice in social contexts." In van Dijk & Janos S. Petofi (eds.). *Grammar and Descriptions*. Berlin：Mouton de Gruyter.

Halliday. M. A. K. (1999) "the notion of 'context' in language education." In MGhadessy (ed.). *Text and Context in Fuctional linguistics*. Amsterdam：John Benjamins.

Jakobson. R. (1960) Closing statement：Linguistics and Poetics. In Sebeok. T. A. (ed.), *Style in Language*. Mass. ：MIT Press.

Kristeva. J. (1986) "word, dialogue and novel." In T. Moi (ed.). T*he Kristeva Reader* (pp. 34-61). Oxford：Basil Blackwell.

Lemke. J. L. (1995) "intertextuality and text semantics." In P. H. Fries and M. Gregory (eds.). *Discourse in Society*：*Systemic Functional Perspectives*. Norwood：Ablex.

Lyons. J. (1977) *Semantics*. Cambridge：Cambridge University Press.

Malinowski. B. (1923) "the Problem of meaning in primitive languages." In C. K. Ogden & I. A. Richards. *The Meaning of Meaning*. London：Kegan Paul.

Martin. J. R. (1992) *English Text*. Philadelphia：John Benjamins.

Richards. I. A. (1965) *the Philosophy of Rhetoric*. London: Oxford University Press.

Sperber. D. & D. Wilson (1986) *Relevance: Communication and Cognition*. Oxford: Blackwell.

van Dijk. T. A. (1977) *Text and Context: Explorations in the Semantics and Pragmatics of Discourse*. London: Longman.

Zipf. G. K. (1972) *Human Behaviour and the Principle of Least Effort: An Introduction of Human Ecology*. Hafner reprint. New York.

陈原. (1983)《社会语言学》. 上海: 学林出版社.

陈望道. (1932)《修辞学发凡》. 上海: 大江书铺.

程雨民. (1989)《英语语体学》. 上海: 上海外语教育出版社.

胡壮麟. (2002) "语境研究的多元化".《外语教学与研究》第2期.

罗常培. (1950)《语言与文化》. 北京: 北京大学出版部.

邢福义. (1990)《文化语言学》. 武汉: 湖北教育出版社.

姚小平. (2001)《17-19世纪的德国语言学与中国语言学》. 北京: 外语教学与研究出版社.

朱永生. (主编) (1993)《语言·语篇·语境》. 北京: 清华大学出版社.

朱永生, 严世清. (2001)《系统功能语言学多维思考》. 上海: 上海外语教育出版社.

将嵌套进入主文本的参考文献（部分）互文本搁置一边，单看例（9）中所列《语境动态研究》语篇参考文献副文本显示的前信息资源，其责任主体有 Ballmer、Barthes、Dressler、Fairclough、Firth、Grice、Halliday、Jakobson、Kristeva、Lyons、Malinowski、Martin、Richards、Sperber & Wilson、van Dijk、Zipf、陈原、陈望道、胡壮麟、罗常培、邢福义、姚小平、朱永生等，这些作者均在语言学领域，特别是功能主义语言学和认知语言学领域有一定学术声望。信息资源的出版主体如剑桥大学出版社、牛津大学出版社、John Benjamins、Gruyter、Blackwell、Routledge、Longman、Wiley、上海外语教育出版社、外语教学与研究出版社、北京大学出版社、学林出版社、《外语教学与研究》等也是语言学界比较知名和值得信赖的出版社或出版集团和核心权威期刊。信息资源的出版时间均在 100 年以内，并且近 30 年的居多，这一定程度上反映了信息资源的新颖度和热点度。文献资源题目也大多围绕语境、语义、社会、文化、语篇、文本、语言、话语、动态、互文、对话、语体、修辞等设置，反映了信息资源的关联度。这些信息资源的相关内容被织入《语境动态研究》主文本中，从而构建了一个围绕《语境动态研究》主文本的相关语篇场，在这个场中不再是前文本或前语篇影响后语篇，而是相互影响和相互促进，互为因果。

需要特别指出的是，参考文献副文本的文献条目并不是越多越好，参考文献条目越多，越容易稀释和淡化作者主体的独立思考和创造性见解，也容易给读者带来较重的阅读负担，甚至使读者终止阅读行为。所以参考文献副文本条目的选择和设置要选择那些权威性、扎实性的文献，一些从属性的学术著作和论文可以不列，列入过多的参考文献只能增加读者的阅读负担和心理恐慌。

黄小平（2016：159-190）曾对学术论文语篇参考文献副文本和主文本在文本嵌入层面的耦合互文进行了分析，指出"学术论文（主文本）与参考文献（副文本）的互文本表现在观点、理论、事实、案例、数据、图表、方法、思路等方面，形成共存和派生互文形式"（黄小平，2016：189）。学术著作语篇的参考文献副文本与主文本耦合互文与学术论文语篇参考文献著录副文本和主文本耦合互文存在相通之处。在此不再赘述。

本节主要介绍二者的不同之处。二者更多的不同体现在学术著作语篇对阅读型参考文献副文本的设置上，"延伸阅读"或"深度阅读"副文本，如胡曙中《语篇语言学导论》语篇主文本每章末尾的"深度阅读"参考文献副文本：

（10a）《语篇语言学导论》语篇主文本第 7 章 "语篇的修辞性"主文本之后的深度阅读副文本

1. △Cleanth Brooks 和 Robert Penn Warren 合写的《现代修辞学》(*Modern Rhetoric*，1979)，△是对英语修辞简明而实用的阐释和分析，其中第 2 章 "话语的形式"（the forms of discourse）和第 3 章 "话语的特殊问题"（special problems of discourse），是对语篇修辞的论述。

2. △Basil Hatim 和 Ian Mason 合著的《语篇与译者》(*Discourse and the Translator*, 2001) 一书△在论述语篇所有方面的问题时，最终总是要与 "overall rhetorical purpose of the text"（语篇总的修辞目的）联系起来，请特别仔细阅读以下以下的部分：140, 142, 144-146, 152, 169, 173-174, 176-178, 180-181, 186, 190, 199, 205, 214, 218, 220, 226, 228-229, 232。

(10b)《语篇语言学导论》语篇第7章"语篇的修辞性"主文本的嵌入性引用参考文献副文本条项"胡曙中. (2004) 现代英语修辞学 [M]. 上海：上海外语教育出版社"。

从小句的话题到语篇的主题，体现的是语篇的统一性。语篇统一性是指"语篇中的各部分都与语篇的中心思想有关联，而且各个部分之间又互相有联系"，"具体地说必须做到以下几点"△（胡曙中，2004：122-123）△：

(1) 能对主旨有一个清楚的定义；
(2) 能把与主旨有关和无关的东西区分开来；
(3) 能把次要的内容归于大话题之下，不让次要内容喧宾夺主。

对比 (10a) (10b) 可以发现，阅读型参考文献副文本与引用参考文献副文本相比，其与主文本的耦合互文度要相对低一些，阅读型参考文献副文本经常处于主文本空间的边缘，关联手段通常是间接主题关联，起到延伸主文本的作用，而引用参考文献副文本经常嵌入主文本之中，关联手段也多为有标记直接引用，直接参与主文本核心部分的编织。引用参考文献副文本与主文本属于直接耦合互文，而阅读型参考文献副文本则介于直接耦合互文和间接耦合互文之间。

值得注意的是：其一，注释副文本和参考文献副文本可相互转化。如在某些学术著作语篇（如《比喻、近喻与自喻——辞格的认知性研究》没有参考文献副文本，脚注承担了参考文献副文本板块发挥的功能）或某些学科领域内学术著作语篇（如出土文献学）中的所有参考文献都是列在脚注中（极少数除外）。有时注释副文本和参考文献副文本之间有交替出现的规定："征引文献在注释中已注明的，不再出现于文后参考文献中"。其二，不同类型的语篇以及同一类型的语篇次类之间的注释副文本的内容设置和副文本的指向存在不同，通俗科技语篇的注释副文本多以读者理解为指向，更倾向于出现互文理解类副文本，如元语言、典故、来源，而纯科学语篇的注释更倾向于使用建构主文本和建构作者身份的注释副文本类型。

根据注释和参考文献副文本与主文本的空间距离的相似性，二者与主文本的互文建构介乎嵌入式互文和耦合式互文之间，因此在互文辖域或层级上注释和参考文献副文本的辖域经常是词语或小句，具有局部性特征。主文本通过引用参考文献中术语、思想、材料、观点文本或次文本从而与参考文献源语篇建立一种引证关系和互文关系。

注释和参考文献源语篇与当下科学著作语篇共同形成一个相互联结、相互印证、相互贯通的语篇场。无数个语篇场的相互联结、相互印证、相互贯通可以构成一个巨大的语篇世界。无论是中观场域的语篇场还是宏观场域的语篇世界都是一个内在构成成员众多、关系复杂的系统。

综上所述，注释副文本和参考文献副文本通过增添说明、例证，概念、思想的元语言解释，引用、评价、反驳、否定、修正、批评，向读者提供主文本线索等互文方式建构起与主文本的直接耦合互文。而参考文献副文本作为前信息资源的集合性的文本，也可以通过加强信源主体的权威性和确定性从而对主文本中意义的建构和生成理解起作用，这是一种社会文化上的互文手段。另外，注释副文本和参考文献副文本与主文本耦合互文往往有显性的物理形式标记，而且部分内容是直接嵌入到主文本当中，所以注释副文本和参考文献副文本与主文本之间的互文范式是介乎嵌套互文和耦合互文之间的一种互文。

4.2.3.5　序跋副文本与主文本的直接—间接耦合互文

序，又称叙、序言、引、导言、前言、弁言、题论，一般位于主文本之前的扉页。跋，又称后记、书后、传后等，一般列于主文本之后。在中国，为学术著作和文学作品作序写跋的行为由来已久，如西汉扬雄所著《輶轩使者绝代语释别国方言》（以下简称《方言》）在后代刊刻流传过程中就出现了多种序跋，如宋刻本《方言》李孟传序、袁克文、缪荃孙、沈曾植、袁克文、邓邦述、章钰、王闿运、杨守敬、内藤虎、吴昌绶、李盛铎等诸名家题跋。序跋的源流发展详见陈昕炜（2018：23-35）的梳理。序跋文本严格来讲也是一种半语篇或半文本，虽然有时会以单独语篇的形式来发表和流传，如《滕王阁序》《兰亭集序》《〈我见青山〉自序》（《文汇读书周报》2016年11月14日）等。

学术著作语篇序跋副文本与主文本的互文度相对于标题副文本、作者主体副文本、目录副文本、注释和参考文献副文本等构成性副文本而言，其与主文本的互文耦合度要低一些。目前仍有大量学术著作语篇存在序跋副文本（包括导读副文本）。

根据 3.3 节副文本分类标准，序跋副文本可以分为若干次类。根据时间标准，序副文本可以分为前—序副文本、原始—序副文本和后—序副文本；根据来源主体标准，序副文本可以分为作者自序副文本和他序副文本（编者序副文本和读者序副文本、译者序副文本）。同样，跋副文本也可以分为原始—跋副文本和后—跋副文本、作者自跋副文本和他跋副文本（编者跋副文本、读者跋副文本、译者跋副文本等）。序跋副文本的各种次类与主文本耦合互文度也不完全相同。原始—序跋副文本、作者自序跋副文本与主文本的耦合相对其他类型的序跋副文本与主文本的耦合度要高，也更加直接。作者自序跋副文本往往侧重于说明创作著述的主旨、心路历程、成书的编写体例、成书经过、致谢等，而他序跋副文本往往侧重于对作者、作品的介绍和评价。大体来看，序跋副文本是作为一种解释性文本出现的，是一种可读性文本。

不同于标题副文本与主文本的同一主体耦合互文，解释副文本和解释作者的主体性对主文本的互文可以是同一主体耦合互文（当解释作者与主文本作者重合时），也可以是不同主体耦合互文（当解释作者与主文本作者相异时）。

4.2.3.5.1 解释性序跋副文本与主文本的直接耦合互文

原始作者自序解释副文本与主文本之间的互文是直接耦合互文。如刘虹《会话结构分析》语篇主文本≒原始作者前言副文本：

(11)《会话结构分析》语篇前言副文本（节选）

〈本书〉a 从语言学角度，△ 批判吸收 △1 美国会话分析学派的理论和方法，研究汉语日常会话的结构和交际规则。……

对现代语言学来说，具有讽刺意味的是会话分析的奠基性研究并不是语言学家做的，而是美国的社会学家，意想不到的是他们的学说不仅对社会学，同时也对语言学以及其他学科都 △ 产生了深远的影响 △2。会话分析学派采用以经验为基础的细致的归纳方法研究日常会话，根据尽可能多的日常会话录音材料，归纳反复出现的会话模式……△（Levinson，1983）△3

……〈本书〉b 从语言学的角度而不是从社会学角度来分析汉语日常会话，考察人们在日常言语交际过程中所遵循的规则，研究汉语会话的整体结构和局部结构……

〈本书〉c 的特点在于：第一，运用会话分析的理论和方法研究汉语会话结构；第二，对相关理论和方法所存在的问题进行了补充、修改和完善。

〈全书〉d 共分六章。第一章简单介绍话语分析和会话分析的背景和研究方法。第二、三、四章是研究日常会话的局部结构，探讨会话过程各阶段的衔接方式；……第五章（会话的开头）和第六章（会话的结尾）研究会话的整体结构，考察整体会话的开头和结尾方式以及所遵循的规则。

〈本书〉e 只是对汉语会话结构研究的一个尝试，肯定会有很多不足和可商榷之处，希望能抛砖引玉，也希望会有更多的同行加入到这一行列。

刘虹
2004 年夏

例（11）中原始作者前言副文本使用"本书""全书"标记实现了《会话结构分析》语篇主文本和前言副文本的联结。从 a、b、c、d、e 切入对主文本的相关内容进行了解释和说明，包括宏观理念和思想，别于目录副文本所提供的主文本的宏观结构，主文本的独创之处和不足之处等。从中可以看到学术性主文本对前人知识和理论的吸收和改造，如美国会话分析学派的理论和方法、Levinson 的观点。我们简单概括《会话结构分析》语篇主文本和前言副文本的耦合互文：

a［美国会话分析学派和 Levinson ≒ 主文本的理论基础］≒ 前言副文本

b 主文本的立足点（语言学视角）≒ 前言副文本

c 主文本采用的理论的特点和创新点 ≒ 前言副文本

d 主文本的宏观结构（第一章理论和方法、第二三四章局部结构、第五六章宏观结构）≒ 前言副文本

e 主文本的不足 ≒ 前言副文本

4.2.3.5.2　解释性序跋副文本与主文本的间接耦合互文

前/后他者序解释副文本与主文本之间的互文是间接耦合互文。如刘

大为《比喻、近喻与自喻》语篇主文本≒出版前言副文本、语篇主文本≒再版后记副文本：

(12)《比喻、近喻与自喻》语篇的出版前言副文本（节选）

"认知语言学与汉语研究丛书"终于和读者见面了！

近三十多年来，我国的语言学研究获得了长足的进展，各地出版社纷纷推出了一些语言学丛书，对汉语研究和教学起到了推动和促进作用。显然，作为一套新的语言学丛书，要想在前人基础上更上层楼，就必须要有新的突破，关键是主题定位和作者选择要切合当前汉语研究的主流和热点，具有示范性和时效性，起到指导和引领作用，产生导向效应。

……该丛书 a 的七本专著各有特色，从主题选择到内容组合，可以从如下三个层面加以推介。……△复旦大学刘大为教授的《比喻、近喻与自喻——辞格的认知性研究》△b，引入了当代认知科学的理念和研究成果，对传统修辞学中与认知相关的辞格进行了重新审视。作者认为不可能特征使从语言性质过渡到深层认识心理的关键概念，为此该书引入了认知心理研究中原发过程和模式识别的理论，进一步从相似关系、接近关系、自变关系和有无认知的介体几个因素出发，论证了不可能特征的形成以及辞格在认知上的三种类型：比喻、近喻和自喻，并将它们作了一体化处理，展示了认知性辞格是如何在创造性思想、创造性直觉和创造性想象中得到实现的。

综上所述，虽然各位学者的研究 c 都立足汉语事实，但由于选择角度不同，考察重点不同，使我们能从不同的侧面来领略汉语的特点，正所谓"横看成岭侧成峰，远近高低各不同"。而另一方面，我们有从不同中感悟到某种同一性，有"水光潋滟晴方好，山色空蒙雨亦奇"的况味。这是因为虽然研究的角度和重点不同，但都是基于认知语言观的研究成果，渗透的理念是一致的……

(13)《比喻、近喻与自喻》语篇的再版后记副文本（节选）

忽忽之间，这本被我简称为"三喻"的小书，从写作出版至今竟然已经有十四五个年头过去了！{这次学林出版社编选"认知语言学与汉语研究丛书"，作为作者的我其实颇有些忐忑，甚至，有些惶恐不安。其中最主要的原因，就是这本书虽然也号称是在做认知研究，但是所用的方法却与正宗的认知语言学大不相同，这使它在丛书中就显得多少有些另类了。

　　a 十五年前我写这本书，与其说是受了认知语言学的影响，不如说是△受了△20世纪90年代开始大量涌入国内的认知心理学和认知科学的△直接影响△。……认知语言学的理论原则和研究方法究竟如何运用于修辞性语言，恕我愚钝且闭塞，至今也未能领会 Langacker 是如何落实他那些激动人心的设想的，也看不清这条路究竟该怎么去走。……所以最后的做法是索性丢开认知语言学，直接到认知科学包括认知心理学甚至一般的心理学中去寻找出路……

　　忽然之间十五年过去了，当年的困惑有一些随着对认知语言学认识的深入逐步化解了，但是那一些带有根本性的问题依然存在。其中最为关键的，就是理性意识和非理性意识是如何操控我们的认知活动，这两种意识又是如何相互作用而在语言表达中达到统一的。……非理性意识和理性意识的交互作用是人的心理现实，当然认知研究可以剔除掉非理性意识而单纯地研究理性意识下的认知活动，当下的认知心理学就几乎对非理性避而不谈……清晰记得当年为了处理（比喻、近喻与自喻）这样的双层结构而苦苦寻求一个具有方法论价值的理论框架，从认知语言学到认知心理学，最后还是从弗洛伊德那里△借到了△原发过程、继发过程两个概念……本书△借鉴△了电影学中蒙太奇的概念，提出了语义蒙太奇的设想……

　　这本书显得有些另类而总是使我心里忐忑不安的另一个原因是，……对语言现象的研究最后却被归结到"<u>人的创造性潜能和创造力的发挥</u>"，归结到了"<u>人与世界的关系在创造中的改变</u>"。……b 语言研究的最终的诉求点应该放在哪里？是在语言的本身还是通过语言去追寻一个更高的目标？长期以来我在迷恋语言学精确方法的同时确有这样一个想法，语言之中蕴含着人类最大的奥秘，研究语言归根结底是为了研究人，研究人的特质，所以语言研究应该表现出更强的人文性。……如何才能在人文性和科学性之间找到一个最佳的平衡点？特别是对修辞研究来说，由于研究对象的原因和历史传统的原因，它可能要比语言学其他分支学科有更强烈的人文性的追求……

刘大为
2016年2月

例（12）作为丛书出版前言副文本，列于主文本之前，从其语义指向性来看，评述和推介的内容覆盖了七篇主文本的内容和理论（主文本的创作时间跨度十余年），《比喻、近喻与自喻》语篇主文本的评述和推介只是其中一个小的部分，例（12）中画实线部分是主要内容的简介。相比作者自序单一副文本，其解释深度略差。但其为主文本的解读设立了一个框架，即立足认知语言观来呈现或解释主文本。丛书出版前言副文本的作者主体是编者或出版单位，并非主文本作者。丛书出版前言副文本的作者对主文本的思想准确把握性永远弱于主文本作者自身。正像主文本作者在再版后记副文本中委婉指出的那样"这次学林出版社编选'认知语言学与汉语研究丛书'，作为作者的我其实颇有些忐忑，甚至，有些惶恐不安。其中最主要的原因，就是这本书虽然也号称是在做认知研究，但是所用的方法却与正宗的认知语言学大不相同，这使它在丛书中就显得多少有些另类了"。从对例（12）的分析得出，编者、出版单位的推介是学术产品消费环节的重要一环，但其对主文本核心事实和思想的了解度要弱于作者对自己产品的了解度。因此，最好由作者来撰写内容简介副文本，这样才能保证主文本的内容和思想的周延与内容简介的一致性，不至于被误解或歪曲。

例（13）为作者再版后记副文本，其写作时间是主文本发表十余年之后，因此其对主文本的耦合互文度要略低于当时创作的副文本，但是学术研究是一个不断累积、逐步推进的事业。随着时间的推移，作者主体的认识和整个学科的知识都在发生着更新。从例（13）作者再版后记副文本中，不仅可以看到作者主文本创作当时的一些创作思路及其思想路线，如例（13）中 a 画虚线部分所示，"写这本书，与其说是受了认知语言学的影响，不如说是受了 20 世纪 90 年代开始大量涌入国内的认知心理学和认知科学的直接影响"，还可以看到自主文本发表之后的若干年相关学科的发展以及作者对这个问题的最新思考，如例（13）中 b 划虚线部分所示，"语言之中蕴含着人类最大的奥秘，研究语言归根结底是为了研究人，研究人的特质，所以语言研究应该表现出更强的人文性。特别是对修辞研究来说，由于研究对象的原因和历史传统的原因，它可能要比语言学其他分支学科有更强烈的人文性的追求"。如果读者从后记副文本了解到此研究的目的和动机，那么他对主文本中的种种具体论述将会有新的体会。从中可以看到学术的动态性发展，只有仔细地阅读各种副文本信息，才能全面地认识和理解主文本。

间接耦合互文并不是说其重要性和影响性要低于直接耦合互文。他者序中的读者主体往往与作者主体关系密切，并且许多他序的作者主体在学术权势地位上往往高于主文本的作者主体。学术界也常常将学术地位和学术资历高的学者给年轻学者作序作为一种提携后学的标志（如季羡林序"中国现代语言学"丛书），同时也是将学术著作作者纳入学术共同体联盟的一种方式，学术权势地位高的他序作者一定程度上提升和加强了作者主体主文本的语篇语义生成。

解释性文本是为了读者而创作出的阐释性、导读性、解释性的文本。解释性文本的作者被称为解释作者。解释作者和解释副文本直接影响的是解释文本作者对文本的理解，或者说是主文本的特殊读者创造的文本自身的理解。但是其对主文本的理解的影响更多是间接的。

解释作者可能会对主文本的意义起到闭合作用。因为一种理解必然会生发出对主文本的一定的理解或某种理解，这势必会影响到那些接触到它的读者并因此而阻碍或遮蔽着其他的不同的理解。学者们的解释性文本，尤其是"权威"学者的解释性文本在许多方面会或者能够对主文本的理解施加限制（格雷西亚，2015：216）。

经典学术著作语篇中经常有一种专门解释性副文本，即导读副文本。相比导读副文本的解释性和可读性，间接耦合互文的序跋副文本对主文本解释性和可读性要弱一些。导读副文本更权威，更全面地分析和评价主文本。可以说，导读副文本是一种元文本或元元文本①。

综上所述，序跋副文本可以通过引用主文本部分、增添主文本的附加成分、评论主文本的核心内容、约缩主文本的内容等互文方式与主文本建立耦合互文。其中主文本作者主体的序跋副文本要比他者序跋副文本对主文本的耦合互文深度要强。他者序跋副文本通过评价、批评元文互文范式建立其与主文本的间接耦合互文，这是一种元文性的体现，他者序跋作者主体往往通过副文本建构起与作者的学术共同体的身份，特别是学术权势地位高的作者所写的序跋副文本一定程度上延伸和加强了主文本意义的建构和生成。但不可否认的是，一些他者序跋副文本由于立场、涵养、学识等方面的不一致或欠缺，也会产生阻碍主文本理解的作用。

---

① 参见刘斐（2019：36-37）对"元元副文本"的论述。

4.2.3.6 题辞副文本与主文本的直接—间接耦合互文

题辞，又称题记、题词。中国古代作为一种文体来解，即相当于上文中"序跋"，序跋也称题跋，如 1.2.1 节中分析的故宫博物院藏《中秋帖》卷首上乾隆御题的"至宝"及前隔水御题的文字。本书所探究的作为学术著作语篇题辞副文本是指作者主体在物理形式的学术著作语篇主文本之前（多在扉页或衬页上）或者标题副文本之下刻意题写或引用的文字文本①。题辞副文本形式短小，一般为一句话的文本或文本片段。它是作者主体构建语篇的策略和言语行为实践。

根据题辞副文本主体来源的不同，可以将题辞副文本分为自题题辞副文本和引语题辞副文本。自题是指题写自己的话，引语是指引用作者主体之外的他主体的话。题辞副文本一般表现为三类：自题题辞副文本、引语题辞副文本和自题兼引语题辞副文本。

自题题辞副文本又可以分为两个次类：一是自题献词题辞副文本，二是自题卷首语题辞副文本。二者可同时出现在题辞副文本中。如：

（14）Daneil Chandler《符号学基础》语篇题辞副文本
For Jem

'The subtlety of nature is greater many times over than the subtlety of argument'

Francis Bacon，Novum Organum

（1620）*Aghorism* XXIV②

自题献词题辞副文本经常有献词性语言形式标记，如"致某某""谨

---

① 参见金宏宇等（2014：80）对文学范畴内"题辞"的定义。
② 译文：献给 Jem，"自然的精微高出论辩的精微不知多少倍"。——培根《新工具论》格言第二十四节。第二十四节的全文为"It cannot be that axioms established by argumentation should avail for the discovery of new works. since the subtlety of nature is greater many times over than the subtlety of argument. But axioms duly and orderly formed from particulars easily discover the way to new particulars. and thus render sciences active"，译为：由论辩而建立起来的原理不会对新事物的发现起什么作用，因为自然的精微高出论辩的精微不知多少倍。但是通过由特殊事物适当循序地抽象出来的原理，会很容易地发现通往新的、特殊事物的道路并从而使各门科学活跃起来。

以此书献给某某""呈某某""给某某""纪念某某""for""to"等。如例（14）和下面例（15）、例（16）布鲁姆《影响的剖析》语篇和李晋霞《相似复句关系词语对比研究》语篇的自题献词题辞副文本：

(15)《影响的剖析》语篇献词题辞副文本
献给约翰·霍兰德
(16)《相似复句关系词语对比研究》语篇献词题辞副文本
谨以此书献给我的导师邢福义先生

此类副文本多为表明现实世界中作者与他（她）所呈献对象间的某种密切关系，是一种敬、爱或纪念、怀念的情感表达，是作者社会人际关系的体现（金宏宇等，2014：82）。此类题辞副文本对文学作者（作家）人际关系乃至人生经历的探究占有重要地位，对文学作品的理解有直接的影响和互文关系。但是对于以理性知识创造和理论建构为目标的学术实践来讲，其建构作用和影响是间接的。

自题卷首语题辞副文本是作者自题仿造或创造的诗、句子或段落。如石毓智《语法化的动因和机制》语篇自题卷首语题辞副文本"前有古人，后有来者。思汉语之永远，长存古而变迁"仿古诗歌。

在学术著作语篇中，自题卷首语题辞副文本与引语题辞副文本与主文本的互文耦合是直接的，而自题献词题辞副文本与主文本之间的互文耦合是间接的。

4.2.3.6.1 建构性题辞——自题卷首语题辞副文本与主文本的直接耦合互文

自题卷首语题辞副文本是语篇意义的一种建构性成分，虽然不处于主文本内，但是从物理空间的角度来看，是距离主文本相对较近的成分。并且其创造主体与主文本主体之间存在一致性。可以直接反映作者创作主文本的学术态度、价值取向，宣示主文本的主题、彰显其核心。自题卷首语题辞副文本≒主文本，如：

(17)《语法化的动因和机制》语篇题辞副文本
a 自题卷首语题辞副文本
<u>前有古人</u>，

后有来者。
思汉语之永远，
长存古而变迁。
　　——（仿古诗歌一首）
b 引语题辞副文本
衣带渐宽终不悔，
为伊消得人憔悴。
　　——柳永《蝶恋花》

　　《语法化的动因和机制》语篇主文本探究的是汉语从古至今语法化的历史。汉语是一种历史悠久的语言，从古至今发展不曾间断，并且汉语历史语料保存之完整，全世界少见。因此（17a）中仿照和改写自陈子昂《登幽州台歌》"前不见古人，后不见来者。念天地之悠悠，独怆然而涕下"的"前有古人，后有来者。思汉语之永远，长存古而变迁"，一改陈子昂原诗的吊古伤今的悲观情调，而客观地说明了汉语之悠远与变迁，这正是对汉语这个研究对象的特点的描写。从卷首语题辞副文本委婉引入探究语法化的动因和机制的主文本的具体研究对象"永远之汉语"并对其特征进行了初步判断"存古而变迁"。通过仿照互文路径引入对象为读者营造了一种基本期待，对主文本的理解提供了一定框架。

　　4.2.3.6.2　建构性题辞—引语题辞副文本与主文本的直接耦合互文

　　引语题辞副文本是学术著作语篇的有类型副文本中自身互文性较为明显的副文本。具有明显互文标记，格式也较为固定，即"……""——"标记之后注明来源主体和来源文献语篇。作者摘引他人之语往往具有一定的选择性和目的性，直接参与语篇的建构（祝克懿，2020）。他人之语，一般为名人名家之语、文化经典、诗词、警句等。与文学作品语篇引语题辞副文本的来源存在一定的差异，民谣、民谚有时会成为文学引语题辞副文本的来源，但是在学术著作语篇中找不到这样的例子。下面我们结合具体实例分析引语题辞副文本≒主文本。例如（17b）中语篇卷首题辞引用的"衣带渐宽终不悔，为伊消得人憔悴。——柳永《蝶恋花》"文本、例（18）语篇题辞引用里克尔的诗歌文本、例（19）语篇题辞引用但丁的《神曲》文本和例（20）布鲁姆《影响的剖析》语篇题辞引用托尔斯泰的文本片段：

(18)《真理与方法——哲学诠释学的基本特征》语篇引语题辞副文本

<u>如果你只是接住自己抛出的东西，</u>
<u>这算不得什么，不过是雕虫小技；——</u>
<u>只有当你一把接住</u>
<u>永恒之神</u>
<u>以精确计算的摆动，以神奇的拱桥形弧线</u>
<u>朝着你抛来的东西，</u>
<u>这才算得上一种本领，——</u>
<u>但不是你的本领，而是某个世界的力量。</u>

——R. M. 里尔克

(19)《春蚕与止酒互文性视域下的陶渊明诗》语篇引语题辞副文本

<u>我凝望着那永恒的光明，</u>
<u>看出你的思想来自什么地方。</u>

——但丁《神曲·天堂篇》第十一歌

(20)《影响的剖析》语篇引语题辞副文本

称职的艺术批评家应该告诉人们在艺术品中搜寻观念是徒劳的，他们必须引导读者深入艺术本身，<u>穿越无尽关联构成的迷宫</u>，乃至最终触及支撑艺术内部关联的法则。

——列夫·托尔斯泰
《致尼古拉·斯特拉霍夫的信》

(17b) 题辞副文本中作者石毓智引用了柳永词《蝶恋花》中的"衣带渐宽终不悔，为伊消得人憔悴"，其引用之意自然不是诗歌本身体现的相思之情，事实上，其引用之意乃王国维《人间词话》中阐释之意，是成就大学问大事业的三种境界中的第二境界。王国维在《人间词话·二十六》中说：

古今之作大事业、大学问者，必须过三种之境界："昨夜西风凋碧树，独上高楼，望尽天涯路。"此第一境也。"衣带渐宽终不悔，为伊消得人憔悴。"此第二境也。"众里寻他千百度，蓦然回首，那人却在，灯火阑珊处。"此第三境也。此等语非大词人不能道。然遽以此意解释诸词，恐为晏、欧诸公所不许也。

学术研究必须经历漫长沉潜过程，才能在学术上有所作为。学术研究第一境界是超越俗谛，第二境界是发奋努力，第三境界是豁然开朗。作者在题记副文本中引用此句，正是表明作者在语篇主文本建构中的学术态度。

例（18）伽达默尔引用了著名诗人 R. M. 里尔克的诗歌文本，里尔克被誉为 20 世纪最伟大的德语诗人之一，与叶芝、艾略特并称为欧洲现代最伟大的三位诗人。其诗思影响了后来德国哲学家存在主义大师海德格尔和法国哲学家萨特等人。伽达默尔在题记副文本引用里尔克的诗，一方面说明里尔克的诗歌在德国哲学家的影响，另一方面适应了伽达默尔在主文本中所探寻的真理和方法的主题，即真理不仅仅是靠自我的反思和顿悟，而且还要得到别人的承认，真理存在于个人思想与他人思想的互动中。

可以看出，诗歌文本进入科学语体，在作者主观目的和语篇宏观战略下会发生语境的重构，从而使意义本身发生改变和调整，从而顺应和适配学术科学语境。

例（20）布鲁姆引用了俄国著名作家、批评家、哲学家托尔斯泰给文学批评家尼古拉·斯特拉霍夫信中的文本片段，旨在说明《影响的剖析》的主题和目的，"影响的剖析"的主题是创造性误读（misprision）[①]、突然转向（swerving）和误会（mistaking）。影响的过程在所有的人文科学和自然科学中都起着作用，在法律、政治、媒体和教育等社会科学领域也一样重要。影响的焦虑分析的是诗歌语篇之间的关系，重视语篇文本之间在隐喻、意象、用词、句式、语法、韵律和诗歌立场层面是否存在某种修正或互文关系。这同样也适用于互文语篇建构的思想。布鲁姆（2016：10）这样定义"影响"：掺杂着防御机制的文学之爱。他在主文本中考察了多种不同的影响关系，如雪莱对叶芝、布朗宁和史蒂文斯的影响。"文学影响的结构犹如一个迷宫，并非线性结构。借用一下本书题词中引用托

---

① misprision 是法律词汇，特指隐瞒叛变或重罪的行为，在布鲁姆的语篇中表达误读或误用他人文字或思想的意思（布鲁姆，2016：8）。

尔斯泰的一句话，我的目的是引导读者'深入艺术本身，穿越无尽关联构成的迷宫'。"（布鲁姆，2016：11）研究主体布鲁姆通过引语题记副文本来表明自己研究的目的。通过二者的耦合关系实现研究目的与思想的互文。

综上所述，自题卷首语题辞和引语题辞副文本可以通过承文的仿写互文和最明显的引语互文或用典互文来建构自身的互文性，而且可以通过主题互文和核心思想互文的互文方式实现与主文本的耦合。在耦合互文过程中，自题卷首语题辞副文本和语境重构之后的引语题辞副文本可以对主文本的理解和意义起到强化或显化的作用。

4.2.3.7　简介副文本与主文本的直接—间接耦合互文

学术著作语篇简介副文本内容一般包括著作内容简介（book blurb）、著作者简介、翻译者简介和丛书简介等。从物理空间分布上看，著作内容简介和著作者简介一般分布在封底、前勒口和后勒口上。一些学者已注意到学术著作内容简介的特殊的评价、修辞和语篇功能，如屈闻明（2007）、廖福妹和尉立萍（2010）、李芳（2012）基于评价理论分析了英语学术著作语篇内容简介副文本的态度、级差和介入资源分布规律以及人际和社会功能（广告和诱导功能），朱亚丽（2016）从西方传统修辞的角度剖析了英语学术著作语篇内容简介副文本在词语选择、句类使用上的特点，认为内容简介副文本的修辞风格需要注重两个方面：一是要保持与学术著作主文本正式、专业、权威的风格相一致；二是要尽量呈现其说服功能。

著作内容简介和著作者简介的作者主体与主文本的作者主体、翻译主体、出版主体之间存在着微妙、复杂的关系，简介副文本虽有一定的建构功能，但总体上是以读者为导向的可读性文本。下文结合实例来分析作为可读性文本的学术著作语篇简介副文本与主文本的耦合互文。主要分析两类简介副文本，内容简介副文本和作者简介副文本。

4.2.3.7.1　内容简介副文本与主文本的直接—间接耦合互文

（21）《语篇和话语的语言学研究》封底简介副文本

本卷侧重于系统功能语法在语篇分析中的应用，所分析的语篇既有高值语篇，也有日常语篇，既有书面语，也有口语，本卷中的所有文章为描写和分析在具体情景语境下使用的语言提供了理论框架，当

△我们△对语法创造意义的理解越深入，对语法家的研究愈发感激，因为他们的工作就是探索寻求例证，以便能够更好地对语篇进行阐释。

本卷的最后一句话："每一个符号行为都会或多或少地让世界发生改变"。这就是本卷语法的力量，用这样的语法，△我们△可以创造意义，可以改变生活，不管是好是坏。语法家发掘并描述那些意义潜势和让世界的影响力得以体现和体验的特征。

（22）《汉语篇章语法》语篇封底内容简介副文本

本书以篇章为经，功能为纬，贯穿全局，主旨在阐述小句与小句间关系及其表述形式。本书研究特色为，对每个形式必先考察其核心语义或功能，然后寻求其所衍生的各种解释。全书主要涉及下列诸问题：体标记的篇章功能、情态副词在篇章中的地位、句末虚词的解析、信息结构的透视、从属结构与前后景的关系、回指词对篇章结构的贡献、话题原型与汉语话题的定义、话题链与"汉语句"的异同。最后以上述诸问题讨论所获结果为基础，用具体的形式，对"汉语句"做出一个较为【确切】、【具体】的定义。

（23）《影响的剖析》语篇封底内容简介副文本

本书是哈罗德·布鲁姆对自己诗学精髓的一次【完整】说明，一种【最深意义上】的心灵自传。他带领△我们△穿过了那些由多年来不断启示和激发他的作家和批评家交织而成的迷宫小径，提出了对有西方正典作品相伴之人生的持久思考：为什么"我"对影响问题如此痴迷地关注？"我"的阅读体验是如何塑造"我"的思想的？为什么有些诗让"我"有感，有些却不能？文学生活的目的是什么？通过对莎士比亚、惠特曼、爱默生、叶芝等布鲁姆最钟爱的文学大家们的剖析，本书向我们揭示了：什么是伟大的文学作品？它是如何变得如此伟大，又为何如此重要？

对比序跋副文本与主文本的耦合互文，内容简介副文本与主文本的耦合互文度更为间接：一是因为序跋副文本虽是解释性的可读副文本，但由于其物理位置（前后扉页）比内容简介副文本所处物理位置（封底或前后勒口）更大，更加不受限。因此其展开的内容可以面向主文本的建构，也可以面向读者陈述内容事实，容易延伸和拓展主文本的意义。而内容简介副文本所处的封底和勒口篇幅较小，处于读者容易接触的空间。内容简介副文本的物理空间一定程度上约束和制约了其和主文本的互文耦合度；二是因为科学语体对内容简介副文本写作的约束，要客观、明白地消极表现主文本表征的研究工作，如研究对象、研究方法、研究的问题、研究的创新之处。因此，内容简介副文本多为事实（facts）陈述，对主文本的观点和思想（opinions）较少主动提及，即便提及也是采用直接引语的互文方式引入，如例（21）"本卷的最后一句话：'每一个符号行为都会或多或少地让世界发生改变'"。同样的思路可以探讨内容简介副文本与学术论著语篇提要副文本之间的差异。同样是减缩互文路径（对比增添互文路径）而形成的互文，其互文强度却存在极大的差别。内容简介副文本的诱导性功能使得其在修辞上采用积极修辞策略，如疑问句的使用［见例（23）］，从会话理论来看，疑问句的使用是对话性语篇的一个典型特点。

4.2.3.7.2 作者简介副文本与主文本的直接—间接耦合互文

而作者简介副文本与作者主体副文本联合对主文本形成强耦合互文。作者简介副文本内容一般包括作者的职称、学历、社会职位、教育和工作经历、研究方向和专业领域、研究出版论著及数量、基本学术思想及其影响力等。如格雷西亚《文本：本体论地位、同一性、作者和读者》语篇后勒口作者简介副文本和韩礼德《语言与教育》语篇前勒口作者简介副文本：

（24）《文本：本体论地位、同一性、作者和读者》语篇作者简介副文本

乔治·J.E. 格雷西亚，是一位在当代美国哲学界【享有盛誉】的【著名】哲学家，在哲学史、尤其是在中世纪哲学研究方面【成就卓著】，同时又是英美哲学解释学领域的【代表性人物】，现为美国纽约州立大学布法罗分校哲学系和比较文学系的【杰出教授】和 Samuel P. Capen【讲席教授】，曾任该校哲学系【主任】，并长期担任美国形而上学学会、中世纪和文艺复兴哲学学会……【主席】职务。……格雷西亚是一位【极其多产】的学者……在众多领域出版了40多部著作，发表了200多篇论文，论著被翻译为多国文字，在国际学术界产生了【广泛的影响】。

(25)《语言与教育》语篇作者简介副文本

韩礼德教授是当今世界语言学界的【领军人物】之一。其学术背景源自欧洲语言学传统，在索绪尔基础上于20世纪中期发展而来；他直接师承【伦敦语言学派创始人】弗斯，但其语言学研究从中国起步，【受业于两位杰出的中国学者】——罗常培教授和王力教授。他把语言学看作一门科学，如今则归属于一个更为一般层面上的意义科学……他发展了一种个性独特的语言理论，这就是【众所周知】的"系统功能语言学"，把语言看作一种经由人类进化而来的"社会符号（意义）系统"，个体给予推进，最终以语篇形式展开；语篇是语言系统的实例化，语篇之于语言如同天气之于气候。这种理论已被【广泛应用】于文体学、语言教育、人工智能和临床实践。对于那些研究和应用语言的人来说，这是一种"适用"模型，一种融历时演进于共时视域的综合性泛时【理论范式】。

任何认知（信念、归纳性知识、传闻性知识和演绎性知识）都涉及传信或理据范畴（evidentiality）的信息来源（信源）问题，信源往往决定着信息的可靠程度（陈振宇，2017：21-22）。信源有直接信源和间接信源之分，直接信源是指视觉的、感官的、听觉的，或由亲身经历所记忆的直接的信息来源，间接信源可来自于自我的推理，也可来自于他人的言语，还有更为复杂的、多样的综合性的来源，如书本知识，或者科学归纳分析的结果等（陈振宇，2017：23）。学术著作语篇作为研究者主体的知识产品，研究者主体自身的研究能力是影响信源可信性的重要因素。作者主体名称和简介副文本的语篇功能从某种意义上来讲，主要是为了明示研究者主体研究能力和信源可信性的一种策略性修辞言语活动。

我们还可以从社会和文化的角度来看作者简介副文本对信源主体的强化和明示作用。法国社会学家皮埃尔·布迪厄（Pierre Bourdieu）曾把科学看作社会场（social field）的一部分，科学家或学者是社会场的产物，社会场中的成员、团体或共同体，因占据不同的网络纽结位置而获得不同的社会资源和权力。场作为各种要素形成的关系网，始终处于不断变化和动态建构过程之中，其动态变化的动力就是社会资本（social capital）。布迪厄将资本分为文化资本、经济资本、社会资本（人脉带来的资源）和象征资本（个人声望、名誉带来的资本）四类（施佳鑫，2018）。与本研究最相关的是在作者简介副文本中所明示的作者的文化资本、社会资本和象征资本，文化资本的存在形式包括对事物的态度、兴趣爱好、知识、物品、证明某种资质的证书等。文化资本还可以再分为三个次类：具体文化资本（objectified cultural capital）、内含文化资本（embodied cultural capital）和制度文化资本（institutionalized cultural capital），具体文化资本是指具有文化含义的客观存在的物体，如藏书；内含文化资本指知识、谈吐、审美、爱好等内含于个人的文化资本；制度文化资本是指制度上被认可的文化资本，如学历、职称等。人的资本（资源）还可以从个人资源和社会资源两个方面来理解，个人资源是自己可支配的资源，如知识、学历，社会资源是嵌入个人社会关系网络中的资源，如权力、声望等（布迪厄文化资本的下位分类转引自施佳鑫，2018）。文化资本、社会资本和象征资本越"雄厚"，作为信源的作者主体的可信性越强，越能强化主文本的思想，反过来，主文本思想越强化，越被人接受，其象征资本和社会资本越多。这是一个相互促进、相互耦合的良性互文过程。

例（24）、例（25）中除了有直接态度评价的形容词或名词（著名、成就卓著、代表性、领军）之外，还有一系列标示作者社会资本、象征资本和文化资本的用语。如标示作者社会资本的师承关系（"韩礼德师承英国著名语言学家弗斯和中国杰出语言学家"，汉语中也有形容师承关系对主体的影响的俗语"名师出高徒"）、权力（学术）地位（格雷西亚是多个哲学学会的主席和哲学系主任）；标示作者内含文化资本，专业方向、理论和知识，论著是科学家或学者内含文化资本的外在表现，表现在语言层面就是"著作等身、极其多产、发表论著数篇"等等；标示作者主体制度文化资本（学历、职称），如博士学历，教授、研究员、博士生导师、硕士生导师、杰出教授、讲席教授、终身教授、长江学者等职称或荣誉称号；标示作者象征资本的用语，从某种意义上来讲，象征资本建立于文化资本和社会资本和经济资本的基础之上，表现在语言层面就是"代表性人物、领军人物、在国际上享有盛誉、在著名期刊上发表论文、论著翻译成多国语言"等。

展示在作者简介副文本中各种资本都可以间接加强读者对学术思想或信息的主体来源的可信性。它们之间是一种良性互动、相互耦合互文的关系，主体来源的可信性越强，读者越可能接受。读者越接受，主体的思想和信息的传播范围越广，之后作者副文本可展示的相关文化资本、社会资本和象征资本越多。

综上所述，内容简介副文本可以通过约缩、引用等互文形式建构起与主文本的直接—间接耦合互文，此耦合互文过程可以引导读者把握主文本的核心事实、思路脉络、意义价值和激发读者对主文本核心思想观点的认知期待；作者简介副文本可以通过社会文化或体裁互文形式建构起与主文本的直接耦合互文，参与主文本意义的生成和理解，可以通过加强和凸显信源主体的权威性、社会资本、文化资本和象征资本，从而作用于读者对主文本意义的互文理解。

4.2.4　副文本与主文本的间接耦合互文

学术著作语篇副文本与主文本的间接耦合互文将讨论文本或语篇类型互文性在语篇意义生成和理解中的作用。基于文本或语篇类型互文性是指语篇（文本）与语篇类型（如体裁、文类范畴、文体、语体、认知框架、同一作者的其他语篇、同一主题的其他语篇、同一出版单位的其他语篇、同一丛书的其他语篇）宏观上的、结构上的、题旨上的、普遍性的类型规约或聚合对立而建立的互文关系，类型性他文本具有隐含主体性（雾化主体）、隐含时间性和隐含空间性（模糊时空）。这些互文本联系的"型文本"（archi-texts，文本所从属的集群。参见赵毅衡，2016：142）与4.2.3节讨论的结构边界较为清晰的具体副文本存在巨大差异，型文本往往没有统一结构，耦合交合点和自身边界比较模糊，类型多种多样。但这些型文本往往在语篇副文本中留有显性和隐性的提示（cue）。此节将讨论型文本是如何通过副文本提示或暗示与主文本实现间接耦合互文的。根据型文本的具体性程度可以分为具体型文本—副文本与主文本的间接耦合互文和抽象型文本—副文本与主文本的间接耦合互文。

4.2.4.1　具体型文本—副文本与主文本的间接耦合互文

具体型文本，又可以称为具体型语篇，因为它是一个由一系列相关语篇组成的语篇集群。这些语篇的关联点多种多样，如同一套丛书、同一个作者、同一个主题、同一个奖项、同一个时代、同一个学派、同一种科研项目、同一种风格①，等等。这些关联点大多会在副文本中或显或隐地指

---

① 关于"风格"范畴的定义和演进及互文风格可参考祝克懿（2021）、范昕（2009）、黄鸿辉和祝克懿（2022）。

明。它们都可能影响语篇主文本意义的接收和理解。下面试举几例来说明学术著作语篇具体型文本是如何与当下语篇主文本进行耦合互文的。

（26）《语言与教育》语篇书脊和封面丛书信息副文本和封底列表副文本
（书脊封面丛书信息副文本）
韩礼德文集（九）
（封底文集列表副文本）
论语法
语篇与话语的语言学研究
论语言与语言学
婴幼儿的语言
科学语言
语言的可计算性与可量化研究
英语语言研究
汉语语言研究
语言与教育
语言与社会
21 世纪韩礼德论语言

例（26）通过封面副文本和封底副文本的丛书名称和丛书书目列举标明了与主文本《语言与教育》相关的同一作者主体韩礼德的其他学术语篇，它们构成一个语篇场，对全面了解韩礼德的学术思想和观点起着至关重要的作用。一个知名学者的思想很难通过一本书、一篇论文的阅读就可以全面了解透彻。一是因为知识本身具有系统性，一本书、一篇论文的容量有限；二是个人思想会随着知识积累和新知识理念的更新而永远处于不断改变之中。通过副文本提及关联的具体型文本越多，越容易全面了解一个学者的知识系统和当下语篇主文本的真实意义。这些文本语篇群可以看作是当下语篇意义建构的语篇语义潜势。

（27）《比喻、近喻与自喻》语篇封底丛书副文本
认知语言学与汉语研究丛书

语法六讲

从施受关系到句式语义

语言理解与认知

构式语法与汉语构式

现代汉语动词的认知与研究

汉语句法的认知结构研究

比喻、近喻与自喻——辞格的认知性研究

例（27）通过封底副文本的<u>丛书名称</u>和<u>丛书书目</u>列举标明了与主文本《比喻、近喻与自喻》相关的同一语言学派——认知语言学派的其他学术语篇，它们构成一个了解认知语言学在中国发展和适用的语篇场，对全面了解认知语言学中国化的学术思想及其具体应用起着至关重要的作用。对比例（26）、例（27）副文本提示的同一作者主体的具体型文本和同一主题或流派的具体型文本，我们认为，同一作者主体的具体型文本与当下语篇主文本的互文耦合关系相对更为紧密。

同一作者、同一主题等具体型文本不但可以通过像例（26）、例（27）中那样的专门副文本块来标识。还可以间接地在作者简介副文本、内容简介副文本、序跋副文本中提及。如：

(28)《文本：本体论地位、同一性、作者和读者》前勒口内容简介副文本

本书是当代美国著名哲学家格雷西亚在哲学解释学领域的代表性著作之一，是他的<u>《文本性理论：逻辑与认识论》</u>（汪信砚、李志译，人民出版社 2009 年版）的<u>姊妹篇</u>，它们之间具有不可分割的内在联系。其中，<u>《文本性理论：逻辑与认识论》</u>主要探讨了文本概念的内涵和外延、文本的分类法等逻辑和认识论基础，它们构成了本书的理论前提；本书则运用前一部著作所得出的结论、特别是它所形成的文本概念……<u>通过这两部著作的探讨，作者建构了一种完整的文本性理论</u>。

(29)《汉语篇章语法》语篇的前勒口作者简介副文本

<u>屈承熹</u>，1930 年生于江苏常熟。台湾师范大学英语学士、硕士，美国得克萨斯大学语言学硕士、博士……主要著作有：<u>《语言学论</u>

丛：理论、应用与汉语语法》（1979）、*A Reference Grammar of Mandarin Chinese for English Speakers*（1983）、*Historical Syntax: Theory and Application to Chinese*（1987）、*A Discourse Grammar of Mandarin Chinese*（1988）、《汉语认知功能语法》（1994/2004）、《简易华语语法》（1999）。发表论文及书评近80篇。

（30）《比喻、近喻与自喻》语篇"告读者"副文本

尊敬的读者：

欢迎您阅读本书。学林自出版平台（www.xuelinpress.com）为本书读者免费提供下列服务：

1. 对本书内容进行全文检索；

2. 了解互联网上各主要网站对本书的评论。您也可以发表对本书或本书作者的评论，与其他读者沟通。

3. 查看本书作者的详细情况，您可以通过站内信与作者直接沟通……

学林出版社

例（28）内容简介副文本中直接明示了指定性文本或语篇《文本性理论：逻辑与认识论》并说明了二者之间的系统性和逻辑性关系，例（29）作者简介副文本中明示了与主文本同一作者的其他自由性文本或语篇《语言学论丛：理论、应用与汉语语法》、*A Reference Grammar of Mandarin Chinese for English Speakers*、*Historical Syntax：Theory and Application to Chinese*、*A Discourse Grammar of Mandarin Chinese*、《汉语认知功能语法》《简易华语语法》，它们与当下语篇主文本之间的互文关系是潜在的。同样，例（30）中后衬页"告读者"副文本中通过告知读者"学林自出版平台"上"对本书的评价"提示还有关于当下语篇的大量自由性、开放评价语篇。从例（29）和例（30）可以发现自由性间接文本相互之间也存在具体性程度的差别。

4.2.4.2 抽象型文本—副文本与主文本的间接耦合互文

抽象型文本，严格来讲，是一种准文本，或者说是一种广义文本，包括体裁、语体、价值、写作框架、文体、认知框架等。广义文本性的存在或显或隐地会在副文本中指明。它们都可能对语篇主文本的接收和理解起到认知、导向作用。如在一定程度上反映物理和精神语篇的价值的"价

格标签"副文本，标价过高或过低都会影响读者对语篇主文本的物理接近和意义接受。相对于具体型文本的作者可控性和有边界性，抽象型文本往往具有不可控性和无结构边界性。仔细考察发现，这些抽象型文本也会在副文本中或显或隐地留下痕迹，一定程度上影响着当下语篇主文本的理解。如：

(31) 封底"上架建议"或"上架指导"副文本
上架建议：语言·<u>普及读物</u>（塞缪尔·早川和艾伦·早川《语言学的邀请》）
上架建议：<u>语言学</u>（刘大为《比喻、近喻和自喻》）
上架建议：<u>文学理论</u>（范子烨《春蚕与止酒：互文性视域下的陶渊明诗》）

(32) 中国人民大学出版社二维码副文本
<u>学术沃土·思想摇篮</u>

(33) a《奢侈的女人》"<u>文明小史</u>"丛书介绍副文本
文明并不遥远、艰涩，而是人类生活的轨迹；
经由不同的角度与层次，信手拈来都是文明；
<u>历史不再蹲踞于学院的高塔，走入社会，行向更宽广的大地。</u>
b《奢侈的女人》内容简介副文本
<u>女人的衣柜里永远少一件衣服，这一消费行为的经济意义是什么？女人爱买奢侈品又折射出怎样的女性消费行为？</u>……

(34)《语言学的邀请》语篇后勒口诗歌副文本
<u>人生的旅程就是一场旅行</u>
<u>青春是最美的一段风景</u>
<u>你，永远自由的心灵</u>
<u>请接受我的邀请</u>
<u>与我同行</u>
<u>在苍茫的路途上</u>
<u>燃烧激情</u>
<u>刻下这独一无二的我和你</u>
<u>融入那亘古不变的天和地</u>
——<u>在路上</u>

符号文本的解释依靠文本与文化的关系，依靠体裁强迫接受者与文化签下的"写法和读法"的契约（赵毅衡，2016：139）。抽象的体裁型文本、语体型文本、认知和解读框架型文本会通过副文本的提示使读者和语篇主文本签订"读法"的契约，建立起认知框架、体裁期待、语体期待、价值期待等主文本语义期待。专门学术著作语篇副文本有"研究""理论""学术""科学"等词语来激活主文本的体裁认知和解读框架（诸如科学性、信息性、知识性、理论性、概念性），科学普及性著作语篇在副文本有"普及读物""社会""畅销书"等显性词语，也有用通俗性的话语和文学性的话语来隐含地标识主文本为普及性科学内容，如《奢侈的女人》封底内容简介副文本的首句就是通俗性的话语"女人的衣柜里永远少一件衣服"，《语言学的邀请》后勒口副文本是一首极富文学性的小诗"人生的旅程就是一场旅行，青春是最美的一段风景。你，永远自由的心灵，请接受我的邀请。与我同行，在苍茫的路途上。燃烧激情，刻下这独一无二的我和你，融入那亘古不变的天和地。——在路上"。就像韩礼德（2011：140）指出的那样，文学话语往往具有极高的社会声望，一是因为文学话语和日常话语相比，文学话语更新奇，二是因为文学话语的功能比一般话语的社会价值更高，因此文学话语更容易延伸到其他社会语境当中去。由于普及性科学著作语篇的读者对象是社会大众，所以从这个意义上讲，文学性语言的出现就是一种社会大众读者体裁的标识。第六章也会看到科普著作语篇副文本和文学作品语篇副文本在类型设置和功能配置上的一致性。

体裁型文本是最明显、最宏观的型文本。不同体裁满足读者不同的需求，如情感需求（need for affection）、认知需求（need for cognition）、知识需求（need for knowledge）。体裁具有强大的力量，同样的语句，在不同的体裁下，可以产生完全不同的意义，任何阅读必定有体裁程式的支持和限制（赵毅衡，2016：142、135）。读者的头脑不是一张白纸，任凭符号文本在上面添加意义。读者在阅读文本之前往往会将其定位于某种相应的体裁，然后在这个体裁的制约下，给予即将解读文本的方式和关注重点。这就是体裁期待对主文本意义的约束。学术性体裁型文本会将主文本的意义导向信息性、系统性、事实性、概念性等知识性意义方向。事实上，具体型副文本和抽象型副文本之间具有可通约性，因为提及另一个语篇就会含蓄地触及一个体裁的规则中包含的全部潜在意义，但是能否建立该语篇理解或建构赖以形成的典型范式往往取决于读者的类型。我们将在第六章中论述不同读者对互文阅读和互文建构的激活情况。

综上，副文本可以或显或隐地提示具体型文本和抽象型文本的存在，从而使型文本—副文本与主文本产生间接耦合互文。在耦合互文的理解过程中实现"广义文本性"或基于文本或语篇类型的篇际互文性。具体型文本客观上延伸着主文本的意义，抽象型文本客观上对主文本的意义的生成具有约束作用，因为副文本所提示的抽象型文本可以给读者不同的体裁期待、认知框架期待、价值期待。

4.3 学术著作语篇副文本与副文本间的次级互文

4.2 节探讨了学术著作语篇副文本系统与主文本系统相互扩展的耦合互文，探究时也涉及了副文本系统内部不同副文本类别之间的互生互存、相辅相成的互文关系。如果说语篇主文本系统与副文本系统的耦合互文为初级互文的话，本节探究的学术著作语篇副文本系统内部不同副文本之间的互文互涉、相互扩展的互文关系可以说是次级互文。次级互文并不是说它不重要，而是说它们之间的互文处于语篇内文本之间互文的第二层级。不同副文本之间的互文方式与副文本与主文本之间的互文方式并没有什么太大不同，同样也有引用（包括挪用、复制等）、改造、缩写、延伸、重组、外指照应等互文方式。

4.3.1 副文本与副文本的组构及互文类型

4.3.1.1 副文本与副文本的层级和网状组构

副文本系统内各副文本的空间分布有一定的层级性，在内容配置上也存在一定的规律性。地球作为围绕太阳运行的九大行星之一，其与围绕它运转的月球构成一个地月天体系统。若把地球比喻为围绕太阳主文本运转的一个副文本，那么月球就是围绕地球副文本运转并影响地球副文本的一个次级副文本。语篇副文本各种各样，它们之间的相互影响和相互扩展的互文关系也是纷繁复杂的。原则上，每两个副文本之间都有关系。但不是所有的关系（如同指关系、直接词语和部分对象词语）都是互文关系，只有对当下文本意义的解读产生影响的前文本（互文本）与当下文本产生的思想互涉、意义互涉关系才是互文关系。可以通过副文本间的互文网络图（图4-5）来直观地了解副文本的系统性和层次性。

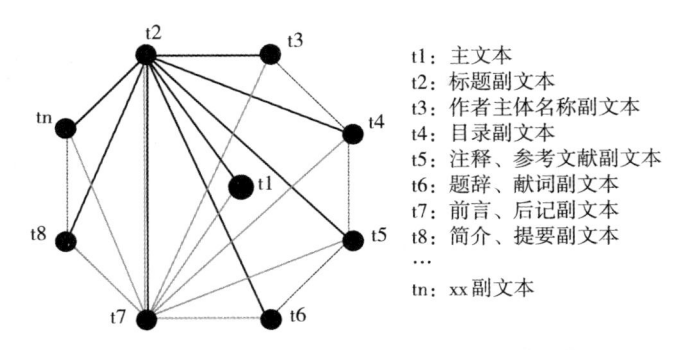

t1：主文本
t2：标题副文本
t3：作者主体名称副文本
t4：目录副文本
t5：注释、参考文献副文本
t6：题辞、献词副文本
t7：前言、后记副文本
t8：简介、提要副文本
……
tn：xx副文本

图 4-5　学术著作语篇副文本间的互文网络①

4.3.1.2　外副文本与内副文本的互文类型

数字媒体或新媒体（包括自媒体）使语篇成为一种新型混合时空的语篇（the new hybrid spatio-temporal texts）。语篇副文本系统由内副文本和外副文本一起组成。外副文本不仅包括热奈特（Genette，1991）所列举的媒体刊载的访谈和对话或作为私人交流的信函、日记，还包括实体书店和网络书店在著作售卖地点或页面上关于著作的介绍、评价等。这些都是进入主文本的门槛，尽管有的直接，有的间接，有的可及度高，有的可及度低。内副文本和外副文本所处物理空间不同，一个在语篇之内，一个在语篇之外，二者具有互补性和一致性，用于满足不同媒介条件下包装、延伸、引导、评价、介绍主文本的功能。下面从三个方面对副文本之间的互文进行分析：（一）外副文本与外副文本之间的互文关系；（二）外副文本与内副文本之间的互文关系；（三）内副文本与内副文本之间的互文关系。内副文本与内副文本之间的互文关系将在4.3.2节中专门讨论。下面举例来说明学术著作语篇外副文本与外副文本之间的互文关系和外副文本与内副文本之间的互文关系。

4.3.1.2.1　外副文本≒外副文本

就像在3.3.1节中指出的那样，外副文本的形成具有不可控性和绵

---

① 为了清晰地反映副文本之间的互文关系网络，图中仅画出了t2（标题副文本）与其他副文本之间的互文网络（黑实线）和t7（简介副文本）与其他副文本之间的互文网络（灰实线）。事实上，其他副文本之间也存在种种互文关系。

延无限性，全面搜集外副文本具有不现实性和不可操作性。我们在此仅列举购物网站上与学术著作语篇外副文本作为讨论的对象，以销售属于商务印书馆出版的"文明小史"丛书之一的《奢侈的女人：明清时期江南妇女的消费文化》的购物网站（京东网）和评论该书的网站（豆瓣网）为例。

（35）购物网站副文本

图4-6 《奢侈的女人》语篇购物网站副文本（部分）示例

副文本1：历史>历史研究与评论（图4-6中左上角所示）

副文本2：【a 跳脱父权观念，呈现明清时期妇女的消费行为和消费文化】（图中作者主体副文本"巫仁恕"之上文本）

副文本3：△编辑推荐△：【b 女人的衣柜里永远少一件衣服，这一消费行为的经济意义是什么？女人爱买奢侈品又折射出怎样的女性消费文化？《奢侈的女人》描述了明清时期人们日常生活中的消费行为，着重分析了明清时期人们的消费行为和消费文化，论述了妇女在明清时期盛行的奢侈风气中的重要性，并试图｛解答1妇女是否参与奢侈消费，2为何有能力消费奢侈品，3妇女的奢侈品消费对当时两性关系的影响，以及4对当时的流行风尚与产业结构有怎样的作用这一系列问题｝】。

副文本4：△内容简介△：【c 女人的衣柜里永远少一件衣服，这一消费行为的经济意义是什么？女人爱买奢侈品又折射出怎样的女性消费文化？本书以中国奢侈风空前高涨的明清时期的江南妇女为研究

对象，论述了妇女在奢侈风气中的重要性，分析了妇女的奢侈品消费对两性关系、流行风尚及产业结构的影响。】

副文本 5：△作者简介△：【d 巫仁恕，台湾大学历史学博士……主要研究领域为明清社会经济史、明清文化史、中国城市史。主要著作：《品味奢华：晚明的消费社会与士大夫》……《优游坊厢：明清江南城市的休闲消费与空间变迁》。】

副文本 6：消费者购物评价副文本（如图 4-7 所示）

商品评价　好评度 98%　品质一流

全部评价（500+）晒图（307）追评（5）好评（500+）中评（5）差评（2）

消费者 1：★★★★★ 居然是线装，简直是完美，京东快递非常棒，快递小哥态度非常好！书包装完整，印刷清晰，真的很让人满意，差不多 6 元入手，简直是太棒了，高铁上面单程可看完，口袋书，却很精致，值得拥有。

消费者 2：★★★★★ 非常好，有活动，价格美丽。值得推荐购买，京东自营有保障，性价比高。

消费者 3：★★★☆☆ 一般，怎么奢侈，没看到。名妓，穿什么，戴什么，看看金瓶梅，吃什么。这本书，一点看头都没有。（购买 12 天后追评）为什么没奖京豆？

消费者 4：★★★★★ 挺有意思的一本小书，尺寸小的可以放进女士小挎包里。原来古人也懂时尚，也喜欢随波逐流，喜欢炫耀，喜欢奢靡，女同胞不管在哪个朝代都是引领风尚的主力。

（36）商务印书馆网站副文本

副文本 1：读者对象：大众读者。

副文本 2：△主题词△：妇女，消费文化，华东地区，明清时代。

副文本 3：△编辑推荐△：跳脱父权观念，呈现明清时期妇女的消费行为和消费文化。女人的衣柜里永远少一件衣服，这一消费行为的经济意义是什么？女人爱买奢侈品又折射出怎样的女性消费文化？《奢侈的女人》描述了明清时期人们日常生活中的消费行为，着重分析了明清时期人们的消费行为和消费文化，论述了妇女在明清时期盛行的奢侈风气中的重要性，并试图解答①妇女是否参与奢侈消费，

图 4-7 《奢侈的女人》语篇购物网站商品评价副文本（部分）

②为何有能力消费奢侈品，③妇女的奢侈品消费对当时两性关系的影响，以及④对当时的流行风尚与产业结构有怎样的作用这一系列问题。

　　副文本 4：△作者简介△：同（35）副文本 5。
　　副文本 5：△内容简介△：同（35）副文本 4。
　（37）评论网站副文本
　　副文本 1：△内容简介△：在传统中国妇女受尽礼教欺压的印象下，很难想象明清时期的妇女竟可过着奢侈的生活。①、④无论是流行时尚的服饰妆扮、精致可口的美味佳肴，甚至出外游山玩水、庙会进香，都成为当时江南妇女生活中精彩的一部分。不仅限于富贵人家，中产之家也起而效尤，争相比美。

　　妇女超越生理基本需求的消费，代表明清时期妇女收入和经济力的提升，而晚明的情欲观，正好提供人们追求感官欲望的合理化基础与动力。②情欲观带动情色产业的兴盛，妓女成为流行时尚的代言人。③妇女的奢侈消费也冲击了两性关系，明清的士大夫对此提出许多批评，其中夹杂着性别偏见，甚至以法令严格规范妇女奢侈的消费。本书从消费的角度，重新观察明清妇女的生活、地位及其对当时产业的影响，期望能予读者明清妇女另一面貌。

　　副文本2：文明丛书

　　副文本3：△豆瓣成员常用的标签△：历史女性巫仁恕文化研究文化消费明朝经济

　　副文本4：△读者评论△a：序言中提及的问题在正文中几乎没有回答，或者也只是浅显地提到而已。……读者评论b：小册子，不过序确实有趣。

　　例（35）中购物网站副文本4和副文本5、例（36）中副文本4和副文本5与纸质版语篇内副文本（作者简介和内容简介）是复制性耦合互文。其他均为外副文本，涉及不同的主体：出版主体（出版社编辑）、网站营销和运营主体、读者（消费者）。对比网站外副文本和出版主体外副文本发现，二者之间的互文最为直接也最为明显，"网站外副文本2"+"外副文本3"="出版主体外副文本副文本3"（编辑推荐副文本）。从"网站外副文本2"在网站中的位置可以看出，出版主体编辑推荐（部分）副文本在不同语境中的使用。因此空间位置赋予了出版主体外副文本新的意义。

　　对比网站外副文本3或出版主体外副文本3与评论网站外副文本1可以发现，编辑推荐副文本主要是抛出问题：①妇女是否参与奢侈消费？②为何有能力消费奢侈品？③妇女的奢侈品消费对当时两性关系的影响以及④对当时的流行风尚与产业结构有怎样的作用？而评论网站内容简介外副文本是提供观点：①、④服饰妆扮、精美味佳肴、出外游山玩水、庙会进香都是妇女参与奢侈消费的行为；②情欲观带动情色产业的兴盛，妓女成为流行时尚的代言人，同时说明了它们有能力消费奢侈品；③妇女的奢侈消费也冲击了两性关系，明清的士大夫对此提出许多批评，其中夹杂着性别偏见，甚至以法令严格规范妇女奢侈的消费；不仅限于富贵人家，中产之家也起而效尤，争相比美。一问一答正好耦合，为了解主文本意义勾勒了全貌。如果说购物网站和出版社属于知识生产和销售主体，那么读者就是知识的消费主体。在购物网站上所呈视的商品评价就是消费主体留下的意义痕迹。商品评价作为外副文本一定程度上导向着潜在读者的意义接近，影响读者是否消费。如例（35）副文本 6"好评度 98%，品质一流"很容易诱导读者接近主文本，"挺有意思的一本小书，尺寸小的可以放进女士小挎包里"一定程度上暗示了潜在女性接受群体。例（35）副文本 6 中也有与网站外副文本互文之处，多数通过元元副文本来实现，如评价编辑推荐副文本和标题副文本的，"怎么奢侈，没看到""原来古人也懂时尚，也喜欢随波逐流，喜欢炫耀，喜欢奢靡，女同胞不管在哪个朝代都是引领风尚的主力"。

另外，商务印书馆网站上的关键词副文本与评论网站上的标签副文本之间存在重合和关联。是一种间接的互文。以上分析可以看到，外副文本之间的直接互文和间接互文一定程度上可以解释互文在建构和理解意义中的强化或抑制功能。

4.3.1.2.2 外副文本≒内副文本

上文已经提到一些外副文本完全与内副文本内容相同，只是承载方式上的不同，网络形式和书面语形式之别。此节分析那些非复制型互文关系的耦合互文。还以《奢侈的女人》语篇为例：

(38)《奢侈的女人》语篇内副文本
a 标题副文本：<u>奢侈的女人：明清时期江南妇女的消费文化</u>
b 作者主体副文本：巫仁恕
c 丛书标记副文本：<u>文明小史</u>
d 作者自序副文本：
婚前和女友在台北市顶好商圈逛街，对我而言除了炫目的颜色之外，实在没有什么乐趣可言。……毕业后有了稳定的工作，……想要靠它的薪水在台北市从容地生活，真可说是："长安居，大不易也！"虽然如此，我仍然会狠心地花钱购买过去视为"奢侈品"的东西，尤其是衣服。

……此前受邀为日本《中国史学》期刊撰稿，我尝试性地写了一篇研究讨论，名为《妇女与奢侈——一个明清妇女消费研究史的初步检讨》。完稿后颇觉意犹未尽，……于是我以原著为蓝本，在增补资料扩大成本书。

需要说明的是本书主标题名为"<u>奢侈的女人</u>"，并非贬抑妇女同胞之意，这里的"奢侈"并非负面之词，以此为标题正是要反映妇女的消费所具有的特殊意义与重要性，往往超过男人的消费。本书并没有结论，因为这个课题尚未有定论……

巫仁恕

e 封底副文本

文明并不遥远、艰涩，而是人类生活的轨迹；
经由不同的角度与层次，信手拈来都是文明；
历史不再蹲踞于学院的高塔，走入社会，行向更宽广的大地。

女人的衣柜里永远少一件衣服，这一消费行为的经济意义是什么？女人爱买奢侈品又折射出怎样的女性消费文化？本书以中国奢侈风空前高涨的明清时期的江南妇女为研究对象，论述了妇女在奢侈风气中的重要性，分析了妇女的奢侈品消费对两性关系、流行风尚及产业结构的影响。

f 参考书目副文本（略）

g 前勒口作者简介副文本 ［同例（35）副文本 5］

购物网站消费者评价副文本诸如"怎么奢侈，没看到"和评价网站读者评价副文本"序言中提及的问题在正文中几乎没有回答，或者也只是浅显地提到而已""小册子，不过序确实有趣"与作者自序内副文本形成一种元互文关系，即评论关系，是语篇中指定性副文本与评论副文本的直接互文关系。二者相互组合构成一种评论结构共同服务于整个或部分语篇的意义生成和理解，例如对"奢侈"一词的褒贬的理解。

评价网站读者标签外副文本和出版单位关键词外副文本与内副文本标题、内容简介、作者主体、丛书标记都有一定的同指互文，各自以词语互文的形式浓缩到一个副文本中，一起服务于读者对主文本内容形成初步印象或激活读者的相关认知和阅读框架。

4.3.2 内副文本与内副文本间的直接互文

内副文本和内副文本之间的物理空间距离与外副文本和内副文本之间的空间距离相比，前者更近，从心理上也更可及。下文结合具体实例来看内副文本与内副文本如何组构成微副文本系统，在此基础上理解主文本的意义。

4.3.2.1　标题副文本与序跋副文本的直接互文

专业学术著作语篇标题副文本受拘束、理智的情景和抽象、概念的题旨制约，往往采用消极修辞，力求明确、平匀。而一些普及性科学著作语篇有时会使用积极修辞手法或显性互文的方式来组织和建构标题副文本，此类标题副文本往往受到语体的制约，作者主体会在序跋副文本或其他副文本中对其意义进行元语言解释。如巫仁恕在《奢侈的女人》语篇自序副文本中对标题副文本中的"奢侈"的理解和解释："奢侈"在日常语言中的确是一个贬义词，如词典中的解释的"花费钱财过多，享受过分"，在自序副文本中作者解释了使用此词的特殊意义。因此，词语本身便有两重意义。这与文学作品语篇副文本存在差异。文学作品语篇蕴含多重意义的标题副文本往往不加解释，解释本身是一种多元意义消解的行为。

再看陈尚君《我见青山》语篇标题副文本和序言副文本之间的直接互文：

(39) a《我见青山》语篇标题副文本
我见青山
b《我见青山》语篇序言副文本
本书初拟书名为《读书与治学》，已交出版社，但总感不满意。今年六月末与罗时进教授同车赴京，谈及此憾。忽念稼轩词："<u>我见青山多妩媚，料青山见我应如是</u>。"似可以"<u>我见青山</u>"名书，得罗教授激赏，遂得确定。盖稼轩本意，写人与自然之相得无间。<u>青山绵连，何处无之，远望则悠然成峰，变化气象，迫近则葱茏森蔚，蓊郁苍茂，藏龙卧虎，不可涯量</u>，稼轩乐观其妩媚丰茸，想其必亦能理解一己之与世乖违，颓放纵肆，块垒沟壑，苍茫悲歌，所谓<u>互为欣赏</u>者，不能得谐于世俗，何妨邀情于莽苍。人我合一，万物同我，<u>此之谓也</u>。
……承师友、门人信任，偶有所成，嘱我弁言，<u>领略风华，感受新知</u>，真有稼轩当年青山独往、阅尽繁华之感。

"我见青山"从字面上看，一般很难看出其"用典"辞格，但是可以感受到不像是学术著作语篇的标题，作者在序言副文本中，直接指明书名的出处，乃是辛弃疾之词"我见青山多妩媚，料青山见我应如是"的减省，并在其后解释其用典互文的用意，乃将师友、门人比作青山，喻指他们绵延成峰，气象万千，藏龙卧虎，妩媚丰茸。同上文分析的一样，修辞的题旨情景决定了序跋副文本或其他副文本要解释本身具有多义性的标题副文本。

4.3.2.2 序跋副文本与简介副文本的直接互文

一般在专门学术著作语篇中很少出现腰封副文本，但是在普及型科学著作语篇中经常出现一般只出现在文学作品语篇副文本中的腰封副文本。在此主要探究序言副文本与腰封简介副文本或勒口简介副文本之间的互文。

(40)《我见青山》语篇自序副文本和简介副文本的互文
a.《我见青山》语篇腰封简介副文本
不逢迎，不徇俗，不虚誉，不囿情，揭示精髓所在，指示向上一路。
一份持守，一份眷念。
一段青山偕往的人生。
一部未来学术的备忘录。
b.《我见青山》语篇序言副文本（部分）
序之为体，昉自汉魏，其例必自本书起兴，因感知而引发议论，传首读之愉悦，记成就之艰难，揭著述之旨要，作学术之鼓吹，自有不同于他体者。初作一二，或有不赞同者，于行文间偶商榷之，得前辈提醒方知未恰。然今人所作，多托空言，称许赞美，不存边际，私心亦颇不能赞同。我本非过于自信之人，又怯于回绝人情，每得所请，未尝不辗转反侧，犹豫多时，不知何处着笔。后稍得解，觉一切均当持实事实述之态度，叙彼此之缘分，述初度之领悟，作微婉之引领，存师友之情分。间亦略作变化，因某事或引发议论，甚至远离本题，独述机杼，是否允当，亦终难衡断。总望不逢迎，不徇俗，不虚誉，不囿情，揭示精髓所在，指示向上一路，不知诸师友与及门诸生有以赞成否。

例（40）腰封副文本文字部分出自作者自序副文本，而且是作者对主文本写作的追求，出版主体将其直接引用并加录一段缩写自序副文本的三句话，达到既强调作者追求和引导读者主文本阅读，又不违背作者主体的诗性主题背景。相比语义覆盖整个语篇的腰封副文本，例（41）虽是后记副文本与封底副文本的直接互文，但其层级要明显低于腰封副文本和序跋副文本建构的副文本次级系统。

（41）《语言研究的跨学科视角：语言、大脑与记忆》语篇后记副文本与封底副文本的直接互文

如今，当书稿的尘埃落定，我终于可以起身暂时"逃避"堆积如山的书房和给予我无限快乐但又同时使我饱受颈背之痛的电脑。今年的宁波历经了史上最长的连阴天。望着窗外久违的阳光，我情不自禁地来到阳台。透过玻璃窗，我看到几个三五岁的小孩在妈妈、奶奶的呵护下玩耍……周围的生活一切如故，我的研究仍要继续……

语篇主文本是讲科学性的语言、大脑和认知、记忆的关系，但是从语篇主体自后记副文本以及摘自后记副文本的封底副文本的互文功能来看，更多强调的是著述"成书之艰难"，未曾"揭著述之旨要"。客观上来讲，将散文体裁置于书后更多体现的作者之个人情感，与学术著作语篇之谨严、客观的题旨并不完全协调。一定程度上会降低读者对学术著作语篇主文本观点和思想的接受度。

4.4　学术著作语篇副文本与语篇世界的互文结构和关系

语篇世界是由类别、层次、系统、关系不相同的语篇组成的语篇场或语篇网络。一个语篇与语篇世界发生关联的第一门槛便是作为边界文本的副文本，或者说，边界副文本是静态、有限的语篇主文本向动态、无限、对话的语篇世界跨越的平台。语篇副文本实现语篇跨越的方式多种多样，重复、再现、评论、改造、创造、模仿、重组等。因此，语篇副文本系统是研究篇际关系绕不开的存在。任何著作语篇都具有内向性和外向性。内

向性表现为由不同文本块组成的语篇，外向性通常浓缩为由标题代指的语篇，汉语一般会加书名号，如朱永生著《语境动态研究》，英文中用斜体标示，如 Brown 和 Yule 著 *Discourse Analysis*。但是，以往语篇相关研究更多只是关注内向的语篇内（intra-textuality）互文、语篇语义连贯而忽视了语篇副文本与语篇世界的外向跨语篇关系（inter-textuality）。4.2.4 节讨论了作为型文本的语篇群对学术著作语篇主文本的构建和理解的制约和影响。本小节分析作为整体的学术著作语篇是如何通过副文本跨越到语篇世界的。

4.4.1　语篇—副文本—语篇世界的层级组构

语篇不可能脱离相关语篇语境的条件而单独存在，只有将语篇放到语篇场、语篇世界中去考察，才能更好地发掘语篇自身的特征及其在语篇世界中的独特价值。

语篇世界是互文实现的最宏观、最广阔的空间和场域。像最为浩瀚的宇宙世界和最为复杂的脑神经世界一样，语篇世界也是一个复杂、层级性、互文性的语篇构成的网络星河（如图 4-8 所示）。在语篇汇入语篇场和语篇世界过程中，副文本起着极其重要的作用。正如前文所示，副文本是连接语篇内外两个世界的枢纽和体裁解读的协约地带。

根据副文本复杂程度及学术著作语篇自身的特征可以将语篇—副文本—语篇场—语篇世界的组构层次分为单层组构和多层组构。

4.4.1.1　语篇—副文本—语篇世界的单层组构

语篇—副文本—语篇世界的单层组构，严格来讲是指除出版单位名称副文本和必要版权页副文本之外全部副文本的主体均为作者自己的语篇与语篇世界的组构。如陈望道《修辞学发凡》语篇（上海教育出版社 1997 年版）、申小龙《中国古代语言学史》语篇（复旦大学出版社 2013 年版）。广义上讲，所有单行本的学术著作语篇都可以看作是与语篇世界进行单层组构的语篇。如袁毓林《基于认知的汉语计算语言学研究》语篇（北京大学出版社 2008 年版）、卢英顺《认知图景：理论构建及其应用》语篇（学林出版社 2017 年版）、崔刚《神经语言学》语篇（清华大学出版社 2015 年版）等。之所以认为它们是单层结构是因为这些语篇的序副文本是来自与作者熟悉的学者，通过作序推荐，一定程度上，作者和序作者已经形成由两人组成的学术共同体。共同对作者主体的语篇负责。

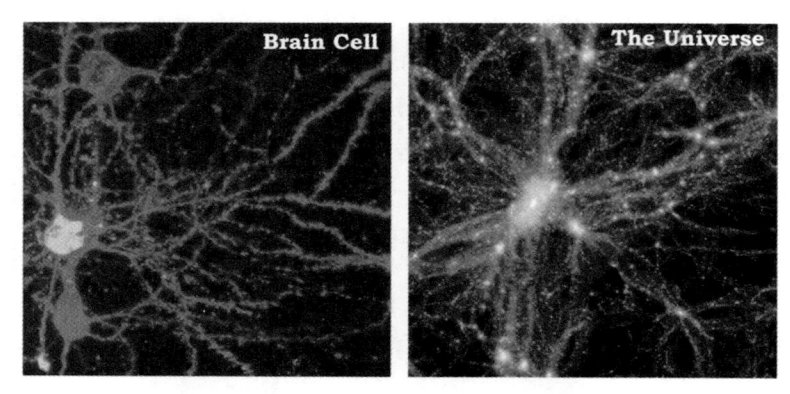

图 4-8　脑神经细胞网络的联结和宇宙星系网络的联结的相似性
（Constantine，2006）①

4.4.1.2　语篇—副文本—语篇场—语篇世界的多层组构

语篇—副文本—语篇场—语篇世界的多层组构是语篇以<u>丛书</u>形式发行的语篇，一个语篇仅为该丛书中的一本，整套丛书为一个语篇场。通过语篇场再与场外的语篇世界进行互动。这类语篇常常由共同的丛书序副文本或丛书名称或标志副文本来标识。可以是围绕同一个主题的语篇场，也可以是围绕同一个作者的语篇场，还可以是围绕作者单位构成的语篇场，等等。这些语篇场或是封闭的，或是开放的。如：

（42）同主题语篇场
<u>汉语知识丛书</u>语篇场
《语法答问》朱德熙著

---

①　图 4-7 中左图为（小白鼠）大脑中的三个神经细胞（两红和一黄）之间的活动和联系图，右图为计算机模拟的当前宇宙的快照，它是由数以千计的恒星、星系和暗物质（网络）包围的星系网络（亮黄色）。神经元网络和星系网络之间惊人的相似性得到越来越多的研究证明（详见 Vazza & Feletti，《脑壳里的宇宙：神经元与星系网络间惊人的相似性》，NAUTILUS／搜狐网，2017 年 11 月 14 日）。人脑中约有 1000 亿个神经元和 100 万亿个连接点，这个数量与宇宙中的星体个数和星系之间相互联系的连接点的数目也是惊人的相似。在宇宙中"星系团"（cluster）、"超星系团"（supercluster）和"纤维束"（filament）巨型结构之间的边界及其周围被称作"空洞"（cosmic void）的空间是最为复杂的物理空间。副文本就是语篇世界各个结构之间的边界和周围的"空洞"语篇空间。

《词汇》郭良夫著

《文字问题》李荣著

《短语》范晓著

《音韵》李思敬著

《成语》刘洁修著

《上古音》何九盈著

《俗语》徐宗才著

《中古音》李新魁著

《谚语》温端政著

《礼貌语言》陈松岑著

《歇后语》温端政著

《轻声和儿化》卢允中著

《汉语外来语》史有为著

《汉语汉字答问》刘又辛著

《汉语的时相时制时态》龚千言著

《汉语句群》吴为章、田小琳著

《同义词语和反义词语》刘叔新、周荐著

"汉语知识丛书"是商务印书馆推出的雅俗共赏的知识性读物。是由我国著名语言学家撰写的既有一般的汉语知识的普及介绍，又有语言学方面的科研成果发布的一套丛书，丛书中所有语篇构成了以汉语知识为基站的一个语篇场。以上列出的仅为第一辑，可以发现它是一个开放的语篇场，可以随时扩大自己的场域和语义域。

(43) 同作者语篇场

《陈望道学术著作五种》语篇场

《作文法讲义》

《美学概论》

《因明学概略》

《修辞学发凡》

《文法简论》

《陈望道学术著作五种》（复旦大学出版社 2005 年版）语篇场切实地将五种学术著作语篇放到了一个封闭的语篇空间内，使之成为关系更为紧密的语篇场。它为全面了解望老语言和文学学术思想提供了同一时空平台。

整套丛书构成的语篇场还可以跟其他丛书语篇场组成更高一层级的系列丛书语篇场。如世纪出版集团编辑的世纪人文系列丛书语篇场包括五个次语篇场：

(44) 同系列语篇场之语篇场——世纪人文丛书语篇场
世纪文库语篇场
世纪前沿语篇场
袖珍经典语篇场
大学经典语篇场
开放人文语篇场

例（44）中五个次语篇场均为开放性语篇场，可以不断添加符合要求的语篇，以扩充次级语篇场和高级语篇场。如世纪文库语篇场 2012 年新增《中国南洋交通史》《中国近代文学之变迁》《书林清话》《中国修辞学》《神话与诗》《论自由》《人类与大地母亲》《人的行动》等语篇。

4.4.2　语篇—副文本与语篇场—语篇世界的耦合互文

语篇作为语篇场中的一部分，语篇场作为语篇世界的一部分，语篇与语篇场、语篇场与语篇世界之间是一种耦合互文的关系，相互依赖，相互促进。"每一个符号行为（语篇是符号行为的一种表征）都会或多或少地让世界发生改变"（韩礼德，2015c：263-264）。

如例（44）中五个次语篇场各成系列，相得益彰。世纪文库语篇场主要为了"理清西方思想脉络，更新中国学术传统"，世纪前沿语篇场主要关注"二战"以来全球范围内学术思想的重要论题与最新进展，袖珍经典语篇场以相对简约的形式收录名家大师在体裁和风格上独具特色的经典作品，阐幽发微，意趣兼得，大学经典语篇场将人类历史上具有人文内涵的经典作品编辑成大学教育的基础读本，为了塑造现代中国人的人文素养、公民意识和国家精神。开放人文语篇场从文学、历史、艺术、科学等多个方面面向调动读者的阅读愉悦，寓学于乐，寓乐于心，为读者陶冶心性，培植情操。五个次语篇场与世纪文库语篇场之间是耦合互文的关系，每一个语篇场中每一个语篇都关涉世纪文库语篇场的运作。同样世纪文库语篇场与同一出版单位的其他语篇场相辅相成，相互交织组成更大的语篇空间，不同语篇空间的相互交织最终形成无垠的语篇世界。

刘斐（2019：260-273）以传统学术"经""传""注""疏"为例分析了副文本—元副文本—元元副文本依靠语义互文而构成的"副文本链"。事实上诸如孔颖达《毛诗正义》等语篇本身其实一个互文语篇场，它由《诗经》语篇、毛亨传语篇、郑玄笺语篇和孔颖达正义语篇构成。该语篇场内传、笺、疏各语篇之间具有元文评论解释关系，以一种非线性的立体形态呈现，与同类元文评论解释副文本或语篇一道，构成以阐释和解读传统经典著作语篇（典籍）的学术语篇世界。

语篇世界往往会发展成为一个多中心甚至去中心的复杂空间。当语篇落入语篇"森林"之后，个人对语篇感知和理解的文化、时空环境变得越来越无限，中心变得越来越模糊，语篇背后的创造主体往往也会变得渺小和弥散，因此会出现"无作者"的文本或"常识"（Schmitt，2012），最终发展成为"知识"，包括关于事实的知识和关于事实之间一般关联的知识。

4.5　小结

本章全面考察了学术著作语篇副文本系统与主文本系统间的互文性。为详细地描写和解释作为语篇边界的副文本在语篇系统整体中的语篇地位及其在语篇主文本和整体意义中的功能和作用，区分了两种互文：嵌套互文和耦合互文。

副文本与主文本之间的互文属于耦合互文。不同语体或体裁制约着副文本与主文本之间的耦合互文类型及耦合互文深度。

影响副文本与主文本的耦合互文深度的因素大致有以下六种：

一、副文本与主文本的互文本接口可及度和互文本结构的边界性；

二、副文本与主文本的主体的一致性程度；

三、副文本对主文本的控制模块或互文本标记的多少；

四、副文本对主文本相关命题的互文本的激活和调用程度；

五、副文本对主文本传递的信息量或数据量；

六、副文本与主文本的物理空间距离和心理空间距离。

根据副文本提供信息的内容能否在场以及在场性强弱和类型语篇建构必要性可以将主副文本之间的耦合互文现象区分为直接耦合互文和间接耦合互文两类。直接耦合互文是指内容直接在场和语篇或主文本建构必需的副文本与主文本之间建立的耦合互文关系，间接耦合互文是指那些形式上可能为语篇建构策略性成分、内容在场或仅表现为外指标记，有时甚至只是语言或心理印迹标记的副文本与主文本建立的耦合互文关系。

学术著作语篇副文本系统中与主文本有直接耦合互文关系的副文本（根据耦合互文度从高到低）有：标题副文本、作者主体姓名副文本、目录副文本、注释和参考文献副文本、序跋副文本、自题卷首语题辞和引语题辞副文本、内容简介和作者简介副文本。由于学术语篇修辞题旨的整体制约，以上各类直接耦合互文往往体现出一种向心互文的互文范式，即在耦合互文过程中强化和确认主文本意义，在辩动协商的互文过程中体现着学术语篇本身的系统性、理知性和专业性。

研究发现：学术著作语篇标题副文本与主文本之间的直接耦合互文主要是通过减缩互文形式中提取主文本中心词和中心思想而建立起来的，它与主文本构成一种话题—述题式的互文范式，而且还可以通过体裁互文方式为理解语篇主文本提供全局意义预期和体裁认知框架，标题副文本与主文本的体裁互文往往有明显的词汇或语法互文标记。

作者主体姓名副文本与主文本的直接耦合互文，一方面是通过指称互文建立起来的，即作者主体姓名和主文本作者的一致性，另一方面是作者主体姓名副文本自身负载一定的社会和文化互文本信息，如作者的学术身份和社会地位等，在某种程度上会对主文本的意义的理解产生积极或消极作用。

目录副文本是对主文本（部分）进行复制粘贴、排列和增减而生成的，在复制粘贴、排列和增减的过程中主文本（部分）的位置发生了变化或者说其语境发生了重构，而且介入方式也发生了变化。目录副文本与主文本的直接耦合互文就是通过复制粘贴、重新排列和增添等互文手段来实现的。目录副文本和主文本之间的直接耦合互文可以更好地理解语篇主文本内部的逻辑推理或演进结构，主文本和目录副文本的相互建构凸显了语篇内部不同文本板块之间互动和对话空间，目录副文本和主文本的耦合互文服务于语篇整体意义的表征和传达。通过目录副文本和主文本之间的耦合互文，可以看到作者主体在语篇不同文本板块中采用不同的立场介入方式，从不同的立场介入方式，我们可以窥见话语主体在不同的题旨情景中，为顺应不同的修辞目的和实现预期的修辞效果对其他和自己话语资源的充分合理利用。

注释副文本和参考文献副文本通过增添说明、例证，概念、思想的元语言解释，被引、评价、反驳、否定、修正、批评，向读者提供主文本线索等互文方式建构起与主文本的直接耦合互文。而参考文献副文本作为前信息资源的集合性的文本，通过加强信源主体的权威性和确定性从而对语篇主文本中意义的建构和生成理解发挥作用，这是一种社会文化的互文手段。另外，注释副文本和参考文献副文本与主文本之间的耦合互文往往有显性的物理形式标记，而且部分内容是直接嵌入到主文本当中，所以从这个意义上讲，注释副文本和参考文献副文本与主文本之间的互文范式是介于嵌套互文和耦合互文之间的一种互文范式。是学术语篇强制性互文的表现。

序跋副文本可以通过引用主文本部分、增添主文本的附加成分、评论主文本的核心内容、约缩主文本的内容等互文方式与主文本建立起耦合互文关系。其中主文本作者主体的序跋副文本要比他者序跋副文本对主文本的耦合互文深度要强。他者序跋副文本通过评价互文范式建立其与主文本的间接耦合互文，是一种元文性的体现，他者序跋作者主体往往通过副文本建立起与作者的学术共同体，特别是学术权势地位高的作者所写的序跋副文本，一定程度上延伸和加强了主文本的意义的建构和生成。但不可否认的是，一些他者序跋副文本由于立场、涵养、学识等方面的欠缺，会对语篇主文本意义理解产生阻碍作用。

自题卷首语题辞和引语题辞副文本通过承文的仿写互文和最明显的引语互文或用典互文来建构自身的互文性，而且通过主题互文和核心思想互文的互文方式实现与主文本的直接耦合互文。在耦合互文的过程中，自题卷首语题辞副文本和语境重构之后的引语题辞副文本对主文本的理解和意义起到强化作用。

内容简介副文本通过约缩、引用等互文形式建构起与主文本的直接—间接耦合互文，在耦合互文的过程引导读者把握主文本的事实和激发读者对主文本核心思想观点的认知期待；作者简介副文本通过社会文化或体裁互文形式建构起与主文本的直接耦合互文，参与主文本意义的生成和理解，通过加强和凸显信源主体的权威性和社会资源和文化资源从而作用于读者对主文本的意义的理解。

考察还发现：副文本或显或隐地提示着具体型文本和抽象型文本的存在，从而使型文本—副文本与主文本产生间接耦合互文，具体型文本客观上延伸主文本的意义，抽象型文本客观上对主文本的意义的生成具有一定的约束作用，因为副文本提示的抽象型文本给读者以不同的体裁期待、语体期待、价值期待（王志军，2018）。

副文本提示或暗示的型文本也是语篇向语篇世界跨越的重要一步。学术著作语篇通过副文本能够直接实现与语篇世界的单层组构，也能通过副文本建立层级交错的多层级、系统性的互文语篇空间，从而实现向语篇场、语篇世界、"语篇森林"的跨越。

第五章

文学作品语篇副文本系统之互文探究

5.1 导言

人们常常把人类社会划分为有文字社会和无文字社会。文字媒介在社会交流过程中所引发的所有中间过渡方式（文字形成某种独立自主的符号领域：成文法、圣书、文学作品，它们可以与无文字社会中歌舞相伴的言语相媲美）为文学、修辞学、语言学和符号学研究打开了一扇大门（格雷马斯，2011：94-95）。

无论是传统修辞学还是现当代修辞学，作为语言艺术的文学始终是修辞学关注的对象之一。文学语篇往往具有很高的社会地位，特别容易延伸到其他社会语境中（韩礼德，2011：140）。新兴的文学语体学/文学文体学可以看作是当代修辞学和语篇分析的一个下位分支，是语言学和文学的交汇点。

文学作品语篇是文学语言艺术的表征和记录。不同于学术创造（创新），艺术创造来源于心灵和身体的体验，而不是抽象和理性的认知。艺术的境界要有一个超出具体物象之外的考虑，艺术表面形式上表现了一个物理的事实，实际上是为了表现心灵的境界和体验中的境界，一个与自我生命相关的世界（朱良志，2016：151）。艺术从某种程度上来讲，是对人的体验和心灵的一种回归。所以有"千树万树，无一笔是树；千山万山，无一笔是山"的说法，树和山，已不是物理的树和山，而是心灵体验中的意象世界。

互文性理论最开始关注的对象也是诗性语言，特别是小说语言。今天"文学理论已经很好地运用互文理论创造了其富有互文特色的文学文本理论和文学批评理论"（祝克懿，2010：12）。通过对"副文本"及"副文性"概念及研究的梳理可以发现，对副文本的重点关注首先发生在文学批评、文学理论领域。在数字人文和人工智能的时代背景下重新思考副文本在纸质书面文学语篇表征中的作用仍具有重要意义。

本章 5.2 节探究文学作品语篇内副文本与主文本的层级组织结构和互文模型，并结合文学作品语篇典型的副文本实例具体分析各类副文本是如何实现与主文本的互文的。5.3 节探究文学作品语篇内副文本之间的次级互文结构如何建构的，5.4 节探究文学作品语篇是如何通过副文本与其他文学作品语篇或其他类型的语篇互文构成语篇世界。5.5 节为本章小结。

5.2 文学作品语篇副文本与主文本的层级与耦合互文

5.2.1 副文本与主文本的层级组织结构和离心互文模式

文学作品语篇副文本纷繁多样，其内部异质性大。热奈特（Genette，1991）和金宏宇（2014）曾对西方小说语篇或中国现代文学语篇（著书语篇或期刊语篇）出版商内副文本、作者名称副文本、标题副文本、插页副文本、献词和题记副文本、序言副文本、内部标题副文本、提示副文本、公众外副文本和私人内副文本、注释副文本、书刊广告副文本、版权页副文本、注释副文本、附录副文本等的功能进行了研究。但他们都是从单个副文本出发，并没有注意到这些副文本在参与主文本的意义建构和理解中存在的层次性和可及性差异，或者说没有从系统和层级的角度对副文本和主文本的互文关系进行系统地研究。

精神性的文学文本在物理化或社会化（成书面世）的过程中总会伴随着出现副文本。文学作品语篇的系统整体是由副文本系统和主文本系统共同构成的。"每一部文学作品都是一个作品世界，人们能居住于其中的，可能的，假设的（虚构的）世界"（保罗·利科，1986：45），文学的世界是叙述者或作者用文字创造出来的看不见、摸不着的虚构物。保罗·利科所指的"文学作品"是一种抽象的心理文学文本，也是我们一般所理解的文学作品的正文。在文学作品语篇现实表征中作家或作者会利用一些副文本来建构可能的和虚构的世界。热奈特和金宏宇等在分析小说和诗歌副文本时并没有从文学语体小说体裁的虚构世界入手。

本研究立足当代小说语篇，将文学小说作品语篇主文本界定为"作者或作家表征可能的、虚构世界的文本",小说语篇主文本往往与其他副文本之间存在物理上的区隔或形式标记（如页码第一页和最后一页之间往往是主文本）。那些与文学语篇主文本表征相关、指向虚构世界的副文本处于距离主文本最近的内层（标题副文本、目录副文本、注释副文本、作者姓名副文本、题记副文本），而那些与作者相关的副文本（作者简介副文本）、出版单位相关的副文本、作品评论性（包括作者自己的评论）副文本等指向现实、叙实世界中的作家和读者副文本处于外层。外层副文本还可以进行分层，比如作者主体副文本（自序、自跋等）处于更靠近内层的层级中。文学作品语篇不同于学术著作语篇，标志其类型语篇完整性的必需副文本或构成性副文本只有标题副文本和作者主体名称副文本。其他副文本都是附加语篇性的可选副文本或策略性副文本。

结合陈昕炜（2018：105）对古代小说语篇的层次分类，本研究根据副文本所表征内容性质将文学作品语篇（当代小说作品语篇）[①] 副文本分为指向虚构世界层次副文本和指向现实/叙实世界层次副文本，然后再在两个层次中定位各类具体副文本（如图5-1所示）。指向虚构世界层次的副文本有注释副文本、标题副文本、题记副文本、目录副文本、人物表副文本、作者姓名副文本、摘录副文本。指向现实世界层次的副文本有：出版单位内副文本、批评家评语副文本、其他评语副文本、作者序跋副文本、读者序跋副文本、致读者信副文本、获奖信息副文本、推荐语副文本、作者简评副文本等。以上分类只是宏观上的分类，个别具体文学作品语篇指向虚构世界的副文本可以是我们所区分的指向现实世界副文本大类中的次类。

从分布于外层、指向现实、叙实世界的副文本来看（见图5-1），有很大一部分来自作者、读者、评论家、编者、杂志、网站的推荐、评价、评论或读后感，我们认为无论是推荐、评价、读后感、序跋都是对文学作品语篇主文本所构筑的虚构世界及其虚构世界的叙述者——作者的一种现实元解读和元评论，与主文本构成元文互文关系，即元文性，虽然这种元文性与热奈特所定义的元文性在形式上存在一定差距。但"（主）文本都是神秘的，任何解释都可能导致其支离破碎和意义偏差，对缄默的偏好使文本的完整性和意义得到了最大限度的保留"（格非和陆楠楠，2012：

[①] 本章以下若非特殊说明，文学作品语篇均指当代小说作品语篇。

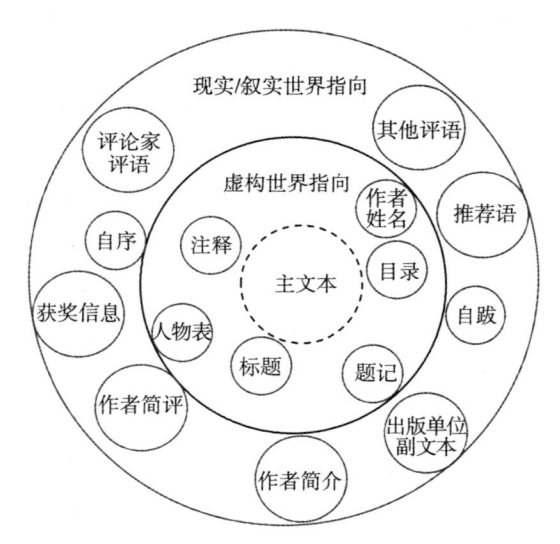

图 5-1　文学作品（小说）语篇副文本系统层级结构

32），读者与作品语篇主文本直接对话所得出的意义，对读者来讲，才是完整性意义。

所以我们认为一些元解读性的副文本本身是在肢解着主文本的完整性意义，一定程度上使主文本的意义偏离中心，这些元文本引导着部分读者对主文本意义的建构和理解。评论性的、推荐性的、读后感式的副文本肢解着主文本的意义，虽然看起来每个评论主体都在客观地评述，但事实上他们都是从某一个侧面对主文本意义进行的解读。重新组构或并置到一起而产生的多元意义使主文本自身传递给读者的整体意义"偏离"或"偏向"某一种或某几种。从某种程度上来讲，这些策略性副文本的出现恰好与文学语篇具体性和体验性的性质及表达情感的题旨有关。所以这些评论性副文本与文学语篇主文本之间是一种离心式的元互文性，我们把这类"离心"而导致的多义的互文归为离心互文。文学作品语篇副文本还可以利用其他互文方式来建构离心互文模式。

5.2.2　副文本与主文本的直接耦合互文和间接耦合互文

对比 4.2.2 节对学术著作语篇副文本与主文本之间的耦合互文分类，根据文学作品语篇副文本提供信息的内容能否在场以及在场性强弱和文学语篇主文本建构虚构世界的必需性程度，可以将文学作品语篇主文本和副文本之间的耦合互文现象区分为直接耦合互文和间接耦合互文两类。

文学作品语篇中一些服务于主文本表征虚构世界的副文本与主文本之间的耦合互文是直接耦合互文。如标题副文本与主文本之间的耦合互文、作者姓名（叙述者）副文本与主文本之间的耦合互文、注释副文本与主文本之间的耦合互文、目录副文本与主文本之间的耦合互文、题辞（部分）副文本与主文本之间的耦合互文，根据文学作品语篇主文本建构的必需性和可选性，这些耦合互文之间存在耦合度上的差异。

还有一些副文本与文学作品语篇的主文本虚构世界建构关系不大，但是对读者理解作者建构的虚构世界主文本的意义有一定的引导或导向作用，那么这些副文本与主文本之间的耦合互文就是间接耦合互文。

因此，文学作品语篇副文本与主文本之间的间接耦合互文就可以分为两大类，基于实例文本的间接耦合互文和基于类型语篇的间接耦合互文。基于类型语篇（文本）的耦合互文又可以下分具体型文本间接耦合互文和抽象型文本间接耦合互文。

在此有必要重提一下制约和控制语篇副文本和主文本间耦合互文度的因素（见 4.2.2.3 节）：

一、副文本与主文本的互文本接口的复杂度和可及度，或者互文本结构有无边界性。

二、副文本与主文本的生成主体的一致性，或者主体间性。

三、副文本对主文本的控制模块或互文本标记的多少。

四、副文本对主文本相关命题、观点、话语的互文本的激活和调用程度。

五、副文本对主文本传递的信息量或数据量。

六、副文本与主文本的物理空间距离和心理空间距离。

根据耦合互文度，5.2.3 节和 5.2.4 节将分别探讨文学作品语篇副文本与主文本之间的直接耦合互文和间接耦合互文。

5.2.3　副文本与主文本的直接耦合互文

文学作品语篇副文本与主文本的直接耦合互文种类多样，本节只撷取几种典型的直接耦合互文，而一些非典型副文本如人物表副文本虽然可以参与作者对主文本虚构世界的建构，但总体上来看，在文学作品语篇副文本中并不太常见。根据各类副文本与主文本的直接耦合互文之间的耦合度强弱，本节将依次论述作者姓名副文本与主文本的直接耦合互文、标题副文本与主文本的直接耦合互文、注释副文本与主文本的直接耦合互文、题记副文本与主文本的直接耦合互文和目录副文本与主文本之间的直接耦合互文。从另一种意义上来理解，直接耦合互文是一种作者主体建构性互文。

5.2.3.1　作者主体名称副文本与主文本的直接耦合互文

作者与文本的关系是文学研究中的一个原点问题。本书不设理论立场，如作者中心论、文本中心论、读者中心论，抑或理论中心论。我们从文学作品语篇的具体物理文本出发来看作者主体与主文本的耦合互文关系。作者姓名副文本是标识主文本作者在场的语言形式。所有的文学作品语篇都在明显空间位置（书脊、封面、封底、扉页、版权页等物理空间）标明了主文本的作者。主文本是书写者的创造物，"作为（主）文本的书写者的作者是一种'存在'，是一种'有'，是文本生成及后来的阐释中的'在场'，无论你喜不喜欢，其客观影响和作用永远都是'在'的"（张江，2016）。在占据一定时空的文学作品语篇的现实物理文本中，物理文本有确定的书写者，书写者生产了这个确定的物理性的主文本，使主文本以"有"和"存在"的方式呈现在读者面前。文本的这种物理性的存在，使得建构虚构世界的主文本能够被触摸、翻阅和留存。从这种意义上讲，主文本是作者实现自己（的感受和思想）、留存自己的一种方式和手段。主文本作为作者精神的客观化产物，是"作者和（主）文本的融合炼化，作者赋予（主）文本以思想和精神，（主）文本承载它们而化身为物质的作者"（张江，2016）。

因此，主文本与作者姓名的耦合互文是最直接的互文。作者主体姓名副文本在很多文学作品语篇会用标记性的字体来表现，如手写体、楷体、加黑体等，有时在出版时没有手写体标识，但是在签售会上作者会用亲自签名的方式来表明作者主文本主体的地位和作家身份。

如王蒙《这边风景》语篇封面作者姓名副文本是用印刷体——宋体，但是在作者简历、扉页题辞副文本中有自己的亲笔签名，同作者签名副文本功能相似的还有一般位于扉页上的作者手稿副文本，如《古炉》语篇扉页上主文本开头的贾平凹手稿副文本，《这边风景》语篇扉页上的主文本开头和结尾的王蒙手稿副文本，或插入主文本中作者手绘插图副文本，如《繁花》语篇中的金宇澄手绘插图副文本。

主文本作为作者的创造性作品。著作权法也明确规定，作者拥有作品（主文本）的著作权和署名权，在物理形式的版权页中记载着著录书名、著录作者、出版单位和出版时间。无论作者姓名是真名还是笔名，都改变不了主文本作者的主体地位。当然作者姓名采用笔名也是对自己主体身份的一种手段，使社会化的真名和自己命名的名字之间形成一种对立的系统。在自己给自己命名的笔名中寄托一定的文化意义，如用典，从"四书五经"、唐诗宋词、名人名言中汲取灵感作为自己笔名，或取自作者自己生命中独特的情感经历、生活目的、人生信条，男作家笔名女性化等等。作者姓名副文本可以丰富和呼应主文本的表意，现代文学语篇的作者笔名与主文本的耦合互文表意功能具体可参考金宏宇等（2014：308-323）的分析。作者主体和主文本融合炼化，相互耦合，互生互存。主文本意义的成功接受一定程度上塑造着作者的主体身份，这种建构中的主体身份又会对主文本的意义构建产生一定的影响。

综上所述，文学作品语篇中作者主体姓名副文本与主文本之间的耦合互文是主文本作者主体互文建构中的原点性互文，"文本与主体之间必然是有联系的，因为不存在没有语言或文本的主体，是主体就必然有语言或文本"（克里斯蒂娃，2016a：35），作为作家或作者的主体身份是通过作品主文本建立起来的，作者主体和主文本融合炼化，相互耦合，互生互存。

5.2.3.2 标题副文本与主文本的直接耦合互文

文学作品语篇标题副文本在所有副文本中的地位最特殊，是作者的直接言语行为，与读者和外部世界有着特殊的关系，是读者进入主文本的第一门槛。标题既参与语篇内主文本的建构，又可以作为作品名称直接指称整个主文本语篇。本节主要探究文学作品语篇标题副文本与主文本的耦合互文的互文方式及互文效果。

关于文学作品语篇标题副文本与主文本之间的耦合关系，王国维在《人间词话》中论及诗词的题文关系时说："诗之三百篇、十九首，词之五代、北宋，皆无题也。非无题也，诗词中之意，不能以题尽之也。自《花庵》《草堂》每调立题，并古人无题之词亦为之作题。如观一副佳山水，而即曰此某山某河，可乎？诗有题而诗亡，词有题而词亡。然中材之士，鲜能知此而自振拔者矣。"汉代以后，作者自拟作品标题才较为普遍。从某种程度上来讲，王国维对诗词之"题不逮文"的论述对现代文学作品语篇主文本虚构世界和标题副文本间关系的理解同样适用。

有人认为"从现代创作学的角度看，标题可以说是一篇（部）作品中最重要的语句。……应该聚集作品灵魂、辐射作品大意，对整个文本具有一种概括或控制的力量"（金宏宇等，2014：8-9、324）。小说语篇建构的是一个虚构的世界，人物、情节、环境是小说体裁的三大要素。虚构世界中的人物、情节、环境要素关键词都可作为标题副文本。标题副文本可用于直接反映文学作品主文本三大要素中的故事人物，一般由名词或名词性短语充当，如严歌苓的《少女小渔》《小姨多鹤》《金陵十三钗》《梅兰芳》，或直接反映主文本主要情节（情节涉及人物和行动），一般由动词、动名词或动词性名词充当，《推拿》《活着》《天浴》《手机》，或直接反映自然或社会环境，如刘震云的《单位》《官场》《塔铺》《一九四二》等，也可以间接地提及人物（如《朗读者》）、关键情节（如《我不是潘金莲》）和相关环境（如《床畔》《飘窗》）等。也有很多文学作品语篇设置的标题副文本很难一眼从中推断出主文本的人物、情节和环境、主题，只是一些文艺性的语言如《繁花》《飞雪迎春》《海上花开》《脸上的红月亮》《绿叶丛中听惊雷》《沧海横流》等。这些标题对主文本只是一种粗略的概括，很难说是作品主文本的灵魂和大意，甚至一些主文本甚至没有主题，如刘心武称自己的《飘窗》"没有任何教化意图，没有主题，只是呈现本真"（蔡震和刘心武，2014）。也有一些文学作品语篇的标题体现的是主文本的主题，如路遥的《人生》《平凡的世界》等。

对比学术著作语篇标题副文本设置的规律性和统一性，文学作品语篇标题副文本的设置具有随意性和作者主观选择性，缺乏严整的规律性和普遍性。

而且文学作品语篇标题副文本与主文本的产生先后也会影响二者的耦合建构关系，"有诗而后有题目，其诗本乎情；有题而后有诗者，其诗徇乎物"（顾炎武《日知录·卷二十二》）。出于诗言情的题旨，后定题目更符合文学创作的规律，更能伸展文情。因此许多文学作品语篇在未出版以前会有多个拟用题目副文本。从这个意义上讲，文学作品语篇主文本与标题副文本之间的黏合程度要低于学术著作语篇主文本和副文本间的黏合度。如《我不是潘金莲》曾拟用"一万句顶一句"为题，《床畔》曾用"护士万红"为题等。甚至有些文学作品语篇出于读者或其他的考虑在再版或翻译时会变更标题副文本（关于易题导致主文本的阐释差异可以参考金宏宇等，2014：324-332）。

本书探究文学作品语篇具有互文性的标题副文本（最典型的互文性标题副文本互文方式为引用、用典或化用）对主文本建构的功能和作用，这类标题副文本与主文本之间的耦合互文更直接。

文学作品语篇不乏在标题中引用或用典的例子，一些作家还特别钟爱典故，如张爱玲偏爱用戏曲名作为小说语篇的标题，如《霸王别姬》《金锁记》《连环套》，王安忆的《红豆生南国》《长恨歌》《天仙配》，徐则臣的《王城如海》（源自苏轼诗句"惟有王城最堪隐，万人如海一身藏"）。刘震云的《我不是潘金莲》标题也具有明显的互文性。从Genette（1991：91）划分的互文标题的类别来看，"红豆生南国"属于引语式标题（quotation-title），"王城如海"属于拼贴式标题（pastiche-title），"霸王别姬""金锁记""连环套""长恨歌""天仙配""我不是潘金莲"属于戏仿式标题（parodic title）。互文性标题副文本是一种文化的共鸣和回响，是一种民族文明的"致敬"，它可以为主文本提供另一个文本的间接支援和文化传承关系的声望。

下文以《我不是潘金莲》语篇标题副文本为例来分析文学作品语篇互文性标题副文本与主文本之间的直接耦合互文。

(1)《我不是潘金莲》语篇标题副文本≒主文本
标题副文本：
<u>我不是潘金莲</u>
主文本（第一章·十一）片段：
……b <u>李雪莲今年二十九岁，说小也不算小，说大也不算大；但李雪莲长得不算难看，大眼睛，瓜子脸，要胸有胸，要腰有腰，不然杀猪的老胡见了她，也不会像苍蝇见了血。</u>……
李雪莲："秦玉河，我们好歹是夫妻一场，你的心咋就这么狠呢？"又哭："官司的事我不管了，县长市长我也不管了，我只是想问问，趁着我怀孕，你跟人胡搞，你还有没有良心？"……秦玉河："要说跟人胡搞，我早吃着亏呢。"……"c <u>新婚那天晚上，你都承认，你跟人睡过觉。</u>"接着又补了一句："你是李雪莲吗，我咋觉得a 你是潘金莲呢？"

李雪莲如五雷轰顶。……没想到折腾来折腾去，c 竟折腾出她是潘金莲的事。……（秦玉河）张冠李戴。潘金莲与西门庆勾搭成奸是在与武大郎结婚之后，李雪莲与人发生关系是结婚之前，那时与秦玉河还不认识；更何况，李雪莲并没有像潘金莲那样，与奸夫谋害亲夫，而是秦玉河另娶新欢在陷害她。……如果李雪莲成了潘金莲，不管秦玉河与她离婚真假，都情有可原，谁愿意跟潘金莲生活在一起呢？……关键是，我是李雪莲，我不是潘金莲。或者，我不是李雪莲，我是窦娥。

例（1）中语篇标题副文本"我不是潘金莲"是个否定句。否定句否定范围具有不确定性和本身语义的多义性（戴耀晶，2017：232、241-250）。在语言中，肯定与否定是一组对立的语义范畴。肯定句传达的是确定的内容，否定句传达的是对确定内容的否定。可见二者语义内容的不同。从逻辑上讲，每个思想都有一个与自身相矛盾的思想，两个矛盾的思想构成否定语义关系。Horn（1989）概括了肯定表达和否定表达在九个方面的不对称（转引自戴耀晶，2017：235）："从逻辑上说，肯定在先，否定在后；从本体上说，肯定在先，否定在后；从认识上说，肯定在先，否定在后；从心理上说，肯定在先，否定在后；肯定是基本的、简单的，否定是复合的；肯定是本质性的，否定是排除性的；肯定是客观的，否定是主观的；肯定句的描写与世界相关的事实，否定句描写与肯定相关的事实；肯定句的信息价值较大，否定句的信息价值较小。"这些观点在学术界虽有争议，但可以看到肯定和否定表达的语义内容上差异性和它们在语言表达和运用系统中价值的不同。从语用策略上来讲，标题使用否定句"我不是潘金莲"，已经预设了其肯定句的前提"我是潘金莲"。从这个意义上讲，标题通过否定句的使用与主文本（我咋觉得你是潘金莲呢？）构成了第一层互文。

从否定的内容上来看，"我不是潘金莲"又与中国传统小说《水浒传》语篇中潘金莲的形象和身份构成了互文，是一种承传式的文化互文。《水浒传·第二十四回》中这样描写和塑造潘金莲的形象和身份："b 那清河县里，有一个大户人家，有个使女，娘家姓潘，小名唤作金莲；年方二十余岁，颇有些颜色。……眉似初春柳叶，常含着雨恨云愁。脸如三月桃花，暗藏着风情月意。纤腰袅娜，拘束得燕懒莺慵；檀口轻盈，勾引得蜂狂蝶乱。玉貌妖娆花解语，芳容窈窕玉生香。……原来这妇人见武大身材短矮，人物猥獕，不会风流；c 他倒无般不好，为头的爱偷汉子。有诗为证：'金莲容貌更堪题，笑靥春山八字眉。若遇风流清子弟，等闲云雨便偷期'"。从人物的姓名上，作者就有意无意地采用了仿拟修辞手法，潘金莲≒李雪莲，名字的末尾都用了"莲"字，莲在中国文化中是一个意象词，意义丰富。更主要的还是人物形象和性格上的互文，潘金莲在《水浒传》中是个不正经的女人，《我不是潘金莲》语篇主文本在人物外形形象有意与潘金莲的外形形象进行比照，如主文本（1b）画线部分对李雪莲的形象描写与《水浒传》中对潘金莲的形象描写有相通之处。在性格和身份上有关，但是完全不同，正是二者的纠缠耦合［如（1c）部分的心理描写］，使得李雪莲的形象被潘金莲化了。这正是主文本的一个核心，就是要纠正"我不是潘金莲，我是李雪莲"这样一句话。从而引发了下文一系列的告状和上访轶事，推动了情节的发展。从认知上讲，"潘金莲"事实上激活的是一个旧有的认知框架。

综上所述，标题副文本可以采用多种互文方式（截取、用典、仿写、否定）来实现其与主文本之间的耦合互文，多数文学作品语篇标题副文本与主文本之间的耦合互文是要详细、多次、深度阅读主文本才能发现它们之间的互文建构关系。标题副文本是一个具有内指性和外指性关联优化器。每次阅读都在为标题副文本本身附加主文本的意义从而"打包"和构建着整个语篇的语义。副文本与主文本的耦合互文是一个动态的、协商的、不断建构的过程。主文本阐释的越充分，标题副文本上凝结的语篇意义越丰富。在深度阐释和动态理解这一点上文学作品语篇标题副文本和学术著作语篇标题副文本没有差别。在此要说明的是，文学作品语篇标题副文本只是通往主文本的门槛，门槛虽重要，但是室内的风景和气象才是最吸引人的。

5.2.3.3　注释副文本与主文本的直接耦合互文

注释副文本并不是文学类型语篇完整性建构的必需性副文本，许多文学作品语篇没有注释副文本。但文学作品语篇利用注释副文本是语篇整体意义互文性建构的手法之一（金宏宇等，2014：202-243；王爱松，2017）。

对年代久远的经典字词句章音义进行解释，以及对这些解释的解释是注释的基本作用。注释是中国古代"小学"研究的重要工作。注释在中国学术史上占有非常重要的地位，对当代学术著作语篇的形式构成有着重要的影响。但是在文学作品语篇，特别是当代 21 世纪文学语篇中专门探究注释的作用和功能是最近十来年的事。如张永（2008）对中国现代乡土小说中加"注"现象的分析和金宏宇等（2014：202-243）对现代文学的注释的特点、价值及其遮蔽影响的探究。我们尝试从修辞言语行为策略的角度来研究文学作品语篇注释副文本与主文本之间的互文建构关系。

根据注释行为的主体性或者说注释副文本的主体来源，可以将文学作品语篇的注释副文本分为自注注释副文本和他注注释副文本。自注又称原注、作者注，是指在文学作品语篇主文本创作时，作者自己给作品加上的注释副文本。他注是指在作者文学作品语篇主文本创造完成后，出版时由编辑、译者加上去的注释。本节只关注自注注释副文本与主文本之间的耦合互文关系。

从宏观层面来讲，文学作品语篇注释副文本与学术著作语篇注释副文本一样，是构成局部互文性的重要手段。但是文学作品语篇注释副文本的出现频率与所注释的局部主文本内容却与学术著作语篇注释副文本的出现频率和注释的主文本内容存在差别。学术著作语篇使用注释副文本与主文本构成解释、延伸、说明、评价等互文关系，是一种常态，但是文学作品语篇使用注释副文本却与要主文本建构的虚构世界的主题与读者的距离相关。多数文学作品语篇没有注释副文本。只有那些表现时代的、地方的、民族的、异域的风土人情的小说作品语篇中才出现注释副文本。以王蒙《这边风景》语篇注释副文本为例：

（2）《这边风景》语篇主文本和自注注释副文本

语篇主文本	注释副文本
汽车过绥定了。	当时的绥定县，一九六五年更名为水定县……
不说每公斤六毛五分，而说是六十五分	伊犁人计算钱币时一般用分和元两个单位
莫合烟	在俄苏小说中称为"马合烟"
胶皮轱辘	过去，此地农村多使用木轮车，对于橡胶轮胎并不多见，各族百姓干脆俗称使用橡胶轮胎的车为"胶皮轱辘"
泰外库披着皮大衣，戴着硬壳帽	南疆维吾尔人多戴本民族传统花帽，北疆则受苏联影响，有相当多的男性戴可遮阳的硬壳帽，女性则用头巾代替花帽

续表

语篇主文本	注释副文本
啊囊	维吾尔语骂人的话。
"听说他不当书记了？""不是的，里希提现在不是书记了"	维语习惯，是按照答句本身的字意，而不是按照提问人的问法来使用肯定和否定语气词，这一点与世界多种语种相同，与汉语不同。
社员们这里的麻达多得很	麻烦
还有哪个乌普尔，四队队长乌普尔翻翻子呗	原意指会翻转飞翔的家鸽，此处犹言"杠头"，之固执己见，常与人争执者。
您们是从哪里来的？	维吾尔人日常交流惯用尊称，"您们"为维吾尔文直译。
姐姐好啊，妹妹好？哪个中意哪个好。西瓜甜呢，甜瓜甜？哪个可口哪个甜	此曲的旋律传到关内，名《沙里巴蕨咳唉唉》……
这么一个女孩子却偏偏起名叫"贝薇"	贝薇的原意是"女教士"。
可怜的吾尔克孜！	"克孜"一般称未婚少女，"汗"则是称已婚妇女。
满四旬	相当于汉族的给汉字过满月，在满四十天时进行，称为摇床喜。
您生气了吗？艾拜杜拉哥。就是为了这，您昨天不让我给你脱靴子吗？	旧俗，新婚之夜，新娘要给丈夫脱靴。

从例（2）所列注释副文本具体注释项来看，除了第一个涉及地名的历史变迁外（绥定改为水定），其他全部为解释方言或当地风俗。从注释副文本的修辞行为来看，我们可以看出副文本中普通话和维吾尔语两种语言（词汇、民谣、语法）之间的互文共生。当不同类别的意义结合在一起时，信息度就会提高。如可以看到汉族文化和维吾尔族文化两种文化（风俗习惯）之间的互文共生，新婚给丈夫脱靴子，四十天的摇床喜等维吾尔族风俗都跟汉文化不同，异与同共生。方言是地方或异域文化的浓缩，是一个地方文化的灵魂和味道，体现着不同地域、不同民族的共同体的生活方式、思维模式和价值观念。通过不同语言之间，方言和普通话之间的切换，引入异域文化来构建起有一定现实性的虚构的异域世界。金宏宇等（2014：222）指出："有了注释，既不影响方言在作品中原汁原味的美感，又保持了原文阅读的连续性和作品的整体感。"我们认为，作者正是通过注释副文本行为打乱了作品阅读的连续性和作品的整体感，使读者从线性阅读中跳到页下的注释副文本，这个过程才使得其作品中所蕴含的异域风情和地方特色被读者感知到。这是一种陌生化和增加认知心力的

修辞操作。

综上所述，注释副文本参与主文本的情意传达，通过语码互文、时间交错互文、文化互文等互文方式实现与主文本直接耦合互文，注释副文本和主文本耦合互文共同构筑特殊的、虚构的可能世界，如地方的、民族的、异域的特色空间。

5.2.3.4 目录副文本与主文本的直接耦合互文

同注释副文本一样，目录副文本在文学类型语篇中也不属于必需性副文本。一些文学作品语篇目录副文本只是章节顺序列表，并没有具体的章节名称，如金宇澄《繁花》语篇的目录副文本"引子、壹章、二章、叁章、四章、伍章、六章、柒章、八章、玖章、十章、拾壹章、十二章、拾叁章、十四章、拾伍章、十六章、拾柒章、十八章、拾玖章、二十章、贰拾壹章、二十二章、贰拾叁章、二十四章、贰拾伍章、二十六章、贰拾柒章、二十八章、二十九章、三十章、三十一章、尾声、跋"，一些文学作品语篇目录副文本内容看不出其逻辑性，如《推拿》语篇目录副文本"引言——定义、第一章——王大夫、第二章——沙复明、第三章——小马……第二十一章——王大夫、尾声——夜宴"，除引言和尾声外，其他章节标题均为该章叙述主要人物的名字，学术著作语篇章节名称之间不能相同，但是文学作品语篇章节名称重复是允许的，比如"王大夫"在《推拿》目录副文本章节中就出现了5次。一些文学作品语篇分章节，但是结构比较简单，不需要单独列为目录副文本，如《一句顶一万句》语篇就分两部，"出延津记"和"回延津记"，甚至一些文学作品语篇没有目录副文本，如《生命册》。但是作为策略性副文本的目录可以在主文本虚构世界事件时间的建构中发挥一定的作用。热奈特（Genette，1988）曾探讨过内标题（intertitle，包括篇、章、节、段的名称）的文学功能，黄已玲（2020：67-72）区分了目录副文本的连续阅读引导功能（如《穆斯林的葬礼》目录）和焦点阅读引导功能（如《推拿》目录）。我们从内标题系统的角度对整个目录副文本对主文本的耦合互文作用进行探讨。

"在叙事作品中，所述之事被假设为具有自身的时间（自然时间），故事中的事件依照时间先后（chronology）发生、发展和变化。"（申丹和王丽亚，2010：113）在小说语篇主文本建构的虚构世界里的事件序列往往呈现为时间先后的逻辑顺序。但是作者为了建构情节、揭示题旨、吸引读者等动机，喜欢对故事时间进行重新安排。如刘震云《我不是潘金莲》语篇就是典型地使用目录副文本（第一章——序言：那一年、第二章——二十年后、第三章——正文：玩呢）来凸显其虚构世界的叙述时间结构的独特。仔细考察也能发现金宇澄《繁花》语篇目录副文本设置的技巧性，作者利用繁体字章节和简体字章节的系统对立来标识作者对虚构世界的两条叙事时间线，繁体的章节（壹章、叁章、伍章、柒章、玖章、拾壹章、拾叁章、拾伍章、拾柒章、拾玖章、贰拾壹章、贰拾叁章、贰拾伍章、贰拾柒章）标识叙述故事时间上较早，写人物的少年时代，简体的章节标识叙事故事时间上较晚，写人物的中年时代。目录副文本较为明显的标识叙事故事线的更多，如《穆斯林的葬礼》语篇的目录副文本：

(3)《穆斯林的葬礼》语篇目录副文本

序　曲 …… 月梦	第一章 …… 玉魔
第二章 …… 月冷	第三章 …… 玉殇
第四章 …… 月清	第五章 …… 玉缘
第六章 …… 月明	第七章 …… 玉王
第八章 …… 月晦	第九章 …… 玉游
第十章 …… 月情	第十一章 ……玉劫
第十二章 ……月恋	第十三章 ……玉归
第十四章 ……月落	第十五章 ……玉别
尾　声 …… 月魂	

例（3）中可以明显地看到两条叙事时间线，一条由"月"（韩子奇女儿新月）串联，一条由"玉"（韩子奇）串联，两条时间线交替进行。对比《繁花》和《穆斯林的葬礼》的目录副文本，就可以发现创作者们对目录副文本的苦心经营，事实上在目录副文本修辞策略背后隐含的是作者推动虚构世界的情节建构和揭示题旨的深层目的。

在4.2.3.3节研究了学术著作语篇第二目录副文本与主文本之间的耦合互文关系。下面来看文学作品语篇第二目录副文本与主文本之间的耦合互文。以《此情无法投递》语篇第二目录副文本≒主文本为例。

表 5-1　《此情无法投递》语篇第二目录副文本与主文本间直接耦合互文

第二目录副文本	←	互文本在主文本中的位置分布
[第一章　一九八四 　　再过二十分钟，不，只有十八分钟，你就要走了。即将阴阳两隔，说些什么呢。真可笑，别的我都想不起来了，我只在拼命地回忆你小时候洗澡的样子，白白胖胖地躺在木澡盆里，咯咯乱笑，肥嫩的手拍打起水花。一转眼，你都这么大了，一转眼，你都要死了。这是什么样的抛弃啊，还没等我们年老！]		（处决之日——陆仲生给儿子的信） 章节中间段
[第二章　一九九〇 　　是的，太好了，爸爸，我在天上！在天上可以看见一切…… 　　也许我真该庆幸我所处的位置，这是一个多么绝妙的角度，没有遮蔽没有阴影，全知全能，我甚至可以穿过屋顶，穿过帷幕，穿过世间所有的欲扬先抑、欲说还休、欲盖弥彰……]		（"open"——陆丹青给父亲的信） 章节开头
[第三章　一九九六 　　对现在的她而言，到底什么才最重要？后面的生活中，到底要以什么为目标？斯佳像《读者》里常常会建议的那样，在纸上列了一长条清单：家庭、艺术、钱、性、爱情、健康、友情、激情、理想、事业、浪漫……然后，她拿着红笔开始打叉。]		（风的方向） 章节中间段
[第四章　二〇〇〇 　　1999年12月31日——如此混乱的场合、疯狂的情境，好像全城的人全都集中到了一起，真是不让人激动也难。站在南京城中心的鼓楼广场上，陆仲生百感交集，涕泪交流。]		（美妙新纪元） 章节开头
[第五章　二〇〇六 　　唯一的听众，这下反应倒是强烈了，小青听得两眼圆圆的：哦，这样啊！太酷了！那可是22年前啊！我丹青哥哥太棒了，搞舞会、约会女生、为爱而死——爸爸，你别说那么难听，什么流氓罪，那是他的个性。他敢爱敢恨、敢做敢当……唉呀，我简直要崇拜他了，早知道我的哥哥这么厉害这么有型，我真该跟我们同学多吹吹他呀……]		（从残酷到酷） 章节中间段

　　表 5-1 一定程度上代表了文学作品语篇第二目录副文本与主文本的耦合互文，一般第二副文本是直接复制作者认为起情节推动作用的主文本相关内容。从互文本在主文本中所处的空间位置分布来看，章节的开头和章节中间段是第二目录副文本与主文本交会的主要空间。这与学术著作语篇第二目录副文本和主文本之间互文本的交会空间大多是章节的开头和结尾存在差别。由此可以看到修辞目的对修辞策略的制约，文学作品语篇主文本情节的高潮一般在章节的中间部分，从第二目录副文本和主文本之间的耦合互文可以看到作者对核心情节的刻意凸显，如第五章"二〇〇六"

中直接在第二副文本中点明了主文本的核心：22 年前是残酷的事，22 年后变成了酷，22 年间社会观念在时代变革中已发生了巨变，但当年情该寄往何处呢？

综上所述，文学作品语篇中目录副文本可以通过复制粘贴互文方式建构起与主文本之间的直接耦合互文，如直接显示主文本虚构世界的叙述结构、叙事线索或叙事高潮，起到推动情节发展和吸引读者注意的作用。

5.2.3.5 题辞副文本与主文本的直接耦合互文

文学作品语篇题辞副文本是作者主体在主文本之前（多在扉页或衬页上）或者标题副文本之下刻意自题或引用的文字文本。题辞副文本形式短小，一般为一句话文本或文本片段。它是作者主体策略性构建语篇主文本意义一种修辞行为。

题辞副文本分为自题题辞副文本和引语题辞副文本。自题是指题写自己的话，引语自然是指引用作者主体之外的他主体的话。题辞副文本一般表现为三类：自题题辞副文本、引语题辞副文本和自题兼引语题辞副文本。下面分别讨论文学作品语篇自题题辞副文本和引语题辞副文本与主文本之间的耦合互文关系情况。

5.2.3.5.1 自题题辞副文本与主文本的直接—间接耦合互文

自题题辞副文本可以分为两个次类：自题献词题辞副文本和自题卷首语题辞副文本。二者可同时出现在题辞副文本中。

自题献词题辞副文本，如：

(4)《这边风景》语篇自题献词题辞副文本
献词
谨以此书
纪念我的初恋情人
我的终身伴侣
与我共同经历了这一切
并一再鼓励我写了此作的
永远的<u>崔瑞芳</u>吾爱
卷首语
抬望眼，仰天长啸……四（三）十功名尘与土，八千里路云和月。莫等闲白了少年头，空悲切！

　　　　——1974年开始写作本书

慨当以慷，忧思难忘。何以解忧唯有文章（杜康）。

　　　　——1978年写罢文稿

往事正（不）堪回首月明中。

　　　　——2012年重读并校订之

(5)《此情无法投递》语篇自题献词副文本

　　故事发端于一九八三年的圣诞之夜，这一夜成为了后来一切事件的根源，决定了所有人的命运，几十年间缠绕不去……

　　这一夜是陆丹青留在人世间最后的记忆。他于这一夜勃发，如同初生，亦于这一夜萎地，只抵死亡。因着事关风月、事关性命，这记忆被无限拉长，被添油加醋，被生吞活剥，也被细嚼慢咽……

　　谨以此书献给<u>陆丹青</u>十九岁的生命。

　　从自题献词题辞副文本所呈所献的对象主体来看，一类对象是现实世界中与作者关系密切的人，是作者现实社会人际关系网络的重要体现，献词副文本是一种对对象的敬、爱、纪念和怀念等的情感抒发。此类自题献词题辞副文本在当代小说语篇中占大多数。如例（4）王蒙《这边风景》语篇献词就表现了对爱人的纪念。情感是小说的永恒主题，虽然这类副文本不直接参与作品主文本虚构世界的建构，但是可以反映作者本身的情感经历和情感态度，与《这边风景》语篇主文本刻画的感人爱情之间形成一种间接呼应和投射互文；一类对象是虚构世界中的人物，如例（5）中作者鲁敏将此书献给虚构世界中的主人公陆丹青。此类献词副文本直接参与主文本的建构，与主文本之间的耦合互文是直接的。作者在副文本中直接用此书纪念逝去的主人公，暗示了主文本虚构世界的情节和结局，奠定了主文本的悲情基调，是直接参与虚构世界中人物塑造和情节推进的言语行为。事实上此类副文本是将献词副文本作为主文本的引言来直接构建主文本的，献词对象主体的虚构性与人们常识中献词对象主体的现实关联性之间产生了一种奇妙的张力，使真实世界和虚构世界的界限变得模糊和混淆，从而将读者尽快地引入主文本中。

　　自题卷首语题辞副文本，如：

第五章 文学作品语篇副文本系统之互文探究　　　　241

(6)《繁花》语篇自题卷首语题辞副文本
<u>上帝不响，像一切全由我定……</u>

　　独上阁楼，最好是夜里。△《阿飞正传》结尾△，梁朝伟骑马觅马，英雄暗老，电灯下面数钞票。数清一沓，放进西装内袋，再数一沓，拿出一副扑克牌，捻开细看，再摸出一副。接下来梳头，三七分头，对镜子梳齐，全身笔挺，骨子里疏慢，最后，关灯。否极泰来，这半分钟，是上海味道。……六十年代广播，是纶音玉诏，奉命维谨，澹雅胜繁华，之后再现"市光"的上海夜，风里一丝丝苏州河潮气，……听到音乐里反复一句女声，"和你一起去巴黎呀一起去巴黎呀去巴黎呀"……八十年代，上海人聪明，新开小饭店，挖地三尺，店面多一层，阁楼延伸。这个阶段，乍浦路黄河路等等，常见这类两层结构，进贤路也是一样，进店不便抬头，栏杆里几条玉腿，或△丰子恺△所谓"肉腿"高悬，听得见楼上讲张，加上通风不良的油镬气，男人觉得莺声燕语，吃酒就无心思。
　　△古罗马诗人有言△，<u>不亵则不能使人欢笑。</u>
(7)《古炉》语篇自题卷首语题辞副文本
　　"随着年龄增长，小时候那个记忆，越来越清晰，这是我<u>写作这段记忆的根本原因。</u>"
(8)《我不是潘金莲》语篇自题卷首语题辞副文本
　　俗话说得好，一个人撒米，一千人在后边拾，还是拾不干净。
　　　　　　　　　　　　　　　　　　　　——刘震云

　　自题卷首语题辞副文本也可以分为两种：一种是与主文本虚构世界建构直接相关的自题卷首语副文本，如例（5）；另一种是作者交代作品主文本创作缘起、背景、动机、写作的本事、依据，或作者显示自己的写作态度、情感状态、价值取向、知识结构等，是一种直接—间接耦合互文，即通过作者直接现身说明介入主文本虚构世界的建构，如例（7）。也有一些自题卷首语是两种情况的混合，但会在段落或空间上进行区分，如例（6）中"上帝不响，像一切全由我定……"在第一扉页上，"独上阁楼，最好是夜里……古罗马诗人有言，不亵则不能使人欢笑"在目录副文本之前的单独一页上。

例（9）是《繁花》自题卷首语中"上帝不响，像一切全由我定……"的直接耦合主文本片段：

(9)《繁花》语篇自题副文本≒主文本片段

小毛弥留之际，床前有金妹、招娣、菊芬，二楼薛阿姨，发廊三姊妹，兰兰、雪芝，可谓裙屐之盛，珠环翠绕，立满女宾。此刻，阿宝搀了小毛娘，踱到走廊里，透一口气，划一个十字。此时外面匆匆进来一位黑衬衫中年女人……黑衬衫女人轻声说，小毛。小毛不响。……女人说，认得我吧。小毛点点头。女人忽然分开了人群，冲到走廊角落里，背过身体饮泣。床头旁边，招娣，二楼薛阿姨不响，发廊三姊妹，眼泪滴个不停。小毛动了一动，有气无力说，上帝一声不响，像一切全由我定，我恐怕，撑不牢了，各位不要哭，先回去吧。阿宝说，小毛心里想啥，可以讲的。小毛轻声说，春香讲了，"白白得来，必定白白舍去"。沪生说，啥。大家不响。……小毛不响。……小毛声音越来越轻，忽然睁开眼睛说，男人要开心，女人要打扮。大家不响。小毛说，一打扮，样子就漂亮，另外呢，要对老公好。小毛娘说，小毛得到神惠，怜悯的人，有福的，必得领袖怜悯。大家不响。……小毛眼睛看着沪生说，我做的所有事体，会跟了我走吧。沪生不响。……沪生说，人生烦恼，总算解脱了。……小毛一声不响，硬气，这种表现，就像报纸登的悼词句子，久经考验的无产阶级战士。阿宝说，少开玩笑。沪生不响。……

《繁花》语篇自题副文本"上帝不响，像一切全由我定……"是主文本虚拟人物小毛在弥留之际说出的一句话。可是将它截取之后放到主文本之前就是一种强调和突出的意味，由文中主要人物的普普通通的一句话的语境放到了整个主文本的宏大语境中。的确，主文本无论是从语言上还是思想上都与这句话密切相关。从语言上来看，"不响"是主文本中出现频率最高的词语。"不响"首先是作者金宇澄母语——上海话中的"不响"。方言写作本身显示出一种地方特色文化，《繁花》的最大特色就是方言式的话本写作方式，如作者在跋中所说的那样，"话本的样式，一条旧辙，今日之轮滑落进去，仍旧顺达，新异"。不响在主文本中不同的情景下有不同的含义，不回应、不表态、不屑一顾、默许等，从例（9）中所列的

"不响"的意义就可以看出"不响"一词的丰富含义。其次是本句话的思想,"上帝不响,像一切全由我定",意思是说,上帝不说话,好像一切全由我自己做主。可是放到主文本语境可以看到,这句话是小说虚构人物小毛在弥留之际所说的一句话,就显得那么讽刺,因为生死还有"自己做的事体会不会跟着自己的死而消逝"这些事"全不由自己定"。因此,题辞中只是给出此话的上半句,事实上,省略号(……)中的意义更加耐人寻味,更能显示主题,我们尝试给它补全,即"上帝不响,像一切全由我定,<u>可是,我能定什么呢</u>?"整个主文本因此便弥漫着一种悲观无力的宿命感。正如上文分析的"我不是潘金莲"的暗示有上文,而"上帝一声不响,好像一切全由我定"则蕴含着下文。

5.2.3.5.2 引语题辞副文本与主文本的直接—间接耦合互文

引语题辞副文本一般为中外著名典籍文化中诗词、名言警句。将这些诗词、名言放到当代文学作品语篇题记中的行为本身就是将诗词、名言、警句的语境进行重构或再语境化(金宏宇等,2014:98)。在这个语境重构的过程中引语的意义会被引申、会被重新阐释和发挥。但是重新阐发的过程是靠读者来完成的。因为作者只是将其原文或截取的原文换了一个语境安放而已。作者对其的阐释过程是发生在主文本虚构世界的建构过程当中的。因此,引语题辞副文本从某种意义上讲,是间接参与主文本主题思想和结构的互文建构过程的。因为在主文本中找不到对应的人物,但是可以找到相应的情节。如:

(10)《生命册》语篇引语题辞副文本
旅客要在每一个生人门口敲叩,才能敲到自己的<u>家门</u>;
人要在外边到处<u>漂流</u>,最后才能走到最深的内殿。

——泰戈尔

例(10)引语题辞源自泰戈尔《吉檀迦利》,讲到了家乡以及漂流的意义。《生命册》语篇主文本就是第一人称"我"从乡村走入城市做了大学教师,然后在爱情的憧憬和困顿面前,辞去稳定的工作到北京成为北漂。然后在自己赚到钱后,为了更大的理想,到上海开辟新的商业战场。等最后再次回到农村时,近乡情怯,发现"原以为,所谓家乡,只是一种方言,一种声音,一种态度,是你躲不开、扔不掉的一种牵扯,或者说是背在身上的沉重负担。可是，当我越走越远，当岁月开始长毛的时候，我才发现，那一望无际的黄土地，是惟一能托住我的东西"，再到最后对家乡的反思"一片干了的、四处漂泊的树叶，还能不能再回到树上？""我的心哭了，也许，我真的回不来了"，从主文本的结尾可以看到主文本与副文本之间的相互矛盾，共生共存，相互呼应。

在主文本开头用诗歌引入，诗歌本身的多义性可以给主文本意义的建构营造更广阔的想象空间。特别是主文本开头"我是一粒种子。我把自己移栽进了城市"就是泰戈尔诗歌"漂流"的注脚。不同文本体裁类型的相互交织使得主文本的语义空间得到延伸或拓展，在这个空间中肯定和否定相呼应，相和谐。此例也可以看作是通过否定副文本而建构起来的一种耦合互文。正如 5.2.3.2 节对否定的分析，否定互文可以看作是否定手段在语篇层面上的语境化和具体化。

综上所述，自题献词题辞副文本、自题卷首语题辞副文本、引语题辞副文本可以通过仿写互文、引语互文、用典互文、俗语互文形式来建构自身的互文性，而且可以通过主题互文、引语互文、思想互文和否定互文的互文形式与主文本构成直接耦合互文。作为边界的题辞副文本既指向主文本内，又指向主文本外，既联结着作品语篇内部虚构世界的主文本，又联结着作品语篇主文本外部现实世界的作者的写作意图、写作背景、情趣爱好、知识结构、写作依据等。在耦合互文的过程中，肯定或否定题辞副文本意义可以实现对主文本意义的强化。题辞副文本是出入文学作品语篇主文本的重要门槛，是主文本互文建构和互文理解的重要抓手。

5.2.4 副文本与主文本的间接耦合互文

文学作品语篇副文本与主文本之间的间接耦合互文分两大类：基于实例文本的间接耦合互文和基于类型语篇的间接耦合互文。基于实例文本的间接耦合互文主要探究序跋副文本与主文本的间接耦合互文和评论副文本与主文本的间接耦合互文。基于类型语篇（文本）的耦合互文可以下分具体型文本间接耦合互文和抽象型文本间接耦合互文。

5.2.4.1 序跋副文本与主文本的间接耦合互文

相比 5.2.3 节中探讨的基本处于文学作品语篇副文本系统内层的作者姓名副文本、标题副文本、注释副文本、目录副文本和题辞副文本，序跋副文本处于副文本系统的外层。文学作品语篇的序跋副文本本身的性质多元和分类多样,正如金宏宇等(2014:34)指出的那样,在中国文学现代转型过程中,"序跋在20世纪中国文学的文类划分中处于十分尴尬的位置"。的确,从序跋自身命名的字面意义上看,序和跋只是按照与主文本的前后相对位置来命名的,放在主文本之前的叫序,放在主文本之后的叫跋;从序跋所指内容上看,序跋副文本可议论、可叙事、可抒情、可批评,内容多样,性质多元。序跋副文本和语篇可以相互转化,许多序跋副文本可以单独作为语篇发表在别处,一些首先发表于别处的序跋语篇也可以作为语篇的副文本出现在主文本之前或之后。

序跋在现代文学中有其独特的地位。只是现代文学的作家和研究者未能像古代文体和文学研究那样,将序跋视作单独文体和作为文学批评的重要文献和理论资源,而只是将其"视为一种边缘的文学创作"(金宏宇等,2014:38)。随着"副文本""副文学"(*paralittérature*)概念的引入,现代文学语篇序跋得到了文学和修辞研究学者的重视和关注。开始探究序跋与主文本的共建关系,并关注序跋在主文本意义建构和理解过程中的功用。

根据序跋副文本的作者主体与主文本作者主体之间的一致关系,可以将序跋副文本分为自序跋副文本和他序跋副文本。文学作品语篇自序跋副文本与主文本之间的互文耦合度大于他序跋副文本与主文本之间的互文耦合度。"他人为作品写的序跋可以轻易跳过,但作者本人直接为阐释或说明自己作品而撰写的序跋却是重要的信息",因为作者中心论观念在当代小说的阅读中占有重要地位,而且是深入人心的(格非和陆楠楠,2012:28)。克里斯蒂娃(2016a:31)也坦言:"互文性给了阐释者很大的自由度,让读者处于非常活跃的状态。但互文性阅读也需要一个度,不能让读者想象代替作者想象",可见作者本人的阐释或说明在文本互文建构和互文阅读中依然占据着一定的地位。某种意义上讲,作者自序跋副文本言语行为本身也是在宣示着作者的主体身份。作者自序跋副文本往往侧重于说明创作著述的主旨、心路历程、成书的编写体例、成书经过、致谢等,而他序跋副文本往往侧重于对作者、作品的介绍和评价。综合来讲,序跋副文本是作为一种解释性文本出现的,是一种可读性文本。

5.2.4.1.1 自序跋副文本与主文本的间接耦合互文

文本一旦完成,有关文本的解释已无法完全属于作者,同时它也部分属于读者。赵毅衡(2016:49)建构了符号意义表意过程——作者意义→文本意义→读者意义,小说主文本虚构世界一旦建构完成,文本世界的意义解释随即无法完全属于作者。自序跋副文本一定程度上可以弥补作者意义和文本意义之间的理解间隙。自序跋副文本以一种评论或弱评论的元互文形式,直接或间接地反映着主文本所要传递的作者意义。祝克懿(2011)曾对文学评论语篇与源语篇之间的对话和互文关系进行了详细分析,在此借鉴其研究结果和分析思路:文学评论语篇与源语篇构成"互动共生、具有立体多向空间关系的互文结构体",这个互文结构体以对话关系为基础,由"述"核心板块和"评"延伸板块共同组成的有机统一体,其中"述"可以是"描述、引述、转述、综述、概述、详述、直述、曲述、追述、倒述等","评"可以是"颂评、允评、批评、直评、婉评、讽评、咒评、综评、点评、略评等"(祝克懿,2011:6)。

部分文学作品语篇自序跋副文本遵循着相对严格的"述核心板块+评延伸板块"文学评论互文结构体的互文范式。如:

(11)《繁花》语篇自跋副文本

△《繁花》开头写到△:【"……陶陶说,长远不见,进来吃杯茶。沪生说,我有事体。陶陶说,进来嘛,进来看风景……"】[对话一来一去,一股熟悉的力量,忽然涌来。

话本的样式,一条旧辙,今日之轮滑落进去,仍旧顺达,新异。]

……【对话不分行,标点简单】——[△《喧哗与骚动》△,文字也大块大块,如梦呓,如中式古本,读者自由断句,但中式叙事,习染不同,吃中国饭,面对是一张圆台,十多双筷子,一桌酒,人多且杂,一并在背景里流过去,注重调动,编织人物关系;西餐为狭长桌面,相对独立,中心聚焦——其实《繁花》这一桌菜,已经免不了西式调味,然而中西之比,仍有人种,水土,价值观念的差别。]

《繁花》感兴趣的是,当下的小说形态,与旧文本之间的夹层,会是什么?

{△西方认为△,无名讲故事者,先于一切文学而存在},△论及中国文学△,"摆脱说书人的叙事方式",[曾是一句好话];△有论者说△,{中西共有的问题是——当代书面语的波长,缺少"调

第五章 文学作品语篇副文本系统之互文探究　　247

性"}，[如能到传统里寻找力量，瞬息间，就有"闪耀的韵致"……]

　　[在国民通晓北方语的今日，用《繁花》的内涵与样式，通融一种微弱的文字信息，会是怎样。]

　　【《繁花》长时期在一个语境里徘徊，也使部分读者，长久陷入这个氛围中。有一个朋友说，看书看报纸，"也用《繁花》的口气去读，真受不了。"】[这是我没意识到的结果。我的初衷，是做一个位置极低的说书人，"宁繁毋略，宁下毋高"，取悦我的读者——旧时代每一位苏州说书先生，都极为注意听众反应，先生在台上说，发现有人打哈欠，心不在焉，回到船舱，或小客栈菜油灯下，连夜要改。我老父亲说，这叫"改书"。是否能这样说，小说作者的心里，也应有自己的读者群，真诚为他们服务，我心存敬畏。]

　　[我希望《繁花》带给读者的，是小说里的人生，也是语言的活力，虽我借助了陈旧故事与语言本身，但它们是新的，与其他方式不同。]

　　【△我在小说中引了穆旦的诗△】：
静静地，我们拥抱在
用言语所能照明的世界里，
而那未成形的黑暗是可怕的，

那可能和不可能的使我们沉迷。
那窒息着我们的
是甜蜜的未生即死的言语，
它底幽灵笼罩，使我们游离，
游进混乱的爱底自由和美丽。

　　感谢为了《繁花》的出笼，给予热情帮助的朋友们。感谢你们。

金宇澄谨白
2012 年秋

　　从例（11）中可以看到金宇澄《繁花》自跋副文本是一种由源文本、他文本与评论文本多维构成的互文对话结构体或互文空间。金宇澄跋副文本是其作为主文本主体的意义文本的元体现，相对严格地遵循了文学评论语体的述评对话互文结构。其中"述"源文本（指定性主文本）核心文本板块（例中用"【 】"标示）有引述"陶陶说，长远不见，进来吃杯茶。沪生说，我有事体。陶陶说，进来嘛，进来看风景"，有描述"对话不分行，标点简单"，还有综述"《繁花》长时期在一个语境里徘徊，也使部分读者，长久陷入这个氛围中。有一个朋友说，看书看报纸，'也用《繁花》的口气去读，真受不了'"，还有直述"我在小说中引了穆旦的诗"等，在"评"延伸文本板块（例中用"[ ]"标示）引入外部他文本评论性文本或专家学者、流派或个别读者。来实现对"述"文本的评价，如"西方认为，无名讲故事者，先于一切文学而存在""有论者说，中西共有的问题是——当代书面语的波长，缺少'调性'"等他文本，评论的对象涉及源文本的语言风格、主题思想和艺术成就等。如引入《喧嚣与骚动》，"喧嚣与骚动"语出莎士比亚悲剧《麦克白》第五幕第五场中麦克白的台词文本片段："人生如痴人说梦，充满着喧哗与骚动，却没有任何意义"，来说明主文本语言风格"对话连成一片，标点简单"背后的动因。

说金宇澄的自跋副文本是相对严格地遵守述评互文结构体的规则，是因为序跋副文本作为语篇的边界功能块有其自身的特点，如金宇澄在最后引述了主文本中的引文"穆旦的诗"，但是之后并没有对其进行延伸评论。

如果说自序跋副文本对主文本的意义有延伸评论、显示作者意图之功能的话，那么下面两例可以看到作者主体现身的自序跋副文本是沟通语篇和读者的一个门槛。

(12)《这边风景》自序自跋副文本
a 前言副文本片段
我找到了，我发现了：[那个过往的岁月，过往的王蒙，过往的乡村和朋友。黑洞当中亮起一盏光影错落的奇灯]。
[虽然不无从众的嘶喊，本质上仍然是那亲切得令人落泪的生活，是三十岁、三十五岁、四十岁那黄金的年华，是琐细得切肤的百姓的日子，是美丽得令人痴迷的土地，是活泼的热腾腾的男女，是被雨雨风风拨动了的琴弦，还有虽九死而犹未悔的当年好梦。]
也曾有过狂暴与粗糙，愚傻与荒唐……你仍然能发现作者以怎样

的善良与纯真来引领与涂抹那或有的敌意,以怎样的阳光与花朵来装点那或有的缺失。[那至少是心灵感受与记载的真实,是艺术与文学的映照与渴求,是戴着镣铐的天籁激情之舞。]

狼狈中,仍然有不减的挚爱,有熊熊的烈火。

我们相信过也相信着。我们想念我们的相信。只不过是真实,只不过是人生,只不过是爱情。在想念和相信中我们长进。也有天真与傻气盎然的仍旧的青春,却没有空白……

在年满七十八岁的时候我突然明白:我与你们一样,有过真实的激动人心的青年、壮年,我们的中国有过实在的二十世纪六十年代与七十年代。

王蒙

b 后记副文本片段

这是陈年旧事的打捞。

这是失忆后的蓦然回身——原来,原来是这样?

这是幽暗的时光隧道中的雷鸣电闪。……

重读?忘得这样彻底。几乎像在读一个老友的新著。……

仍然令作者自己拍案叫绝,令作者自己热泪横流,令作者惊奇地发现:[当真有那样一个一心写小说的王某,仍然亲切而且挚诚,细腻而且生动,天真而且轻信]。呵,你好,我的三十岁与四十岁的那一个仍然的我!……

[许多许多都改变了,生活仍然依旧,青春仍然依旧,生命的躁动和夸张、伤感和眷恋依旧,人性依旧,爱依旧,火焰仍然温热,日子依然鲜明,【拉面条与奶茶】依然甘美,【亭亭玉立的后人】依然亭亭玉立,【苦恋的情歌】依然酸苦,【大地、伊犁、雪山和大河】仍然伟岸而又多情!]

如果你非常爱这个世界包括你自己,这个世界与你自己硬是会变得更可爱一些。当你非常要求信这个世界与你自己的时候,这个世界与你自己,硬是更可信一些。生命是生动的,[【标签】【指向】正确与拥戴的时候,它是生动的],[【指向】有错与否定的时候,生命的温暖与力量丝毫没有减少,更没有不存在]。世界与你自己本来就是拥有生命的可爱可亲可留恋的投射与记忆。

[万岁的不是【政治标签】、【权力符号】、【历史高潮】、【不得

不】的结构格局；是生活，是人，是爱与信任，是细节，是倾吐，是世界，是鲜活的生命。可能你信过了梭，然而信比不信好，信永存。可能你的过了时的文稿得益于这个后来越来越感到闹心的世界的一点光辉与真实与真情，得益于生命的根基，所以文学也万岁。]

例（12）前言和后记副文本是主文本初稿基本成型三十多年之后写就的，正如作者王蒙在前言和后记中所说的那样，好像面对的是三四十岁的另一个自己，"过往的王蒙""一心写小说的王某"，"述"的部分以词语提及的方式略述（例中用"【】"标示），如"政治标签""伊犁""拉面条与奶茶""历史高潮"等，评论板块也是间接婉评为主（例中用"[ ]"标示），如"万岁的不是政治标签、权力符号、历史高潮、不得不的结构格局；是生活，是人，是爱与信任，是细节，是倾吐，是世界，是鲜活的生命。可能你信过了梭，然而信比不信好，信永存。可能你的过了时的文稿得益于这个后来越来越感到闹心的世界的一点光辉与真实与真情，得益于生命的根基，所以文学也万岁"表明作者通过主文本所表达的文学意义超越政治和社会意义，将文学意义指向更为本质的人性、生活、人、爱与信任、青春、细节、倾吐以及鲜活而生动的生命。此类序跋副文本更像是作者作为读者和作者混合双重身份的评论性副文本，与例（11）纯作者身份的金宇澄自序跋与主文本密切耦合互文相比，此种兼抒情、述评于一体的自序跋副文本与主文本之间的耦合则较为松散。

（13）《穆斯林的葬礼》作者自序副文本
二十年后致读者

霍达

一九八七年八月二十九日深夜，我为《穆斯林的葬礼》点上最后一个标点。……我至今清楚地记得，△后记的最后一句话是△："请接住她，这是一个母亲在捧着自己的婴儿"。这句话，是对编辑说的，也是对读者说的。[从那一刻，婴儿脱离了母体，剪断了脐带，来到了人间]。

二十年过去了。昔日的婴儿，如今已经整整二十岁了。当母亲回头注视着在人间闯荡了二十年的孩子，不禁百感交集。感谢真主的慈爱，这孩子成长得很健康，而且人缘儿极好。我这么说，并不是因为她出世不久就戴上了茅盾文学奖的桂冠,更重要的是,她拥有了那么多真诚的读者。……他们当中,有德高望重的文坛前辈,有与我血脉相连的穆斯林同胞,有饱经沧桑的耄耋老者,有寒窗苦读的莘莘学子,绝大多数和我素不相识,仅仅因为一本书,把我们的距离拉近了,心灵沟通了。……他们含着热泪向我倾诉,我含着热泪感受他们的心声。△有的回族同胞说△,【他从这本书里了解了自己的民族,增强了民族自尊和自豪】;△有的读者说△,【她是读着我的书长大的,《穆斯林的葬礼》改变了她的命运】;△有的年轻朋友说△,【这是对他影响最大的一本书,使他懂得了人的一生应该怎样度过,并将陪伴他一生】。[他们对这部作品的挚爱之情令我感动,但这些赞誉,我不敢当]。[《穆斯林的葬礼》不是史书,不是教科书,而是一部文学作品]。……[我并不认为自己的作品具有如此神奇的魅力,而更愿意相信,是因为读者在阅读中融入了自身的人生感悟,和作者共同创造了文学。古往今来的优秀文学作品,无一不是由广泛流传获得了生命,活在读者之中。读者的选择,历史的淘汰,最是无情也最有情……]

还有的读者以极大的兴趣和我探讨【《穆斯林的葬礼》的艺术技巧】,这使我想起△一位前辈作家说过的话△:"寻诗争似诗寻我。"从某种意义上说,作家并不是作品的主宰,文学创作是一个奇妙的"互动"过程,你在"寻"她,她也在"寻"你。……[《穆斯林的葬礼》不是依照作者的设计,而是遵循她自身的规律,自然而然地"生长"出来的]……

二十年后回忆当初,早已淡忘了"分娩"的阵痛,有的只是母爱的温馨和岁月的感慨:孩子大了,母亲老了。值得欣慰的是,经历了二十年的风雨寒暑,我的孩子已经具备了旺盛的生命力,既然我把她交给了读者,就让她继续生活在你们中间吧!……

二〇〇七年八月二十九日
写于抚剑堂书屋

例(13)中霍达自序副文本与主文本之间的耦合互文度则是介于金宇澄和王蒙自序跋副文本与主文本的耦合互文之间。霍达在自序副文本中建构了一个述评互文空间,那里有作者和读者的对话,有立论观点"读者在阅读中融入了自身的人生感悟，和作者共同创造了文学。古往今来的优秀文学作品，无一不是由广泛流传获得了生命，活在读者之中。读者的选择，历史的淘汰，最是无情也最有情""文学创作是一个奇妙的'互动'过程"，既有作者主体的评论，又有读者的评论。涉及源语篇的多个主题，主题思想、艺术技巧、作者的创造观和阅读观等。从中我们看到作者的文学观和文本观：读者和作者共构观，既不是以作者为中心，也不是以读者为中心；作者与文本是相互创造、互动的关系，作者不是作品的主宰。这些序跋副文本反映出来的价值观念、会影响到读者对主文本意义的深入理解。

5.2.4.1.2 他序跋副文本与主文本的间接耦合互文

小说主文本虚构世界一旦完成，文本的意义解释已无法完全属于作者，它也属于读者。自序跋副文本以一种评论或弱评论的互文形式，直接或间接地反映着文本所要传递的作者意义。他序跋副文本则是反映读者意义与主文本意义的一种评论形式。不像作者与主文本之间的互动共生耦合关系，读者与主文本之间的关系纯粹是一种解释和评论的元文性关系。

（14）《朗读者》语篇他序和他跋副文本
a 他序副文本

精微之处，深藏大义

曹文轩

这些年，我一直在向我的学生与朋友大力推荐这本书，在我为他人开出的所有书单中，无一没有这本书的名字。我在许多场合，还解读了这本书。我之所以如此不遗余力地对此加以推崇，[可能与我根深蒂固的文学观有关——也就是说，这样一本书，正合我的阅读趣味与文学理念]。……

我喜欢《朗读者》的[那份庄重]。……[这是一部典型的德国作品]。阅读这样的作品，容不得有半点轻浮的联想，而阅读之后就只有一番肃然起敬。我一直将庄重的风气看成是文学应当具有的主流风气。……

[【这部小说】的迷人之处还在于它的丰富与多义]。

[一部好的小说，既应当是单纯的，又应当是错综复杂的。]……【作者在作品中留下了许多机关，这些机关需要我们经过

小心翼翼的考证和掂量，才有可能打开】：谁是真正的朗读者？……这些悬疑，都是耐人寻味的。我们在解答这一个个的问题时，都可获得精神与智力的提升。

然而，[它确实又是单纯的]。【它的线索非常简单：一个少年与一个成年女性之间的看似没有什么复杂背景的身体与灵魂的欢愉。】……[作品一直以一个超出所有元素的元素在牵引着我们，这就是：感动。]……

[这部小说在艺术上也是很有功夫的]。它的情节并不复杂，但在细节上却是十分考究。【三部分，划出了三个不同的段落。】[这是命运的起落，是人生的三个不同阶段。所有的细节都意味深长]。比如【汉娜身体气味的叙述】。……[小说中一些有关命运的、生命的甚至是有关存在的重大的命题，恰恰是通过一些看起来微不足道的细小物象以及一些细节的变化来表现的]，应了我很喜欢说的一句话：精微之处，深藏大义。……

我有话可说，只可惜是作一篇序，篇幅不宜过长，由不得我去铺张。

2005年12月15日于北京大学蓝旗营

b 他跋副文本

"我把它一夜读完"

△德国和世界各地对《朗读者》的评论△可以归结为一句话：[这正是我们不知不觉期盼已久的书]。……△不管我问哪个读过《朗读者》的人，他都说△："我把它一夜读完。"

《朗读者》属于"令人难以置信的一生忏悔"。读者好像在屏气凝神地倾听，着了魔似的，仿佛身临其境。

△卡夫卡说△：["书必须是凿破我们心中冰封的海洋的一把斧子。"这本书就是这样]。

最早的读者是△评论家。他们把米夏和汉娜的故事这样阐释△：战后德国人之间无可救药的关系象征实际上继续隐藏的纳粹时代。十五岁的学生爱上了大他二十一岁的隐瞒了双重秘密的有轨电车售票员。学生象征了无辜的新的一代，他们与父母在感情上不可分离，△用海涅的话说△这父母身上有太多的故事，"人们也许知道这些故事，却并不愿知道这些故事，与其回忆它们不如忘了它们。"

……《朗读者》是不是只是一本极具政治性的书？爱情故事是不是仅仅诱使读者思考道德边缘问题？我越陷入汉娜和米夏的故事，我就越怀疑。读的次数越多，你就越能听到激动万分地解开汉娜之谜时所没听到的声音。

　　△施林克在别的地方暗示人们△也可以这么读《朗读者》：[伟大的、需要最细心呵护的爱情故事]。作者有意把它隐藏在一个历史寓言里，越是半遮半掩就越光彩照人。……[世界名著中的伟大爱情故事总是离不开惊异、幻想、占有、不忠、无尽的失败、不可遏制的对天长地久的渴望]。《朗读者》从十五岁的主人公触摸恋人的身体开始，到几十年后主人公与自杀的恋人的告别结束。小说最终也是以死亡为结尾。女主人公不想重新回到社会中，这时孤寞多年的男主人公才意识到和她有无法割裂的联系]。

　　[如果让我在书架上找个地方放《朗读者》，我会把它和其他写疯狂的爱的书放在一起：高特弗里德·凯勒的《乡村的罗密欧与朱丽叶》、托马斯·曼的《威尼斯之死》和纳博科夫的《洛丽塔》中都有相似的令人心碎的分别场面，并成为整部书的隐秘的中心]。……

　　[【施林克的艺术或者说对技巧的放弃】赋予作品的东西比政治教育意义要更持久。施林克描述了一个关于爱和性，接着是爱的背叛和爱之死的故事，它属于那种流芳百世的故事]。人们会一遍又一遍地读它，为了找出自己到底能够做些什么？

克利斯托夫·施扎纳茨（姚仲珍译）

　　例（14）他序副文本和他跋副文本中曹文轩和克利斯托夫·施扎纳茨分别结合自己的知识结构对《朗读者》主文本进行了评论和解读。事实上他们是作为读者的代表发出来自读者的声音，但是将他们的序跋作为副文本附着在主文本前后，包围着主文本，从某种意义上，有种半官方的评论意味在其中。曹文轩的序副文本对指定文本《朗读者》进行了较为严格地述评，其中述板块和评板块丰富多样，从文章细节（汉娜身体气味的叙述）到文章技巧（三部分，划出了三个不同的段落）再到宏观大义（这部小说的迷人之处还在于它的丰富与多义）序作者都对其做出了精彩的延伸点评，"小说中一些有关命运的、生命的甚至是有关存在的重大的命题，恰恰是通过一些看起来微不足道的细小物象以及一些细节的变化来表现的。精微之处,深藏大义","这是命运的起落,是人生的三个不同阶段。所有的细节都意味深长","庄重、'思考愈深,我们对世界的复杂性就理解越深,我们的认识也就愈深刻'、作者对任性、对存在的深度把握"等。施扎纳茨则以指定主文本《朗读者》为主、还介入其他自由性文本作为自己评论的论据和例证。其他自由文本包括其他读者、卡夫卡、海涅、三月革命时的德国文学、哈斯等他文本,其中还有主文本施林克的外副文本。施扎纳茨也对《朗读者》的象征意义和主题意义进行了评论和阐释。认为主文本《朗读者》的主题意义超越政治教育意义,爱和性、爱的背叛和爱之死的爱情意义才是作品背后暗示的主要意义。不过有意思的是,我们可以从两人的解读文本中看到对待同一作品主题的两种不同的看法:一种是关于庄重的命运、生命和存在的主题,一种是关乎政治教育和深刻爱情较量的主题。

因此,他序跋副文本与主文本之间的耦合互文属于离心式互文范式。任何解释都是解释,某种意义上可以说是稀释,不同读者对同一个主文本有不同的解读,相同的读者因为阅读次数和人生阅历的增加也可能对同一个主文本产生不同的解读。正如曹文轩在《朗读者》序副文本中所说的那样,"这部小说的迷人之处还在于它的丰富与多义",可以把这句话扩大到对所有文学文本的意义的评论,即文学的迷人之处就在它们的丰富和多义。文学作品语篇主文本(小说、诗歌等)与不同的读者、不同的人生感悟相融合可以得出不同的文学意义。

综上所述,文学作品语篇序跋副文本可以通过引用、述评、增添等互文方式建立与主文本之间的间接耦合互文,自序自跋副文本与主文本的耦合互文度总体上来讲要高于他序他跋副文本。任何解释都是解释,无论是作者自己的解释还是作为读者和评论家主体身份的解释,序跋副文本可以对读者理解主文本起到一定的导向作用,特别是作者的自序跋副文本。文本一旦完成,有关文本的解释已经无法完全属于作者,它也属于读者,文本意义是作者和读者共同建构的,不同的读者对同一个主文本有不同的解读,相同的读者因为阅读次数和人生阅历的增加也可以对同一个主文本的意义有着不同的解读。因此序跋副文本与主文本的间接耦合互文属于离心式互文范式。

5.2.4.2 评论副文本与主文本的间接耦合互文

上面谈到评论—解释性副文本在主文本意义理解中的耦合互文作用。

在文学作品语篇副文本还存在一类比较特殊的评论副文本,它们一般出现在封面、封底或腰封副文本上,由评论家、媒体、作家等非主文本作者所作。由于物理空间的制约,这些副文本与序跋评论副文本相比更为简短、精练。这类副文本内容往往只出现典范评论文本中的延伸板块——"评",其在主文本作者、主文本与读者之间构成一种对话关系。

典范性的评论性文本是对著作主文本的内在信息与外在装帧形式进行价值分析和评判后所写的议论性文本,可供读者选书、作者写书、编书出版和图书馆管员借鉴。著作语篇的价值,可以体现在内在的内容信息方面,如知识性、学术性、思想性、可读性、耐读性、趣味性、情感性等,还可以体现在形式上,包括书衣、版式、插图、字体、字号、纸张质量等要素的文化创意和工艺含量等。评论性文本往往涉及语篇的价值评判。语篇的价值分析和评判是通过解读、鉴赏、分析、批评等手法,对物理性文本和心理性文本(书籍)的整体价值做出或正面、或负面、或正负兼备的评判(徐雁等,2017:1)。解读、鉴赏、分析、批评正是一个语篇或文本与另一个语篇或文本形成元文性互文对话结构体的具体互文手段。

下面具体分析这类特殊评论副文本与主文本之间的间接耦合互文。

(15)《一句顶一万句》语篇封底和腰封评论副文本
a 封底评论副文本

<u>洗尽铅华,返璞归真</u>,笔触始终紧贴苦难的大地和贱如草芥的底层人群,结构<u>单纯而内容丰富</u>,命悬一线而荡气回肠,【主人公常常走投无路而又一直勇往直前】。这是刘震云迄今<u>最成熟、最大气</u>的小说。

——<u>著名评论家</u> 摩罗

这部小说仍然保持着刘震云<u>奔放的想象力和不羁的风格</u>,用不同时代的两段故事和具有血缘关系的不同时代的普通人的命运,讲述了人生的"出走"和"回归"的大主题,由此试图追问横在东西古今之间的现代中国的"<u>大历史</u>"。

——<u>著名评论家</u> 张颐武

读《一句顶一万句》,常想到《水浒》,千年以来,中国人一直在如此奔走,这种眼光是中国小说的"<u>国风</u>","国风"久不作矣。

——<u>著名评论家</u> 李敬泽

这是注重人性的细微神经和生活的内在肌理的文学书写，而语言本身就含带了意味，言说本身就体现了审美。小说何以是语言的艺术，刘震云的这部作品既是一个个人化的阐释，又是一个<u>典型化的示范</u>。

——著名评论家 白烨

阅读本书是沉重和痛苦的，它使我们不断地在《论语》和《圣经》之间徜徉，在与神对话还是与人对话的千年思考中徘徊：与神对话的西方文化因为神的无处不在而愉悦；与人对话的农耕文化却因为人心难测，而使我们陷入真正的"百年孤独"。

——著名出版人 安波舜

b 腰封获奖副文本

本书获第八届茅盾文学奖、《人民文学》长篇小说最佳奖、《人民文学》<u>长篇小说双年奖</u>、《当代》长篇小说论坛最佳奖、《当代》<u>长篇小说论坛五佳奖</u>、中国小说学会<u>年度排行第一名</u>。

（16）《这边风景》封面和封底评论副文本

a 封面评论副文本

边疆的风光·细腻的生活·虔诚的信仰·内外的恩仇·感人的恋情·惊心的事件

b 封底评论副文本

<u>手写的书稿</u>　尘封四十载终见天日
<u>心写的历史</u>"文革"桎梏下<u>动情述说</u>

<u>回肠荡气</u>的民族画卷
<u>原汁原味</u>的新疆盛宴

这是一本在坟墓里沉睡了四十年，从容走出来的<u>大书</u>。
它是作者<u>巅峰时期</u>的鸿篇巨制。
它是戴着镣铐的激情舞蹈。
它再现了二十世纪六十年代的中国。

从例（15）、例（16）中可以看到，封面、封底和腰封上的评论副文本的作者主体具有多元性和模糊性。一些简评副文本有明确地主体标识，如例（15）中，著名评论家摩罗、张颐武、李敬泽、白烨，著名出版人安波舜，一些简评副文本的主体则比较模糊，如例（16）中的简评副文本找不到明确的主体，主体可能是评论家、作家自己或出版单位。腰封副文本上的获奖信息副文本事实上也是一种间接评论言语行为，因为各种奖项和销量排行是由评论家、读者、媒体等特殊读者和大众读者评选出来的，代表着一定读者的价值评判。"评论家是最早的读者"，出版单位、媒体是较早的读者。这些评论主体的读者身份区别于只接受语篇主文本而不回应的大众读者，他们是既接受主文本又回应主文本的读者（祝克懿，2011：3-4），并且回应性文本显现在围绕主文本周围的物理空间内，在作者作品主文本和大众读者之间架构起一个中间区域。

  主观上来讲，评价副文本的作用是广告性、诱导性的功能，很多研究也注意到了这一点，的确，这些简评副文本往往是积极的颂评和荐评，如例（15）、例（16）中的评价副文本中用到诸如"洗尽铅华、返璞归真""单纯而丰富""荡气回肠""最成熟、最大气""奔放的想象力和不羁的性格""国风""典型化的示范""细腻""虔诚""感人""惊心""动情""原汁原味""鸿篇巨制""激情舞蹈""最佳""第一""五佳"等积极词汇。但是从客观上来看，主文本在社会化和物理化过程中，评论副文本可以起到经典化其意义的作用。

  福柯（2001：前言）曾对"评论"这一修辞行为做过极有见地的阐述：对于言说，不知道它除了评论以外还有别的什么功能，或者说评论的本质是什么，评论本质是对话语或文本的质疑，"质疑它究竟在说什么和想说什么。它试图揭示言说的深层意义，因为这种意义才使言说达到与自身的同一，即所谓接近其本质真理。也就是说，人们在陈述说出的东西时，也在陈述从来没有说过的东西。评论活动就是试图把一种古老、顽固、表面上讳莫如深的话语转变为另外一种更饶舌的既古老又现代的话语。在这种活动中隐藏着一种对待语言的古怪态度：从定义上来看，评论就是承认所指大于能指（索绪尔说能指和所指是一张纸的正反面，评论的出现可能使这个比喻变得不再恰当。引者注），存在一部分必要而又未被明确表达出来的思想残余遗留在语言的阴影中，这部分残余正是思想的本质，却被排除在语言奥秘之外。评论预设这种未说出的因素蛰伏在言语中，人们能够借助能指特有的丰盈性，在探寻时那没有被明确指涉的内容可以发出声音"。

评论语篇和源语篇甚至可以在没有对方的情况下而存在，同时它又创造了它们之间的复杂互涉关系，围绕着文学作品语篇主文本表达的诗意价值而形成一个交错缠绕的评论网络：能指在传达某种东西时不可能毫无隐藏，不可能不给所指留下一块蕴义无穷的余地。从中我们可以看到，评论语篇或评论文本这一客观修辞言语行为的自身价值。

"传统来看，评论是言说他人的思想，说出他们所说的东西。这就意味着对所指进行分析。但是，在别处和被别人说出的事物难道必须完全按照能指和所指的游戏规则来对待，被当作它们相互内涵的一系列主题吗？难道就不能进行一种话语分析假设被说出的东西没有任何遗留，只是历史形态的事实吗？话语的种种事件因而就应该不被看作是多重意指的自主核心，而应被当作一些事件和功能片段，能够逐渐汇集起来构成一个体系。决定陈述的意义的，不是它可能蕴含的、既揭示又掩盖它的丰富意图，而是使这个陈述与其他实际或可能的陈述联结起来的那种差异。其他那些陈述或与它是同时性的，或是在线性时间序列中与它相对立的。由此有可能出现一种全面系统的话语史"（福柯，2001：前言）。评论语篇或评论副文本的价值就在于将主文本本身及其价值形成一个交错缠绕的文本空间网络系统，在这个空间网络系统中，各种差异性文本和谐共生，构成一个对话互动的结构体系。

学术著作语篇和文学作品语篇的评论副文本的数量一定程度上反映了两种不同话语体系能指意义的确定性。学术著作语篇副文本类型要少于文学作品语篇的副文本，从另一方面，印证了副文本的遮蔽、拆解和颠覆的消极效应。

这是一个理智的时代，它使我们远离一种"原始"语言。评论是语篇或文本社会化的重要中介和推手。评论文本和源文本共同出现在同一空间内，使语篇本身变成一个由作者、主文本（作品）、读者、对话协商构成的互文结构体或互文空间。

综上所述，评论副文本可以通过解读、鉴赏、分析、批评互涉方式与主文本形成间接耦合互文。文学作品语篇主文本建构的虚拟世界的能指给所指留下了一块蕴意无穷的余地，评论副文本就是所指解释的一种表征。它将主文本本身及其价值形成一个交错缠绕的文本空间网络，在这一空间网络中评论副文本和源文本即主文本共现，它是语篇本身变成了一个由作者、主文本、读者、对话协商构成的互文结构体或互文空间。因此，评论副文本与主文本之间的间接耦合互文也是离心式互文。

5.2.4.3 具体型文本——副文本与主文本的间接耦合互文

具体型文本（语篇）是由一系列相关语篇组成的语篇集群。这些语篇的关联点和交叉点多种多样，如同一套丛书、同一个作者、同一个主题、同一个奖项、同一个时代、同一种风格等。这些关联点大多数会在副文本中或显或隐地指明。它们都可能对语篇主文本的接收和理解起到辐射和延伸的作用。下面试举几例来说明一下文学作品语篇具体型文本或语篇是如何与当下语篇主文本进行耦合互文的。

(17)《朗读者》语篇相关型文本

a 后勒口"纪念版书目"副文本

《麦田里的守望者》（J. D. 塞林格，施咸荣译）、《老人与海》（海明威，余光中译）、《第二十二条军规》（约瑟夫·海勒，吴冰青译）、《荆棘鸟》（考琳·麦卡洛，曾胡译）、《兄弟连》（斯蒂芬·安布罗斯，王喜六、祁阿红译）、《教父归来》（马克·瓦恩加德纳，石平萍译）、《假如明天来临》（西德尼·谢尔顿，龚人、宁翊译）、《廊桥遗梦》（罗伯特·詹姆斯·沃勒，资中筠译）、《朗读者》、《杀死一只知更鸟》（哈珀·李，高红梅译）、《夜访吸血鬼》（安妮·赖斯，姜秋霞、魏向清、张沂昀译）、《发条橙》（安东尼·伯吉斯，王之光译）、《了不起的盖茨比》（菲茨杰拉德，巫宁坤译）、《大教堂》（雷蒙德·卡佛，肖铁译）、《佩德罗·巴拉莫》（胡安·鲁尔福，屠孟超译）、《一九八四》（乔治·奥威尔，孙仲旭译）、《动物农场》《查泰莱夫人的情人》（劳伦斯，黑马译）

b 他序和他跋副文本中出现的同主题的型文本

爱德华·墨里克的 peregrina 系列

高特弗里德·凯勒的《乡村的罗密欧与朱丽叶》

托马斯·曼的《威尼斯之死》

纳博科夫的《洛丽塔》

同作者侦探小说（《快刀斩乱麻》《自欺》等）

例（17）a 所列举的型文本是由同一出版单位出的一套纪念版丛书，是欧美畅销，例（17）b 是评论副文本中同主题的一组型文本，是以读者主体理解的同主题（都是写疯狂的爱的小说语篇）为关联点建立起来的型语篇。对于延伸《朗读者》主文本和建构同主题的类型小说有一定的指导作用。其中与主文本建构和耦合度较高的是同一作者、同一主题的语篇组成的型文本。如：

（18）《生命册》语篇前腰封副文本
著名作家李佩甫《羊的门》之后
"平原三部曲"巅峰收官之作
（19）《人面桃花》语篇副文本与型文本"江南三部曲"提示
a 封面副文本
江南三部曲之一——人面桃花
b 前勒口作者简介副文本
格非，中国当代实力派作家，清华大学教授。……从 1987 年发表成名作《迷舟》开始，迄今已经创作出版长篇小说<u>《敌人》《边缘》《欲望的旗帜》以及"江南三部曲"《人面桃花》《山河入梦》和《春尽江南》</u>等……
c 作者弁言副文本
1994 年，我开始有了创作三部曲的打算。……<u>如果一定要给这三部书一个统一的名称，我个人倾向于将它称为"江南三部曲"。书中的人物和故事都取材于江南腹地，同时，对我而言，"江南"不仅仅是一个地理名称，也是一个历史和文化概念。另外，我全部的童年生活，都在长江南岸的一个小村庄读过。它是我记忆的枢纽和栖息地。</u>……
d 封底内容简介副文本
《人面桃花》是<u>"江南三部曲"的开卷之作</u>。……

"江南三部曲"（《人面桃花》《山河入梦》《春尽江南》）内部语篇之间的互文关系紧密度要高于其他型文本与三部曲之一的关系，虽然都是同一个作者主体创造的型文本，这在后面语篇—副文本—语篇世界中也会提到，它们是有一定层次的，"三部曲""姊妹篇"之间往往存在极强的互文性和耦合度。它们互相构成自己的生成和理解语境，由副文本或显或隐地提示。

5.2.4.4 抽象型文本——副文本与主文本的间接耦合互文

抽象型文本是一种广义文本，包括体裁、语体、价值、写作框架、文体、认知框架、社会权势关系等。在副文本中或显或隐地会指明主文本与广义文本的联系。抽象型文本可能对语篇主文本的接收和理解起到认知、导向作用。相对于具体型文本的作者可控性和有边界性，抽象型文本往往具有不可控性和无结构边界性。但这些抽象型文本也会在副文本中或显或隐地留下痕迹，一定程度上影响和约束着当下语篇主文本的理解和意义的生成。文学作品语篇的抽象型文本有体裁、语体、主题、风格等，这些抽象型文本会在文学作品语篇的各类副文本中有所提示或标记。如：

(20) 封底"上架建议"或"上架指导"副文本
上架建议：当代名家名作（格非《山河入梦》）
上架建议：长篇小说丨女性言情（鲁敏《此情无法投递》）
上架建议：文学经典·畅销（施林克《朗读者》）

(21) 出版社名称副文本和奖项名称副文本
上海文艺出版社、作家出版社、人民文学出版社、花城出版社、人民文学奖、茅盾文学奖、最佳小说奖、中国作家奖

(22) 封面或封底推介、评论副文本
a《此情无法投递》封面副文本

A True Love Story
世上最无邪的爱
世上最伤痛的爱

b《朗读者》腰封副文本
（前腰封推介副文本）
这是一个爱情故事，但也有人说其实和爱情无关……
首部登上《纽约时报》畅销榜首的德语小说，奥斯卡奖封后之作
（后腰封评论副文本）
感人至深，幽婉隽永！小说跨越国与国之间的樊篱，而直接同人类的心灵对话。——《纽约时报》
我一直在盼望能有这样一本小说出现。在和历史调过情以后，就可以心安理得了吗？——作家 肖复兴

我相信了莫言对我说过的话,"最好的小说一定是叫人欲哭无泪的。"——作家 毕飞宇

(23) 语篇的封面和勒口副文本

a《人面桃花》封面诗歌副文本

咫尺桃花事悠悠,

风生帐底一片愁;

新月不知心里事,

偏送幽容到床头。

b《繁花》语篇后勒口童谣副文本

侬姓啥,我姓吴。啥个吴,沪生的沪。啥个生,生梨。啥个梨,离婚。

啥个婚,荤油。啥个油,理由。啥个理,癞痢。啥个癞,蜡烛。

啥个烛,发作。啥个发,头发。啥个头,寿头。啥个寿,发愁。

啥个发,毛发。啥个毛,小毛。啥个小,家小。啥个家,东家。

啥个东,过冬。啥个过,难过。啥个难,为难。啥个为,啊为。

啥个啊,阿宝。啥个宝,七宝。啥个七,吃饭。啥个饭,麻烦。

啥个麻,马路。啥个露,白露。啥个白,白相。啥个相,香烟。

啥个烟,讨厌。啥个讨,套鞋……

符号文本的解释依靠文本与文化的关系,依靠体裁强迫接受者与文化签下的"写法和读法"的契约(赵毅衡,2016:139)。抽象的体裁型文本、语体型文本、认知和解读框架型文本等会通过相关副文本的提示使读者和语篇主文本之间签订"读法"的契约,建立在此认知框架、体裁期待、语体期待、价值期待等主文本语义期待。文学作品语篇在副文本有"文学""作家""名家名作""故事""小说""言情"等词语[见例(20)、例(21)、例(22)中画线部分]来激活小说文学体裁的认知和解读框架(故事性、情感性、虚构性、文学性),也有用通俗性的话语和诗性的话语来隐含地标识主文本的文学体裁和诗性文本属性,如例(23)《繁花》语篇的方言童谣副文本和《人面桃花》语篇的诗歌副文本,一定程度上暗示着主文本的语言通俗性和地方性,或作家格非"江南三部曲"诗性写作的风格(刘煜超,2014),这些副文本影响读者对主文本的整体意义的理解和把握。

体裁型文本是最明显、最宏观的型文本范畴。不同体裁满足读者不同的需求，如情感需求、认知需求、知识需求。体裁具有强大的力量，同样的语句，在不同的体裁下，可以产生完全不同的意义，所以任何阅读必定有体裁程式的支持和限制（赵毅衡，2016：142、135）。经过副文本或显或隐的提示，读者的头脑不是一张白纸，任凭符号文本在上面添加意义。读者在阅读之前往往会将其对应于某种副文本提示的文本体裁，然后在这个体裁的制约下，给予即将解读文本的阅读方式和关注重点。这就是体裁期待对主文本意义的约束。文学性体裁型文本会将主文本的意义导向故事性、虚构性、文学性、通俗性等情感性意义方向。事实上，具体型副文本和抽象型副文本之间具有可通约性，因为提及另一个语篇就会含蓄地触及一个体裁的规则中包含的全部潜在意义，如例（23）中的方言童谣文本和诗歌文本。

综上，文学作品语篇副文本还可以或显或隐地提示具体型文本和抽象型文本的存在，从而使型文本—副文本与主文本产生间接耦合互文，在耦合互文的过程实现"广义文本性"或基于类型的互文性。文学语篇具体型文本客观上可以延伸着主文本的情感性意义，抽象型文本客观上对主文本情感意义的生成具有一定的约束作用。

5.3 文学作品语篇的副文本与副文本的次级互文

5.2 节探讨了文学作品语篇副文本系统与主文本之间相互扩展的耦合互文及其互文路径和形式，探究时也部分涉及了副文本系统内部不同类型副文本之间的互生互存、相辅相成的互文关系。如果说文学作品语篇系统中主文本系统与副文本系统之间的互文为初级互文或一级互文的话，本节将探究的文学作品语篇副文本系统内部不同副文本之间的互文互涉、相互扩展的意义互文关系可以说是次级互文。次级互文并不是说它不重要，而是说它们之间的互文处于语篇内文本互文的第二层级。文学作品语篇副文本之间的次级互文同样可以反映出语篇意义生成和理解过程中的层级，以及不同主体之间的互动互涉。不同副文本之间的互文方式和路径与副文本与主文本的互文方式和路径之间并没有什么太大不同，同样也有引用（包括挪用、复制等）、改造、缩写、延伸、重组、外指照应等互文方式。

本节重点讨论两类副文本之间的互文：文学作品语篇作者副文本和读者副文本之间的互文、封面（包括封面、封底和腰封）副文本和其他副文本之间的互文。

5.3.1 作者副文本与读者副文本的互文

根据3.3.4.3节对读者副文本的分类，读者副文本可以分为出版前读者副文本和出版后读者副文本。出版前读者副文本的作者往往与主文本的作者关系密切，出版社的编者、作者或出版单位邀请的序或前言的生成主体，如推荐者、评论家、导读者，相对主文本主体都是读者。出版前的读者副文本，从某种程度上讲，也承担着著作语篇意义的部分责任，如部分他主体序跋副文本就是一种读者副文本的体现。出版后读者副文本大多是个体读者在主文本周边添加的感悟、评论、点评、点划的重点标记、笔记等副文本，此类读者副文本具有极大的开放性和不可控性，暂不在本书讨论范围之内。本节仅讨论他序跋副文本与作者副文本之间的互文。如：

（24）刘白羽《穆斯林诗魂》副文本≒霍达自跋副文本

读这部书，有如读《巴黎圣母院》，奇谲诡变，奥妙无穷。一个中年女作家，能够有这样强大的驾驭历史、挥洒人生、驱使命运，写得沉雄浑厚、凝练典雅的创造力，达到了惊人地步，实在难能可贵。所以取得这样辉煌的艺术成就，诚如△作者在后记中所说△，她在追求一种美，人生如果没有这种美，人生有什么意义？艺术如果没有这种美，艺术有什么意义？正是这种美，深沉的美、崇高的美，使人的灵魂得到升华。我仔细品味着作者为什么掌握了这种美，我发现，作者是一个有自己美学观的人。△她写道△："我在写作中净化自己的心灵，并且希望我的读者也得到这样的享受。""我历来不相信怀着一颗卑劣的心的人能写出真善美的好文字。""我觉得人生在世应该做那样的人，即使一生中全是悲剧，悲剧，也是幸运的，因为他毕竟完成了对自己的心灵的冶炼过程，他毕竟经历了并非人人都能经历的高洁、纯净的意境。人应该是这样大写的'人'。"

的确，一页一页读下来，我进入一个庄严而伟大的世界。……全书在艺术上可以称得上"如空中之音，相中之色，水中之影，镜中之像，言有尽而意无穷"（出自宋严羽《沧浪诗话·诗辨》，引者

（25）施扎纳茨"我把它一夜读完"副文本≒施林克外副文本

《朗读者》是不是只是一本极具政治性的书？爱情故事是不是仅仅诱使读者思考道德边缘问题？我越陷入汉娜和米夏的故事，我就越怀疑。读的次数越多，你就越能听到激动万分地解开汉娜之谜时所没听到的声音。

△施林克在别的地方暗示人们△也可以这么读《朗读者》：[伟大的、需要最细心呵护的爱情故事]。作者有意把它隐藏在一个历史寓言里，越是半遮半掩就越光彩照人。施林克常△自称△喜爱三月革命时的德国文学……

例（24）、例（25）是出版前读者副文本，二者通过直接引用或间接引用的互文形式建立了与作者后记副文本和作者外副文本之间的互涉对话空间。从评论者对主文本作者主体副文本的引用、剪贴等互文形式可以看出作者意义在主文本意义传递过程中的重要作用。如《穆斯林的葬礼》语篇作者霍达本身的文学价值观、美学观会对读者（评论家）理解文本意义产生积极的影响，《朗读者》语篇作者施林克自己的文学爱好会对读者（评论家）理解文本意义产生导向作用。

5.3.2 封面副文本与其他副文本的互文

封面处于读者接触物理语篇的第一交会空间。封面副文本信息对读者的主文本阅读具有极大的导向性。封面副文本的生成往往是多方面的，可以来自于主文本内容，也可以来自副文本内容。这里列举两例来自副文本的封面副文本。如：

（26）封面评论副文本≒序副文本
《一句顶一万句》编者荐言序副文本≒封底评论副文本
编者荐言《一句胜过千年》副文本

本书的每一个字每一句话，都构成言说的艺术，都能拧出作家的汗水。更为重要的是，作家唯有用此语言，才有对应和表现作品的内涵：Ⅰ[与神对话的西方文化和人类生态，因为神的无处不在而愉悦自在。人与人之间虽说来往不多，但并不孤独；与人对话的中国文化和浮生百姓,却因为极端注重现实和儒家传统,由于其社群、地位和利益的不同,由于其人心难测和诚信缺失,能够说贴心话、温暖灵魂的朋友并不多,反倒生活在千年的孤独当中。]……II【阅读本书是沉重和痛苦的,它使我们在《论语》和《圣经》之间徜徉,在与神对话还是与人对话的千年思考中徘徊】……   安波舜

封底评论副文本

II【阅读本书是沉重和痛苦的,它使我们不断地在《论语》和《圣经》之间徜徉,在与神对话还是与人对话的千年思考中徘徊:】I[与神对话的西方文化因为神的无处不在而愉悦;与人对话的农耕文化却因为人心难测,而使我们陷入真正的"百年孤独"。]

——著名出版人   安波舜

例(26)中出版人安波舜语篇封底评论副文本与其为主文本所写的编者荐言副文本构成互文结构,互文方式是通过重组和缩减改造的方式。从例(26)中可以看到,封底评论副文本的组织顺序与编者荐言副文本的组织顺序发生了倒反,在编者荐言副文本中是 I→II,而在评论副文本中是 II→I。因此文本在互文的过程发生了重组,或者说重组是其互文方式之一。另一种互文方式是缩减和改造,主要是指评论副文本中的 I 句主要改造和缩减自编者荐言副文本中的 I 句,荐言副文本提供的信息更为完整,理解起来也更好理解,而改造之后,中间缺少了与上句《论语》和《圣经》的衔接成分,理解起来有一定困难。而且我们还可以看到,出于吸引读者的考虑,在改造过程中,封面评论副文本添加了双值词语或互文性词语——"百年孤独",从而增加和丰富了文本的表意,与马尔克斯的语篇《百年孤独》形成间接互文。

(27)封面副文本≒跋副文本

a《朗读者》腰封副文本≒跋副文本

腰封副文本:

I【它是凿破人们心中冰封海洋的一把斧子】

II[从德国每所中学到世界各地,这本书从一个人手里传到另一个人……]

跋副文本:

Ⅱ［这本书在初版后的四年内一周周、一天天、一个个钟头不断向世界各地传播……它并不是作为一生日礼物从桌子上移到架子上，从来没有人去翻阅，而是从一个人手里传到另一个人的手里，这些人读过该书后都变得和以前不同。……］

Ⅰ【卡夫卡说："书必须是凿破我们心中冰封的海洋的一把斧子。"这本书就是这样。】

b《繁花》封底副文本≒跋副文本

封底副文本

【静静地，我们拥抱在
用言语所能照明的世界里，
而那未成形的黑暗是可怕的，
那可能和不可能的使我们沉迷。

那窒息着我们的
是甜蜜的未生即死的言语，
它底幽灵笼罩，使我们游离，
游进混乱的爱底自由和美丽。】
——穆旦

《繁花》跋副文本片段

我希望《繁花》带给读者的，是<u>小说里的人生，也是语言的活力，虽我借助了陈旧故事与语言本身，但它们是新的，与其他方式不同</u>。

【△我在小说中引了穆旦的诗△：
静静地，我们拥抱在
用言语所能照明的世界里，
而那未成形的黑暗是可怕的，
那可能和不可能的使我们沉迷。

那窒息着我们的
是甜蜜的未生即死的言语……】

例（27）a 中腰封副文本Ⅰ、Ⅱ两句通过引用和改造互文方式实现与跋副文本的互文，组构成一个互涉的对话空间。我们发现，改造过程中，跋副文本本来使用直接引语或显性立场介入的方式表达立场。"卡夫卡说：'书必须是凿破我们心中冰封的海洋的一把斧子。'这本书就是这样"，但是改造以后变成了隐性的直接的立场直陈"它是凿破人们心中冰封海洋的一把斧子"，立场更为坚定。腰封副文本Ⅱ句仅截取了跋互文本中的部分，表意并不明确，对比跋副文本，发现跋副文本提供了关于作品作用的更为直观的表述，即"读过该书后都变得和以前不同"，可见本书的价值和作用。

例（27）b 封底副文本就是一首穆旦的诗歌文本，但是其与作者跋副文本有紧密互文关系。作者在跋中明确提及引用了穆旦的诗歌，封面副文本中再次重复或复制粘贴此诗，复制粘贴或者说重复本身就是互文的一种方式。在重复的过程中，意义得到了进一步强化和强调。从言语行为的角度来看，每说一次就有一次的语言的力量，特别是诗歌文本。因此，形成了｛封底副文本≈［跋副文本≈］｝套叠式的互文结构空间，跋副文本和封底副文本一起作用于主文本表意实践，进一步强化和凸显主文本意欲彰显的"人生和语言的活力"。

5.4 文学作品语篇副文本与语篇世界的互文结构

一个语篇与语篇世界发生关联的第一门槛或场域便是作为边界文本的副文本，或者说，边界副文本是静态、有限的语篇向动态、无限、对话的语篇世界跨越的第一平台。语篇实现跨越的方式多种多样，可以是再现、评论、改造、创造、模仿、重组等。

根据副文本复杂程度及文学作品语篇自身的特征可以将语篇—副文本—语篇场—语篇世界的组构层次分为单层组构和多层组构。

语篇—副文本—语篇世界的单层组构，严格来讲是指除出版单位名称副文本和必要版权页副文本之外全部副文本的主体均为作者自己的语篇与语篇世界的组构。文学作品语篇通过副文本之跨越大多数与语篇世界的组构方式是单层组构。如刘震云《手机》语篇（长江文艺出版社2016年版）、金宇澄《繁花》语篇（上海文艺出版社2013年版）等不一而足。广义上讲，所有单行本的文学作品语篇都可以看作是与语篇世界进行单层组构的语篇。如上所说，绝大多数文学作品语篇与语篇世界的组构是单层组构的。这与学术著作语篇大多数以丛书形式出版发行有一定差别。

语篇—副文本—语篇场—语篇世界的多层组构是语篇以丛书的形式发行的语篇，一个语篇仅为该丛书中的一本，整套丛书为一个语篇场。通过语篇场再与语篇场外的语篇世界进行互动。这类语篇常常由共同的丛书序副文本或丛书名称或标志副文本来标识。可以是围绕同一个主题的语篇场，也可以是围绕同一个作者的语篇场，或者围绕作者单位构成的语篇场。文学作品语篇也有以丛书形式出版发行的，多以围绕同一作者的文学作品语篇场，还有"典藏版""纪念版"丛书，这与学术著作语篇丛书多以专业、学派、理论等作为系联或节点存在着不同。

5.5 小结

根据文学作品语篇副文本提供信息的内容能否在场以及在场性强弱和文学语篇及主文本虚构世界的建构必需性程度，将文学作品语篇主副文本之间的耦合互文现象区分为直接耦合互文和间接耦合互文两类。

服务于主文本表征虚构世界的副文本与主文本之间的耦合互文是直接耦合互文。如标题副文本与主文本之间的耦合互文、作者姓名（叙述者）副文本与主文本之间的耦合互文、注释副文本与主文本之间的耦合互文、目录副文本与主文本之间的耦合互文、题辞（部分）副文本与主文本之间的耦合互文。

对文学作品语篇的主文本虚构世界建构作用微弱，但对读者理解作者建构的虚构世界主文本的意义有一定的引导或导向作用的副文本与主文本之间的耦合互文就是间接耦合互文。文学作品语篇副文本与主文本之间的间接耦合互文就可以分为两大类，基于实例文本的间接耦合互文和基于类型语篇的间接耦合互文。基于类型语篇（文本）的耦合互文又可以下分具体型文本间接耦合互文和抽象型文本间接耦合互文。

文学作品语篇中作者主体姓名副文本与主文本之间的耦合互文是主文本主体互文建构中的原点性互文，"文本与主体之间必然是有联系的，因为不存在没有语言或文本的主体，是主体就必然有语言或文本"（克里斯蒂娃，2016a：35），作为作家或作者的主体身份是通过作品主文本建立起来的，作者主体和主文本融合炼化，相互耦合，互生互存。

　　标题副文本可以采用多种互文方式（截取、用典、仿写、否定）来实现其与主文本之间的耦合互文，多数文学作品语篇标题副文本与主文本之间的耦合互文是通过详细、多次、深度阅读主文本才能发现它们之间的互文建构原则和方式。标题副文本是一个具有内指性和外指性关联优化器。每次阅读都是在为标题副文本本身附加主文本的意义从而"打包"和构建着整个语篇的语义。副文本与主文本的耦合互文是一个动态的、协商的、不断建构的过程。主文本阐释的越充分，标题副文本上凝结的语篇意义越丰富。在深度阐释和动态理解这一点上文学作品语篇标题副文本和学术著作语篇副文本没有差别。文学作品语篇的标题副文本只是通往主文本的门槛，门槛虽重要，但是屋内的风景——主文本才是最吸引人的。

　　注释副文本通过语码互文和时间交错互文建立起与主文本的直接耦合互文。在方言和普通话之间的语码互注、两种语言之间的语码互注的耦合互文过程中，催化和强化主文本的情意传达，构筑着主文本虚构世界，如地方的、民族的、异域的风情。

　　目录副文本可以通过复制、粘贴互文建构起与主文本之间的直接耦合互文，如直接显示主文本虚构世界的叙述结构、叙事线索和叙事高潮，推动情节的发生和发展。

　　题辞副文本可以通过仿写、引语、用典、俗语引用等互文形式来建构自身的互文性，还可以通过主题互文、思想互文和否定互文的互文形式与主文本之间的或直接或间接的耦合互文。作为边界的题辞副文本既指向主文本内，又指向主文本外，既联结着作品语篇内部虚构世界的主文本，又联结着作品语篇主文本外部现实世界的作者的写作意图、写作背景、情趣爱好、知识结构、写作依据等。在耦合互文的过程中，肯定或否定自题献词题辞副文本、自题卷首语题辞副文本和引语题辞副文本实现着对主文本的理解和意义的强化和凸显。

　　序跋副文本可以通过引用、述评、增添等互文方式建立与主文本之间的间接耦合互文，自序自跋副文本与主文本的耦合互文度总体上来讲要高于他序他跋副文本。任何解释都是解释，无论是作者自己的解释还是作为读者和评论家主体身份的解释，序跋副文本可以对读者互文理解主文本起到一定的导向作用，特别是作者的自序跋副文本。文本一旦完成，有关文本的解释已经无法完全属于作者，它也属于读者，文本意义是作者和读者共同建构的，不同的读者对同一个主文本有不同的解读，相同的读者因为读的次数和理解的深度也可以对同一个主文本有不同的解读。因此序跋副文本与主文本的间接耦合互文属于离心式互文的一种。

评论副文本可以通过解读、鉴赏、分析、批评等互涉方式与主文本形成间接耦合互文。文学作品语篇主文本建构的诗意虚构世界的能指给所指留下了一块蕴意无穷的"宝地"，评论副文本就是所指解释的一种表征。它将主文本本身及其价值形成一个交错缠绕的文本空间网络系统，在这一空间网络系统中，评论副文本和源文本即主文本共现，它使语篇变成了一个由作者、主文本、读者、对话协商构成的互文结构体或互文空间。因此，评论副文本与主文本之间的间接耦合互文是离心式互文的主要方式。

副文本还可以或显或隐地提示具体型文本和抽象型文本的存在，从而使型文本—副文本与主文本产生间接耦合互文，在耦合互文的过程实现"广义文本性"或基于类型的互文性。具体型文本客观上可以延伸主文本的意义，抽象型文本客观上对主文本的意义的生成具有一定的约束作用。

同样副文本提示或暗示的型文本也是语篇向语篇世界跨越的重要一步。文学作品语篇副文本与语篇世界的组构方式多为单层组构，这与文学语篇的文本属性密切相关。

第六章

副文本的配置差异、修辞动因和认知机制

6.1 导言

"语篇不是抽象的系统,而是在一定的语境中发生的、实际的语言使用,是建构社会世界、自我、身份、思想和情感的动态的社会实践或行为。"(苗兴伟,2008:240)语篇作为一种修辞实践行为,其行为本身包含着修辞意图并涉及一定的修辞效果。副文本系统作为语篇系统整体中的重要一环,其建构行为的修辞意图、意欲修辞效果、修辞的题旨情景和境界追求,对副文本类型的选择和配置、副文本与主文本的耦合互文的互文方式及互文功能、语篇—副文本与语篇世界的互涉空间建构模式存在制约。

与语篇修辞现象有关的具体事项极其复杂,与立场、世界观有关,与社会实践的经验有关,与自然社会知识有关,与见解识力有关,与逻辑、因明有关,与语言文字的习惯及体裁形式的遗产有关,与读听者的理解力、感受力有关(陈望道,1997:7)。探讨语篇副文本系统的修辞差异离不开对以上具体事项诸如体裁遗产、语言文字遗产、作者、读者、知识、社会实践经验等的关注。

6.2 节探究在消极修辞—记述境界下(以下简称消极修辞境界)和积极修辞—表现境界下(以下简称积极修辞境界)语篇构成性副文本和策略性副文本的选择和配置的系统性差异,副文本与主文本耦合互文方式和互文修辞效果的差异,以及语篇—副文本与语篇世界互涉空间建构方式的差异。6.3 节分析语篇副文本配置的系统性差异的修辞动因和修辞机制。6.4 节为小结。

6.2 消极和积极修辞境界下副文本系统的差异

不同类型语篇的副文本系统在具体表征时呈现出系统性的差异。系统性差异表现在构成性副文本和策略性副文本的动态配置方面，主文本与副文本的耦合互文方式（直接耦合互文和间接耦合互文、基于文本实例互文性和基于文本类型互文性）以及耦合互文度以及互文功能、互文方式，还有语篇通过副文本与语篇场、语篇空间和语篇世界构成层次性的互涉空间的组构方式等方面。本节立足第四章和第五章的分析结果对以上几个方面的差异进行梳理和提炼。本节所说的消极修辞境界下的学术著作语篇指专门科学著作语篇或专业性著作语篇，不包括为普通读者和大众所写的科学普及性著作语篇，积极修辞境界下的文学作品语篇指当代小说作品语篇。

6.2.1 副文本配置的系统性差异

第四章和第五章分别考察了消极修辞境界下的学术著作语篇和积极修辞境界下的文学作品语篇的副文本系统的配置。考察发现，学术著作语篇和文学作品语篇在副文本的选择和配置方面存在系统性差异。

排除掉那些出版单位主体性副文本（出版单位名称副文本和版权页副文本等），就普遍性的著作语篇系统整体而言，标题副文本、作者姓名副文本属于完整语篇性的必需副文本，是语篇完整的必备成分或构成性副文本；而其他副文本如序跋、题辞、献词副文本属于该类型附加语篇性的可选副文本或策略性副文本。

表 6-1　不同修辞境界下语篇副文本类型的选择和配置

修辞境界与分野 \ 副文本类型	构成性副文本（必需副文本）	策略性副文本（可选副文本）
消极修辞—记述境界	标题副文本、作者名称副本、注释副文本、参考文献副文本、目录副文本	序跋副文本、题辞（献词、卷首语和引语）副文本、简介副文本等
积极修辞—表现境界	标题副文本、作者名称副文本	注释副文本、目录副文本、题辞（献词、卷首语和引语）副文本、序跋（自序跋和他序跋）副文本、简介副文本、评论副文本、推荐副文本等

就学术著作语篇和文学作品语篇的副文本而言，学术著作语篇的必需副文本或构成性副文本有标题副文本、注释副文本、作者名称副文本、目录副文本、参考文献副文本，其可选副文本或策略性副文本有前言（序）副文本、后记（跋）副文本、题辞（献辞和卷首语和引语）副文本、简介副文本；而文学作品语篇的必需副文本或构成性副文本往往是著作语篇系统整体中最低配置的构成性副文本，只有标题副文本和作者姓名副文本。文学作品语篇的可选副文本或策略性副文本类型丰富多样，注释副文本、目录副文本、序跋副文本、题辞（献词和卷首语）副文本、评论（简评）副文本等（见表6-1）。构成性副文本和策略性副文本是相对和动态的概念，学术著作语篇和文学作品语篇的构成性副文本和策略性副文本会随着体裁的发展演变和时代的变迁也会发生相应的变化，以上仅为共时考察的结果。

6.2.2　副文本与主文本耦合互文的功能、方式和耦合度的差异

根据副文本与主文本动态互文建构的特性，我们区别了互文语篇分析中两种形式的互文性：一种是嵌套互文，另一种是耦合互文。嵌套互文是指一个或多个源文本嵌套或合并到主文本当中形成的在场投射性互文关系，耦合互文是指两个或多个相对独立的、离散的、"粘贴"于同一物理空间的语篇或文本之间，比如主文本和副文本之间相互影响和相互塑造的跨文本互文关系（见4.2.2节）。不同修辞境界下副文本与主文本的耦合互文程度和耦合互文方式是不相同的。本节首先从宏观上探究副文本与主文本耦合互文的互文修辞功能或语境效果，然后再比较不同修辞境界下耦合互文的互文方式和耦合度方面的差异。

6.2.2.1　副文本与主文本耦合互文的修辞功能或效果差异

副文本与主文本耦合互文的前提条件是读者或研究者注意到了副文本的存在并在阅读主文本之前或之中对其倾注了一定的心力来阅读和理解。副文本是一种指路标志，不能代替读者自己行路，读者只有慢慢地跋涉才能寻找到副文本和主文本交会带来的意义狂欢和愉悦。若读者直接跳过某些副文本而直奔主题（阅读主文本），或者直接放弃阅读副文本和主文本，那么读者就不会体验到我们所探究的各种副文本"游戏"所带来的深度互文阅读的愉悦和快感。副文本具有语境化主文本的功能，副文本要素的语用地位或语境作用是语篇动态交际情景所决定的，主文本语境创造

副文本，副文本同时也创造主文本语境，是否知晓副文本决定了两种不同的阅读体验，副文本可以带给人不同的阅读快感（Genette，1991：266；朱桃香，2009：40、45）。

斯珀波和威尔逊（2008：188-189）指出，语言或文本理解的即时语境只是一个初始语境，在理解过程中可以在各个方面对其进行扩展以增加任何受加工信息的关联度，语境的扩展方式有三种：第一种方式是"'回到过去'，将先前一些演绎过程中已被使用过或推导出的定识加入语境"，第二种方式是"参照已经出现在语境中的概念或是在加工过的定识中的概念，再加入那些概念项下的百科条目"，第三种方式是"加入可以即时观察到的周围环境的信息"。副文本可以被看作是语篇主文本建构和理解的动态认知语境的扩展。

每个人都是在特定的认知语境中发出或加工刺激信号的。刺激信号可以是语句或文本。认知语境包括上下文语言意义上的语境（linguistic context）、即时情景物质语境，以及个人特定的记忆、经历和对未来的期望所构成的心理语境以及社群知识、百科知识等在不同程度上共有的知识语境［斯珀波和威尔逊，2008：14（译者前言）；蒋严，2008a］。副文本所提供的认知语境严格来讲，是介于上下文语境和情景物质语境之间的一种语境。

朱永生（2005：123-124）为了说明外指照应这种互文形式，立足韩礼德对照应的内指（endophoric）和外指（exophoric）的分类①，区分了外指存在的直接语境和间接语境。直接语境是言语行为发生的此时此地（here and now）的语境，间接语境是指那些在时空概念上与话语行为的直接语境有一段距离的彼时彼地（there and then）的语境。副文本是与主文本有一段距离的、彼时彼地的语境，但是又不是情景物质语境。

对照新文本带来的定识与认知语境中既有定识之间作用的语境效果［斯珀波和威尔逊，2008：14-15（译者前言）；蒋严，2008a］，我们可以把副文本与主文本间耦合互文的修辞功能或修辞效果分为正面修辞效果（positive rhetorical effects）和负面修辞效果（negative rhetorical effects）。

耦合互文的正面修辞效果包括逻辑蕴含（系统化、支持）效果、增

---

① 内指的对象在语篇（文本）之中，其中内指的对象在上文出现的现象称为前指（anaphoric），在下文出现的现象称为后指（cataphoric）。外指的对象出现在语篇（文本）之外。

力（强化）效果、矛盾取代或矛盾共存（否定）效果。

逻辑蕴含系统化效果是指主文本和副文本之间构成演绎推理的前提，对其应用演绎规则推出结论，从而得到更新的知识或系统的认知。

增力效果是副文本信息支持主文本，增加了主文本的力度，使其更加肯定、更为可信。需要注意的是，重复或复制粘贴互文方式也可以增加文本表意力度。

矛盾取代或矛盾共存效果是指副文本信息与主文本信息产生矛盾而取代或被取代，或者二者虽然矛盾但是可以共存于主文本之中。

负面修辞效果一是指副文本重复主文本信息，并且信息度要低于主文本的信息，二是副文本信息与主文本信息相抵触，但是由于自身势力单薄，无法替代对主文本信息的定识。

表 6-2　不同修辞境界下语篇副文本与主文本耦合互文的修辞效果差异

正面修辞效果 修辞境界的分野	逻辑蕴含 系统化	增力	矛盾	
			（被）取代	共存
消极修辞—记述境界	多	多	多	少
积极修辞—表现境界	少	多	少	多

从总体上来看，消极修辞境界和积极修辞境界中副文本与主文本耦合互文的修辞效果都以正面修辞效果为主。但是具体到正面修辞效果的次类层面，两境界中副文本与主文本的耦合互文的正面修辞效果则存在倾向性差异。消极修辞境界中耦合互文的正面修辞效果主要是逻辑蕴含系统化效果、增力效果和矛盾取代效果，而积极修辞境界中耦合互文的正面修辞效果是增力效果、矛盾共存效果（见表 6-2）。我们知道，矛盾共存效果就是副文本为主文本"增加了更多的声音，创造多声部、多元真理，在不相容的立场之间作无尽的摇摆"（朱桃香，2009：45）。消极修辞境界下副文本和主文本的耦合互文体现出向心互文范式，积极修辞境界下副文本和主文本的耦合互文体现出离心互文范式。

6.2.2.2　副文本与主文本耦合互文的耦合度和互文方式差异

正像 6.2.1 节探究的不同修辞境界下语篇构成性副文本和策略性副文本的配置存在较大差异一样，不同修辞境界下的不同类型副文本与主文本间的具体耦合互文的耦合度及互文手段也存在一定差异。

消极修辞境界下学术著作语篇副文本和主文本直接耦合互文的是标题副文本、作者主体名称副文本、目录副文本、注释副文本、参考文献副文本，介于直接和间接耦合互文之间的是序跋副文本、题辞副文本和简介副文本，间接耦合互文的是具体型文本（语篇）—副文本和抽象型文本。

　　积极修辞境界下文学作品语篇副文本和主文本直接耦合互文的是标题副文本、作者主体名称副文本、目录副文本、注释副文本、题辞副文本，间接耦合互文的是序跋副文本、评论副文本、具体型文本（语篇）—副文本和抽象型文本。

　　学术著作语篇和文学作品语篇的主副文本在具体实现耦合互文的过程中其互文方式也存在差异，具体差异见表6-3。

　　如文学作品语篇的标题副文本可以通过截取、仿写、用典、否定等互文方式来建构自身的互文性从而实现与主文本的耦合互文，而学术著作语篇的标题副文本往往是提取主文本中心词、关键词或中心思想来建构自身，而且学术著作语篇的标题副文本往往有提示主文本体裁或语体的显性互文标记。由此可见，积极修辞境界下的标题副文本与主文本的耦合互文实现方式比消极修辞境界下标题副文本和主文本的耦合互文的实现方式更加多元。

　　再比如积极修辞境界下和消极修辞境界下的注释副文本与主文本的耦合互文的互文方式也大不一样。文学作品语篇的注释副文本通过语码互文和时间交错互文建立起与主文本的直接耦合互文，在方言和普通话之间的语码互注、两种语言之间的语码互注的耦合互文过程中，参与主文本的情意传达，构筑着主文本虚构世界，如地方的、民族的、异域的特色风情。学术著作语篇注释副文本和参考文献副文本则通过增添说明、例证、概念、思想的元语言解释，被引、评价、反驳、否定、修正、批评，向读者提供主文本线索等互文方式建构起与主文本的直接耦合互文。

　　其中不同修辞境界下也有各自独特的耦合互文及其互文手段，如文学作品语篇评论或简评副文本与主文本之间的间接耦合互文，以及学术著作语篇参考文献副文本与主文本之间的直接耦合互文。二者都是用强制性互文或互涉手段来实现与主文本的互文，一个是引用或参考，另一个是评论和鉴赏。这在一定程度上反映了消极记述修辞境界和积极表现修辞境界的追求——一个"使人理会"，另一个"使人感受"。

表 6-3　　不同修辞境界下语篇各类副文本与主文本耦合互文的耦合度和互文方式

副文本	记述境界下与主文本的耦合互文 耦合度 直接	记述境界下与主文本的耦合互文 耦合度 间接	互文方式	表现境界下与主文本的耦合互文 耦合度 直接	表现境界下与主文本的耦合互文 耦合度 间接	互文方式
标题	+	−	提取关键词、提取中心思想、体裁标记	+	−	截取、仿写、用典、否定
作者名称	+	−	指称一致	+	−	主体和文本一致
目录	+	−	复制、排列、增添	+	−	复制、排列
注释	+	−	元语言解释、评价、反驳、否定、修正、批评	+	−	语码互文、文化互文
参考文献	+	−	元语言解释、评价、反驳、否定、修正、批评、文化互文			
题辞	+	+	仿写、引用、用典、思想互文	+		仿写、引用、用典、俗语、主题互文、思想互文、否定互文
序跋	+	+	引用、增添、评论、约缩	−	+	引用、述评、增添、重复
评论				−	+	解读、鉴赏、分析、批评、颂评等
具体型文本	−	+	体裁互文、语体互文、主题互文、作者互文	−	+	广义文本性、体裁互文、主题互文、作者互文
抽象型文本	−	+	体裁互文、语体互文	−	+	体裁互文、语体互文

6.2.3　糅合修辞境界下副文本系统的配置及互文方式

李熙宗（2010：150-151）将科学普及体归为科学语体和文艺语体的交融语体。从本书分析的专业性科学著作语篇和文学作品语篇的副文本系统来看，科学普及体的确是科学语体和文艺语体的交融之体，是消极记述修辞境界和积极表现修辞境界两界糅合之后的修辞境界下的语篇。从科学普及语篇的副文本设置就可以看出其糅合修辞境界的制导。

科学普及语篇的副文本选择和配置兼具专业性科学著作语篇的构成性副文本和文学作品语篇的策略性副文本。科学普及语篇的构成性副文本包括标题副文本、作者主体名称副文本、目录副文本、注释副文本、参考文献副文本，策略性副文本包括腰封推荐副文本、评论副文本、诱导性和评价性内容简介副文本等。

科学普及语篇中各种副文本与主文本的耦合互文方式更是丰富多样。一方面要体现科学的知识性，另一方面又要体现知识的趣味性和吸引性。以科普著作语篇《语言学的邀请》副文本为例，我们可以看到科学普及语篇中副文本与主文本之间的多种互文方式。它会使用直接引文复制的互文方式，如例（1）；还可以使用评论元互文建立与主文本间的述评互涉互文空间，一般以颂评为主，与文学作品语篇评论副文本之间存在一致关系，如例（2），其中就用到大量积极评价性词语，如"经典""畅销""最好""最值得一读""大家""谆谆善诱""深入浅出"，以及大量疑问句，如"语言的本质是什么？语言如何塑造我们的想法，影响我们的决策和评判？如何反思我们使用的语言来了解我们自己？语言中隐藏着什么样的陷阱？语言是如何产生偏见和对立，变成控制我们思想的工具？……如何借助语言，脱离争斗、达成合作、进入文明？……"通过副文本设问—主文本作答宏观互文方式来建构其与主文本的互文关系。

（1）腰封副文本

对于他人和我们自己的言语，我们必须始终抱持批判态度，这既是为我们自己好，也是为了确保我们可以避开语言陷阱，善尽公民职责。——早川

（2）评价副文本

语言学<u>经典畅销六十六年</u> <u>译为八种语言销量过百万</u>

本书告诉我们：如何在我们省的这个时代过上一种理性的生活……如何善用我们身上最具任性的那些部分，即我们的语言抽象能力和认知语言天分，使我们成为少些争斗与恐惧、多谢合作与理性的人。

——美国<u>著名</u>公共电视节目主持人和作家罗伯特·麦克尼尔

<u>语言学领域最好</u>的一本书，也是<u>最值得一读</u>的一本书！

——《国家》杂志

早川先生这位<u>语言学大家谆谆善诱</u>、<u>深入浅出</u>地探讨了语言在人类生活中扮演的角色、语言的多重用途和对语言的误用。

——《新共和》杂志

科学普及语篇也常用文学作品语篇常用的否定互文形式，如《哲学的慰藉》语篇推荐序副文本的标题就是《哲学不只是慰藉》，可见通过否定互文建立起多元并存的文本互涉空间也是科学普及语篇的互文方式之一。同时科学普及语篇副文本也可以是具体型文本和抽象型文本，从而与主文本构成科普语篇场，如《语言学的邀请》后勒口副文本"大学的邀请系列：法学的邀请、社会学的邀请、政治学的邀请、哲学的邀请、伦理学的邀请、语言学的邀请、心理学的邀请、艺术的邀请、经济学的邀请"，这些具体型语篇（文本）一起构成一个互文互涉的人文社会科学科普语篇场，然后再融入更加广阔的语篇网络世界。同时抽象型副文本"上架建议·普及读物"作为体裁标记约束着主文本的理解。

从副文本切入考察科学普及体，进一步验证了其作为糅合境界下交融语体的本质。作为交融语体的科学普及体的主文本和副文本的耦合互文及主文本中的嵌套互文的互文特点和互文功能值得以后专门深入研究。

6.3 副文本互文建构的修辞动因和互文理解的认知机制

6.2节探究了语篇副文本系统在不同修辞境界下的系统性差异，从副文本自身的构成性抑或是策略性的选择和配置方面到副文本与主文本的耦合互文修辞功能和互文方式等方面。副文本的这些系统性的差异背后的修辞或交际动因是什么？它们是如何制约副文本的配置和副文本与主文本的各种耦合互文的？接受主体如何在不同语言情景下认知和识解副文本对语篇整体意义的建构功能？语篇副文本对主文本的意义生成和理解的作用的深层认知机制又是什么？本节将一一解答。

6.3.1 副文本系统建构的修辞动因

"哪些源文本能在哪些语境中被话语主体激活，并与当下文本产生互动共生、共建共组的互涉关系（组合关系、共现关系或重写关系），其可能性是由交际动因决定的。"（祝克懿，2010：3）语篇修辞活动的交际动因复杂多样，本研究主要从交际修辞活动的题旨情景和交际修辞活动的交际主体两个方面来解释不同修辞境界下副文本的系统性差异。

6.3.1.1　交际修辞活动的题旨情景制约

语篇修辞活动作为一种社会现象，一种写说者同读听者的社会生活上情意和学术思想交流的现象，其修辞活动须适合题旨和情景。题旨和情景对语篇修辞行为具有制导作用。

陈望道（1997：3）根据不同的修辞题旨和情景将使用的语辞实际情形分为三种境界：记述的境界、表现的境界和糅合的境界。不同境界的表达法式不相同：记述的境界以平实客观地记述事理为目的，力避参上自己个人的色彩，表达的法式是抽象的、概念的、知识的，同科学的关系最密切，形式上受逻辑的约束最严谨，常使用消极手法来表达，以意义明白为止境，"唯恐意义的理解上有隔阂，对于因时代、因地域、因团体而生的差异，常常设法使它减除；唯恐意义的理解上有困难，对于古怪新奇，及其他一切不寻常的说法，常常设法求它减少"，唯恐各人对意义的理解不一致，常常"预先加以界说，临时加以说明"（陈望道，1997：50）。表现的境界以表现生活的体验为目的，不采取抽象化、概念化的法式表达，而用具体的、体验的、情感的法式，有时意义上并不那么明白，甚至意义是多义的，同社会、文化的关系密切，积极修辞同事实虽然不无关系，却不一定有直接的关系（陈望道，1997：48-49）。"观察科学文字，或观察文艺作品时，会显明地浮现出（消极修辞和积极修辞）这两大分野的区别。这两分野的区别乃是一种切要的区分，并不是什么无关紧要的观念的游戏。"（陈望道，1997：52）

克里斯蒂娃（2015a：144-146）也从符号实践类型学角度区分了三类符号实践：系统型符号实践、转换型符号实践、复量型符号实践。其中系统型符号实践可对应于消极修辞记述境界，复量型符号实践可对应于积极修辞表现境界，转换型符号修辞可对应于糅合修辞境界。陈望道（1997）区分的修辞三境界和修辞的题旨情景与克里斯蒂娃（2015a）区分的系统型符号实践和复量型符号实践，对语篇副文本的选择和配置及其与主文本的耦合互文方式有制约作用。

6.3.1.1.1　消极修辞境界下题旨情景对副文本系统的配置及其耦合互文的制约

先来看消极修辞记述境界的题旨情景对科学著作语篇副文本的选择和配置及其与主文本的耦合互文的制约。

"科学语篇涵盖各种不同的学科及其分支，还包括科学进程中不同参与者的语篇活动：专业性著作文章、教科书以及为普通读者和听众所写的科普著作或文章。科学语篇所共有的作用在于，它们把人们的知识延伸到某个专业领域，其受众可能是高级专业人员，也可能是纯粹的初学者，但语篇组建的目的是要告诉读者他们还不知道的东西（新知识）。'告诉'包含一系列从委婉建议到果敢说服的人际态度。"（韩礼德，2015b：4）知识生产和传播是科学语篇活动的目的。在第四章学术著作语篇副文本互文分析时既分析了专业性学术著作语篇又分析了科普著作语篇，因为二者有相通之处。

"科学"（science）虽以"知识"（knowledge）生产和传播为目的，但"科学"和"知识"还是有本质上的差异。"科学"和"知识"的本质差别在于是否存在系统性："学者，乃知识之有系统之名称，即以一定对象为研究之范围而于其间求统一正确之知识者。若知识而无系统，无条理，虽多见多闻不过常人之知识，非所谓科学也"（郑业建，[2017] 1946：126）。因此科学语篇，特别是专业性学术著作语篇是以生产和传播系统性知识（knowledge systems）作为其目的（系统性知识的翻译参考曲卫国和陈流芳，2017）。因此，系统性、知识性、逻辑性、抽象性、概念性、明确性、客观性成为消极修辞记述境界的题旨和情景要求。

系统性知识是由系统性的概念、理性认识和思想为基础的。如果没有独立的思想，很难谈得上学术。吸收和借鉴人类创造的有益的理论观点和学术成果是任何学科发展的基础和前提。思想是人的宝贵财富，"思想的过程就是提出各种问题、回答并解决各种现实问题的过程，包括对已经有人回答过甚至多次回答的问题及其答案的再提问和再回答，以至无穷。通过这个过程使自己的思想和精神境界得到升华"（史忠义，2013）。独立的思想并不是说思想不受约束、个体可以进行随意自由思想，而是指思想不被单一知识体系所禁锢，在思想的过程中能够从多个系统知识间自由选择（曲卫国和陈流芳，2017：19）。正如伽达默尔（2010：363-364）所说："所有正确的理解，都必须避免三种行为：随心所欲地突发奇想、难以察觉的思维定势、目不斜视地只关注事情或事物本身。"学术发展是知识不断积累的过程，学术研究是"站在巨人的肩膀上"去进一步探寻事物的本质规律，发现、分析和解决当前科学中遇到的问题。

在专业性学术著作语篇建构中涉及不同的修辞和建构策略来因应学术活动消极修辞行为的特征——系统性、知识性、逻辑性、抽象性、概念性、明确性和客观性。学术著作语篇注释副文本和参考文献副文本与主文本耦合互文正是学术著作语篇本身系统性和明确性的表现,是作者主体的一种强制性互文建构修辞策略。通过注释、参考文献副文本与主文本的耦合互文来体现和加强主文本的概念及思想的系统性、逻辑性、自洽性、正确性和明确性。同样标题副文本与主文本的耦合互文方式也是提取主文本的核心思想和主要关键词,从而使主文本的主题、表意中心更突出明确;目录副文本与主文本的耦合互文同样是凸显主文本的逻辑性和系统性。因此,标题副文本、注释副文本、参考文献副文本、目录副文本是学术著作语篇的构成性副文本,与主文本之间的耦合互文也是直接耦合互文,直接耦合互文的正面修辞效果也是逻辑蕴含系统化效果、增力效果和矛盾替代效果占绝大多数。主文本和副文本直接耦合互文表现出向心互文的特征,突出和强化着主文本中心思想的系统性、知识性、逻辑性和明确性。而其他类别的副文本属于策略性副文本,与主文本的耦合互文或介于直接和间接耦合互文之间,或是间接耦合互文。

6.3.1.1.2 积极修辞境界题旨情景对副文本的配置及其耦合互文的制约

积极修辞表现境界的题旨情景对科学著作语篇副文本的选择和配置及其与主文本的耦合互文存在制约。

消极修辞与积极修辞虽都是依据题旨情景的手法,但有不同侧重:消极修辞重在应合题旨,积极修辞重在应合情景;消极修辞重在理解,积极修辞重在情感(陈望道,1997:9)。正如白先勇(2017)所言:"我写来写去也是跟一个'情'字有关,用各种方式来表现这个'情'。恐怕文学最关心的还是一个'情'字,文学写什么也不外乎人性人情,从各个方面来讲,只是每个人的手法不一样。"积极修辞的辞面子和辞里子有相当的乖离,因此积极修辞要从情景上去领略,用情感去感受,从本意或上下文去推究其意义。人们可以在不知道和不过问彼此感受的情况下传达科学事实,但同情、同感的交流往往需要能够传达情感的言辞才能达成。"在非诗性语言中,符号的任意性和约定俗成性特征使意义和感觉尽量保持最大的距离;而在小说、诗歌和艺术(诗性)语言中,(符号文本)超越了理性和客观性,使意义和感觉形成了某种融合,使我们与更为重要的感情和直觉的现实发生了联系。想象的语言,尤其是隐喻,对表达我们经历中独特和个人化的部分十分重要。"(潘华琴,2008:176)"想象的内容是象,即意象;而思议的内容是意念和概念。想象的东西是具体的、个体的、特殊的东西,而思议的对象是普遍的、抽象的东西。"(王先霈,2006:203)这是文学语言和科学语言的差别。辞面子和辞里子的乖离,本意和推论意义的差别,意义和感觉的融合表现出积极修辞表现境界下的题旨情景情感性、具体性、个体性、体验性、感受性等要求。而情感、体验和感受往往意味着意义的差异性、多主题性(甚至无主题性)、多义性、多元性和不确定性(陈望道,1997:53、70;王岳川,2005:266-299)。

在文学作品语篇建构中涉及不同的修辞和建构策略来因应文学活动积极修辞行为的特征——情感性、具体性、个体性、感受性、体验性、多义性、多元性和不确定性。文学作品语篇标题副文本可以通过比喻、转喻等方式建构,反映主文本人物、情节和环境,也可以通过用典、仿写、双关、引用、否定等互文方式建立与主文本的耦合互文,从而增加主文本的多元性理解。策略性地使用语码互文和文化互文使注释副文本与主文本实现直接耦合互文,共同构筑主文本的多元空间和独特空间,如地方特色和异域风情。文学作品语篇自题献词题辞副文本和自题卷首语副文本、引语副文本可以通过用典互文和否定互文建立与主文本的直接耦合互文,从而实现副文本和主文本思想的矛盾共存、古今共存、中外共存、肯定否定共存的多元性。自序跋副文本、他序跋副文本和评论副文本通过述评、增添的那个方式与主文本建立起多元的互动空间,文学作品语篇主文本建构的诗意虚构世界的能指给所指留下了一块蕴意无穷的余地,评论副文本就是所指解释的一种表征,不同评论者的解释、鉴赏、分析、批评副文本正是主文本所指的多义性的一个侧影。作者、读者、评论家、媒体、出版单位、编者不同的主体都在试图阐释主文本的意义,评论的本质就是承认所指大于能指,承认感受的差异性、个体性和多义性。主文本和副文本的耦合互文往往表现出离心互文和共生互文的特征。

因此文学作品语篇副文本中无论是与主文本直接耦合互文的标题副文本、注释副文本、目录副文本、作者副文本、题辞副文本,还是间接耦合互文的序跋副文本、评论副文本,都可以被策略性用于因应文学活动的情感性、具体性、个体性、体验性、感受性、多义性、多元性和不确定性。文学作品语篇副文本与主文本的耦合互文表现出一种离心互文范式,其正面修辞效果因此也是以加强效果和矛盾共存效果为主。

6.3.1.2　交际修辞活动的主体制约

"话语一半在于言者，一半在于听者。"（蒙田，《随想》XXX：13）语言是抵达他人并从他人那里接收信息的最为重要的渠道。言者主体的语言产生之初和语言生产过程都预设着他者主体。"任何社会中的个人都与一定的组织联系在一起，并作为体制化中的一个成分而存在。作为一种社会集体，组织是通过其成员之间持续的相互依存和相互协调的、以目标为取向的交际行为而产生、发展和变化的。语篇是组织成员用来构建一致的社会现实并以此来界定自我身份（主体）意识的主要方法。"（苗兴伟，2008：242）不同交际修辞活动中语篇副文本的选择和配置及其主副文本的耦合互文的主体制约因素主要包括作者主体、读者主体、作者主体和读者主体的社会关系。

6.3.1.2.1　作者主体制约

无论任何时候，人（主体）都是科学活动和文学艺术活动的主导者和创造者。这两种创造活动既有相同之处，又有相异之处。文学作品语篇的作者建构和读者理解或许可以不借助专业文学知识，但是科学语篇的作者建构和读者理解需要高度复杂的专业知识。这也决定了文学活动和科学活动中的作者和读者的地位和类别。虽然文学作品语篇中作者主体可以不要专业知识，但是其与科学作者主体一样，在创造过程中不能完全脱离以往的传统知识文化等基础而独立存在，发挥新创要受过传统或已有知识、文化的熏陶。科学和艺术的进境都是基于丰富的遗产之上的。因此，文学活动中和科学活动中的作者主体在语篇修辞行为过程中都要面临双重身份——"读者"和"作者"，在语篇创作和阅读活动中要协调两种身份的冲突，从而实现自身从"读者"主体到"作者"主体的身份的转换。

在学术语篇生成活动中，特别需要明确其他学术主体或由学术主体组成的学术共同体的观点和思想，因为任何观点和思想的形成都是学术主体或学术共同体在某一学科或某个领域的持久发力，耗费时间和心力观察、实验或思想的结果。因此，作为强制性互文形式的注释副文本和参考文献副文本是学术著作语篇的构成性副文本，其与主文本的耦合互文的修辞功能可以是逻辑蕴含系统化、增力和矛盾替代。在对他人语篇（话语、思想、成果）的使用基础上确立作者的思想及其主文本的主体身份地位。因此，在学术著作语篇中任何作者主体副文本都是建构和理解主文本所必须关注的，这也直接决定了学术著作语篇中作者主体相关的副文本（标题副文本、作者主体姓名副文本、注释副文本、参考文献副文本、目录副文本、题辞副文本、序跋）与主文本之间的耦合度和耦合互文方式（直接耦合互文或直接—间接耦合互文），因为作者主体在学术著作语篇中属于强势身份，作者主体建构的学术著作语篇或文本属于可读性文本，作者对其具有不可争辩的责任。

在科学语篇的生成活动中，作为不断发展变化的学术共同体主体对副文本的配置和主副文本的耦合互文深度和互文关系也存在着制约。"学术共同体包括学科共同体和学者共同体。"（祝克懿，2014：15）学科共同体说到底仍然是学者主体动态构建的共同体。学术共同体中代表人物或权威学者主体对副文本的建构及其与主文本的耦合互文有一定限制。如学术著作语篇的一部分他序副文本的作者主体及其深度阅读副文本和参考文献副文本所涉及的学科共同体作者，往往是学科范式中重要的权威或理论代表性人物。从这个角度可以看到，科学著作语篇副文本中所渗透着的作者主体的主观价值判断。同时，作者主体引用学术共同体的文献，或者请学术共同体代表主体写序也是一种建构和进入动态的学术共同体的一种方式。

在文学活动中，作者主体在建构虚构世界主文本的过程中，实现着"读者"身份向"作者"身份的转换。作者的艺术创新也是基于先前的文本或传统的文本。就像艾略特说的那样："一个诗人（作者）的个性不在于他的创新，也不在于他的模仿，而在于他把一切先前文学囊括在他自己作品之中的能力，使过去和现在的话语同时共存。"（程锡麟，1996）成为文学作者或作家最应该做的工作就是阅读，"不读书，你就不能成为一位优秀的小说家。要大量阅读不同体裁的作品，包括各类小说、诗歌和非虚构类作品。每读一本书，这本书的流畅行文和写作节奏就会自然而然地在你的头脑中扎根。……你能从中学到构建故事情节以及塑造人物性格的技巧。它们会填充你的知识宝库，在你需要的时候可以随时调出来使用"（贝尔，2016：4）。因此，作者主体会制约着文学活动中语篇主文本和副文本的互文生成和互文理解。

作者主体制约一是表现在对不同策略性副文本类别的选择和配置上，一些作者主体会苦心经营各类构成性和策略性副文本充分发挥其在主文本建构中的耦合互文作用，会使用各种互文方式（重组、仿写、用典、否定、元文评论、引用、语码交错等互文方式）来精心策划和生成标题副文本、目录副文本、题辞副文本、注释副文本甚至封面推广评论副文本；作者主体制约二是表现在作者主体对主文本意义的引导和控制上，也就是序跋副文本、评论副文本和主文本的间接耦合互文，一些作者偏好在主文本意义的传达上出场，表达主文本的主题意义，如贾平凹一些作品语篇的序跋副文本，或者表达主文本的开放意义等，如霍达《穆斯林的葬礼》作者序副文本、金宇澄《繁花》自跋副文本。

6.3.1.2.2 读者主体制约

科学语篇的读者与文学作品语篇的读者地位是不一样的。上面提到科学语篇生成活动中作者主体的中心性地位，专业性科学语篇属于可读性文本，读者需要受过一定专业教育和专业知识训练。根据 3.3.5 节对接受主体为集体性读者的分类，集体性读者可以分为大众集体性读者和小众集体性读者。那么专业性科学著作语篇的读者就属于小众集体性读者，因为绝大多数学术著作语篇预设的读者是受过专业训练，有一定专业知识的读者。这相对文学作品语篇的几乎没有门槛的大众集体性读者来讲，学术著作语篇的读者属于小众集体性读者。目标读者或潜在读者的明确性、固定性和可读性读者的地位限制了一些副文本的出现。韩礼德（2015b：240）在对科学语言进行系统功能语法分析时，指出"科学语言虽然本质上具有前瞻性，但它却越来越非平民化：它神秘的语法隐喻使了解它的人和不了解它的人相脱离，相互间形成隔阂"。这也从另一个侧面说明了科学语言读者对象的独特性和小众化。因此，专业性科学语篇中广告性副文本或者说读者导向性的副文本，比如说简评副文本几乎在专业性学术著作语篇中找不到踪迹。比作者学术地位高的他者主体序跋副文本虽然作为一种读者型副文本，正如上文说到的学术共同体主体的制约，他（她）具有特定性，与主文本作者主体构成立场或思想联盟，与主文本的耦合互文起到加强主文本表意语力的修辞作用。

读者主体在文学总体活动［作者（作家）—作品—读者］中的地位显然要比科学活动中的地位要高。"读者在文学活动过程中不是可有可无的一维，而是居于整个文学活动的中心"，"作品（语篇）一旦脱离作者之手，便自己具有了生命气息，脱离作家（作者）创作时的特殊角度、特殊氛围、特殊维度，而成为像生活本身那样丰富的、立体的、多维的、多向的艺术生命体"，"每个读者总是从自己生活和文学的'期待视域'出发去看待作品（语篇）。也就是说，读者总是从他所受教育的水平，他所处的地位和境况,他的生活体验和经历,他的性格、气质和审美趣味,他的人生观、价值观出发去阅读作品(语篇)的。期待视域的不同,使不同读者对阅读对象的需求也不同。加上时间的流逝、体验的加深、时代的变迁,读者对同一作品(语篇)的理解也会发生变异,他所领会、所赋予作品的意义也会发生很大的变化。因此,作品(语篇)的意义等于作者赋予的意义和接受者所赋予的意义的总和。甚至接受者所赋予作品(语篇)意义能'溢出'原来的意义框架,使作品(语篇)出现作者所意想不到的意义来"(王岳川,2005:273、287、275)。正像作家金宇澄评价自己的作品《繁花》所说的那样:"《繁花》就像一个超市,进入其中的人,所挑选的东西都不同。"事实上,任何一部文学作品语篇都是一个超市,不同的读者会解读出不一样的意义。读者的主体地位制约或导向着文学作品语篇副文本的选择和配置以及主文本和副文本的耦合互文。

　　封面、腰封和封底上的评论副文本(包括获奖信息副文本、简评副文本)是一种读者指向型的副文本,即通过颂评及陈述获奖信息、发行情况吸引和诱导大众读者完成文学活动中最重要的环节——读者的阅读[①],当然完成只是一个理想状态,作品一旦面向大众读者,其文学活动就永远处于未完成的状态,因为读者是永恒的。Bazerman(2013:123-127)将读者阅读比作一次旅行,在阅读旅行的过程中,需要或多或少地对阅读方向进行指引,以此来吸引或聚焦读者的注意力和激发读者继续语篇阅读旅程(textual path)的潜能。作者自序跋副文本和评论副文本等就是读者阅读旅程中的指引副文本,评论副文本是联结作品语篇主文本和读者的桥梁。

　　金宏宇等(2014:108-109)在研究题辞副文本与主文本的互文时提到"题辞摆在显眼的位置,是作者特意的提示,细心的读者往往会关注它,它就成了一种先入为主的词句"。"细心的读者会关注它",可见主文本和副文本的耦合互文的建立和识解对读者有一定的要求,或者说读者类型的不同会影响主文本和副文本的耦合互文的建构。

　　热纳维也夫·依德(Geneviève Idt)在考察戏拟互文时指出读者接受

[①] 文学作品语篇一旦被读者选中,作为导引性的腰封评论副文本往往会伴随着腰封被读者丢掉,意味着其作为副文本使命的完成。

互文性的三个必要条件：一是识别表现（表征）；二是认同参考出处；三是衡量两个文本之间的差别和语境的不同（萨莫瓦约，2002：85）。对于主文本和副文本之间的耦合互文同样对读者有一定条件要求：同样需要识别副文本、认同各种副文本与主文本间的互涉互文方式、衡量分布于相对不同的物理空间的两个文本的差别和意义互涉关系。任何一个条件的缺失都会错失主文本和副文本的种种耦合互文。

互文性要求读者不"健忘"，必须在适当的时候、以适当的顺序调动自己的知识记忆（短期记忆和长期记忆）。萨莫瓦约（2002：85-86）把具备文学或文本记忆的读者分为三类（三类之间并非相互排斥关系）：玩味的读者、释义的读者和非时序论的读者。与本书探究的主文本和副文本的直接耦合互文和间接耦合互文最为相关的是释义的读者，或者说是立足释义来阅读学术著作语篇和文学作品语篇的读者。这类读者往往不满足于单纯找出互文互涉的互文本，还要研究互文意义，把两篇相关、共现、组合、重现的文本放在一起来确立意义。这类读者注重理解引文或其他互文在新环境中的意义，注重一个文本在被涉文本中的意义（语境重构后的意义）、在互涉文本中的意义以及在两个文本之间流动的意义。

因此，读者的不同类型会对学术著作语篇和文学作品语篇副文本的配置和选择，以及副文本和主文本的耦合互文的建立及其互文方式产生制约。

6.3.2 副文本与主文本耦合互文的理解和认知机制

语篇的生成和理解是一个动态的认知过程。6.3.1 节提到不同修辞题旨情景、不同主体对语篇副文本系统的选择和配置以及副文本与主文本的耦合互文的制约作用。特别是积极主动的读者主体，即"释义的读者"在耦合互文的识别和互文意义的理解中具有非常重要的作用。文本间互文要求读者不"健忘"，需要在适当的时候、以适当的顺序（可能是非线性的顺序）调动自己的知识记忆来建构其当前文本与前文本之间的互文和互涉关系，毫无疑问，读者的记忆对理解和认知仿拟互文或承文性、广义文本性具有重要作用。下面来看副文本与主文本的耦合互文是如何认知的或副文本和主文本是如何实现关联的。

斯珀波和威尔逊（2008：352-360）修正了他们原先的关联准则，提

出了关联准则的两个新的基本观点,一个与认知有关,另一个与交际有关:

一、人的认知倾向于追求最大关联;
二、每个明示的交际行为都传递了一个推定,推定自己达到了优化关联。

"由于交际的发生具有瞬时性,追求的是优化关联;而其他认知活动如科学研究、文学艺术创作、运筹帷幄等一般不受时间因素的压迫,追求的是最大关联。"(斯珀波和威尔逊,2008:19)书面语篇的空间性、非线性、绵延性和反复累积性使其区别于口语语篇交际的瞬时性、线条性。在语篇认知过程中,认知关联的刺激信号可以是现象,其存在于机体之外的环境;可以是定识,如知觉、回忆、想象或推理等过程的输出,其存在于机体的内部。认知资源倾向于被用来加工既有的最大关联的输入,不管是源自内部还是来自外部。但是每个人的认知资源具有不同程度的可及性,有些较易获取,有些则需要付出较多的心力。或者说,在认知过程中认知资源的排列并非无序的,而是按照一定的可及度来排列的。副文本作为认知主文本的重要认知资源,其物理和心理可及度是其他诸如与主文本构成元文性、承文性或广义文本性的互涉文本所无法比拟的。

与主文本处于同一物理时空的副文本由于空间距离的相近性及其本身作为语篇边界性的地位,使得读者在进入主文本之前或在认知和理解主文本过程中,副文本表征或建构的概念、思想、观点、感情、身份、体裁信息的心理可及度更高,容易在主文本阅读之前形成语篇整体意义预期或体裁预期(知识创新性、真实性或故事情感性、虚构性等)。在主体认知主文本过程中不断验证读者的预期,也就是将副文本和主文本叠合放在一起来确定语篇主文本的意义。由于边界地位的副文本系统的设置具有一定的层次性,往往外层边界副文本的辖域会涵盖内层边界副文本的辖域。或者外层边界副文本侧重对语篇整体意义起作用,而内层边界副文本侧重对语篇局部意义起作用。

在4.2节和5.2节探究副文本与主文本的直接耦合互文时已或多或少地涉及副文本信息中的思想、情感如何在主文本意义生成和表征的认知过程中所起的作用。在此主要分析副文本所体现出的文本或语篇类型互文性。正如前面所分析的，体裁互文性是文本类型互文性中最为重要的一类。

　　Kinneavy 曾将语篇分为四种体裁类型：表达类、劝说类、文学类和指称类。本研究主要探究的两类语篇属于文学类（重点在构建虚构世界的语言形式或语码、指向内容形式的小说语篇）和指称类（重点在表征现实、指向现实指涉物的学术著作语篇）（丁建新，2008：361）。两种体裁存在多方面的对立，如对表征真实性问题的不同看法："科学是随着对知识的需求而产生的，我们对科学没有其他要求，只要求它真实。（文学）艺术则是对情感的需要而产生的。真实进入了（文学）艺术只是为了有助于完成这个目的。"（卡西尔，2017：203）因此，学术著作语篇主文本的叙述者不同于文学作品语篇主文本的叙述者。文学作品语篇主文本的叙述者往往属于表征的虚构世界而不属于现实或真实世界，而语篇副文本的叙述者则属于现实世界，副文本的叙述者包括作者、作序者、推荐者、评论家、编辑、出版单位、媒体单位等，所以 Maclean（1991：274）在分析作为边缘的文学语篇副文本时区分了第一序列言语行为和第二序列言语行为两方面的规则。一些副文本的叙述者作为第一序列言语行为的行为者会利用直接以言行事（direct performatives）的话语来告知、说服、建议、劝告和指导读者，文学作品语篇主文本及一些副文本作为第二序列言语行为无法直接以言行事。而学术著作语篇主文本的叙述者，也就是作者，包括被叙述者都属于现实客观的世界。所以从某种意义上来说，在对文学作品语篇的主副文本耦合互文分析时区分第一、第二序列言语行为来解释主副文本的修辞及其策略非常有必要也是必需的，而分析学术著作语篇副文本若再仿照第一序列言语行为和第二序列言语行为进行区分就有"削足适履"之嫌。因此，体裁性框架知识对分析和认知副文本有重要指导作用。

　　语篇（文本）是一种施事行为，每一个符号文本行为都会或多或少地让世界发生变化或改变。副文本在明确提供解释、评论、引用、简介等主文本互涉信息的同时，会或显或隐地提示主文本体裁因素，它们会对读者理解主文本产生体裁制约或使读者产生体裁期待，从而影响主文本的意义的生成和理解。经过副文本或显或隐的提示之后，读者的头脑不再是一张白纸，任凭符号文本在上面添加意义。读者在阅读主文本之前，往往会将其对应于某种副文本提示的体裁,然后在此种体裁期待的指导和制约下,给予即将解读的语篇主文本的阅读方式和关注重点。副文本在建构体裁互文性或广义文本性(文本链)方面具有重要的作用。

6.4 小结

本章分析了不同修辞境界下语篇副文本系统的配置、语篇副文本与主文本耦合互文的互文范式和互文效果、语篇—副文本与语篇世界的互涉空间建构方式等方面的差异,并探究了各种差异背后的副文本修辞行为的修辞动因和副文本与主文本耦合互文的认知识解机制,结论如下。

消极修辞境界与积极修辞境界下语篇副文本系统的配置存在系统性差异。学术著作语篇的必需副文本或构成性副文本有标题副文本、注释副文本、作者名称副文本、目录副文本、参考文献副文本,其可选副文本或策略性副文本有前言(序)副文本、后记(跋)副文本、题辞(献辞和卷首语和引语)副文本、简介副文本;而文学作品语篇的必需副文本或构成性副文本往往是著作语篇系统整体中最低配置的构成性副文本,只有标题副文本和作者姓名副文本。文学作品语篇的可选副文本或策略性副文本类型丰富多样,有注释副文本、目录副文本、序跋副文本、题辞(献词和卷首语)副文本、评论(简评)副文本等。

消极修辞境界和积极修辞境界中副文本与主文本耦合互文的总体修辞效果都以正面修辞效果为主。但是具体到每一类副文本与主文本的耦合互文效果上,其正面修辞效果存在倾向性差异。消极修辞境界中耦合互文的正面修辞效果倾向于逻辑蕴含系统化效果、增力效果和矛盾取代效果,而积极修辞境界中耦合互文的正面修辞效果倾向于增力效果和矛盾共存效果。

不同修辞境界下的不同类型副文本与主文本的具体耦合互文的耦合度及互文手段和互文范式也存在一定差异。消极修辞境界下具体耦合互文表现出一种向心互文范式,积极修辞境界下具体耦合互文表现出一种离心互文范式。

不同类型语篇副文本系统的配置和互文表征差异背后是不同语篇修辞活动的修辞动因和认知机制的差异造成的。不同的题旨情景要求和不同的作者主体、读者主体制约着副文本的配置及副文本与主文本耦合互文的实现及实现方式。

消极修辞境界下的科学活动属于系统型表意实践，其题旨情景要求语篇活动或行为的系统性、知识性、逻辑性、抽象性、概念性、明确性、客观性、真实性。而积极修辞境界下的文学活动属于复量型表意实践，其题旨情景要求语篇活动或行为的情感性、具体性、个体性、感受性、体验性、多义性、多元性。在不同题旨情景要求下副文本类型的选择和配置及其与主文本的耦合互文的修辞效果调整和顺应着各自的活动行为特征。

不同修辞活动中，参与主体（作者主体和读者主体）的地位具有不均等性。科学活动中作者主体占主导性或权势性地位，对语篇主文本及作者副文本的意义表征过程和作者意图具有无可争辩的解释权。因此，作者主体来源的副文本与主文本的耦合互文的耦合度要强于其他主体来源的副文本与主文本的耦合互文的耦合度。科学活动中的语篇属于可读性文本，读者处于被动接受地位，而且目标读者和潜在读者也较为明确、固定、小众，因此读者导向性的副文本也偏向客观化、明确化。文学活动中作者主体和读者主体的地位同样重要，语篇主文本的意义等于作者主体赋予的意义和读者主体所赋予的意义的总和。作者主体会苦心经营各类构成性和策略性副文本充分发挥其在主文本建构中的耦合互文作用，会使用各种互文方式（重组、仿写、用典、否定、元文评论、引用、语码交错等互文方式）来精心策划和生成标题副文本、目录副文本、题辞副文本、注释副文本等。因此，作者主体来源的副文本与主文本之间的耦合互文的耦合度要高于其他如读者（批评家、读者、媒体、编辑等）主体来源的副文本与主文本之间的耦合互文。有时读者主体所赋予文本的意义能"溢出"原来的意义框架，使主文本出现作者主体所意想不到的意义来。因此，与主文本形成间接耦合互文和互涉关系的评论副文本或简评副文本是语篇主文本社会化的重要一环，是文学场建构和文学总体活动完整的重要组成部分。

值得注意的是，无论是科学活动中的读者还是文学活动中的读者，在对副文本系统进行互文语篇理解和阐释的过程中的读者都要求是释义的读者，需要他们识别副文本、找出互文互涉的互文本、研究互文意义，即把两篇相关、共现、组合、重现、重组、互涉、对话的副文本和主文本放到一起来确立在两个文本之间流动的、动态的语篇或文本整体意义。

书面的科学著作语篇和文学作品语篇阅读具有跨时空性、非线性和反复累积性，其认知和识解机制别于瞬时性、线条性、追求优化关联的口头交际，"人的书面认知倾向于追求最大关联"。与主文本同处于同一物理时空的副文本是认知主文本的重要认知来源，由于空间距离的相近性及其本身作为语篇边界的地位，使得读者在进入主文本之前或在认知和理解主文本过程中副文本表征或建构的概念、思想、观点、感情、身份、体裁信息的心理可及度更高，更容易实现其与主文本之间的直接或间接耦合互文（王志军，2020）。

第七章

结　　语

自热奈特（1982）提出"副文本""副文性"概念以来，特别是最近十年，语篇副文本现象越来越受到文学、翻译学、语言学、修辞学和其他人文学科的关注和重视，涌现出了一批优秀研究成果。但副文本现象十分复杂，副文本研究具有较大的扩展空间。本书立足前人和时贤的成果，撷取学术著作和文学作品两类语篇作为副文本的实例来源，在互文语篇理论视域下，从语篇系统、层级和关系出发，对副文本的概念和内涵、副文本系统的配置、副文本与主文本之间的耦合互文及互文方式、互文修辞效果、修辞动因和认知机制进行了全面地梳理和系统地考察，对各类语篇副文本在语篇及语篇意义动态生成和互文理解中的功能进行了详细地描写，构拟了一个语篇副文本系统的互文机制探究的研究范式。

7.1　主要内容

绪论部分，首先界定了研究对象"副文本"及"互文性"：副文本与主文本（正文本）是语篇范畴中一对相辅相成的概念，副文本是物理形态上和语义内容上依附、穿插、区隔、映射于主文本，对主文本的意义的生成与理解起积极或消极作用，使语篇之所以为语篇的文本要素。副文本可以是多模态文本，如图片文本、影像文本、声音文本。本研究主要分析文字性副文本。关于互文性的分类有很多种，本研究基于互文本来源即他文本或他语篇本身性质的个体性和普遍性将互文性分为基于文本（语篇）实例互文性和基于文本（语篇）类型互文性；其次简述了目前语篇结构微观、中观和宏观结构研究以及副文本相关研究的现状；最后确立和指明了本文的研究框架、研究方法、语料来源及研究目标和意义。

互文语篇理论梳理部分，首先分析了互文语篇理论得以建立和发展的学科背景和理论背景。学科背景主要有两个，一是学界对"言语的语言学"的重视，二是学界对"'人'的语言学"的重视；理论背景包括互文性理论、符义分析理论、现代修辞学、系统功能语言学和互动语言学等。其次从哲学和认知科学的角度论证了互文语篇理论的理据性，如科学主义哲学思潮和人文主义思潮的合流，创构认识论，思想的可交际性和共享性，大脑的认知神经网络机制及大脑的可塑性，大脑记忆的重构性等。最后介绍了与互文语篇理论相关的几组基础概念（如语篇和文本、对象文本和双值文本、引语的提及和引语的使用、互文范式、互文形式和互文标记手段），以此为基础，简述了互文语篇理论的基本观点及互文语篇理论指导下的语篇或文本互文的研究方法。

语篇副文本系统总论部分，首先对副文本系统在语篇系统整体中的地位进行了定位。语篇系统整体是由主文本系统和副文本系统两部分构成，二者相辅相成、相存相依。副文本系统在语篇系统整体中处于边界地位，其内部具有层次性。处于边界地位的副文本决定了研究副文本必须从两个大的方面着手：一方面是研究语篇副文本与语篇场或语篇网络世界的互文关系，另一方面是研究语篇内副文本与主文本之间的互文关系；其次根据空间、时间、模态媒介、来源主体、接受主体和静态功能等标准对常见的语篇副文本现象进行了分类。

学术著作语篇副文本系统之互文性分论部分，首先根据学术著作语篇的层级组构特点建构了学术著作语篇副文本和主文本的向心互文模式；然后根据副文本的独特性，即源文本、前文本或共时文本与主文本相对独立、离散地共存于同一物理空间，将文本实例互文性区分为嵌套互文和耦合互文。副文本与主文本的互文互涉结构绝大多数可以范畴化为耦合互文。根据副文本提供信息的内容能否在场以及在场性强弱和语篇建构必需性程度将耦合互文区分为直接耦合互文和间接耦合互文；然后根据耦合度的高低分别对属于直接耦合互文的标题副文本、作者主体副文本、目录副文本、注释副文本、参考文献副文本、序跋副文本、题辞副文本与主文本的互文形式、互文空间结构进行了具体分析，探究它们在建构和理解主文本中的作用和动态修辞功能；然后再根据耦合度分别对具体型文本—副文本和抽象型文本—副文本与主文本之间的间接耦合互文进行了具体分析，探究型文本在主文本意义建构和理解中的作用；最后还分析了学术著作语篇副文本间的次级互文以及副文本与语篇空间网络世界的互文。

　　文学作品语篇副文本系统之互文性分论部分，首先根据文学作品语篇的层级组构特点建构了文学作品语篇副文本系统和主文本的离心互文模式；然后根据文学作品语篇副文本提供信息的内容能否在场以及在场性强弱和文学语篇虚构世界的建构必需性程度将文学作品语篇主副文本之间的耦合互文现象区分为直接耦合互文和间接耦合互文两类；然后根据耦合度分别对属于直接耦合互文的作者姓名副文本、标题副文本、注释副文本、目录副文本、题辞副文本与主文本的互文形式、互文效果进行了具体分析，探究它们在建构虚构世界主文本中的作用和动态功能；然后再根据耦合度分别对属于间接耦合互文的序跋副文本、评论副文本、具体型文本—副文本和抽象型文本—副文本和主文本之间的间接互文进行了具体分析，探究它们在主文本意义建构和理解中的作用。之后还分析了文学作品语篇副文本间的次级互文以及副文本与语篇网络世界的互文。

　　副文本系统的配置差异和修辞动因和认知机制解释部分，首先总结了不同修辞境界下语篇副文本系统的配置、语篇副文本与主文本耦合互文的互文范式和互文效果、语篇—副文本与语篇世界的互涉空间建构方式等方面的差异；其次分析了各种差异背后的副文本修辞行为的修辞动因，重点剖析了题旨情景因素和主体因素在副文本系统构成性副文本和策略性副文本的选择和配置、语篇副文本与主文本耦合互文的互文范式和互文效果、语篇—副文本与语篇世界的互涉空间建构方式等方面的制约作用；最后解释了副文本与主文本耦合互文的认知机制。

7.2　主要结论

　　一、语篇系统整体是由主文本系统和副文本系统两部分构成，二者相辅相成、相存相依。副文本系统在语篇系统整体中处于边界地位。作为边界的副文本处于沟通和联结语篇内部空间和外部空间的中间区域。副文本系统的建构具有层级性，在语篇内可以形成"｛边界—［边界—中心—边界］—边界｝"的多层边界空间格局。边界性副文本系统对语篇主文本的意义建构和理解表意过程有一定的作用，或加强、催化，或遮蔽、否定。

第七章 结语

二、边界性副文本在语篇表意过程中的重要作用并不意味着否定主文本的中心地位，虽然副文本在一定条件下可以挤占主文本。副文本和主文本之间并非非此即彼的关系。绝大多数情况下，主文本作为语篇系统整体中最稳定、最有秩序的组成部分决定着语篇系统整体的方向，维护着它的整体性。

三、副文本不仅可以与主文本建立"副文性"，而且可以通过多种互文形式（引用、用典、预设、否定、元话语、反语、双关、外指照应、模仿、戏仿、重复、复制粘贴、翻译、改编、重组、暗示、评论、批评、解释、补充等）与主文本建立"互文性""元文性""承文性""广义文本性"等互涉关系。

四、嵌套互文和耦合互文的区别是语篇互文研究和文本互文研究中切要的区分，并非无关紧要的概念的游戏。"耦合互文"从意义上明确了副文本与主文本建立的互文关系及其互文建构和理解的作用效果。

五、同一类型语篇内各副文本与主文本的耦合互文度存在差异。决定副文本和主文本耦合互文的耦合度的因素有：互文本接口的复杂程度、主体是否一致、互文标记的多少、副文本本身的信息量以及副文本与主文本之间的物理空间距离和心理空间距离。学术著作语篇副文本与主文本的耦合互文强度由强到弱的大致顺序是：标题副文本>作者主体名称副文本>目录副文本>注释、参考文献副文本>序跋副文本＝题辞副文本>简介副文本>具体型文本—副文本>抽象型文本—副文本。注释、参考文献副文本及之前的三种副文本与主文本的耦合互文是直接耦合互文，型文本—副文本与主文本的耦合互文是间接耦合互文。文学作品语篇副文本与主文本的耦合互文强度由强到弱的大致顺序是：作者主体名称副文本>标题副文本>目录副文本>注释副文本>题辞副文本>序跋副文本>评论副文本>具体型文本—副文本>抽象型文本—副文本。题辞副文本及之前的四种副文本与主文本的耦合互文是直接耦合互文，序跋副文本、评论副文本及型文本—副文本与主文本的耦合互文是间接耦合互文。

六、不同类型语篇副文本系统的构成性副文本和策略性副文本的配置和选择存在差异。学术著作语篇的构成性副文本有：标题副文本、注释副文本、作者名称副文本、目录副文本、参考文献副文本，策略性副文本有前言（序）副文本、后记（跋）副文本、题辞（献辞和卷首语和引语）副文本、简介副文本等。文学作品语篇构成性副文本往往是著作语篇系统整体中最低配置的构成性副文本，只有标题副文本和作者名称副文本，其策略性副文本类型丰富多样，包括注释副文本、目录副文本、序跋副文本、题辞（献词和卷首语）副文本、评论（简评）副文本等。

七、不同类型语篇副文本与主文本的耦合互文从宏观修辞功能到微观互文方式都存在一定的差异。语篇副文本与主文本耦合互文的宏观修辞效果都是以正面修辞效果为主，但具体到正面修辞效果次类层面，不同类型语篇副文本与主文本耦合互文的正面修辞效果则存在倾向性差异。学术著作语篇耦合互文的正面修辞效果主要是逻辑蕴含系统化效果、增力效果和矛盾取代效果，而积极修辞境界中耦合互文的正面修辞效果主要是增力效果、矛盾共存效果。而且具体某一类副文本在不同类型语篇中与主文本的耦合互文方式和互文效果也不一样，以注释副文本为例，文学作品语篇注释副文本通过语码互文和时间交错互文建立与主文本的直接耦合互文，在方言和普通话之间的语码互注、两种语言之间的语码互注的耦合互文过程中，参与构筑着主文本别具地方、民族、异域特色的虚构世界。学术著作语篇中注释副文本通过增添说明、例证、概念、思想的元语言解释，被引、评价、反驳、否定、修正、批评等互文方式建构起与主文本的直接耦合互文，保障着主文本表意的系统性、明确性和科学性。

八、修辞或交际动因制约着副文本系统的配置以及副文本与主文本耦合互文的互文方式和互文效果。一是交际或修辞活动的境界和题旨情景，二是交际或修辞活动中参与主体及主体之间的地位和关系。消极记述境界追求题旨情景的系统性、知识性、逻辑性、抽象性、概念性、明确性、客观性，积极表现境界追求题旨情景的情感性、具体性、个体性、体验性、感受性、多义性和多元性。因此学术著作语篇中的互文范式是向心互文范式，互文形式多为强制性互文，文学作品语篇中的互文范式表现出离心互文范式，互文形式多为自由性互文。不同修辞活动中参与主体（作者主体和读者主体）之间的地位具有不均等性。科学活动中作者主体占主导性或权势性地位，读者处于被动接受地位，目标读者和潜在读者也较为明确、固定、小众，因此读者导向性的副文本也偏向客观化、明确化。文学活动中作者主体和读者主体的地位同样重要，语篇主文本的意义等于作者主体赋予的意义和读者主体所赋予的意义的总和。作者主体会苦心经营各类构成性和策略性副文本充分发挥其在主文本建构中的耦合互文作用。有时读者主体所赋予文本的意义能"溢出"原来的意义框架，使主文本出现作者主体所意想不到的意义。因此，与主文本形成间接耦合互文和互涉关系的评论副文本或简评副文本是语篇主文本社会化的重要一环，是文学场建构和文学总体活动完整的重要组成部分。

九、无论是科学活动中的读者还是文学活动中的读者，在对副文本系统进行互文语篇理解和阐释的过程中都要求是释义的读者，需要读者识别副文本、找出互文互涉的互文本、研究互文意义，即把两个或多个相关、共现、组合、重现、重组、互涉、对话的副文本和主文本放到一起来确立在两个或多个文本之间流动的、动态的语篇或文本整体意义。书面语篇阅读和认知的跨时空性、非线性和反复累积性，其认知机制别于瞬时性的、线条性的口头交际，在书面语篇理解过程中，"人的认知倾向于追求最大关联"，与主文本同处于同一物理时空的副文本是认知主文本的重要认知来源。由于空间距离的相近性及其本身作为语篇边界的地位，使得读者在进入主文本之前或在认知和理解主文本过程中副文本表征或建构的概念、思想、观点、感情、身份、体裁信息的心理可及度更高，更容易实现其与主文本之间的直接或间接耦合互文。

十、处于语境中又建构着语境的语篇副文本是各种因素的聚合之地，里面有作者的或象征或现实的符号文本、作者意欲传达的意义、作者关于文本本身或其他异质文本的观点、作者对物理文本或精神文本的语境因素的知觉、构成作者主体的独特概念和经验框架，甚至有其他对话主体的符号文本及其对作者文本的观点和其意欲传达的意义。

7.3 提升空间

首先，语篇—副文本—语篇世界的互文空间互涉关系以及语篇世界的层级性有待进一步探究。语篇不是一个封闭的、孤立存在的实体，而是处于开放的语篇关系网络之中。语篇世界是互文实现的最宏观最广阔的空间和场域，处于边界地位的副文本是语篇向语篇世界开放或跨域的重要手段。语篇世界往往是一个多中心甚至去中心的复杂空间。当语篇落入语篇"森林"之后，个人对语篇感知和理解的文化、时空环境变得越来越无限，中心变得越来越模糊，语篇背后的主体往往也会变得渺小和弥散，因此会出现"无作者"的文本。科学著作语篇、科学普及语篇和文学作品语篇与弥散、无中心的语篇世界之间一定有许多层级，副文本在哪些层级上能够起作用值得进一步思考。

其次，副文本与主文本间耦合互文的负面修辞效果以及互文方式有待进一步探究。本书互文修辞效果分析主要以正面修辞效果作为默认值。但我们知道，副文本如果携带过多的信息，容易使读者对主文本产生排斥心理。如学术语篇中的注释、参考文献副文本的数量对主文本理解的作用，参考文献越多表示与当下文本对话和互涉的他文本越多。在语篇生成过程中，他文本太多会给读者带来阅读压力，甚至迫使读者放弃阅读主文本。那么到底学术语篇中到底多少参考文献条目是合适的呢？副文本的多少与主文本的意义传达也有一种潜在规律，副文本类型太多会对主文本意义生成和理解带来什么影响呢？这些问题都有待进一步调查和验证。

最后，副文本现象十分复杂，在互文语篇理论指导下对其互文机制进行系统化研究是一个不断探索和深化的过程。囿于自身资质以及学力精力，语篇类型的多样性选择、副文本的外延范围、某一类副文本与主文本的耦合互文修辞效果和互文方式探究、副文本的整体特征提取、副文本系统性差异的解释以及某些措辞表达和结论难免出现不周全之处。

我们希望互文语篇理论可以为更多类型、更多语体的语篇副文本与主文本、其他副文本、语篇场和语篇世界的互文机制探究提供支撑，相信这些结果必将会对语篇分析的理论深化和实践探索大有裨益。

参考文献

[苏联] 巴赫金，1998，《巴赫金全集》（第1卷），晓河、贾泽林等译，河北教育出版社。

白丽娜，2013，《空间的制约与语言的表达——基于汉语报刊新闻标题的考察》，博士学位论文，华东师范大学。

白先勇，2017，《我们每个人都在红尘里面历劫》，"一席"微信公众号，2017年9月21日。

[法] 保罗·利科（Paul Ricoeur），1986，《言语的力量：科学与诗歌》，朱国均译，《哲学译丛》1986年第6期。

[美] 贝尔（J. S. Bell），2016，《从创意到畅销书：修改与自我编辑》（第2版），刘在良译，中国人民大学出版社。

[法] 本维尼斯特，2008，《普通语言学问题》，王东亮等译，生活·读书·新知三联书店。

——，2014，《语言的结构与社会的结构》，朱江月译，《当代修辞学》2014年第4期。

[美] 布鲁姆（H. Bloom），2016，《影响的剖析：文学作为生活方式》，金雯译，译林出版社。

蔡震、刘心武，2014，《〈飘窗〉被评犹如当代〈清明上河图〉》，《扬子晚报》2014年5月13日。

蔡志全，2013，《副文本视角下戴维·洛奇的〈作者，作者〉研究》，《国外文学》2013年第3期。

陈波，2012a，《弗雷格的思想理论》，《哲学分析》2012年第5期。

——，2012b，《超越弗雷格的"第三域"神话》，《哲学研究》2012年第2期。

——，2014，《语言和意义的社会建构论》，《中国社会科学》2014

年第 10 期。

陈利，2015，《〈道德经〉泰译文研究》，博士学位论文，北京外国语大学。

陈明远，1983，《语言学与现代科学》，四川人民出版社。

陈平，2015a，《系统中的对立——谈现代语言学的理论基础》，《当代修辞学》2015 年第 2 期。

——，2015b，《语言学的一个核心概念"指称"问题研究》，《当代修辞学》2015 年第 3 期。

——，2017，《话语的结构与意义及话语分析的应用》，《当代修辞学》2017 年第 2 期。

——，2018，《中国语言学的过去、现在与未来》，《语言战略研究》2018 年第 1 期。

陈尚君，2016，《易求无价宝，难得有心郎——鱼玄机诗五首赏析》，《文史知识》2016 年第 9 期。

陈望道，1997，《修辞学发凡》，上海教育出版社。

陈昕炜，2015，《边界互文性的实现机制与分布规律》，《当代修辞学》2015 年第 3 期。

——，2018，《中国古典小说序跋语篇之互文性研究》，复旦大学出版社。

陈宣良，2016，《中国文明的本质》（卷四），上海人民出版社。

陈一，2022，《弹幕，一种特殊的记忆与唤醒方式》，《光明日报》2022 年 3 月 19 日。

陈引驰，2014，《古典文学研究散思》，《文学遗产》编辑部编《〈文学遗产〉六十年》，社科文献出版社。

陈寅恪，2001，《寒柳堂集》，生活·读书·新知三联书店。

陈振宇，2017，《汉语的指称与命题：语法中的语义学原理》，上海人民出版社。

程锡麟，1996，《互文性理论概述》，《外国文学》1996 年第 1 期。

储丹丹，2010，《文史类学术论文摘要语篇的互文分析》，硕士学位论文，复旦大学。

崔刚，2015，《神经语言学》，清华大学出版社。

戴耀晶，2017，《戴耀晶语言学论文集》，复旦大学出版社。

［美］道格拉斯·肯里克、史蒂文·纽伯格、罗伯特·西奥迪尼，2017，《西奥迪尼社会心理学：群体与社会如何影响自我》，谢晓非等译，北京联合出版有限公司。

邓隽，2011，《解读性新闻中的互文关系——兼论互文概念的语言学化》，《当代修辞学》2011年第5期。

丁东红，2009，《现代西方人本主义思潮》，《中共中央党校学报》2009年第4期。

丁建新，2008，《体裁分析的传统和前沿》，常晨光、丁建新、周红云编《功能语言学与语篇分析新论》，北京大学出版社。

丁金国，2018，《从语篇到语体——寻找回家的路》，《当代修辞学》2018年第3期。

丁允玲，1991，《议论文标题试析》，《山东师大学报》（社会科学版）1991年第4期。

董育宁、黄小平，2015，《新闻语篇副文性研究——以〈人民日报〉为例》，《当代修辞学》2015年第2期。

（清）段玉裁，1981，《说文解字注》，上海古籍出版社。

［荷兰］梵·迪克（van Dijk）主编，2015，《话语研究：多学科导论》（第2版），周翔译，重庆大学出版社。

［美］范德赫拉夫（Van De Graaff）、沃德里斯（Ward Rhees），2002，《人体解剖与生理学》，高秀来等译，科学出版社。

范昕，2009，《互文视野下的"张腔"语言风格研究》，硕士学位论文，复旦大学。

范子烨，2012，《春蚕与止酒——互文性视域下的陶渊明诗》，社会科学文献出版社。

——，2013，《"互文性"解构与音乐学透视——成公绥的〈啸赋〉及啸史的相关问题》，《文学评论》2013年第6期。

方梅编，2016，《互动语言学与汉语研究》（第1辑），世界图书出版公司。

［英］芬克尔斯坦（David Finkelste）、麦克利里（Alista McCleery），2012，《书史导论》，何朝辉译，商务印书馆。

冯黎明，2006，《文本的边界——徘徊于历史主义和虚无主义之间的"文学性"概念》，《文学评论》2006年第4期。

［法］福柯（M. Foucault），2001，《临床医学的诞生》，刘北成译，译林出版社。

高迈，2013，《引语的提及与使用》，《当代修辞学》2013年第2期。

高友工、梅祖麟，2013，《唐诗三论：诗歌的结构主义批评》，李世跃译，商务印书馆。

郜元宝，2007，《"话语分析"或许不必深求》，《书城》2007年第3期。

格非、陆楠楠，2012，《小说评点与副文本》，《当代作家评论》2012年第4期。

［法］格雷马斯（A. J. Greimas），2011，《论意义：符号学论文集》，吴泓缈、冯学俊译，百花文艺出版社。

［美］格雷西亚（Jorge Gracia），2015，《文本：本体论地位、同一性、作者和读者》（*Texts：Ontological Status，Identity，Author，Audience*），汪信砚、李白鹤译，人民出版社。

葛校琴，2015，《副文本翻译中的译本制作者控制》，《山东外语教学》2015年第1期。

耿强，2016，《翻译中的副文本及研究：理论、方法、议题与批评》，《外国语》2016年第5期。

龚奎林，2009，《"故事"的多重讲述与文艺化大众——"十七年"长篇战争小说的文本发生学现象研究》，博士学位论文，河南大学。

顾青编注，2009，《唐诗三百首》，中华书局。

顾曰国，2007，《多媒体、多模态学习剖析》，《外语电化教学》2007年第2期。

——，2020，《修辞对人工智能+的挑战：以人机互动为例》，《当代修辞学》2020年第6期。

管玉红，2006，《洛特曼符号域边界理论研究》，王立业编《洛特曼学术思想研究》，黑龙江人民出版社。

管志斌，2012，《语篇互文形式研究》，博士学位论文，复旦大学。

管志斌、田银滔，2012，《指称与语篇互文——兼论互文概念向语言学的转化》，《当代修辞学》2012年第4期。

郭恩熙，2012，《语篇互文结构中的副文本研究——以序言和正文之间的互文关系为例》，硕士学位论文，复旦大学。

郭梦音,2014,《报纸新闻语篇副文本的互文分析》,硕士学位论文,复旦大学。

郭绍虞,[2017]1983,《修辞剖析》,祝克懿、吴礼权编选《启林有声》,商务印书馆。

[美]伊·哈桑,1999,《后现代主义概念初探》,盛宁译,[法]让-弗·利奥塔等《后现代主义》,赵一凡等译,社会科学文献出版社。

[法]海然热,2012,《语言人:论语言学对人文科学的贡献》(*L'Homme de paroles：Contribution linguistique aux sciences humaines*),张祖建译,北京大学出版社。

韩礼德,2010,《功能语法导论》(*An Introduction to Functional Grammar*)(第2版),彭宣维等译,外语教学与研究出版社。

——,2011,《篇章、语篇、信息——系统功能语言学视角》,《北京大学学报》(哲学社会科学版)2011年第1期。

——,2015a,《语言与社会》,苗兴伟等译,北京大学出版社。

——,2015b,《科学语言》,张克定等译,北京大学出版社。

——,2015c,《语篇和话语的语言学研究》,彭宣维等译,北京大学出版社。

韩煜,2011,《装帧证史——浅谈现当代文学书刊装帧对阐释文学史之意义》,《渤海大学学报》(哲学社会科学版)2011年第3期。

何继红、张德禄,2016,《语篇结构的类型、层次及分析模式研究》,《外语与外语教学》2016年第1期。

何俊,2015,《"副文本"视阈下的〈沫若译诗集〉版本探究》,《郭沫若学刊》2015年第1期。

何诗海,2016,《作为副文本的明清文集凡例》,《文学评论》2016年第3期。

胡范铸,2003,《从"修辞技巧"到"言语行为"——试论中国修辞学研究的语用学转向》,《修辞学习》2003年第1期。

——,2016,《理论与现象:当代修辞学研究的五十个问题》(下),《当代修辞学》2016年第3期。

胡范铸、陈佳璇、甘莅豪、周萍,2013,《"海量接受"下国家和机构形象修辞研究的方法设计——兼论构建"机构形象修辞学"和"实验修辞学"的可能》,《当代修辞学》2013年第4期。

胡范铸、胡炯梅、樊小玲，2014，《"案例库修辞学"：国家和机构形象修辞研究的一种进路——兼论"面向中亚的跨文化交际案例库"设计的基本思路》，《当代修辞学》2014 年第 2 期。

胡适，2015，《宽容与自由》，云南人民出版社。

胡曙中，2012，《语篇语言学导论》，上海外语教育出版社。

胡啸，1984，《张东荪的架构论宇宙观和多元认知论》，《复旦学报》（社会科学版）1984 年第 4 期。

胡业爽，2020，《副文本在文学外译中文化调节研究》，《外语学刊》2020 年第 3 期。

胡壮麟，2000，《功能主义纵横谈》，外语教学与研究出版社。

黄国文、辛志英，2014，《什么是功能语法》，上海外语教育出版社。

黄国文、徐珺，2006，语篇分析与话语分析，《外语与外语教学》2006 年第 10 期。

黄鸿辉、祝克懿，2022，《体裁风格分析程序及互文生成路径——以笔记小说经典文本的体裁风格为例》，《当代修辞学》2022 年第 1 期。

黄小平，2016，《注释、参考文献与新闻类学术语篇的互文性研究》，中国社会科学出版社。

黄已玲，2020，《长篇小说语篇目录副文本的互文性研究》，硕士学位论文，复旦大学。

霍四通，2012，《中国现代修辞学的建立：以陈望道〈修辞学发凡〉考释为中心》，上海人民出版社。

——，2015，《日本近代修辞学的建立与日中现代化进程》，《当代修辞学》2015 年第 1 期。

[德] 伽达默尔，2011，《诠释学：真理与方法》（Ⅱ），洪汉鼎译，商务印书馆。

姜望琪，2011，《语篇语言学研究》，北京大学出版社。

——，2012，《篇章结构刍议》，《当代修辞学》2012 年第 4 期（又见王洪君、李娟，2016，《现代汉语语篇的结构和范畴研究》，商务印书馆）。

蒋严，2008a，《关联理论的认知修辞学说》（上），《修辞学习》2008 年第 3 期。

——，2008b，《关联理论的认知修辞学说》（下），《修辞学习》2008

年第 4 期。

金宏宇，2014，《现代文学副文本的史料价值》，《北京社会科学》2014 年第 2 期。

金宏宇等，2014，《文本周边——中国现代文学副文本研究》，武汉大学出版社。

鞠玉梅，2017，《〈论语〉英译文语篇介入资源的修辞劝说功能》，《当代修辞学》2017 年第 2 期。

[德] 恩斯特·卡西尔，2017，《语言与神话》，于晓等译，生活·读书·新知三联书店。

[德] 坎贝尔、布里费特、拉西，1991，《科学写作的艺术》，科学出版社。

[美] 康纳顿（Paulo Connerton），2000，《社会如何记忆》，纳日碧力戈译，上海人民出版社。

柯彦玢，2015，《"外史氏"：文本框架的重塑之道——评林译〈贼史〉》，《外国文学》2015 年第 4 期。

[法] 朱莉娅·克里斯蒂娃，2012，《词语、对话和小说》，祝克懿、宋姝锦译，《当代修辞学》2012 年第 4 期。

——，2013，《互文性理论对结构主义的继承和突破》，黄蓓译，《当代修辞学》2013 年第 5 期。

——，2014，《互文性理论与文本运用》，黄蓓译，《当代修辞学》2014 年第 5 期。

——，2015a，《语言，这个未知的世界》，马新民译，复旦大学出版社。

——，2015b，《符号学：符义分析探索集》，史忠义等译，复旦大学出版社。

——，2016a，《互文·主体·精神分析：克里斯蒂娃复旦大学演讲集》，祝克懿、黄蓓编译，生活·读书·新知三联书店。

——，2016b，《诗性语言的革命》，张颖、王小姣译，四川大学出版社。

蓝纯，2010，《修辞学：理论与实践》，外语教学与研究出版社。

蓝江，2017，《马克龙会成为"哲学王"吗，他的老师哲学家保罗·利科是谁》，澎湃新闻，2017 年 5 月 10 日。

李芳，2012，《英文学术著作封底简介的评价理论研究》，硕士学位论文，山西大学。

李曙光，2013，《社会与个人"夹缝"中的索绪尔——巴赫金与乔姆斯基对索绪尔的继承与批判》，《俄罗斯文艺》2013 年第 4 期。

李玮，2014，《论新闻副文本对新闻收受与解释的影响》，《新闻界》2014 年第 1 期。

李希凡等，2007，《名家图说元迎探惜》，文化艺术出版社。

李熙宗，2010，《文体与语体分类的关系》，祝克懿编《掇沉珠集》，复旦大学出版社。

——，2012，《"语文体式"概念的创立与〈修辞学发凡〉体系的构建》，《语言研究集刊》2012 年第 1 辑。

李宇明，2016，《语言生活与语言生活研究》，《语言战略研究》2016 年第 3 期。

——，2017，《语言技术对语言生活及社会发展的影响》，《中国社会科学》2017 年第 2 期。

李自强，2002，《西方现代科学主义思潮的来源和发展》，《河南社会科学》2002 年第 5 期。

廖福妹、尉立萍，2010，《英语学术书籍短评的评价分析》，《广东外语外贸大学学报》2010 年第 5 期。

刘大为，2003，《言语学、修辞学还是语用学?》，《修辞学习》2003 年第 3 期。

——，2013，《论语体和语体变量》，《当代修辞学》2013 年第 3 期。

——，2016，《比喻、近喻与自喻——辞格的认知性研究》，学林出版社。

——，2017，《作为语体变量的情景现场与现场描述语篇中的视点引导结构》，《当代修辞学》2017 年第 6 期。

刘丹青，2016，《语言库藏类型学述要：理念、概念与方法》，复旦大学中文系讲座，2016 年 9 月 26 日。

刘斐，2019，《中国传统互文研究》，上海财经大学出版社。

刘润清，2013，《西方语言学流派》，外语教学与研究出版社。

刘涛，2009，《中国书法史：魏晋南北朝卷》，江西教育出版社。

刘亚猛，2017，《连贯（coherence）还是"辩动"（cogency）？——

从"修辞结构理论（RST）"的得失看修辞对语篇研究的干预》，《当代修辞学》2017年第4期。

刘煜超，2014，《格非"江南三部曲"的诗性写作研究》，硕士学位论文，苏州大学。

刘悦明，2012，《作为篇章修辞手段的评价理论——介入系统的分析》，《东华理工大学学报》2012年第3期。

刘云，2005，《汉语篇名的篇章化研究》，华中师范大学出版社。

刘运同，2016，《称呼语的位置和功能》，方梅编《互动语言学与汉语研究》（第1辑），世界图书出版公司。

卢英顺，2017，《认知图景：理论构建及其应用》，学林出版社。

陆俭明，2016，《从语法构式到修辞构式再到语法构式》，《当代修辞学》2016年第1期。

［法］罗兰·巴特，2000，《S／Z》，屠友祥译，上海人民出版社。

——，［2009］1985，《文本理论》，史忠义译，史忠义等编《风格研究 文本理论》，河南大学出版社。

——，2012，《从作品到文本》，杨庭曦译，《外国美学》2012年第20辑。

罗天，2015，《翟林奈译〈孙子兵法〉与军事典籍翻译中的文化聚合》，《外国语文》2015年第4期。

马东震，1997，《简论学术期刊的论文标题》，《宁夏大学学报》（社会科学版）1997年第1期。

马国彦，2010，《元话语标记与文本自互文——互文视角中的篇章结构》，《当代修辞学》2010年第5期。

毛履鸣，2016，《亚里士多德之外的想象：比较修辞学中的"适用"》，《当代修辞学》2016年第5期。

［法］梅洛-庞蒂，2001，《知觉现象学》，商务印书馆。

苗兴伟，2008，《语篇分析的进展和前沿》，常晨光、丁建新、周红云编《功能语言学与语篇分析新论》，北京大学出版社。

倪蓓峰，2012，《〈论语〉辜译本的副文本研究》，《北京化工大学学报》（社会科学版）2012年第4期。

［英］帕克，2007，《欧洲人文科学未来的优先性：人文科学可以贡献什么?》，《国外社会科学》2007年第4期。

潘华琴，2008，《文学言语的私有性——论私人感觉的个人化表达》，学林出版社。

朴宝兰，2015，《语篇分析视角下的报纸新闻标题研究》，博士学位论文，复旦大学。

秦海鹰，2004a，《人与文，话语与文本——巴赫金对话理论与克里斯特瓦互文性理论的联系和区别》，《欧美文学论丛》（第3辑），人民文学出版社。

——，2004b，《互文性理论的缘起与流变》，《外国文学评论》2004年第3期。

裘锡圭，2013，《文字学概要》（修订本），商务印书馆。

屈承熹，2005，《汉语篇章语法》，潘文国译，北京语言文化大学出版社。

屈闻明，2007，《英文学术著作封底简介的"推销"功能分析》，《甘肃联合大学学报》（社会科学版）2007年第5期。

曲卫国，2008，《人文学科的修辞转向和修辞学的批判性转向》，《浙江大学学报》（人文社会科学版）2008年第1期。

——，2013，《打破西方话语资源垄断》，《社会科学报》2013年12月19日。

曲卫国、陈流芳，2017，《后现代知识批判的悖论：谈系统知识与思辨之关系》，《当代外语研究》2017年第3期。

[法] 热拉尔·热奈特，2000，《热奈特论文集》，史忠义译，百花文艺出版社。

[法] 萨莫瓦约，2002，《互文性研究》，邵炜译，天津人民出版社。

尚延延，2015，《从〈论语〉"问孝"四章的英译看正副文本对话语基调的体现》，《北京科技大学学报》（社会科学版）2015年第2期。

邵敬敏，2014，《汉语追梦人》，上海教育出版社。

邵长超，2016，《语篇嵌套结构研究》，博士学位论文，复旦大学。

申丹、王丽亚，2010，《西方叙事学：经典与后经典》，北京大学出版社。

申小龙、张学文、唐厚广，2006，《中国理论语言学的文化重建》，沈阳出版社。

沈家煊，2009，《我看汉语的词类》，《语言科学》2009年第1期。

——，2016，《序》，方梅编《互动语言学与汉语研究》（第 1 辑），世界图书出版公司。

——，2019，《超越主谓结构——对言语法和对言格式》，商务印书馆。

——，2020，《"互文"和"联语"的当代阐释——兼论"平行处理"和"动态处理"》，《当代修辞学》2020 年第 1 期。

沈开木，1996，《现代汉语话语语言学》，商务印书馆。

施春宏，2015，《构式压制现象分析的语言学价值》，《当代修辞学》2015 年第 2 期。

施佳鑫，2018，《富学文，穷学理？家庭出身、文化资本和专业选择》，"知识分子"微信公众号，2018 年 3 月 3 日。

史忠义，2013，《叩问是思想最根本的基础——米歇尔·梅耶问题学哲学基础上的新修辞学》，《当代修辞学》2013 年第 4 期。

束定芳主编，2013，《认知语言学研究方法》，上海外语教育出版社。

［法］斯珀波（D. Sperber）、［英］威尔逊（D. Wislson），2008，《关联：交际与认知》，蒋严译，中国社会科学出版社。

宋姝锦，2014，《关键词写作范式的多元化语篇功能》，《当代修辞学》2014 年第 5 期。

——，2020，《文本关键词的语篇功能研究》，中国社会科学出版社。

［瑞士］索绪尔，1980，《普通语言学教程》，高名凯译，岑麒祥、叶蜚声校注，商务印书馆。

谭学纯，2017，《学术文本读写身份转换：理论阐释与样本分析》，《当代修辞学》2017 年第 3 期。

——，2019，《基于正、副文本互文性的学位论文：呈现形式及安全边际》，《当代修辞学》2019 年第 3 期。

谭学纯、朱玲，2001，《广义修辞学》，安徽教育出版社。

唐忠敏，2019，《召唤、整合与摧毁：群体传播时代网络叙述的副文本》，《现代传播》2019 年第 3 期。

陶红印，2017，《从话语功能语言学的角度看若干有争议的汉语传统句法语义问题》，复旦大学中文系讲座，2017 年 12 月 29 日。

田海龙，2009，《语篇研究：范畴、视角、方法》，上海外语教育出版社。

童薇菁，2017，《如若林黛玉遇到武亦姝……》，《文汇报》2017 年 3 月 22 日。

汪新建、艾娟，2009，《心理学视域的集体记忆》，《南京师大学报》（社会科学版）2009 年第 3 期。

王爱松，2017，《互文性与中国当代小说》，《文学评论》2017 年第 2 期。

（宋）王安石，1999，《王安石全集》，上海古籍出版社。

王波，2011，《冯至〈十四行集〉的版本批评》，《西安石油大学学报》（社会科学版）2011 年第 1 期。

王洪君、李榕，2016，《汉语最小和次小语篇单位的特点和流水句的成因》，方梅编《互动语言学与汉语研究》（第 1 辑），世界图书出版公司。

王辉，2007，《传教士〈论语〉译本与基督教意识形态》，《深圳大学学报》（人文社会科学版）2007 年第 6 期。

王蕾，2014，《选本与现当代小说经典的建构》，《三峡大学学报》（人文社会科学版）2014 年第 4 期。

王路，2016，《语言与世界》，北京大学出版社。

王南湜，2006，《近代科学世界于主客体辩证法的兴起》，《社会科学战线》2006 年第 6 期。

王琴玲、黄勤，2015，《从副文本解读林太乙〈镜花缘〉英译本》，《中国翻译》2015 年第 2 期。

王天思，2016，《大数据中的因果关系及其哲学内涵》，《中国社会科学》2016 年第 5 期。

王雯馨，2014，《从傅译〈比哀兰德〉探析傅雷的翻译特色》，硕士学位论文，南京师范大学。

王先霈，2006，《中国文化与中国文艺心理思想》，湖北教育出版社。

王艳萍、贾德江、余卫华，2009，《超文本语篇与认知图式的耦合分析》，《湖南社会科学》2009 年第 4 期。

王寅，2002，《认知语言学的哲学基础》，《外语教学与研究》2002 年第 2 期。

王莹、辛斌，2016，《多模态图文语篇的互文性分析——以德国〈明镜〉周刊的封面语篇为例》，《外语教学》2016 年第 6 期。

王雨磊，2017，《学术论文写作与发表指引》，中国人民大学出版社。

王岳川，2005，《艺术本体论》，中国社会科学出版社。

王志军，2014，《自然口语中的话语标记"对不对""对"研究》，硕士学位论文，华中师范大学。

——，2016，《"对"：从应答语到话语标记》，《语言研究集刊》2016年第1辑。

——，2018，《互文语篇理论视域下的语篇副文本系统研究——以学术著作语篇副文本系统为例》，《当代修辞学》2018年第3期。

——，2020，《语体视角下语篇副文本系统的配置及耦合互文路径差异》，《当代修辞学》2020年第3期。

[美] 沃尔夫，2012，《论语言、思维和现实——沃尔夫文集》，商务印书馆。

吴礼权，2016，《现代汉语修辞学》（第3版），复旦大学出版社。

吴琳，2007，《科学文本的边界与意义解读》，《科学技术与辩证法》2007年第3期。

谢心阳，2016，《互动语言学的理论探索——〈面向互动语言学的语法研究〉介绍》，方梅编《互动语言学与汉语研究》（第1辑），世界图书出版公司。

辛斌，2005，《批评语言学：理论与应用》，上海外语教育出版社。

——，2006，《互文性：非稳定意义和稳定意义》，《南京师范大学学报》（社会科学版）2006年第3期。

——，2009，《引语研究：理论与问题》，《外语与外语教学》2009年第1期。

——，2013，《中文报纸新闻标题中的转述言语》，《当代修辞学》2013年第5、6期。

——，2018，《南海仲裁案"裁决"书的批评性互文分析》，《当代修辞学》2018年第3期。

辛斌、赖彦，2010，《语篇互文性分析的理论与方法》，《当代修辞学》2010年第3期。

修文乔，2008，《从傅译副文本看傅雷的翻译观和读者观》，《广东外语外贸大学学报》2008年第6期。

徐静，2011，《模态间的身份建构》，《西安外国语大学学报》2011

年第 3 期。

徐赳赳,2010,《现代篇章语言学》,商务印书馆。

——,2015,《作者互文和读者互文分析》,《福建师范大学学报》(哲学社会科学版) 2015 年第 6 期。

徐赳赳、付晓丽,2012,《篇章中括号元话语的形式表现及功能分析》,《当代修辞学》2012 年第 4 期。

徐雁、钱军、李海燕编,2017,《图书评论与阅读推广》,朝华出版社。

许德金、周雪松,2010,《作为类文本的括号——从括号的使用看〈女勇士〉的文化叙事政治》,《外国文学》2010 年第 2 期。

[法] 雅柯布森,[2012] 1980,《语言中的时间》,《雅柯布森文集》,钱军选编译注,商务印书馆。

[法] 柯瓦雷·亚历山大,2016,《从封闭世界到无限宇宙》,张卜天译,商务印书馆。

闫文君,2012,《作为文学伴随文本的书籍装帧》,《当代文坛》2012 年第 6 期。

姚双云、徐杰,2021,《信息量调控:标题语言创新的内在机制》,《汉语学报》2021 年第 3 期。

姚远,2017,《教学语篇的承文性研究》,《当代修辞学》2017 年第 3 期。

殷燕、刘军平,2017,《国内副文本研究三十年 (1986-2016)——基于 CiteSpace 的科学计量分析》,《上海翻译》2017 年第 4 期。

殷祯岑,2014,《语篇意义结构的稳定性——互文式阅读的语篇视角分析》,《当代修辞学》2014 年第 5 期。

殷祯岑、祝克懿,2015,《克里斯蒂娃的思想流变》,《福建师范大学学报》(哲学社会科学版) 2015 年第 4 期。

尹世超,2001,《标题语法》,商务印书馆。

于文,2009,《"书籍史"的孕育与诞生》,《图书·情报·知识》2009 年第 6 期。

俞吾金,2002,《如何理解马克思的实践概念》,《哲学研究》2002 年第 11 期。

张伯江,2016,《言者与听者的错位》,《语言教学与研究》2016 年第 1 期。

张德禄，2005，《语篇衔接中的形式和意义》，《外国语》2005 年第 5 期。

——，2012，《语篇分析理论的发展及其应用》，外语教学与研究出版社。

张汉良，2016，《话语的秩序与所有权——重读福科的法兰西公学院就职演说》，《当代修辞学》2016 年第 1 期。

张虹倩，2015，《二十世纪中国现当代文学史之叙事嬗变及修辞策略问题——基于副文本目录的考察》，《当代修辞学》2015 年第 2 期。

张江，2016，《作者与文本的关系探讨》，复旦大学中文系讲座，2016 年 3 月 20 日。

张天定，2006，《图书出版学》，河南大学出版社。

张永，2008，《论中国现代乡土小说加"注"现象》，《文艺研究》2008 年第 1 期。

赵国军，2007，《修辞学转向与"零度"》，《重庆社会科学》2007 年第 3 期。

赵渭绒，2012，《西方互文性理论对中国的影响》，巴蜀书社。

赵毅衡，2010，《论"伴随文本"——扩展"文本间性"的一种方式》，《文艺理论研究》2010 年第 2 期。

——，2016，《符号学：原理与推演》（修订本），南京大学出版社。

赵元任，2001，《语言的意义及其获取》（Meaning in Language and How It is Acquired），李芸、王强军译，《语言文字应用》2001 年第 4 期。

郑业建，[2017] 1946，《修辞学》，祝克懿、吴礼权编选《启林有声》，商务印书馆。

中国社会科学院语言研究所词典编辑室编，2016，《现代汉语词典》（第 7 版），商务印书馆。

周小成，2009，《篇际的本质和类型》，《解放军外国语学院学报》2009 年第 1 期。

朱良志，2016，《曲院风荷：中国艺术论十讲》，中华书局。

朱桃香，2009，《副文本对阐释复杂文本的叙事诗学价值》，《江西社会科学》2009 年第 4 期。

朱亚丽，2016，《英语学术著作封底简介研究——修辞视角》，硕士学位论文，南昌大学。

朱永生，2005，《语境动态研究》，北京大学出版社。

祝克懿，2006，《论对偶在汉语写作中的认知意义》，《复旦学报》（社会科学版）2006 年第 3 期。

——，2007，《新闻语体探索：兼论语言结构问题》，海风出版社。

——，2010，《互文：语篇研究的新论域》，《当代修辞学》2010 年第 5 期。

——，2011，《元语篇与文学评论语篇的互动关系研究》，《当代修辞学》2011 年第 3 期。

——，2012，《克里斯蒂娃与互文语篇理论》，《中国社会科学报》2012 年 10 月 24 日。

——，2013，《互文性理论的多声构成：〈武士〉·张东荪·巴赫金·本维尼斯特·弗洛伊德》，《当代修辞学》2013 年第 5 期。

——，2014，《文本解读范式探析》，《当代修辞学》2014 年第 5 期。

——，2015，《"克里斯蒂娃学术精粹选译"总序》，克里斯蒂娃《符号学：符义分析探索集》，复旦大学出版社。

——，2020，《"语录体"的源起、分化和融合考论》，《当代修辞学》2020 年第 4 期。

——，2021，《语言风格研究的理论渊源与功能衍化路径》，《当代修辞学》2021 年第 1 期。

祝克懿、蒋勇，2010，《20 世纪社会政治关键词"革命"的互文语义考论》，《福建师范大学学报》（哲学社会科学版）2010 年第 2 期。

Allen, G., 2000, *Intertextuality*, New York: Routledge.

Åström, F., 2014, The Context of Paratext: A Bibliometric Study of the Citation Contexts of Gérard Genette's Texts, in: N. Desrochers & D. Apollon eds., *Examining Paratextual Theory and its Applications in Digital Culture*, Pennsylvania: IGI Global.

Bazerman, C., 2004, Intertextuality: How Texts Rely on Other Texts. In Charles Bazerman and Paul Prior eds., *What Writing Does and How It Does It: An Introduction to Analyzing Texts and Textual Practices*, Mahwah. NJ: Lawrence Erlbaum Associates.

——, 2013, *ARhetoric of Literate Action: Literate Action*（Volume 1），

Fort Collins & Anderson: The WAC Clearinghouse & Parlor Press.

———, 2015, Creating Identities in an Intertextual World. In A. Chik. T. Costley & M. C. Penningtoneds, *Creativity and Discovery in the University Writing Class*, Sheffield UK: Equinox.

Beaugrande, R., and W. Dressler, 1981, *Introduction to Text Linguistics*, New York: Longman.

Bhatia, V. K., 2008, *Worlds of Written Discourse : a Genre-based View*, Shanghai: Shanghai Foreign Language Education Press.

Biber, D. A., 1989, Typology of English Texts, *Linguistics*, Vol 27. No. 1.

Brown, G., and G. Yule, 2000, *Discourse Analysis*. Beijing: Foreign Language Teaching and Research Press.

Chafe, W. L., 1994, *Discourse. Consciousness. and Time: The Flow and Displacement of Conscious Experience in Speaking and Writing*, Chicago: University of Chicago Press.

Chandler, D., 2007, *Semiotics: The Basics* (2nd edition), London: Routledge.

Constantine, D., 2006, They Look Alike. but There's a Little Matter of Size, *Science Illustrated*, 8 (15).

Dor, D., 2003, On Newspaper Headlines as Relevance Optimizers, *Journal of Pragmatics*, Vol. 35, No. 5.

Fairclough, N., 1992, *Discourse and social Change*, Cambridge: Polity Press.

Flotow, L., 1991, Feminist Translation: Contexts. Practices and Theories, *Traduction, Terminologie, Rdaction*, Vol. 4. No. 2.

Foster, J. K., 2009, *Memory: A Very Short Introduction*, Oxford: Oxford University Press.

Frow, J., 1990, Intertextuality and Ontology, in M. Worton and J. Still eds., *Intertextuality: Theories and Practices*, Manchester: Manchester University Press.

Gee, J. P., 2005, *An Introduction to Discourse Analysis: Theory and Method* (2nd edition), New York: Routledge.

Genette, G., 1988, Structure and Functions of the Title in Literature, *Critical Inquiry*, Vol. 14, No. 4.

——, 1991, Introduction to the Paratext, trans by M. Maclean., *New Literary History*, Vol. 22, No. 2.

——, 1997, *Palimpsests: Literature in the Second Degree*, trans by C. Newman and C. Doubinsky, Nebraska: University of Nebraska Press.

George, M. S., S. Mannes and J. E. Hoffman, 1994, Global Semantic Expectancy and Language Comprehension, *Journal of Cognitive Neuroscience*, Vol. 6, No. 1.

Gray, J., 2010, *Show Sold Separately: Promos. Spoilers and Other Media Paratexts*, New York: New York University Press.

——, 2016. The Politics of Paratextual Ephemeralia. in Pesce. S. and Noto, P. eds., *The Politics of Ephemeral Digital Media: Permanence and Obsolescence in Paratexts*. New York: Routledge.

Green, G. M., 2006, Some Interactions of Pragmatics and Grammar, in Laurence R. Horn and Gregory Ward eds., *The Handbook of Pragmatics*, Oxford: Blackwell Publishing.

Halliday, M. A. K., and Ruqaiya Hasan, 1976, *Cohesion in English*, London: Routledge.

Hogan. P. C. ed.. 2011. *the Cambridge Encyclopedia of the Language Sciences*, New York: Cambridge UniversityPress.

Hopper, P. J., 2007, Linguistics and Micro-Rhetoric: A Twenty-First Century Encounter, *Journal of English Linguistics*, Vol. 35, No. 3.

Ifantidou, E., 2009, Newspaper Headlines and Relevance: Ad Hoc Concepts in Ad Hoc Contexts, *Journal of Pragmatics*, Vol. 41, No. 4.

Jenny, L., 1982, The Strategy of Form, in T. Todorov ed., R. Carter trans, *French Literary Theory Today*, Cambridge: Cambridge University Press.

Keating, E., and A. Durant., 2010, Discourse and Culture. in T. A. van Dijk ed., *Discourse Studies: A Multidisciplinary introduction* (2nd Edition), London: Sage.

Liu et al., 2017, The Primate-Specific Gene TMEM14B Marks Outer Radial Glia Cells and Promotes Cortical Expansion and Folding, *Cell Stem Cell*,

No. 21.

Lyons, J., 1977, *Semantics*, Cambridge: Cambridge University Press.

Maclean, M., 1991, Pretexts and Paratexts: The Art of the Peripheral, *New Literary History*, Vol. 22, No. 2.

Mailoux, S., 2006, *Disciplinary Identities: Rhetorical Paths of English Speech and Composition*, New York: Modern Language Association of America.

Maingueneau, D., 2002, Analysis of an Academic Genre, *Discourse Studies*, Vol. 4, No. 3.

McCarthy. M. J., and R. A. Carter, 2004, *Language as Discourse: Perspectives for Language Teaching*, Beijing: Peking University Press.

McGann, J., 1991, *The Textual Condition*, New Jersey: Princeton University Press.

Pellat,. V., ed., 2013, *Text. Extratext. Metatext and Paratext in Translation*. Cambridge: Cambridge Scholars Publishing.

Ribeiro, B. T., 2006. Footing, Positioning, Voice. Are we talking about the same things?. inFina. A. D. . Schiffrin. D. . Bamberg. M. *Discourse and Identity*. Cambridge: Cambridge University Press.

Roberts, D., 2010, Reading *Antigone* in Translation: Text, Paratext, Intertext, in S. E. Wilmer and Audrone Zukauskaite eds., *Interrogating Antigone in Postmodern Philosophy and Criticism*, Oxford Scholarship Online.

Rodríguez – Ferrándiz, R., 2017, Paratextual Activity: Updating the Genettian Approach within the Transmedia Turn, *Communication & Society*, Vol. 30, No. 1.

Schmitt, C. R., 2012, If a Text Falls in a Woods…: Intertextuality, Environmental Perception, and the Non – Authored Text, *Cultural Analysis*, No. 11.

Stockwell, 2009, *Texture: A Cognitive Aesthetics of Reading*, Edinburgh: Edinburgh University Press.

Tomlin, R. S., Forrest Linda, Mingming Pu and Myung Hee Kim, 1997, Discourse Semantics, in T. A.van Dijk ed., *Discourse as Structure and Process*. London: Sage.

Vallejo, C., 2007, From Muse to Poet: Paratextual Practices of Women

Poets in Cuba at the End of the Nineteenth-Century, *Decimonónica*, Vol. 4, No. 1.

van Dijk, T. A., 2010, Introduction: The study of discourse, in T. A. van Dijk ed., *Discourse Studies: A Multidisciplinary Introduction*, London: Sage.

van Dijk, T. A. and W. Kintsch, 1983, *Strategies of Discourse Comprehension*, New York: Academic Press.

von Savigny, E. B., 1983, Sentence Meaning and Utterance Meaning: A Complete Case Study, in R. Bäuerle, Chr. Schwarze, and A. von Stechoweds., *Meaning. Use and Interpretation of Language*, Berlin, New York: de Gruyter.

Wu, Yi-Ping, (吴怡萍) and Shen Ci-Shu (沈碁恕), 2013, (Ir) reciprocal Relation between Text and Paratext in the Translation of Taiwan's Concrete Poetry: A Case of Chen Li, in Valerie Pellatt ed., *Text, Extratext, Metatext and Paratext in Translation*. Cambridge: Cambridge Scholars Publishing.

附　　录

附表 1　　　　学术著作语篇实例来源一览

（按作者姓名音序排列）

著作名	（著）作者	出版单位	丛书名称	出版时间
普通语言学问题	本维尼斯特	生活·读书·新知三联书店		2008
影响的剖析——文学作为生活方式	布鲁姆（金雯译）	译林出版社	名家文学讲坛	2016
生津解渴：中国茶叶的全球化	陈慈玉	商务印书馆	文明小史	2017
我见青山	陈尚君	文津出版社	大家书话	2017
陈望道学术著作五种	陈望道	复旦大学出版社		2005
粥的历史	陈元朋	商务印书馆	文明小史	2016
世界强势语言的产生	褚孝泉	复旦大学出版社		2016
神经语言学	崔刚	清华大学出版社		2015
诠释学：真理与方法	伽达默尔（洪汉鼎译）	北京大学出版社		2011
一平方英寸的寂静	戈登·汉普顿、约翰·葛洛斯曼（陈雅云译）	商务印书馆	自然文库	2014
《花间集》的主体和感受	洪华穗	文津出版社	英彦丛刊	1999
宋代诗学的多维观照	胡建次、邱美琼	商务印书馆	霁光人文丛书	2017
中国现代修辞学的建立：以陈望道《修辞学发凡》考释为中心	霍四通	上海人民出版社	国家社科基金后期资助项目	2012
文本周边——中国现代文学副文本研究	金宏宇	武汉大学出版社	武汉大学学术丛书	2014

续表

著作名	（著）作者	出版单位	丛书名称	出版时间
佛教与素食	康乐	商务印书馆	文明小史	2017
语言，这个未知的世界	克里斯蒂娃	复旦大学出版社	克里斯蒂娃学术精粹选译	2015
相似复句关系词语对比研究	李晋霞	中国社会科学出版社		2015
公主之死：你所不知道的中国法律史	李贞德	商务印书馆	文明小史	2017
比喻、近喻与自喻——辞格的认知性研究	刘大为	学林出版社	认知语言学与汉语研究丛书	2016
会话结构分析	刘虹	北京大学出版社	语言学丛书	2004
慈悲清净：佛教与中古社会生活	刘淑芬	商务印书馆	文明小史	2017
汉语篇名的篇章化研究	刘云	华中师范大学出版社	华中语学论丛	2005
认知图景：理论构建及其应用	卢英顺	学林出版社		2017
生命的季节：生生不息背后的生物节律	罗素·福斯特、利昂·克莱兹曼	上海科技教育出版社	开放人文	2016
文本：本体论地位、同一性、作者和读者	乔治·J. E. 格雷西亚	人民出版社	当代西方学术经典译丛	2015
不对称与标记论	沈家煊	商务印书馆		2015
名词与动词	沈家煊	商务印书馆		2016
语法化的动因和机制	石毓智	北京大学出版社	语言学丛书	2006
关联：交际与认知	斯珀波、威尔逊	中国社会科学出版社	当代语言学理论丛书	2008
救命：明清中国的医生与病人	涂丰恩	商务印书馆	文明小史	2017
现代汉语语境研究	王建华、周明强、盛爱萍	浙江大学出版社	国家社科基金资助	2002
语言与世界	王路	北京大学出版社	爱智文丛	2016
奢侈的女人：明清时期江南妇女的消费文化	巫仁恕	商务印书馆	文明小史	2016
语言研究的跨学科视角：语言、大脑与记忆	吴会芹	浙江大学出版社		2012
汉语韵律句法探索	吴为善	学林出版社		2005

续表

著作名	（著）作者	出版单位	丛书名称	出版时间
海客述奇：中国人眼中的维多利亚科学	吴以义	商务印书馆	文明小史	2017
报纸新闻标题制作与排版艺术	忻志伟、周骥	复旦大学出版社		2014
关联标记的语体差异研究	姚双云	世界图书出版公司	汉语话语研究	2017
基于认知的汉语计算语言学研究	袁毓林	北京大学出版社		2008
张看红楼	张爱玲	京华出版社		2005
汉语功能语法研究	张伯江、方梅	江西教育出版社		2005
图书出版学	张天定	河南大学出版社	编辑出版学丛书	2006
符号学：原理与推演	赵毅衡	南京大学出版社	符号学丛书	2016
外部的和内部的世界	朱珩青	作家出版社		1998
曲院风荷：中国艺术论十讲（第四版）	朱良志	中华书局	朱良志作品系列	2016
汉语复合词语义构词法研究	朱彦	北京大学出版社	语言学丛书	2004
语境动态研究	朱永生	北京大学出版社	语言学丛书	2005
语言学视野中的"样板戏"	祝克懿	河南大学出版社	文艺风云书系	2004
说地：中国人认识大地形状的故事	祝平一	商务印书馆	文明小史	2016
集合量词的认知研究	宗守云	世界图书出版公司		2010

附表2　　　　　文学作品语篇实例来源一览

（按作者姓名音序排列）

著作名	（著）作者	出版单位	丛书（系列）名称	出版时间
尘埃落定	阿来	人民文学出版社		2000
早上九点叫醒我	阿乙	译林出版社		2017
台北人	白先勇	广西师范大学出版社	理想国	2010
寂寞的十七岁	白先勇	广西师范大学出版社	理想国	2015
纽约客	白先勇	广西师范大学出版社	理想国	2015

续表

著作名	（著）作者	出版单位	丛书（系列）名称	出版时间
孽子	白先勇	广西师范大学出版社	理想国	2015
树犹如此	白先勇	广西师范大学出版社	理想国	2015
朗读者	本哈德·施林柯（钱定平译）	译林出版社	纪念版	2012
推拿	毕飞宇	人民文学出版社		2011
额尔古纳河右岸	迟子建	北京十月文艺出版社		2005
哲学的慰藉	德波顿（资中筠译）	上海译文出版社	阿兰·德波顿文集	2009
人面桃花	格非	上海文艺出版社	江南三部曲之一	2012
山河入梦	格非	上海文艺出版社	江南三部曲之二	2012
春尽江南	格非	上海文艺出版社	江南三部曲之三	2012
何以笙箫默	顾漫	沈阳出版社		2011
微微一笑很倾城	顾漫	江苏文艺出版社		2009
人之彼岸	郝景芳	中信出版社		2017
穆斯林的葬礼	霍达	北京十月文艺出版社		2015
古炉	贾平凹	人民文学出版社		2011
秦腔	贾平凹	作家出版社		2005
繁花	金宇澄	上海文艺出版社		2013
国王与抒情诗	李宏伟	中信出版社		2017
生命册	李佩甫	作家出版社		2012
飘窗	刘心武	人民文学出版社		2016
我不是潘金莲	刘震云	长江文艺出版社	典藏版	2016
故乡天下黄花	刘震云	作家出版社		2009
一地鸡毛	刘震云	长江文艺出版社	典藏版	2016
手机	刘震云	长江文艺出版社		2003
一句顶一万句	刘震云	长江文艺出版社		2009
吃瓜时代的儿女们	刘震云	长江文艺出版社		2017
此情无法投递	鲁敏	江苏文艺出版社		2010
夏娃日记	马克·吐温（文爱艺译）	湖北教育出版社		2010

续表

著作名	（著）作者	出版单位	丛书（系列）名称	出版时间
蛙	莫言	上海文学出版社		2009
善女良男	石芳瑜	时报文化		2017
黄雀记	苏童	作家出版社		2013
妻妾成群	苏童	上海文艺出版社	苏童作品系列	2010
笨花	铁凝	人民文学出版社	朝内166人文文库	2006
红豆生南国	王安忆	人民文学出版社		2017
长恨歌	王安忆	东方出版中心	白玉兰文学丛书	2008
桃之夭夭	王安忆	上海文艺出版社		2003
天香	王安忆	人民文学出版社		2011
众声喧哗	王安忆	人民文学出版社		2017
这边风景	王蒙	花城出版社		2013
王城如海	徐则臣	人民文学出版社		2017
床畔	严歌苓	长江文艺出版社		2015
坚硬如水	阎连科	云南人民出版社		2009
活着	余华	作家出版社		2012
无字	张洁	北京十月文艺出版社		2007

后 记

　　本书是在我 2018 年提交的博士学位论文基础上修改、扩充而成的。此次出版，书名和内容都作了一些改动。

　　2014 年我有幸考入复旦大学中文系攻读博士学位，师从祝克懿先生。祝先生近些年致力于将克里斯蒂娃的互文性理论和符义分析理论引入中国当代语篇语言学研究领域并中国化。从索绪尔语言研究所重视的组合关系转向重视研究聚合关系，克里斯蒂娃发展出语篇结构线性组合和非线性层级组合贯通、共时和历时交会的系统空间，使语篇成为展示和研究互文互动关系的重要场域。在恩师的指导下，我开始从事互文语篇与修辞方面的研究。祝先生指出，"宇宙是由一个特定的中心点向所有方向无限延长的无穷空间，人类就生活在这个无限空间的某个特定的坐标点上。作为我们阅读到的当下文本的语篇，也就是生成于广袤的文本（语篇）世界中的某一个特定的坐标点上的文本，与共时的、同领域的、同论题的相关文本发生着共时的、水平的、线性的文本关系，与历史的、处于不同层级时空的相关文本发生着历时的、纵向的文本关系。而人类的生活又是在特定的时空中不断流动变化的，语篇（文本）呈现的样态和方式也相应在时空维度中发展变化。由不同的修辞动因所决定，当下文本会演变为源文本、他文本，反之亦然"。此种宏富、"动态、多元、立体"的互文语篇思想和学术视野，我大为折服，沉迷其中。犹记得在复旦读书时每周三晚上和同门一起上祝先生"语篇与修辞专题""小课"的情形，课上没有老师和学生之别，可以自由谈论、相互质疑，常常为一个术语的定义、一个例子的解释、一个思想的证明争得"面红耳赤"，场面"屡屡失控"。课后（经常是十一点以后，我清晰地记得最晚的一次是凌晨一点多）跟师兄师姐师弟师妹们一起走在"本北高速"上，吹着自由的东西南北风，继续延展课上"自由而无用"的讨论和激辩。参加工作之后方知此种纯粹的学术思想火花碰撞时机之难得。

在此学术背景和环境下，我的学术思想和知识结构发生了巨大的变化。互文语篇理论的基本思想和研究理念给我的语言学和修辞学研究注入了新的灵感。本书的研究就是在这样的背景下展开的，书中的一些观点也是在"小课"的课前课中课后讨论中形成的。全书以语篇副文本的互文机制为突破口，研究语篇副文本和主文本的形式和意义互动互涉关系以及副文本系统在语篇整体意义生成与理解过程中的功能和作用等问题，探寻蕴含其中的修辞策略、主体制约、语体和认知规律。

本书的撰写和出版得到了许多人的关心、帮助和支持，借书稿即将付梓之机特向关心我、帮助我、支持我的人表达由衷的感谢。

首先要感谢我的博士导师祝克懿先生。为了把我培养成合格的语篇语言学和修辞学研究者，祝先生付出了许多时间和心血。祝先生学识渊博、坚毅朴实，雷厉风行、细心谨慎，察他人之未察、觉他人之未觉，循循善诱，让人如沐春风。本书从选题、整体框架架构到撰写、修改全过程都离不开导师的悉心指导和极力鼓励。天长地久有时尽，师恩绵绵无绝期。

感谢我的硕士导师姚双云教授。当下，语言学已发展成为一门很专的学问，没有接受过老师和课程的专业训练，很难自学成才。感谢姚教授引领我走进语言学的殿堂，走上语言学研究之路。姚教授知识渊博、眼光敏锐、为人谦和、幽默风趣、勤奋刻苦、顾家爱生，是我学术上和生活中的楷模。

感谢郑州大学文学院李运富院长、甘剑锋书记、罗家湘教授、司罗红教授、侯巧红副院长和何清副院长。没有你们的鼎力支持和帮助，书稿不可能如此顺利出版。

感谢霍四通教授、蒋勇教授、刘大为教授、卢英顺教授、曲卫国教授、申小龙教授、盛益民教授、陶寰教授、王建华教授、王振华教授、吴春相教授、张德禄教授、张新华教授和赵国军老师，感谢你们在开题、论证、预答辩、外审和答辩阶段对书稿提出诸多精彩建议。感谢书中涉及的所有作者，是你们苦思冥想的思想之光照亮了我的思索之路，是你们顶天立地的巨人之肩支撑着我的论证之基。

感谢同门，朱玉伟师兄、宋姝锦师姐、黄小平师兄、陈昕炜师姐、姚远师姐、殷祯岑师姐、朴宝兰师姐、储丹丹、辛勤英、郭塞、李喆、凌佳梦、王琳杰、黄兵、林慧珍、尉薇、李建新、刘婉晴、丁怡、黄鸿辉、黄已玲、崔娜罗和闪洪等。没有大家"小课"上下的"唇枪舌剑"和"多声部"争鸣,互文语篇理论指导下的副文本互文机制探讨不可能"完整""和谐"。

感谢中国社会科学出版社慈明亮编辑。慈老师严谨认真,排版工整,校对仔细,精益求精。让本书增色不少。

最后感谢父母、岳父岳母和家人们。你们给予的无私的爱我会永远铭记于心,未来的日子里希望自己能够多陪陪你们,常回家看看。我要对我的妻子王梦圆表示最深的谢意。执子之手,与子偕老。感谢你对我事业的支持和对家庭的付出。

唯有光阴不可虚度,唯有深情不可辜负,唯有自由不可让步。旦复旦兮,努力前程!

王志军

二〇二二年三月二十日